U0639696

权威·前沿·原创

皮书系列为
"十二五""十三五"国家重点图书出版规划项目

皮书系列

2018年

智库成果出版与传播平台

社会科学文献出版社

SOCIAL SCIENCES ACADEMIC PRESS (CHINA)

社长致辞

蓦然回首，皮书的专业化历程已经走过了二十年。20年来从一个出版社的学术产品名称到媒体热词再到智库成果研创及传播平台，皮书以专业化为主线，进行了系列化、市场化、品牌化、数字化、国际化、平台化的运作，实现了跨越式的发展。特别是在党的十八大以后，以习近平总书记为核心的党中央高度重视新型智库建设，皮书也迎来了长足的发展，总品种达到600余种，经过专业评审机制、淘汰机制遴选，目前，每年稳定出版近400个品种。"皮书"已经成为中国新型智库建设的抓手，成为国际国内社会各界快速、便捷地了解真实中国的最佳窗口。

20年孜孜以求，"皮书"始终将自己的研究视野与经济社会发展中的前沿热点问题紧密相连。600个研究领域，3万多位分布于800余个研究机构的专家学者参与了研创写作。皮书数据库中共收录了15万篇专业报告，50余万张数据图表，合计30亿字，每年报告下载量近80万次。皮书为中国学术与社会发展实践的结合提供了一个激荡智力、传播思想的入口，皮书作者们用学术的话语、客观翔实的数据谱写出了中国故事壮丽的篇章。

20年跬步千里，"皮书"始终将自己的发展与时代赋予的使命与责任紧紧相连。每年百余场新闻发布会，10万余次中外媒体报道，中、英、俄、日、韩等12个语种共同出版。皮书所具有的凝聚力正在形成一种无形的力量，吸引着社会各界关注中国的发展，参与中国的发展，它是我们向世界传递中国声音、总结中国经验、争取中国国际话语权最主要的平台。

皮书这一系列成就的取得，得益于中国改革开放的伟大时代，离不开来自中国社会科学院、新闻出版广电总局、全国哲学社会科学规划办公室等主管部门的大力支持和帮助，也离不开皮书研创者和出版者的共同努力。他们与皮书的故事创造了皮书的历史，他们对皮书的拳拳之心将继续谱写皮书的未来！

现在，"皮书"品牌已经进入了快速成长的青壮年时期。全方位进行规范化管理，树立中国的学术出版标准；不断提升皮书的内容质量和影响力，搭建起中国智库产品和智库建设的交流服务平台和国际传播平台；发布各类皮书指数，并使之成为中国指数，让中国智库的声音响彻世界舞台，为人类的发展做出中国的贡献——这是皮书未来发展的图景。作为"皮书"这个概念的提出者，"皮书"从一般图书到系列图书和品牌图书，最终成为智库研究和社会科学应用对策研究的知识服务和成果推广平台这整个过程的操盘者，我相信，这也是每一位皮书人执着追求的目标。

"当代中国正经历着我国历史上最为广泛而深刻的社会变革，也正在进行着人类历史上最为宏大而独特的实践创新。这种前无古人的伟大实践，必将给理论创造、学术繁荣提供强大动力和广阔空间。"

在这个需要思想而且一定能够产生思想的时代，皮书的研创出版一定能创造出新的更大的辉煌！

社会科学文献出版社社长
中国社会学会秘书长

2017年11月

社会科学文献出版社简介

社会科学文献出版社（以下简称"社科文献出版社"）成立于1985年，是直属于中国社会科学院的人文社会科学学术出版机构。成立至今，社科文献出版社始终依托中国社会科学院和国内外人文社会科学界丰厚的学术出版和专家学者资源，坚持"创社科经典，出传世文献"的出版理念、"权威、前沿、原创"的产品定位以及学术成果和智库成果出版的专业化、数字化、国际化、市场化的经营道路。

社科文献出版社是中国新闻出版业转型与文化体制改革的先行者。积极探索文化体制改革的先进方向和现代企业经营决策机制，社科文献出版社先后荣获"全国文化体制改革工作先进单位"、中国出版政府奖·先进出版单位奖，中国社会科学院先进集体、全国科普工作先进集体等荣誉称号。多人次荣获"第十届韬奋出版奖""全国新闻出版行业领军人才""数字出版先进人物""北京市新闻出版广电行业领军人才"等称号。

社科文献出版社是中国人文社会科学学术出版的大社名社，也是以皮书为代表的智库成果出版的专业强社。年出版图书2000余种，其中皮书400余种，出版新书字数5.5亿字，承印与发行中国社科院院属期刊72种，先后创立了皮书系列、列国志、中国史话、社科文献学术译库、社科文献学术文库、甲骨文书系等一大批既有学术影响又有市场价值的品牌，确立了在社会学、近代史、苏东问题研究等专业学科及领域出版的领先地位。图书多次荣获中国出版政府奖、"三个一百"原创图书出版工程、"五个'一'工程奖"、"大众喜爱的50种图书"等奖项，在中央国家机关"强素质·做表率"读书活动中，入选图书品种数位居各大出版社之首。

社科文献出版社是中国学术出版规范与标准的倡议者与制定者，代表全国50多家出版社发起实施学术著作出版规范的倡议，承担学术著作规范国家标准的起草工作，率先编撰完成《皮书手册》对皮书品牌进行规范化管理，并在此基础上推出中国版芝加哥手册——《社科文献出版社学术出版手册》。

社科文献出版社是中国数字出版的引领者，拥有皮书数据库、列国志数据库、"一带一路"数据库、减贫数据库、集刊数据库等4大产品线11个数据库产品，机构用户达1300余家，海外用户百余家，荣获"数字出版转型示范单位""新闻出版标准化先进单位""专业数字内容资源知识服务模式试点企业标准化示范单位"等称号。

社科文献出版社是中国学术出版走出去的践行者。社科文献出版社海外图书出版与学术合作业务遍及全球40余个国家和地区，并于2016年成立俄罗斯分社，累计输出图书500余种，涉及近20个语种，累计获得国家社科基金中华学术外译项目资助76种、"丝路书香工程"项目资助60种、中国图书对外推广计划项目资助71种以及经典中国国际出版工程资助28种，被五部委联合认定为"2015~2016年度国家文化出口重点企业"。

如今，社科文献出版社完全靠自身积累拥有固定资产3.6亿元，年收入3亿元，设置了七大出版分社、六大专业部门，成立了皮书研究院和博士后科研工作站，培养了一支近400人的高素质与高效率的编辑、出版、营销和国际推广队伍，为未来成为学术出版的大社、名社、强社，成为文化体制改革与文化企业转型发展的排头兵奠定了坚实的基础。

宏观经济类

经济蓝皮书

2018年中国经济形势分析与预测

李平／主编　2017年12月出版　定价：89.00元

◆　本书为总理基金项目，由著名经济学家李扬领衔，联合中国社会科学院等数十家科研机构、国家部委和高等院校的专家共同撰写，系统分析了2017年的中国经济形势并预测2018年中国经济运行情况。

城市蓝皮书

中国城市发展报告No.11

潘家华　单菁菁／主编　2018年9月出版　估价：99.00元

◆　本书是由中国社会科学院城市发展与环境研究中心编著的，多角度、全方位地立体展示了中国城市的发展状况，并对中国城市的未来发展提出了许多建议。该书有强烈的时代感，对中国城市发展实践有重要的参考价值。

人口与劳动绿皮书

中国人口与劳动问题报告No.19

张车伟／主编　2018年10月出版　估价：99.00元

◆　本书为中国社会科学院人口与劳动经济研究所主编的年度报告，对当前中国人口与劳动形势做了比较全面和系统的深入讨论，为研究中国人口与劳动问题提供了一个专业性的视角。

中国省域竞争力蓝皮书

中国省域经济综合竞争力发展报告（2017～2018）

李建平　李闽榕　高燕京/主编　2018年5月出版　估价：198.00元

◆　本书融多学科的理论为一体，深入追踪研究了省域经济发展与中国国家竞争力的内在关系，为提升中国省域经济综合竞争力提供有价值的决策依据。

金融蓝皮书

中国金融发展报告（2018）

王国刚/主编　2018年6月出版　估价：99.00元

◆　本书由中国社会科学院金融研究所组织编写，概括和分析了2017年中国金融发展和运行中的各方面情况，研讨和评论了2017年发生的主要金融事件，有利于读者了解掌握2017年中国的金融状况，把握2018年中国金融的走势。

区 域 经 济 类

京津冀蓝皮书

京津冀发展报告（2018）

祝合良　叶堂林　张贵祥/等著　2018年6月出版　估价：99.00元

◆　本书遵循问题导向与目标导向相结合、统计数据分析与大数据分析相结合、纵向分析和长期监测与结构分析和综合监测相结合等原则，对京津冀协同发展新形势与新进展进行测度与评价。

社会政法类

社会蓝皮书

2018年中国社会形势分析与预测

李培林　陈光金　张翼／主编　2017年12月出版　定价：89.00元

◆　本书由中国社会科学院社会学研究所组织研究机构专家、高校学者和政府研究人员撰写，聚焦当下社会热点，对2017年中国社会发展的各个方面内容进行了权威解读，同时对2018年社会形势发展趋势进行了预测。

法治蓝皮书

中国法治发展报告No.16（2018）

李林　田禾／主编　2018年3月出版　定价：128.00元

◆　本年度法治蓝皮书回顾总结了2017年度中国法治发展取得的成就和存在的不足，对中国政府、司法、检务透明度进行了跟踪调研，并对2018年中国法治发展形势进行了预测和展望。

教育蓝皮书

中国教育发展报告（2018）

杨东平／主编　2018年3月出版　定价：89.00元

◆　本书重点关注了2017年教育领域的热点，资料翔实，分析有据，既有专题研究，又有实践案例，从多角度对2017年教育改革和实践进行了分析和研究。

社会体制蓝皮书

中国社会体制改革报告 No.6（2018）

龚维斌 / 主编　2018 年 3 月出版　定价：98.00 元

◆　本书由国家行政学院社会治理研究中心和北京师范大学中国社会管理研究院共同组织编写，主要对 2017 年社会体制改革情况进行回顾和总结，对 2018 年的改革走向进行分析，提出相关政策建议。

社会心态蓝皮书

中国社会心态研究报告（2018）

王俊秀　杨宜音 / 主编　2018 年 12 月出版　估价：99.00 元

◆　本书是中国社会科学院社会学研究所社会心理研究中心"社会心态蓝皮书课题组"的年度研究成果，运用社会心理学、社会学、经济学、传播学等多种学科的方法进行了调查和研究，对于目前中国社会心态状况有较广泛和深入的揭示。

华侨华人蓝皮书

华侨华人研究报告（2018）

贾益民 / 主编　2017 年 12 月出版　估价：139.00 元

◆　本书关注华侨华人生产与生活的方方面面。华侨华人是中国建设 21 世纪海上丝绸之路的重要中介者、推动者和参与者。本书旨在全面调研华侨华人，提供最新涉侨动态、理论研究成果和政策建议。

民族发展蓝皮书

中国民族发展报告（2018）

王延中 / 主编　2018 年 10 月出版　估价：188.00 元

◆　本书从民族学人类学视角，研究近年来少数民族和民族地区的发展情况，展示民族地区经济、政治、文化、社会和生态文明"五位一体"建设取得的辉煌成就和面临的困难挑战，为深刻理解中央民族工作会议精神、加快民族地区全面建成小康社会进程提供了实证材料。

产业经济类

房地产蓝皮书

中国房地产发展报告 No.15（2018）

李春华　王业强/主编　2018年5月出版　估价：99.00元

◆ 2018年《房地产蓝皮书》持续追踪中国房地产市场最新动态，深度剖析市场热点，展望2018年发展趋势，积极谋划应对策略。对2017年房地产市场的发展态势进行全面、综合的分析。

新能源汽车蓝皮书

中国新能源汽车产业发展报告（2018）

中国汽车技术研究中心　日产（中国）投资有限公司

东风汽车有限公司/编著　2018年8月出版　估价：99.00元

◆ 本书对中国2017年新能源汽车产业发展进行了全面系统的分析，并介绍了国外的发展经验。有助于相关机构、行业和社会公众等了解中国新能源汽车产业发展的最新动态，为政府部门出台新能源汽车产业相关政策法规、企业制定相关战略规划，提供必要的借鉴和参考。

行业及其他类

旅游绿皮书

2017～2018年中国旅游发展分析与预测

中国社会科学院旅游研究中心/编　2018年1月出版　定价：99.00元

◆ 本书从政策、产业、市场、社会等多个角度勾画出2017年中国旅游发展全貌，剖析了其中的热点和核心问题，并就未来发展作出预测。

民营医院蓝皮书

中国民营医院发展报告（2018）

薛晓林 / 主编　2018 年 11 月出版　估价：99.00 元

◆　本书在梳理国家对社会办医的各种利好政策的前提下，对我国民营医疗发展现状、我国民营医院竞争力进行了分析，并结合我国医疗体制改革对民营医院的发展趋势、发展策略、战略规划等方面进行了预估。

会展蓝皮书

中外会展业动态评估研究报告（2018）

张敏 / 主编　2018 年 12 月出版　估价：99.00 元

◆　本书回顾了 2017 年的会展业发展动态，结合"供给侧改革"、"互联网 +"、"绿色经济"的新形势分析了我国展会的行业现状，并介绍了国外的发展经验，有助于行业和社会了解最新的展会业动态。

中国上市公司蓝皮书

中国上市公司发展报告（2018）

张平　王宏淼 / 主编　2018 年 9 月出版　估价：99.00 元

◆　本书由中国社会科学院上市公司研究中心组织编写的，着力于全面、真实、客观反映当前中国上市公司财务状况和价值评估的综合性年度报告。本书详尽分析了 2017 年中国上市公司情况，特别是现实中暴露出的制度性、基础性问题，并对资本市场改革进行了探讨。

工业和信息化蓝皮书

人工智能发展报告（2017 ～ 2018）

尹丽波 / 主编　2018 年 6 月出版　估价：99.00 元

◆　本书国家工业信息安全发展研究中心在对 2017 年全球人工智能技术和产业进行全面跟踪研究基础上形成的研究报告。该报告内容翔实、视角独特，具有较强的产业发展前瞻性和预测性，可为相关主管部门、行业协会、企业等全面了解人工智能发展形势以及进行科学决策提供参考。

国际问题与全球治理类

世界经济黄皮书

2018 年世界经济形势分析与预测

张宇燕 / 主编　2018 年 1 月出版　定价：99.00 元

◆　本书由中国社会科学院世界经济与政治研究所的研究团队撰写，分总论、国别与地区、专题、热点、世界经济统计与预测等五个部分，对 2018 年世界经济形势进行了分析。

国际城市蓝皮书

国际城市发展报告（2018）

屠启宇 / 主编　2018 年 2 月出版　定价：89.00 元

◆　本书作者以上海社会科学院从事国际城市研究的学者团队为核心，汇集同济大学、华东师范大学、复旦大学、上海交通大学、南京大学、浙江大学相关城市研究专业学者。立足动态跟踪介绍国际城市发展时间中，最新出现的重大战略、重大理念、重大项目、重大报告和最佳案例。

非洲黄皮书

非洲发展报告 No.20（2017 ～ 2018）

张宏明 / 主编　2018 年 7 月出版　估价：99.00 元

◆　本书是由中国社会科学院西亚非洲研究所组织编撰的非洲形势年度报告，比较全面、系统地分析了 2017 年非洲政治形势和热点问题，探讨了非洲经济形势和市场走向，剖析了大国对非洲关系的新动向；此外，还介绍了国内非洲研究的新成果。

国别类

美国蓝皮书

美国研究报告（2018）

郑秉文　黄平／主编　2018年5月出版　估价：99.00元

◆　本书是由中国社会科学院美国研究所主持完成的研究成果，它回顾了美国2017年的经济、政治形势与外交战略，对美国内政外交发生的重大事件及重要政策进行了较为全面的回顾和梳理。

德国蓝皮书

德国发展报告（2018）

郑春荣／主编　2018年6月出版　估价：99.00元

◆　本报告由同济大学德国研究所组织编撰，由该领域的专家学者对德国的政治、经济、社会文化、外交等方面的形势发展情况，进行全面的阐述与分析。

俄罗斯黄皮书

俄罗斯发展报告（2018）

李永全／编著　2018年6月出版　估价：99.00元

◆　本书系统介绍了2017年俄罗斯经济政治情况，并对2016年该地区发生的焦点、热点问题进行了分析与回顾；在此基础上，对该地区2018年的发展前景进行了预测。

文 化 传 媒 类

新媒体蓝皮书

中国新媒体发展报告 No.9（2018）

唐绪军 / 主编　2018 年 6 月出版　估价：99.00 元

◆　本书是由中国社会科学院新闻与传播研究所组织编写的关于新媒体发展的最新年度报告，旨在全面分析中国新媒体的发展现状，解读新媒体的发展趋势，探析新媒体的深刻影响。

移动互联网蓝皮书

中国移动互联网发展报告（2018）

余清楚 / 主编　　2018 年 6 月出版　估价：99.00 元

◆　本书着眼于对 2017 年度中国移动互联网的发展情况做深入解析，对未来发展趋势进行预测，力求从不同视角、不同层面全面剖析中国移动互联网发展的现状、年度突破及热点趋势等。

文化蓝皮书

中国文化消费需求景气评价报告（2018）

王亚南 / 主编　2018 年 3 月出版　定价：99.00 元

◆　本书首创全国文化发展量化检测评价体系，也是至今全国唯一的文化民生量化检测评价体系，对于检验全国及各地 " 以人民为中心 " 的文化发展具有首创意义。

地方发展类

北京蓝皮书

北京经济发展报告（2017～2018）

杨松/主编　2018年6月出版　估价：99.00元

◆　本书对2017年北京市经济发展的整体形势进行了系统性的分析与回顾，并对2018年经济形势走势进行了预测与研判，聚焦北京市经济社会发展中的全局性、战略性和关键领域的重点问题，运用定量和定性分析相结合的方法，对北京市经济社会发展的现状、问题、成因进行了深入分析，提出了可操作性的对策建议。

温州蓝皮书

2018年温州经济社会形势分析与预测

蒋儒标　王春光　金浩/主编　2018年6月出版　估价：99.00元

◆　本书是中共温州市委党校和中国社会科学院社会学研究所合作推出的第十一本温州蓝皮书，由来自党校、政府部门、科研机构、高校的专家、学者共同撰写的2017年温州区域发展形势的最新研究成果。

黑龙江蓝皮书

黑龙江社会发展报告（2018）

王爱丽/主编　2018年1月出版　定价：89.00元

◆　本书以千份随机抽样问卷调查和专题研究为依据，运用社会学理论框架和分析方法，从专家和学者的独特视角，对2017年黑龙江省关系民生的问题进行广泛的调研与分析，并对2017年黑龙江省诸多社会热点和焦点问题进行了有益的探索。这些研究不仅可以为政府部门更加全面深入了解省情、科学制定决策提供智力支持，同时也可以为广大读者认识、了解、关注黑龙江社会发展提供理性思考。

宏观经济类

城市蓝皮书
中国城市发展报告（No.11）
著(编)者：潘家华 单菁菁
2018年9月出版 / 估价：99.00元
PSN B-2007-091-1/1

城乡一体化蓝皮书
中国城乡一体化发展报告（2018）
著(编)者：付崇兰
2018年9月出版 / 估价：99.00元
PSN B-2011-226-1/2

城镇化蓝皮书
中国新型城镇化健康发展报告（2018）
著(编)者：张占斌
2018年8月出版 / 估价：99.00元
PSN B-2014-396-1/1

创新蓝皮书
创新型国家建设报告（2018~2019）
著(编)者：詹正茂
2018年12月出版 / 估价：99.00元
PSN B-2009-140-1/1

低碳发展蓝皮书
中国低碳发展报告（2018）
著(编)者：张希良 齐晔
2018年6月出版 / 估价：99.00元
PSN B-2011-223-1/1

低碳经济蓝皮书
中国低碳经济发展报告（2018）
著(编)者：薛进军 赵忠秀
2018年11月出版 / 估价：99.00元
PSN B-2011-194-1/1

发展和改革蓝皮书
中国经济发展和体制改革报告No.9
著(编)者：邹东涛 王再文
2018年1月出版 / 估价：99.00元
PSN B-2008-122-1/1

国家创新蓝皮书
中国创新发展报告（2017）
著(编)者：陈劲 　2018年5月出版 / 估价：99.00元
PSN B-2014-370-1/1

金融蓝皮书
中国金融发展报告（2018）
著(编)者：王国刚
2018年6月出版 / 估价：99.00元
PSN B-2004-031-1/7

经济蓝皮书
2018年中国经济形势分析与预测
著(编)者：李平 　2017年12月出版 / 定价：89.00元
PSN B-1996-001-1/1

经济蓝皮书春季号
2018年中国经济前景分析
著(编)者：李扬 　2018年5月出版 / 估价：99.00元
PSN B-1999-008-1/1

经济蓝皮书夏季号
中国经济增长报告（2017~2018）
著(编)者：李扬 　2018年9月出版 / 估价：99.00元
PSN B-2010-176-1/1

农村绿皮书
中国农村经济形势分析与预测（2017~2018）
著(编)者：魏后凯 黄秉信
2018年4月出版 / 定价：99.00元
PSN G-1998-003-1/1

人口与劳动绿皮书
中国人口与劳动问题报告No.19
著(编)者：张车伟 　2018年11月出版 / 估价：99.00元
PSN G-2000-012-1/1

新型城镇化蓝皮书
新型城镇化发展报告（2017）
著(编)者：李伟 宋敏
2018年3月出版 / 定价：98.00元
PSN B-2005-038-1/1

中国省域竞争力蓝皮书
中国省域经济综合竞争力发展报告（2016~2017）
著(编)者：李建平 李闽榕
2018年2月出版 / 定价：198.00元
PSN B-2007-088-1/1

中小城市绿皮书
中国中小城市发展报告（2018）
著(编)者：中国城市经济学会中小城市经济发展委员会
　　　　　中国城镇化促进会中小城市发展委员会
　　　　　《中国中小城市发展报告》编纂委员会
　　　　　中小城市发展战略研究院
2018年11月出版 / 估价：128.00元
PSN G-2010-161-1/1

区域经济类

东北蓝皮书
中国东北地区发展报告（2018）
著(编)者：姜晓秋　2018年11月出版 / 估价：99.00元
PSN B-2006-067-1/1

金融蓝皮书
中国金融中心发展报告（2017~2018）
著(编)者：王力 黄育华　2018年11月出版 / 估价：99.00元
PSN B-2011-186-6/7

京津冀蓝皮书
京津冀发展报告（2018）
著(编)者：祝合良 叶堂林 张贵祥
2018年6月出版 / 估价：99.00元
PSN B-2012-262-1/1

西北蓝皮书
中国西北发展报告（2018）
著(编)者：王福生 马廷旭 董秋生
2018年1月出版 / 定价：99.00元
PSN B-2012-261-1/1

西部蓝皮书
中国西部发展报告（2018）
著(编)者：璋勇 任保平　2018年8月出版 / 估价：99.00元
PSN B-2005-039-1/1

长江经济带产业蓝皮书
长江经济带产业发展报告（2018）
著(编)者：吴传清　2018年11月出版 / 估价：128.00元
PSN B-2017-666-1/1

长江经济带蓝皮书
长江经济带发展报告（2017~2018）
著(编)者：王振　2018年11月出版 / 估价：99.00元
PSN B-2016-575-1/1

长江中游城市群蓝皮书
长江中游城市群新型城镇化与产业协同发展报告（2018）
著(编)者：杨刚强　2018年11月出版 / 估价：99.00元
PSN B-2016-578-1/1

长三角蓝皮书
2017年创新融合发展的长三角
著(编)者：刘飞跃　2018年5月出版 / 估价：99.00元
PSN B-2005-038-1/1

长株潭城市群蓝皮书
长株潭城市群发展报告（2017）
著(编)者：张萍 朱有志　2018年6月出版 / 估价：99.00元
PSN B-2008-109-1/1

特色小镇蓝皮书
特色小镇智慧运营报告（2018）：顶层设计与智慧架构标准
著(编)者：陈劲　2018年1月出版 / 定价：79.00元
PSN B-2018-692-1/1

中部竞争力蓝皮书
中国中部经济社会竞争力报告（2018）
著(编)者：教育部人文社会科学重点研究基地南昌大学中国
中部经济社会发展研究中心
2018年12月出版 / 估价：99.00元
PSN B-2012-276-1/1

中部蓝皮书
中国中部地区发展报告（2018）
著(编)者：宋亚平　2018年12月出版 / 估价：99.00元
PSN B-2007-089-1/1

区域蓝皮书
中国区域经济发展报告（2017~2018）
著(编)者：赵弘　2018年5月出版 / 估价：99.00元
PSN B-2004-034-1/1

中三角蓝皮书
长江中游城市群发展报告（2018）
著(编)者：秦尊文　2018年9月出版 / 估价：99.00元
PSN B-2014-417-1/1

中原蓝皮书
中原经济区发展报告（2018）
著(编)者：李英杰　2018年6月出版 / 估价：99.00元
PSN B-2011-192-1/1

珠三角流通蓝皮书
珠三角商圈发展研究报告（2018）
著(编)者：王先庆 林至颖　2018年7月出版 / 估价：99.00元
PSN B-2012-292-1/1

社会政法类

北京蓝皮书
中国社区发展报告（2017~2018）
著(编)者：于燕燕　2018年9月出版 / 估价：99.00元
PSN B-2007-083-5/8

殡葬绿皮书
中国殡葬事业发展报告（2017~2018）
著(编)者：李伯森　2018年6月出版 / 估价：158.00元
PSN G-2010-180-1/1

城市管理蓝皮书
中国城市管理报告（2017-2018）
著(编)者：刘林 刘承水　2018年5月出版 / 估价：158.00元
PSN B-2013-336-1/1

城市生活质量蓝皮书
中国城市生活质量报告（2017）
著(编)者：张连城 张平 杨春学 郎丽华
2017年12月出版 / 定价：89.00元
PSN B-2013-326-1/1

城市政府能力蓝皮书
中国城市政府公共服务能力评估报告（2018）
著（编）者：何艳玲　2018年5月出版 / 估价：99.00元
PSN B-2013-338-1/1

创业蓝皮书
中国创业发展研究报告（2017～2018）
著（编）者：黄群慧 赵卫星 钟宏武
2018年11月出版 / 估价：99.00元
PSN B-2016-577-1/1

慈善蓝皮书
中国慈善发展报告（2018）
著（编）者：杨团　2018年6月出版 / 估价：99.00元
PSN B-2009-142-1/1

党建蓝皮书
党的建设研究报告No.2（2018）
著（编）者：崔建民 陈东平　2018年6月出版 / 估价：99.00元
PSN B-2016-523-1/1

地方法治蓝皮书
中国地方法治发展报告No.3（2018）
著（编）者：李林 田禾　2018年6月出版 / 估价：118.00元
PSN B-2015-442-1/1

电子政务蓝皮书
中国电子政务发展报告（2018）
著（编）者：李季　2018年8月出版 / 估价：99.00元
PSN B-2003-022-1/1

儿童蓝皮书
中国儿童参与状况报告（2017）
著（编）者：苑立新　2017年12月出版 / 定价：89.00元
PSN B-2017-682-1/1

法治蓝皮书
中国法治发展报告No.16（2018）
著（编）者：李林 田禾　2018年3月出版 / 定价：128.00元
PSN B-2004-027-1/3

法治蓝皮书
中国法院信息化发展报告No.2（2018）
著（编）者：李林 田禾　2018年2月出版 / 定价：118.00元
PSN B-2017-604-3/3

法治政府蓝皮书
中国法治政府发展报告（2017）
著（编）者：中国政法大学法治政府研究院
2018年3月出版 / 定价：158.00元
PSN B-2015-502-1/2

法治政府蓝皮书
中国法治政府评估报告（2018）
著（编）者：中国政法大学法治政府研究院
2018年9月出版 / 估价：168.00元
PSN B-2016-576-2/2

反腐倡廉蓝皮书
中国反腐倡廉建设报告No.8
著（编）者：张英伟　2018年12月出版 / 估价：99.00元
PSN B-2012-259-1/1

扶贫蓝皮书
中国扶贫开发报告（2018）
著（编）者：李培林 魏后凯　2018年12月出版 / 估价：128.00元
PSN B-2016-599-1/1

妇女发展蓝皮书
中国妇女发展报告No.6
著（编）者：王金玲　2018年9月出版 / 估价：158.00元
PSN B-2006-069-1/1

妇女教育蓝皮书
中国妇女教育发展报告No.3
著（编）者：张李玺　2018年10月出版 / 估价：99.00元
PSN B-2008-121-1/1

妇女绿皮书
2018年：中国性别平等与妇女发展报告
著（编）者：谭琳　2018年12月出版 / 估价：99.00元
PSN G-2006-073-1/1

公共安全蓝皮书
中国城市公共安全发展报告（2017～2018）
著（编）者：黄育华 杨文明 赵建辉
2018年6月出版 / 估价：99.00元
PSN B-2017-628-1/1

公共服务蓝皮书
中国城市基本公共服务力评价（2018）
著（编）者：钟君 刘志昌 吴正杲
2018年12月出版 / 估价：99.00元
PSN B-2011-214-1/1

公民科学素质蓝皮书
中国公民科学素质报告（2017～2018）
著（编）者：李群 陈雄 马宗文
2017年12月出版 / 定价：89.00元
PSN B-2014-379-1/1

公益蓝皮书
中国公益慈善发展报告（2016）
著（编）者：朱健刚 胡小军　2018年6月出版 / 估价：99.00元
PSN B-2012-283-1/1

国际人才蓝皮书
中国国际移民报告（2018）
著（编）者：王辉耀　2018年6月出版 / 估价：99.00元
PSN B-2012-304-3/4

国际人才蓝皮书
中国留学发展报告（2018）No.7
著（编）者：王辉耀 苗绿　2018年12月出版 / 估价：99.00元
PSN B-2012-244-2/4

海洋社会蓝皮书
中国海洋社会发展报告（2017）
著（编）者：崔凤 宋宁而　2018年3月出版 / 定价：99.00元
PSN B-2015-478-1/1

行政改革蓝皮书
中国行政体制改革报告No.7（2018）
著（编）者：魏礼群　2018年6月出版 / 估价：99.00元
PSN B-2011-231-1/1

华侨华人蓝皮书
华侨华人研究报告（2017）
著(编)者：张禹东 庄国土　2017年12月出版 / 定价：148.00元
PSN B-2011-204-1/1

互联网与国家治理蓝皮书
互联网与国家治理发展报告（2017）
著(编)者：张志安　2018年1月出版 / 定价：98.00元
PSN B-2017-671-1/1

环境管理蓝皮书
中国环境管理发展报告（2017）
著(编)者：李金惠　2017年12月出版 / 定价：98.00元
PSN B-2017-678-1/1

环境竞争力绿皮书
中国省域环境竞争力发展报告（2018）
著(编)者：李建平 李闽榕 王金南
2018年11月出版 / 估价：198.00元
PSN G-2010-165-1/1

环境绿皮书
中国环境发展报告（2017~2018）
著(编)者：李波　2018年6月出版 / 估价：99.00元
PSN G-2006-048-1/1

家庭蓝皮书
中国"创建幸福家庭活动"评估报告（2018）
著(编)者：国务院发展研究中心"创建幸福家庭活动评估"课题组
2018年12月出版 / 估价：99.00元
PSN B-2015-508-1/1

健康城市蓝皮书
中国健康城市建设研究报告（2018）
著(编)者：王鸿春 盛继洪　2018年12月出版 / 估价：99.00元
PSN B-2016-564-2/2

健康中国蓝皮书
社区首诊与健康中国分析报告（2018）
著(编)者：高和荣 杨叔禹 姜杰
2018年6月出版 / 估价：99.00元
PSN B-2017-611-1/1

教师蓝皮书
中国中小学教师发展报告（2017）
著(编)者：曾晓东 鱼霞
2018年6月出版 / 估价：99.00元
PSN B-2012-289-1/1

教育扶贫蓝皮书
中国教育扶贫报告（2018）
著(编)者：司树杰 王文静 李兴洲
2018年12月出版 / 估价：99.00元
PSN B-2016-590-1/1

教育蓝皮书
中国教育发展报告（2018）
著(编)者：杨东平　2018年3月出版 / 定价：89.00元
PSN B-2006-047-1/1

金融法治建设蓝皮书
中国金融法治建设年度报告（2015~2016）
著(编)者：朱小黄　2018年6月出版 / 估价：99.00元
PSN B-2017-633-1/1

京津冀教育蓝皮书
京津冀教育发展研究报告（2017~2018）
著(编)者：方中雄　2018年6月出版 / 估价：99.00元
PSN B-2017-608-1/1

就业蓝皮书
2018年中国本科生就业报告
著(编)者：麦可思研究院　2018年6月出版 / 估价：99.00元
PSN B-2009-146-1/2

就业蓝皮书
2018年中国高职高专生就业报告
著(编)者：麦可思研究院　2018年6月出版 / 估价：99.00元
PSN B-2015-472-2/2

科学教育蓝皮书
中国科学教育发展报告（2018）
著(编)者：王康友　2018年10月出版 / 估价：99.00元
PSN B-2015-487-1/1

劳动保障蓝皮书
中国劳动保障发展报告（2018）
著(编)者：刘燕斌　2018年9月出版 / 估价：158.00元
PSN B-2014-415-1/1

老龄蓝皮书
中国老年宜居环境发展报告（2017）
著(编)者：党俊武 周燕珉　2018年6月出版 / 估价：99.00元
PSN B-2013-320-1/1

连片特困区蓝皮书
中国连片特困区发展报告（2017~2018）
著(编)者：游俊 冷志明 丁建军
2018年6月出版 / 估价：99.00元
PSN B-2013-321-1/1

流动儿童蓝皮书
中国流动儿童教育发展报告（2017）
著(编)者：杨东平　2018年6月出版 / 估价：99.00元
PSN B-2017-600-1/1

民调蓝皮书
中国民生调查报告（2018）
著(编)者：谢耘耕　2018年12月出版 / 估价：99.00元
PSN B-2014-398-1/1

民族发展蓝皮书
中国民族发展报告（2018）
著(编)者：王延中　2018年10月出版 / 估价：188.00元
PSN B-2006-070-1/1

女性生活蓝皮书
中国女性生活状况报告No.12（2018）
著(编)者：高博燕　2018年7月出版 / 估价：99.00元
PSN B-2006-071-1/1

汽车社会蓝皮书
中国汽车社会发展报告（2017～2018）
著(编)者：王俊秀　2018年6月出版 / 估价：99.00元
PSN B-2011-224-1/1

青年蓝皮书
中国青年发展报告（2018）No.3
著(编)者：廉思　2018年6月出版 / 估价：99.00元
PSN B-2013-333-1/1

青少年蓝皮书
中国未成年人互联网运用报告（2017～2018）
著(编)者：季为民 李文革 沈杰
2018年11月出版 / 估价：99.00元
PSN B-2010-156-1/1

人权蓝皮书
中国人权事业发展报告No.8（2018）
著(编)者：李君如　2018年9月出版 / 估价：99.00元
PSN B-2011-215-1/1

社会保障绿皮书
中国社会保障发展报告No.9（2018）
著(编)者：王延中　2018年6月出版 / 估价：99.00元
PSN G-2001-014-1/1

社会风险评估蓝皮书
风险评估与危机预警报告（2017～2018）
著(编)者：唐钧　2018年8月出版 / 估价：99.00元
PSN B-2012-293-1/1

社会工作蓝皮书
中国社会工作发展报告（2016~2017）
著(编)者：民政部社会工作研究中心
2018年8月出版 / 估价：99.00元
PSN B-2009-141-1/1

社会管理蓝皮书
中国社会管理创新报告No.6
著(编)者：连玉明　2018年11月出版 / 估价：99.00元
PSN B-2012-300-1/1

社会蓝皮书
2018年中国社会形势分析与预测
著(编)者：李培林 陈光金 张翼
2017年12月出版 / 估价：89.00元
PSN B-1998-002-1/1

社会体制蓝皮书
中国社会体制改革报告No.6（2018）
著(编)者：龚维斌　2018年3月出版 / 定价：98.00元
PSN B-2013-330-1/1

社会心态蓝皮书
中国社会心态研究报告（2018）
著(编)者：王俊秀　2018年12月出版 / 估价：99.00元
PSN B-2011-199-1/1

社会组织蓝皮书
中国社会组织报告（2017-2018）
著(编)者：黄晓勇　2018年6月出版 / 估价：99.00元
PSN B-2008-118-1/2

社会组织蓝皮书
中国社会组织评估发展报告（2018）
著(编)者：徐家良　2018年12月出版 / 估价：99.00元
PSN B-2013-366-2/2

生态城市绿皮书
中国生态城市建设发展报告（2018）
著(编)者：刘举科 孙伟平 胡文臻
2018年9月出版 / 估价：158.00元
PSN G-2012-269-1/1

生态文明绿皮书
中国省域生态文明建设评价报告（ECI 2018）
著(编)者：严耕　2018年12月出版 / 估价：99.00元
PSN G-2010-170-1/1

退休生活蓝皮书
中国城市居民退休生活质量指数报告（2017）
著(编)者：杨一帆　2018年6月出版 / 估价：99.00元
PSN B-2017-618-1/1

危机管理蓝皮书
中国危机管理报告（2018）
著(编)者：文学国 范正青
2018年8月出版 / 估价：99.00元
PSN B-2010-171-1/1

学会蓝皮书
2018年中国学会发展报告
著(编)者：麦可思研究院　2018年12月出版 / 估价：99.00元
PSN B-2016-597-1/1

医改蓝皮书
中国医药卫生体制改革报告（2017～2018）
著(编)者：文学国 房志武
2018年11月出版 / 估价：99.00元
PSN B-2014-432-1/1

应急管理蓝皮书
中国应急管理报告（2018）
著(编)者：宋英华　2018年9月出版 / 估价：99.00元
PSN B-2016-562-1/1

政府绩效评估蓝皮书
中国地方政府绩效评估报告 No.2
著(编)者：贠杰　2018年12月出版 / 估价：99.00元
PSN B-2017-672-1/1

政治参与蓝皮书
中国政治参与报告（2018）
著(编)者：房宁　2018年8月出版 / 估价：128.00元
PSN B-2011-200-1/1

政治文化蓝皮书
中国政治文化报告（2018）
著(编)者：邢元敏 魏大鹏 龚克
2018年8月出版 / 估价：128.00元
PSN B-2017-615-1/1

中国传统村落蓝皮书
中国传统村落保护现状报告（2018）
著(编)者：胡彬彬 李向军 王晓波
2018年12月出版 / 估价：99.00元
PSN B-2017-663-1/1

中国农村妇女发展蓝皮书
农村流动女性城市生活发展报告（2018）
著(编)者：谢丽华　2018年12月出版 / 估价：99.00元
PSN B-2014-434-1/1

宗教蓝皮书
中国宗教报告（2017）
著(编)者：邱永辉　2018年8月出版 / 估价：99.00元
PSN B-2008-117-1/1

产业经济类

保健蓝皮书
中国保健服务产业发展报告 No.2
著(编)者：中国保健协会　　中共中央党校
2018年7月出版 / 估价：198.00元
PSN B-2012-272-3/3

保健蓝皮书
中国保健食品产业发展报告 No.2
著(编)者：中国保健协会
　　　　中国社会科学院食品药品产业发展与监管研究中心
2018年8月出版 / 估价：198.00元
PSN B-2012-271-2/3

保健蓝皮书
中国保健用品产业发展报告 No.2
著(编)者：中国保健协会
　　　　国务院国有资产监督管理委员会研究中心
2018年6月出版 / 估价：198.00元
PSN B-2012-270-1/3

保险蓝皮书
中国保险业竞争力报告（2018）
著(编)者：保监会　2018年12月出版 / 估价：99.00元
PSN B-2013-311-1/1

冰雪蓝皮书
中国冰上运动产业发展报告（2018）
著(编)者：孙承华 杨占武 刘戈 张鸿俊
2018年9月出版 / 估价：99.00元
PSN B-2017-648-3/3

冰雪蓝皮书
中国滑雪产业发展报告（2018）
著(编)者：孙承华 伍斌 魏庆华 张鸿俊
2018年9月出版 / 估价：99.00元
PSN B-2016-559-1/3

餐饮产业蓝皮书
中国餐饮产业发展报告（2018）
著(编)者：邢颖
2018年6月出版 / 估价：99.00元
PSN B-2009-151-1/1

茶业蓝皮书
中国茶产业发展报告（2018）
著(编)者：杨江帆 李闽榕
2018年10月出版 / 估价：99.00元
PSN B-2010-164-1/1

产业安全蓝皮书
中国文化产业安全报告（2018）
著(编)者：北京印刷学院文化产业安全研究院
2018年12月出版 / 估价：99.00元
PSN B-2014-378-12/14

产业安全蓝皮书
中国新媒体产业安全报告（2016～2017）
著(编)者：肖丽　2018年6月出版 / 估价：99.00元
PSN B-2015-500-14/14

产业安全蓝皮书
中国出版传媒产业安全报告（2017～2018）
著(编)者：北京印刷学院文化产业安全研究院
2018年6月出版 / 估价：99.00元
PSN B-2014-384-13/14

产业蓝皮书
中国产业竞争力报告（2018）No.8
著(编)者：张其仔　2018年12月出版 / 估价：168.00元
PSN B-2010-175-1/1

动力电池蓝皮书
中国新能源汽车动力电池产业发展报告（2018）
著(编)者：中国汽车技术研究中心
2018年8月出版 / 估价：99.00元
PSN B-2017-639-1/1

杜仲产业绿皮书
中国杜仲橡胶资源与产业发展报告（2017～2018）
著(编)者：杜红岩 胡文臻 俞锐
2018年6月出版 / 估价：99.00元
PSN G-2013-350-1/1

房地产蓝皮书
中国房地产发展报告No.15（2018）
著(编)者：李春华 王业强
2018年5月出版 / 估价：99.00元
PSN B-2004-028-1/1

服务外包蓝皮书
中国服务外包产业发展报告（2017～2018）
著(编)者：王晓红 刘德军
2018年6月出版 / 估价：99.00元
PSN B-2013-331-2/2

服务外包蓝皮书
中国服务外包竞争力报告（2017～2018）
著(编)者：刘春生 王力 黄育华
2018年12月出版 / 估价：99.00元
PSN B-2011-216-1/2

工业和信息化蓝皮书
世界信息技术产业发展报告（2017~2018）
著(编)者：尹丽波　2018年6月出版／估价：99.00元
PSN B-2015-449-2/6

工业和信息化蓝皮书
战略性新兴产业发展报告（2017~2018）
著(编)者：尹丽波　2018年6月出版／估价：99.00元
PSN B-2015-450-3/6

海洋经济蓝皮书
中国海洋经济发展报告（2015~2018）
著(编)者：殷克东　高金田　方胜民
2018年3月出版／定价：128.00元
PSN B-2018-697-1/1

康养蓝皮书
中国康养产业发展报告（2017）
著(编)者：何莽　2017年12月出版／定价：88.00元
PSN B-2017-685-1/1

客车蓝皮书
中国客车产业发展报告（2017~2018）
著(编)者：姚蔚　2018年10月出版／估价：99.00元
PSN B-2013-361-1/1

流通蓝皮书
中国商业发展报告（2018~2019）
著(编)者：王雪峰　林诗慧
2018年7月出版／估价：99.00元
PSN B-2009-152-1/2

能源蓝皮书
中国能源发展报告（2018）
著(编)者：崔民选　王军生　陈义和
2018年12月出版／估价：99.00元
PSN B-2006-049-1/1

农产品流通蓝皮书
中国农产品流通产业发展报告（2017）
著(编)者：贾敬敦　张东科　张玉玺　张鹏毅　周伟
2018年6月出版／估价：99.00元
PSN B-2012-288-1/1

汽车工业蓝皮书
中国汽车工业发展年度报告（2018）
著(编)者：中国汽车工业协会
　　　　　中国汽车技术研究中心
　　　　　丰田汽车公司
2018年5月出版／估价：168.00元
PSN B-2015-463-1/2

汽车工业蓝皮书
中国汽车零部件产业发展报告（2017~2018）
著(编)者：中国汽车工业协会
　　　　　中国汽车工程研究院深圳市沃特玛电池有限公司
2018年9月出版／估价：99.00元
PSN B-2016-515-2/2

汽车蓝皮书
中国汽车产业发展报告（2018）
著(编)者：中国汽车工程学会
　　　　　大众汽车集团（中国）
2018年11月出版／估价：99.00元
PSN B-2008-124-1/1

世界茶业蓝皮书
世界茶业发展报告（2018）
著(编)者：李闽榕　冯廷佺
2018年5月出版／估价：168.00元
PSN B-2017-619-1/1

世界能源蓝皮书
世界能源发展报告（2018）
著(编)者：黄晓勇　2018年6月出版／估价：168.00元
PSN B-2013-349-1/1

石油蓝皮书
中国石油产业发展报告（2018）
著(编)者：中国石油化工集团公司经济技术研究院
　　　　　中国国际石油化工联合有限责任公司
　　　　　中国社会科学院数量经济与技术经济研究所
2018年2月出版／定价：98.00元
PSN B-2018-690-1/1

体育蓝皮书
国家体育产业基地发展报告（2016~2017）
著(编)者：李颖川　2018年6月出版／估价：168.00元
PSN B-2017-609-5/5

体育蓝皮书
中国体育产业发展报告（2018）
著(编)者：阮伟　钟秉枢
2018年12月出版／估价：99.00元
PSN B-2010-179-1/5

文化金融蓝皮书
中国文化金融发展报告（2018）
著(编)者：杨涛　金巍
2018年6月出版／估价：99.00元
PSN B-2017-610-1/1

新能源汽车蓝皮书
中国新能源汽车产业发展报告（2018）
著(编)者：中国汽车技术研究中心
　　　　　日产（中国）投资有限公司
　　　　　东风汽车有限公司
2018年8月出版／估价：99.00元
PSN B-2013-347-1/1

薏仁米产业蓝皮书
中国薏仁米产业发展报告No.2（2018）
著(编)者：李发耀　石明　秦礼康
2018年8月出版／估价：99.00元
PSN B-2017-645-1/1

邮轮绿皮书
中国邮轮产业发展报告（2018）
著(编)者：汪泓　2018年10月出版／估价：99.00元
PSN G-2014-419-1/1

智能养老蓝皮书
中国智能养老产业发展报告（2018）
著(编)者：朱勇　2018年10月出版／估价：99.00元
PSN B-2015-488-1/1

中国节能汽车蓝皮书
中国节能汽车发展报告（2017~2018）
著(编)者：中国汽车工程研究院股份有限公司
2018年9月出版／估价：99.00元
PSN B-2016-565-1/1

中国陶瓷产业蓝皮书
中国陶瓷产业发展报告（2018）
著(编)者：左和平 黄速建
2018年10月出版 / 估价：99.00元
PSN B-2016-573-1/1

装备制造业蓝皮书
中国装备制造业发展报告（2018）
著(编)者：徐东华
2018年12月出版 / 估价：118.00元
PSN B-2015 505-1/1

行业及其他类

"三农"互联网金融蓝皮书
中国"三农"互联网金融发展报告（2018）
著(编)者：李勇坚 王弢
2018年8月出版 / 估价：99.00元
PSN B-2016-560-1/1

SUV蓝皮书
中国SUV市场发展报告（2017～2018）
著(编)者：靳军 2018年9月出版 / 估价：99.00元
PSN B-2016-571-1/1

冰雪蓝皮书
中国冬季奥运会发展报告（2018）
著(编)者：孙承华 伍斌 魏庆华 张鸿俊
2018年9月出版 / 估价：99.00元
PSN B-2017-647-2/3

彩票蓝皮书
中国彩票发展报告（2018）
著(编)者：益彩基金 2018年6月出版 / 估价：99.00元
PSN B-2015-462-1/1

测绘地理信息蓝皮书
测绘地理信息供给侧结构性改革研究报告（2018）
著(编)者：库热西·买合苏提
2018年12月出版 / 估价：168.00元
PSN B-2009-145-1/1

产权市场蓝皮书
中国产权市场发展报告（2017）
著(编)者：曹和平
2018年5月出版 / 估价：99.00元
PSN B-2009-147-1/1

城投蓝皮书
中国城投行业发展报告（2018）
著(编)者：华景斌
2018年11月出版 / 估价：300.00元
PSN B-2016-514-1/1

城市轨道交通蓝皮书
中国城市轨道交通运营发展报告（2017～2018）
著(编)者：崔学忠 贾文峥
2018年3月出版 / 定价：89.00元
PSN B-2018-694-1/1

大数据蓝皮书
中国大数据发展报告（No.2）
著(编)者：连玉明 2018年5月出版 / 估价：99.00元
PSN B-2017-620-1/1

大数据应用蓝皮书
中国大数据应用发展报告No.2（2018）
著(编)者：陈军君 2018年8月出版 / 估价：99.00元
PSN B-2017-644-1/1

对外投资与风险蓝皮书
中国对外直接投资与国家风险报告（2018）
著(编)者：中债资信评估有限责任公司
　　　　　中国社会科学院世界经济与政治研究所
2018年6月出版 / 估价：189.00元
PSN B-2017-606-1/1

工业和信息化蓝皮书
人工智能发展报告（2017～2018）
著(编)者：尹丽波 2018年6月出版 / 估价：99.00元
PSN B-2015-448-1/6

工业和信息化蓝皮书
世界智慧城市发展报告（2017～2018）
著(编)者：尹丽波 2018年6月出版 / 估价：99.00元
PSN B-2017-624-6/6

工业和信息化蓝皮书
世界网络安全发展报告（2017～2018）
著(编)者：尹丽波 2018年6月出版 / 估价：99.00元
PSN B-2015-452-5/6

工业和信息化蓝皮书
世界信息化发展报告（2017～2018）
著(编)者：尹丽波 2018年6月出版 / 估价：99.00元
PSN B-2015-451-4/6

工业设计蓝皮书
中国工业设计发展报告（2018）
著(编)者：王晓红 于炜 张立群 2018年9月出版 / 估价：168.00元
PSN B-2014-420-1/1

公共关系蓝皮书
中国公共关系发展报告（2017）
著(编)者：柳斌杰 2018年1月出版 / 定价：89.00元
PSN B-2016-579-1/1

公共关系蓝皮书
中国公共关系发展报告（2018）
著(编)者: 柳斌杰　2018年11月出版 / 估价: 99.00元
PSN B-2016-579-1/1

管理蓝皮书
中国管理发展报告（2018）
著(编)者: 张晓东　2018年10月出版 / 估价: 99.00元
PSN B-2014-416-1/1

轨道交通蓝皮书
中国轨道交通行业发展报告（2017）
著(编)者: 仲建华　李闽榕
2017年12月出版 / 定价: 98.00元
PSN B-2017-674-1/1

海关发展蓝皮书
中国海关发展前沿报告（2018）
著(编)者: 干春晖　2018年6月出版 / 估价: 99.00元
PSN B-2017-616-1/1

互联网医疗蓝皮书
中国互联网健康医疗发展报告（2018）
著(编)者: 芮晓武　2018年6月出版 / 估价: 99.00元
PSN B-2016-567-1/1

黄金市场蓝皮书
中国商业银行黄金业务发展报告（2017~2018）
著(编)者: 平安银行　2018年6月出版 / 估价: 99.00元
PSN B-2016-524-1/1

会展蓝皮书
中外会展业动态评估研究报告（2018）
著(编)者: 张敏　任中峰　聂鑫焱　牛盼强
2018年12月出版 / 估价: 99.00元
PSN B-2013-327-1/1

基金会蓝皮书
中国基金会发展报告（2017~2018）
著(编)者: 中国基金会发展报告课题组
2018年6月出版 / 估价: 99.00元
PSN B-2013-368-1/1

基金会绿皮书
中国基金会发展独立研究报告（2018）
著(编)者: 基金会中心网　中央民族大学基金会研究中心
2018年6月出版 / 估价: 99.00元
PSN G-2011-213-1/1

基金会透明度蓝皮书
中国基金会透明度发展研究报告（2018）
著(编)者: 基金会中心网
　　　　清华大学廉政与治理研究中心
2018年9月出版 / 估价: 99.00元
PSN B-2013-339-1/1

建筑装饰蓝皮书
中国建筑装饰行业发展报告（2018）
著(编)者: 葛道顺　刘晓一
2018年10月出版 / 估价: 198.00元
PSN B-2016-553-1/1

金融监管蓝皮书
中国金融监管报告（2018）
著(编)者: 胡滨　2018年3月出版 / 定价: 98.00元
PSN B-2012-281-1/1

金融蓝皮书
中国互联网金融行业分析与评估（2018~2019）
著(编)者: 黄国平　伍旭川　2018年12月出版 / 估价: 99.00元
PSN B-2016-585-7/7

金融科技蓝皮书
中国金融科技发展报告（2018）
著(编)者: 李扬　孙国峰　2018年10月出版 / 估价: 99.00元
PSN B-2014-374-1/1

金融信息服务蓝皮书
中国金融信息服务发展报告（2018）
著(编)者: 李平　2018年5月出版 / 估价: 99.00元
PSN B-2017-621-1/1

金蜜蜂企业社会责任蓝皮书
金蜜蜂中国企业社会责任报告研究（2017）
著(编)者: 殷格非　于志宏　管竹笋
2018年1月出版 / 定价: 99.00元
PSN B-2018-693-1/1

京津冀金融蓝皮书
京津冀金融发展报告（2018）
著(编)者: 王爱俭　王璟怡　2018年10月出版 / 估价: 99.00元
PSN B-2016-527-1/1

科普蓝皮书
国家科普能力发展报告（2018）
著(编)者: 王康友　2018年5月出版 / 估价: 138.00元
PSN B-2017-632-4/4

科普蓝皮书
中国基层科普发展报告（2017~2018）
著(编)者: 赵立新　陈玲　2018年9月出版 / 估价: 99.00元
PSN B-2016-568-3/4

科普蓝皮书
中国科普基础设施发展报告（2017~2018）
著(编)者: 任福君　2018年6月出版 / 估价: 99.00元
PSN B-2010-174-1/3

科普蓝皮书
中国科普人才发展报告（2017~2018）
著(编)者: 郑念　任嵘嵘　2018年7月出版 / 估价: 99.00元
PSN B-2016-512-2/4

科普能力蓝皮书
中国科普能力评价报告（2018~2019）
著(编)者: 李富强　李群　2018年8月出版 / 估价: 99.00元
PSN B-2016-555-1/1

临空经济蓝皮书
中国临空经济发展报告（2018）
著(编)者: 连玉明　2018年9月出版 / 估价: 99.00元
PSN B-2014-421-1/1

旅游安全蓝皮书
中国旅游安全报告（2018）
著(编)者：郑向敏 谢朝武　　2018年5月出版 / 估价：158.00元
PSN B-2012-280-1/1

旅游绿皮书
2017～2018年中国旅游发展分析与预测
著(编)者：宋瑞　　2018年1月出版 / 定价：99.00元
PSN G-2002-018-1/1

煤炭蓝皮书
中国煤炭工业发展报告（2018）
著(编)者：岳福斌　　2018年12月出版 / 估价：99.00元
PSN B-2008-123-1/1

民营企业社会责任蓝皮书
中国民营企业社会责任报告（2018）
著(编)者：中华全国工商业联合会
2018年12月出版 / 估价：99.00元
PSN B-2015-510-1/1

民营医院蓝皮书
中国民营医院发展报告（2017）
著(编)者：薛晓林　　2017年12月出版 / 定价：89.00元
PSN B-2012-299-1/1

闽商蓝皮书
闽商发展报告（2018）
著(编)者：李闽榕 王日根 林琛
2018年12月出版 / 估价：99.00元
PSN B-2012-298-1/1

农业应对气候变化蓝皮书
中国农业气象灾害及其灾损评估报告（No.3）
著(编)者：矫梅燕　　2018年6月出版 / 估价：118.00元
PSN B-2014-413-1/1

品牌蓝皮书
中国品牌战略发展报告（2018）
著(编)者：汪同三　　2018年10月出版 / 估价：99.00元
PSN B-2016-580-1/1

企业扶贫蓝皮书
中国企业扶贫研究报告（2018）
著(编)者：钟宏武　　2018年12月出版 / 估价：99.00元
PSN B-2016-593-1/1

企业公益蓝皮书
中国企业公益研究报告（2018）
著(编)者：钟宏武 汪杰 黄晓娟
2018年12月出版 / 估价：99.00元
PSN B-2015-501-1/1

企业国际化蓝皮书
中国企业全球化报告（2018）
著(编)者：王辉耀 苗绿　　2018年11月出版 / 估价：99.00元
PSN B-2014-427-1/1

企业蓝皮书
中国企业绿色发展报告No.2（2018）
著(编)者：李红玉 朱光辉
2018年8月出版 / 估价：99.00元
PSN B-2015-481-2/2

企业社会责任蓝皮书
中资企业海外社会责任研究报告（2017～2018）
著(编)者：钟宏武 叶柳红 张蒽
2018年6月出版 / 估价：99.00元
PSN B-2017-603-2/2

企业社会责任蓝皮书
中国企业社会责任研究报告（2018）
著(编)者：黄群慧 钟宏武 张蒽 汪杰
2018年11月出版 / 估价：99.00元
PSN B-2009-149-1/2

汽车安全蓝皮书
中国汽车安全发展报告（2018）
著(编)者：中国汽车技术研究中心
2018年8月出版 / 估价：99.00元
PSN B-2014-385-1/1

汽车电子商务蓝皮书
中国汽车电子商务发展报告（2018）
著(编)者：中华全国工商业联合会汽车经销商商会
　　　　　北方工业大学
　　　　　北京易观智库网络科技有限公司
2018年10月出版 / 估价：158.00元
PSN B-2015-485-1/1

汽车知识产权蓝皮书
中国汽车产业知识产权发展报告（2018）
著(编)者：中国汽车工程研究院股份有限公司
　　　　　中国汽车工程学会
　　　　　重庆长安汽车股份有限公司
2018年12月出版 / 估价：99.00元
PSN B-2016-594-1/1

青少年体育蓝皮书
中国青少年体育发展报告（2017）
著(编)者：刘扶民 杨桦　　2018年6月出版 / 估价：99.00元
PSN B-2015-482-1/1

区块链蓝皮书
中国区块链发展报告（2018）
著(编)者：李伟　　2018年9月出版 / 估价：99.00元
PSN B-2017-649-1/1

群众体育蓝皮书
中国群众体育发展报告（2017）
著(编)者：刘国永 戴健　　2018年5月出版 / 估价：99.00元
PSN B-2014-411-1/3

群众体育蓝皮书
中国社会体育指导员发展报告（2018）
著(编)者：刘国永 王欢　　2018年6月出版 / 估价：99.00元
PSN B-2016-520-3/3

人力资源蓝皮书
中国人力资源发展报告（2018）
著(编)者：余兴安　　2018年11月出版 / 估价：99.00元
PSN B-2012-287-1/1

融资租赁蓝皮书
中国融资租赁业发展报告（2017～2018）
著(编)者：李光荣 王力　　2018年8月出版 / 估价：99.00元
PSN B-2015-443-1/1

商会蓝皮书
中国商会发展报告No.5（2017）
著（编）者：王钦敏　2018年7月出版 / 估价：99.00元
PSN B－2008－125－1/1

商务中心区蓝皮书
中国商务中心区发展报告No.4（2017~2018）
著（编）者：李国红 单菁菁　2018年9月出版 / 估价：99.00元
PSN B－2015－444－1/1

设计产业蓝皮书
中国创新设计发展报告（2018）
著（编）者：王晓红 张立群 于炜
2018年11月出版 / 估价：99.00元
PSN B－2016－581－2/2

社会责任管理蓝皮书
中国上市公司社会责任能力成熟度报告No.4（2018）
著（编）者：肖红军 王晓光 李伟阳
2018年12月出版 / 估价：99.00元
PSN B－2015－507－2/2

社会责任管理蓝皮书
中国企业公众透明度报告No.4（2017~2018）
著（编）者：黄速建 熊梦 王晓光 肖红军
2018年6月出版 / 估价：99.00元
PSN B－2015－440－1/2

食品药品蓝皮书
食品药品安全与监管政策研究报告（2016~2017）
著（编）者：唐民皓　2018年6月出版 / 估价：99.00元
PSN B－2009－129－1/1

输血服务蓝皮书
中国输血行业发展报告（2018）
著（编）者：孙俊　2018年12月出版 / 估价：99.00元
PSN B－2015－582－1/1

水利风景区蓝皮书
中国水利风景区发展报告（2018）
著（编）者：董建文 兰思仁
2018年10月出版 / 估价：99.00元
PSN B－2015－480－1/1

数字经济蓝皮书
全球数字经济竞争力发展报告（2017）
著（编）者：王振　2017年12月出版 / 定价：79.00元
PSN B－2017－673－1/1

私募市场蓝皮书
中国私募股权市场发展报告（2017~2018）
著（编）者：曹和平　2018年12月出版 / 估价：99.00元
PSN B－2010－162－1/1

碳排放权交易蓝皮书
中国碳排放权交易报告（2018）
著（编）者：孙永平　2018年11月出版 / 估价：99.00元
PSN B－2017－652－1/1

碳市场蓝皮书
中国碳市场报告（2018）
著（编）者：定金彪　2018年11月出版 / 估价：99.00元
PSN B－2014－430－1/1

体育蓝皮书
中国公共体育服务发展报告（2018）
著（编）者：戴健　2018年12月出版 / 估价：99.00元
PSN B－2013－367－2/5

土地市场蓝皮书
中国农村土地市场发展报告（2017~2018）
著（编）者：李光荣　2018年6月出版 / 估价：99.00元
PSN B－2016－526－1/1

土地整治蓝皮书
中国土地整治发展研究报告（No.5）
著（编）者：国土资源部土地整治中心
2018年7月出版 / 估价：99.00元
PSN B－2014－401－1/1

土地政策蓝皮书
中国土地政策研究报告（2018）
著（编）者：高延利 张建平 吴次芳
2018年1月出版 / 定价：98.00元
PSN B－2015－506－1/1

网络空间安全蓝皮书
中国网络空间安全发展报告（2018）
著（编）者：惠志斌 覃庆玲
2018年11月出版 / 估价：99.00元
PSN B－2015－466－1/1

文化志愿服务蓝皮书
中国文化志愿服务发展报告（2018）
著（编）者：张永新 良警宇　2018年11月出版 / 估价：128.00元
PSN B－2016－596－1/1

西部金融蓝皮书
中国西部金融发展报告（2017~2018）
著（编）者：李忠民　2018年8月出版 / 估价：99.00元
PSN B－2010－160－1/1

协会商会蓝皮书
中国行业协会商会发展报告（2017）
著（编）者：景朝阳 李勇　2018年6月出版 / 估价：99.00元
PSN B－2015－461－1/1

新三板蓝皮书
中国新三板市场发展报告（2018）
著（编）者：王力　2018年8月出版 / 估价：99.00元
PSN B－2016－533－1/1

信托市场蓝皮书
中国信托业市场报告（2017~2018）
著（编）者：用益金融信托研究院
2018年6月出版 / 估价：198.00元
PSN B－2014－371－1/1

信息化蓝皮书
中国信息化形势分析与预测（2017~2018）
著（编）者：周宏仁　2018年8月出版 / 估价：99.00元
PSN B－2010－168－1/1

信用蓝皮书
中国信用发展报告（2017~2018）
著（编）者：章政 田侃　2018年6月出版 / 估价：99.00元
PSN B－2013－328－1/1

休闲绿皮书
2017～2018年中国休闲发展报告
著(编)者：宋瑞　　2018年7月出版 / 估价：99.00元
PSN G-2010-158-1/1

休闲体育蓝皮书
中国休闲体育发展报告（2017～2018）
著(编)者：李相如 钟秉枢
2018年10月出版 / 估价：99.00元
PSN B-2016-516-1/1

养老金融蓝皮书
中国养老金融发展报告（2018）
著(编)者：董克用 姚余栋
2018年9月出版 / 估价：99.00元
PSN B-2016-583-1/1

遥感监测绿皮书
中国可持续发展遥感监测报告（2017）
著(编)者：顾行发 汪克强 潘教峰 李闽榕 徐东华 王琦安
2018年6月出版 / 估价：298.00元
PSN B-2017-629-1/1

药品流通蓝皮书
中国药品流通行业发展报告（2018）
著(编)者：佘鲁林 温再兴
2018年7月出版 / 估价：198.00元
PSN B-2014-429-1/1

医疗器械蓝皮书
中国医疗器械行业发展报告（2018）
著(编)者：王宝亭 耿鸿武
2018年10月出版 / 估价：99.00元
PSN B-2017-661-1/1

医院蓝皮书
中国医院竞争力报告（2017~2018）
著(编)者：庄一强　　2018年3月出版 / 定价：108.00元
PSN B-2016-528-1/1

瑜伽蓝皮书
中国瑜伽业发展报告（2017~2018）
著(编)者：张永建 徐华锋 朱泰余
2018年6月出版 / 估价：198.00元
PSN B-2017-625-1/1

债券市场蓝皮书
中国债券市场发展报告（2017～2018）
著(编)者：杨农　　2018年10月出版 / 估价：99.00元
PSN B-2016-572-1/1

志愿服务蓝皮书
中国志愿服务发展报告（2018）
著(编)者：中国志愿服务联合会
2018年11月出版 / 估价：99.00元
PSN B-2017-664-1/1

中国上市公司蓝皮书
中国上市公司发展报告（2018）
著(编)者：张鹏 张平 黄胤英
2018年9月出版 / 估价：99.00元
PSN B-2014-414-1/1

中国新三板蓝皮书
中国新三板创新与发展报告（2018）
著(编)者：刘平安 闻召林
2018年8月出版 / 估价：158.00元
PSN B-2017-638-1/1

中国汽车品牌蓝皮书
中国乘用车品牌发展报告（2017）
著(编)者：《中国汽车报》社有限公司
　　　　博世（中国）投资有限公司
　　　　中国汽车技术研究中心数据资源中心
2018年1月出版 / 定价：89.00元
PSN B-2017-679-1/1

中医文化蓝皮书
北京中医药文化传播发展报告（2018）
著(编)者：毛嘉陵　　2018年6月出版 / 估价：99.00元
PSN B-2015-468-1/2

中医文化蓝皮书
中国中医药文化传播发展报告（2018）
著(编)者：毛嘉陵　　2018年7月出版 / 估价：99.00元
PSN B-2016-584-2/2

中医药蓝皮书
北京中医药知识产权发展报告No.2
著(编)者：汪洪 屠志涛　　2018年6月出版 / 估价：168.00元
PSN B-2017-602-1/1

资本市场蓝皮书
中国场外交易市场发展报告（2016～2017）
著(编)者：高峦　　2018年6月出版 / 估价：99.00元
PSN B-2009-153-1/1

资产管理蓝皮书
中国资产管理行业发展报告（2018）
著(编)者：郑智　　2018年7月出版 / 估价：99.00元
PSN B-2014-407-2/2

资产证券化蓝皮书
中国资产证券化发展报告（2018）
著(编)者：沈炳熙 曹彤 李哲平
2018年4月出版 / 估价：98.00元
PSN B-2017-660-1/1

自贸区蓝皮书
中国自贸区发展报告（2018）
著(编)者：王力 黄育华
2018年6月出版 / 估价：99.00元
PSN B-2016-558-1/1

国际问题与全球治理类

"一带一路"跨境通道蓝皮书
"一带一路"跨境通道建设研究报（2017～2018）
著（编）者：余鑫 张秋生　2018年1月出版 / 定价：89.00元
PSN B-2016-557-1/1

"一带一路"蓝皮书
"一带一路"建设发展报告（2018）
著（编）者：李永全　2018年3月出版 / 定价：98.00元
PSN B-2016-552-1/1

"一带一路"投资安全蓝皮书
中国"一带一路"投资与安全研究报告（2018）
著（编）者：邹统钎 梁昊光　2018年4月出版 / 定价：98.00元
PSN B-2017-612-1/1

"一带一路"文化交流蓝皮书
中阿文化交流发展报告（2017）
著（编）者：王辉　2017年12月出版 / 定价：89.00元
PSN B-2017-655-1/1

G20国家创新竞争力黄皮书
二十集团（G20）国家创新竞争发展报告（2017～2018）
著（编）者：李建平 李闽榕 赵新力 周天勇
2018年7月出版 / 估价：168.00元
PSN Y-2011-229-1/1

阿拉伯黄皮书
阿拉伯发展报告（2016～2017）
著（编）者：罗林　2018年6月出版 / 估价：99.00元
PSN Y-2014-381-1/1

北部湾蓝皮书
泛北部湾合作发展报告（2017～2018）
著（编）者：吕余生　2018年12月出版 / 估价：99.00元
PSN B-2008-114-1/1

北极蓝皮书
北极地区发展报告（2017）
著（编）者：刘惠荣　2018年7月出版 / 估价：99.00元
PSN B-2017-634-1/1

大洋洲蓝皮书
大洋洲发展报告（2017～2018）
著（编）者：喻常森　2018年10月出版 / 估价：99.00元
PSN B-2013-341-1/1

东北亚区域合作蓝皮书
2017年"一带一路"倡议与东北亚区域合作
著（编）者：刘亚政 金美花
2018年5月出版 / 估价：99.00元
PSN B-2017-631-1/1

东盟黄皮书
东盟发展报告（2017）
著（编）者：杨静林 庄国土　2018年6月出版 / 估价：99.00元
PSN Y-2012-303-1/1

东南亚蓝皮书
东南亚地区发展报告（2017～2018）
著（编）者：王勤　2018年12月出版 / 估价：99.00元
PSN B-2012-240-1/1

非洲黄皮书
非洲发展报告No.20（2017～2018）
著（编）者：张宏明　2018年7月出版 / 估价：99.00元
PSN Y-2012-239-1/1

非传统安全蓝皮书
中国非传统安全研究报告（2017～2018）
著（编）者：萧枫 罗中枢　2018年8月出版 / 估价：99.00元
PSN B-2012-273-1/1

国际安全蓝皮书
中国国际安全研究报告（2018）
著（编）者：刘慧　2018年7月出版 / 估价：99.00元
PSN B-2016-521-1/1

国际城市蓝皮书
国际城市发展报告（2018）
著（编）者：屠启宇　2018年2月出版 / 定价：89.00元
PSN B-2012-260-1/1

国际形势黄皮书
全球政治与安全报告（2018）
著（编）者：张宇燕　2018年1月出版 / 定价：99.00元
PSN Y-2001-016-1/1

公共外交蓝皮书
中国公共外交发展报告（2018）
著（编）者：赵启正 雷蔚真　2018年6月出版 / 估价：99.00元
PSN B-2015-457-1/1

海丝蓝皮书
21世纪海上丝绸之路研究报告（2017）
著（编）者：华侨大学海上丝绸之路研究院
2017年12月出版 / 定价：89.00元
PSN B-2017-684-1/1

金砖国家黄皮书
金砖国家综合创新竞争力发展报告（2018）
著（编）者：赵新力 李闽榕 黄茂兴
2018年8月出版 / 定价：128.00元
PSN Y-2017-643-1/1

拉美黄皮书
拉丁美洲和加勒比发展报告（2017～2018）
著（编）者：袁东振　2018年6月出版 / 估价：99.00元
PSN Y-1999-007-1/1

澜湄合作蓝皮书
澜沧江-湄公河合作发展报告（2018）
著（编）者：刘稚　2018年9月出版 / 估价：99.00元
PSN B-2011-196-1/1

欧洲蓝皮书
欧洲发展报告（2017~2018）
著(编)者: 黄平 周弘 程卫东
2018年6月出版 / 估价: 99.00元
PSN B-1999-009-1/1

葡语国家蓝皮书
葡语国家发展报告（2016~2017）
著(编)者: 王成安 张敏 刘金兰
2018年6月出版 / 估价: 99.00元
PSN B-2015-503-1/2

葡语国家蓝皮书
中国与葡语国家关系发展报告·巴西（2016）
著(编)者: 张曙光
2018年8月出版 / 估价: 99.00元
PSN B-2016-563-2/2

气候变化绿皮书
应对气候变化报告（2018）
著(编)者: 王伟光 郑国光
2018年11月出版 / 估价: 99.00元
PSN G-2009-144-1/1

全球环境竞争力绿皮书
全球环境竞争力报告（2018）
著(编)者: 李建平 李闽榕 王金南
2018年12月出版 / 估价: 198.00元
PSN G-2013-363-1/1

全球信息社会蓝皮书
全球信息社会发展报告（2018）
著(编)者: 丁波涛 唐涛　　2018年10月出版 / 估价: 99.00元
PSN B-2017-665-1/1

日本经济蓝皮书
日本经济与中日经贸关系研究报告（2018）
著(编)者: 张季风　　2018年6月出版 / 估价: 99.00元
PSN B-2008-102-1/1

上海合作组织黄皮书
上海合作组织发展报告（2018）
著(编)者: 李进峰　　2018年6月出版 / 估价: 99.00元
PSN Y-2009-130-1/1

世界创新竞争力黄皮书
世界创新竞争力发展报告（2017）
著(编)者: 李建平 李闽榕 赵新力
2018年6月出版 / 估价: 168.00元
PSN Y-2013-318-1/1

世界经济黄皮书
2018年世界经济形势分析与预测
著(编)者: 张宇燕　　2018年1月出版 / 定价: 99.00元
PSN Y-1999-006-1/1

世界能源互联互通蓝皮书
世界能源清洁发展与互联互通评估报告（2017）：欧洲篇
著(编)者: 国网能源研究院
2018年1月出版 / 定价: 128.00元
PSN B-2018-695-1/1

丝绸之路蓝皮书
丝绸之路经济带发展报告（2018）
著(编)者: 任宗哲 白宽犁 谷孟宾
2018年1月出版 / 估价: 89.00元
PSN B-2014-410-1/1

新兴经济体蓝皮书
金砖国家发展报告（2018）
著(编)者: 林跃勤 周文
2018年8月出版 / 估价: 99.00元
PSN B-2011-195-1/1

亚太蓝皮书
亚太地区发展报告（2018）
著(编)者: 李向阳　　2018年5月出版 / 估价: 99.00元
PSN B-2001-015-1/1

印度洋地区蓝皮书
印度洋地区发展报告（2018）
著(编)者: 汪戎　　2018年6月出版 / 估价: 99.00元
PSN B-2013-334-1/1

印度尼西亚经济蓝皮书
印度尼西亚经济发展报告（2017）：增长与机会
著(编)者: 左志刚　　2017年11月出版 / 定价: 89.00元
PSN B-2017-675-1/1

渝新欧蓝皮书
渝新欧沿线国家发展报告（2018）
著(编)者: 杨柏 黄森
2018年6月出版 / 估价: 99.00元
PSN B-2017-626-1/1

中阿蓝皮书
中国-阿拉伯国家经贸发展报告（2018）
著(编)者: 张廉 段庆林 王林聪 杨巧红
2018年12月出版 / 估价: 99.00元
PSN B-2016-598-1/1

中东黄皮书
中东发展报告No.20（2017~2018）
著(编)者: 杨光　　2018年10月出版 / 估价: 99.00元
PSN Y-1998-004-1/1

中亚黄皮书
中亚国家发展报告（2018）
著(编)者: 孙力
2018年3月出版 / 定价: 98.00元
PSN Y-2012-238-1/1

国别类

澳大利亚蓝皮书
澳大利亚发展报告（2017-2018）
著（编）者：孙有中　韩锋　　2018年12月出版 / 估价：99.00元
PSN B-2016-587-1/1

巴西黄皮书
巴西发展报告（2017）
著（编）者：刘国枝　　2018年5月出版 / 估价：99.00元
PSN Y-2017-614-1/1

德国蓝皮书
德国发展报告（2018）
著（编）者：郑春荣　　2018年6月出版 / 估价：99.00元
PSN B-2012-278-1/1

俄罗斯黄皮书
俄罗斯发展报告（2018）
著（编）者：李永全　　2018年6月出版 / 估价：99.00元
PSN Y-2006-061-1/1

韩国蓝皮书
韩国发展报告（2017）
著（编）者：牛林杰　刘宝全　　2018年6月出版 / 估价：99.00元
PSN B-2010-155-1/1

加拿大蓝皮书
加拿大发展报告（2018）
著（编）者：唐小松　　2018年9月出版 / 估价：99.00元
PSN B-2014-389-1/1

美国蓝皮书
美国研究报告（2018）
著（编）者：郑秉文　黄平　　2018年5月出版 / 估价：99.00元
PSN B-2011-210-1/1

缅甸蓝皮书
缅甸国情报告（2017）
著（编）者：祝湘辉
2017年11月出版 / 定价：98.00元
PSN B-2013-343-1/1

日本蓝皮书
日本研究报告（2018）
著（编）者：杨伯江　　2018年4月出版 / 定价：99.00元
PSN B-2002-020-1/1

土耳其蓝皮书
土耳其发展报告（2018）
著（编）者：郭长刚　刘义　　2018年9月出版 / 估价：99.00元
PSN B-2014-412-1/1

伊朗蓝皮书
伊朗发展报告（2017~2018）
著（编）者：冀开运　　2018年10月 / 估价：99.00元
PSN B-2016-574-1/1

以色列蓝皮书
以色列发展报告（2018）
著（编）者：张倩红　　2018年8月出版 / 估价：99.00元
PSN B-2015-483-1/1

印度蓝皮书
印度国情报告（2017）
著（编）者：吕昭义　　2018年6月出版 / 估价：99.00元
PSN B-2012-241-1/1

英国蓝皮书
英国发展报告（2017~2018）
著（编）者：王展鹏　　2018年12月出版 / 估价：99.00元
PSN B-2015-486-1/1

越南蓝皮书
越南国情报告（2018）
著（编）者：谢林城　　2018年11月出版 / 估价：99.00元
PSN B-2006-056-1/1

泰国蓝皮书
泰国研究报告（2018）
著（编）者：庄国土　张禹东　刘文正
2018年10月出版 / 估价：99.00元
PSN B-2016-556-1/1

文化传媒类

"三农"舆情蓝皮书
中国"三农"网络舆情报告（2017~2018）
著（编）者：农业部信息中心
2018年6月出版 / 估价：99.00元
PSN B-2017-640-1/1

传媒竞争力蓝皮书
中国传媒国际竞争力研究报告（2018）
著（编）者：李本乾　刘强　王大可
2018年8月出版 / 估价：99.00元
PSN B-2013-356-1/1

传媒蓝皮书
中国传媒产业发展报告（2018）
著（编）者：崔保国
2018年5月出版 / 估价：99.00元
PSN B-2005-035-1/1

传媒投资蓝皮书
中国传媒投资发展报告（2018）
著（编）者：张向东　谭云明
2018年6月出版 / 估价：148.00元
PSN B-2015-474-1/1

非物质文化遗产蓝皮书
中国非物质文化遗产发展报告（2018）
著(编)者：陈平　　2018年6月出版 / 估价：128.00元
PSN B-2015-469-1/2

非物质文化遗产蓝皮书
中国非物质文化遗产保护发展报告（2018）
著(编)者：宋俊华　　2018年10月出版 / 估价：128.00元
PSN B-2016-586-2/2

广电蓝皮书
中国广播电影电视发展报告（2018）
著(编)者：国家新闻出版广电总局发展研究中心
2018年7月出版 / 估价：99.00元
PSN B-2006-072-1/1

广告主蓝皮书
中国广告主营销传播趋势报告No.9
著(编)者：黄升民 杜国清 邵华冬 等
2018年10月出版 / 估价：158.00元
PSN B-2005-041-1/1

国际传播蓝皮书
中国国际传播发展报告（2018）
著(编)者：胡正荣 李继东 姬德强
2018年12月出版 / 估价：99.00元
PSN B-2014-408-1/1

国家形象蓝皮书
中国国家形象传播报告（2017）
著(编)者：张昆　　2018年6月出版 / 估价：128.00元
PSN B-2017-605-1/1

互联网治理蓝皮书
中国网络社会治理研究报告（2018）
著(编)者：罗昕 支庭荣
2018年9月出版 / 估价：118.00元
PSN B-2017-653-1/1

纪录片蓝皮书
中国纪录片发展报告（2018）
著(编)者：何苏六　　2018年10月出版 / 估价：99.00元
PSN B-2011-222-1/1

科学传播蓝皮书
中国科学传播报告（2016~2017）
著(编)者：詹正茂　　2018年6月出版 / 估价：99.00元
PSN B-2008-120-1/1

两岸创意经济蓝皮书
两岸创意经济研究报告（2018）
著(编)者：罗昌智 董泽平
2018年10月出版 / 估价：99.00元
PSN B-2014-437-1/1

媒介与女性蓝皮书
中国媒介与女性发展报告（2017~2018）
著(编)者：刘利群　　2018年5月出版 / 估价：99.00元
PSN B-2013-345-1/1

媒体融合蓝皮书
中国媒体融合发展报告（2017~2018）
著(编)者：梅宁华 支庭荣
2017年12月出版 / 定价：98.00元
PSN B-2015-479-1/1

全球传媒蓝皮书
全球传媒发展报告（2017~2018）
著(编)者：胡正荣 李继东　　2018年6月出版 / 估价：99.00元
PSN B-2012-237-1/1

少数民族非遗蓝皮书
中国少数民族非物质文化遗产发展报告（2018）
著(编)者：肖远平（彝） 柴立（满）
2018年10月出版 / 估价：118.00元
PSN B-2015-467-1/1

视听新媒体蓝皮书
中国视听新媒体发展报告（2018）
著(编)者：国家新闻出版广电总局发展研究中心
2018年7月出版 / 估价：118.00元
PSN B-2011-184-1/1

数字娱乐产业蓝皮书
中国动画产业发展报告（2018）
著(编)者：孙立军 孙平 牛兴侦
2018年10月出版 / 估价：99.00元
PSN B-2011-198-1/2

数字娱乐产业蓝皮书
中国游戏产业发展报告（2018）
著(编)者：孙立军 刘跃军　　2018年10月出版 / 估价：99.00元
PSN B-2017-662-2/2

网络视听蓝皮书
中国互联网视听行业发展报告（2018）
著(编)者：陈鹏　　2018年2月出版 / 定价：148.00元
PSN B-2018-688-1/1

文化创新蓝皮书
中国文化创新报告（2017·No.8）
著(编)者：傅才武　　2018年6月出版 / 估价：99.00元
PSN B-2009-143-1/1

文化建设蓝皮书
中国文化发展报告（2018）
著(编)者：江畅 孙伟平 戴茂堂
2018年5月出版 / 估价：99.00元
PSN B-2014-392-1/1

文化科技蓝皮书
文化科技创新发展报告（2018）
著(编)者：于平 李凤亮　　2018年10月出版 / 估价：99.00元
PSN B-2013-342-1/1

文化蓝皮书
中国公共文化服务发展报告（2017~2018）
著(编)者：刘新成 张永新 张旭
2018年12月出版 / 估价：99.00元
PSN B-2007-093-2/10

文化蓝皮书
中国少数民族文化发展报告（2017~2018）
著(编)者：武翠英 张晓明 任乌晶
2018年9月出版 / 估价：99.00元
PSN B-2013-369-9/10

文化蓝皮书
中国文化产业供需协调检测报告（2018）
著(编)者：王亚南　　2018年3月出版 / 定价：99.00元
PSN B-2013-323-8/10

文化蓝皮书
中国文化消费需求景气评价报告（2018）
著（编）者：王亚南　2018年3月出版 / 定价：99.00元
PSN B-2011-236-4/10

文化蓝皮书
中国公共文化投入增长测评报告（2018）
著（编）者：王亚南　2018年3月出版 / 定价：99.00元
PSN B-2014-435-10/10

文化品牌蓝皮书
中国文化品牌发展报告（2018）
著（编）者：欧阳友权　2018年5月出版 / 估价：99.00元
PSN B-2012-277-1/1

文化遗产蓝皮书
中国文化遗产事业发展报告（2017～2018）
著（编）者：苏杨 张颖岚 卓杰 白海峰 陈晨 陈叙图
2018年8月出版 / 估价：99.00元
PSN B-2008-119-1/1

文学蓝皮书
中国文情报告（2017～2018）
著（编）者：白烨　2018年5月出版 / 估价：99.00元
PSN B-2011-221-1/1

新媒体蓝皮书
中国新媒体发展报告No.9（2018）
著（编）者：唐绪军　2018年7月出版 / 估价：99.00元
PSN B-2010-169-1/1

新媒体社会责任蓝皮书
中国新媒体社会责任研究报告（2018）
著（编）者：钟瑛　2018年12月出版 / 估价：99.00元
PSN B-2014-423-1/1

移动互联网蓝皮书
中国移动互联网发展报告（2018）
著（编）者：余清楚　2018年6月出版 / 估价：99.00元
PSN B-2012-282-1/1

影视蓝皮书
中国影视产业发展报告（2018）
著（编）者：司若 陈鹏 陈锐
2018年6月出版 / 估价：99.00元
PSN B-2016-529-1/1

舆情蓝皮书
中国社会舆情与危机管理报告（2018）
著（编）者：谢耘耕
2018年9月出版 / 估价：138.00元
PSN B-2011-235-1/1

中国大运河蓝皮书
中国大运河发展报告（2018）
著（编）者：吴欣　2018年2月出版 / 估价：128.00元
PSN B-2018-691-1/1

地方发展类–经济

澳门蓝皮书
澳门经济社会发展报告（2017～2018）
著（编）者：吴志良 郝雨凡
2018年7月出版 / 估价：99.00元
PSN B-2009-138-1/1

澳门绿皮书
澳门旅游休闲发展报告（2017～2018）
著（编）者：郝雨凡 林广志
2018年5月出版 / 估价：99.00元
PSN G-2017-617-1/1

北京蓝皮书
北京经济发展报告（2017～2018）
著（编）者：杨松　2018年6月出版 / 估价：99.00元
PSN B-2006-054-2/8

北京旅游绿皮书
北京旅游发展报告（2018）
著（编）者：北京旅游学会
2018年7月出版 / 估价：99.00元
PSN G-2012-301-1/1

北京体育蓝皮书
北京体育产业发展报告（2017～2018）
著（编）者：钟秉枢 陈杰 杨铁黎
2018年9月出版 / 估价：99.00元
PSN B-2015-475-1/1

滨海金融蓝皮书
滨海新区金融发展报告（2017）
著（编）者：王爱俭 李向前　2018年4月出版 / 估价：99.00元
PSN B-2014-424-1/1

城乡一体化蓝皮书
北京城乡一体化发展报告（2017～2018）
著（编）者：吴宝新 张宝秀 黄序
2018年5月出版 / 估价：99.00元
PSN B-2012-258-2/2

非公有制企业社会责任蓝皮书
北京非公有制企业社会责任报告（2018）
著（编）者：宋贵伦 冯培
2018年6月出版 / 估价：99.00元
PSN B-2017-613-1/1

福建旅游蓝皮书
福建省旅游产业发展现状研究（2017~2018）
著(编)者：陈敏华 黄远水　2018年12月出版 / 估价：128.00元
PSN B-2016-591-1/1

福建自贸区蓝皮书
中国(福建)自由贸易试验区发展报告(2017~2018)
著(编)者：黄茂兴　2018年6月出版 / 估价：118.00元
PSN B-2016-531-1/1

甘肃蓝皮书
甘肃经济发展分析与预测（2018）
著(编)者：安文华 罗哲　2018年1月出版 / 定价：99.00元
PSN B-2013-312-1/6

甘肃蓝皮书
甘肃商贸流通发展报告（2018）
著(编)者：张应华 王福生 王晓芳
2018年1月出版 / 定价：99.00元
PSN B-2016-522-6/6

甘肃蓝皮书
甘肃县域和农村发展报告（2018）
著(编)者：包东红 朱智文 王建兵
2018年1月出版 / 定价：99.00元
PSN B-2013-316-5/6

甘肃农业科技绿皮书
甘肃农业科技发展研究报告（2018）
著(编)者：魏胜文 乔德华 张东伟
2018年12月出版 / 估价：198.00元
PSN B-2016-592-1/1

甘肃气象保障蓝皮书
甘肃农业对气候变化的适应与风险评估报告（No.1）
著(编)者：鲍文中 周广胜
2017年12月出版 / 定价：108.00元
PSN B-2017-677-1/1

巩义蓝皮书
巩义经济社会发展报告（2018）
著(编)者：丁同民 朱军　2018年6月出版 / 估价：99.00元
PSN B-2016-532-1/1

广东外经贸蓝皮书
广东对外经济贸易发展研究报告（2017~2018）
著(编)者：陈万灵　2018年6月出版 / 估价：99.00元
PSN B-2012-286-1/1

广西北部湾经济区蓝皮书
广西北部湾经济区开放开发报告（2017~2018）
著(编)者：广西壮族自治区北部湾经济区和东盟开放合作办公室
　　　　 广西社会科学院
　　　　 广西北部湾发展研究院
2018年5月出版 / 估价：99.00元
PSN B-2010-181-1/1

广州蓝皮书
广州城市国际化发展报告（2018）
著(编)者：张跃国　2018年8月出版 / 估价：99.00元
PSN B-2012-246-11/14

广州蓝皮书
中国广州城市建设与管理发展报告（2018）
著(编)者：张其审 陈小钢 王宏伟　2018年8月出版 / 估价：99.00元
PSN B-2007-087-4/14

广州蓝皮书
广州创新型城市发展报告（2018）
著(编)者：尹涛　2018年6月出版 / 估价：99.00元
PSN B-2012-247-12/14

广州蓝皮书
广州经济发展报告（2018）
著(编)者：张跃国 尹涛　2018年7月出版 / 估价：99.00元
PSN B-2005-040-1/14

广州蓝皮书
2018年中国广州经济形势分析与预测
著(编)者：魏明海 谢博能 李华
2018年6月出版 / 估价：99.00元
PSN B-2011-185-9/14

广州蓝皮书
中国广州科技创新发展报告（2018）
著(编)者：于欣伟 陈爽 邓佑满　2018年8月出版 / 估价：99.00元
PSN B-2006-065-2/14

广州蓝皮书
广州农村发展报告（2018）
著(编)者：朱名宏　2018年7月出版 / 估价：99.00元
PSN B-2010-167-8/14

广州蓝皮书
广州汽车产业发展报告（2018）
著(编)者：杨再â 冯兴亚　2018年7月出版 / 估价：99.00元
PSN B-2006-066-3/14

广州蓝皮书
广州商贸业发展报告（2018）
著(编)者：张廷国 陈杰 苟振英
2018年7月出版 / 估价：99.00元
PSN B-2012-245-10/14

贵阳蓝皮书
贵阳城市创新发展报告No.3（白云篇）
著(编)者：连玉明　2018年5月出版 / 估价：99.00元
PSN B-2015-491-3/10

贵阳蓝皮书
贵阳城市创新发展报告No.3（观山湖篇）
著(编)者：连玉明　2018年5月出版 / 估价：99.00元
PSN B-2015-497-9/10

贵阳蓝皮书
贵阳城市创新发展报告No.3（花溪篇）
著(编)者：连玉明　2018年5月出版 / 估价：99.00元
PSN B-2015-490-2/10

贵阳蓝皮书
贵阳城市创新发展报告No.3（开阳篇）
著(编)者：连玉明　2018年5月出版 / 估价：99.00元
PSN B-2015-492-4/10

贵阳蓝皮书
贵阳城市创新发展报告No.3（南明篇）
著(编)者：连玉明　2018年5月出版 / 估价：99.00元
PSN B-2015-496-8/10

贵阳蓝皮书
贵阳城市创新发展报告No.3（清镇篇）
著(编)者：连玉明　2018年5月出版 / 估价：99.00元
PSN B-2015-489-1/10

贵阳蓝皮书
贵阳城市创新发展报告No.3（乌当篇）
著(编)者：连玉明　2018年5月出版 / 估价：99.00元
PSN B-2015-495-7/10

贵阳蓝皮书
贵阳城市创新发展报告No.3（息烽篇）
著(编)者：连玉明　2018年5月出版 / 估价：99.00元
PSN B-2015-493-5/10

贵阳蓝皮书
贵阳城市创新发展报告No.3（修文篇）
著(编)者：连玉明　2018年5月出版 / 估价：99.00元
PSN B-2015-494-6/10

贵阳蓝皮书
贵阳城市创新发展报告No.3（云岩篇）
著(编)者：连玉明　2018年5月出版 / 估价：99.00元
PSN B-2015-498-10/10

贵州房地产蓝皮书
贵州房地产发展报告No.5（2018）
著(编)者：武廷方　2018年7月出版 / 估价：99.00元
PSN B-2014-426-1/1

贵州蓝皮书
贵州册亨经济社会发展报告（2018）
著(编)者：黄德林　2018年6月出版 / 估价：99.00元
PSN B-2016-525-8/9

贵州蓝皮书
贵州地理标志产业发展报告（2018）
著(编)者：李发耀 黄其松　2018年8月出版 / 估价：99.00元
PSN B-2017-646-10/10

贵州蓝皮书
贵安新区发展报告（2017~2018）
著(编)者：马长青 吴大华　2018年6月出版 / 估价：99.00元
PSN B-2015-459-4/10

贵州蓝皮书
贵州国家级开放创新平台发展报告（2017~2018）
著(编)者：申晓庆 吴大华 李泓
2018年11月出版 / 估价：99.00元
PSN B-2016-518-7/10

贵州蓝皮书
贵州国有企业社会责任发展报告（2017~2018）
著(编)者：郭丽　2018年12月出版 / 估价：99.00元
PSN B-2015-511-6/10

贵州蓝皮书
贵州民航业发展报告（2017）
著(编)者：申振东 吴大华　2018年6月出版 / 估价：99.00元
PSN B-2015-471-5/10

贵州蓝皮书
贵州民营经济发展报告（2017）
著(编)者：杨静 吴大华　2018年6月出版 / 估价：99.00元
PSN B-2016-530-9/9

杭州都市圈蓝皮书
杭州都市圈发展报告（2018）
著(编)者：洪庆华 沈翔　2018年4月出版 / 定价：98.00元
PSN B-2012-302-1/1

河北经济蓝皮书
河北省经济发展报告（2018）
著(编)者：马树强 金浩 张贵　2018年6月出版 / 估价：99.00元
PSN B-2014-380-1/1

河北蓝皮书
河北经济社会发展报告（2018）
著(编)者：康振海　2018年1月出版 / 定价：99.00元
PSN B-2014-372-1/3

河北蓝皮书
京津冀协同发展报告（2018）
著(编)者：陈璐　2017年12月出版 / 定价：79.00元
PSN B-2017-601-2/3

河南经济蓝皮书
2018年河南经济形势分析与预测
著(编)者：王世炎　2018年3月出版 / 定价：89.00元
PSN B-2007-086-1/1

河南蓝皮书
河南城市发展报告（2018）
著(编)者：张占仓 王建国　2018年5月出版 / 估价：99.00元
PSN B-2009-131-3/9

河南蓝皮书
河南工业发展报告（2018）
著(编)者：张占仓　2018年5月出版 / 估价：99.00元
PSN B-2013-317-5/9

河南蓝皮书
河南金融发展报告（2018）
著(编)者：喻新安 谷建全
2018年6月出版 / 估价：99.00元
PSN B-2014-390-7/9

河南蓝皮书
河南经济发展报告（2018）
著(编)者：张占仓 完世伟
2018年6月出版 / 估价：99.00元
PSN B-2010-157-4/9

河南蓝皮书
河南能源发展报告（2018）
著(编)者：国网河南省电力公司经济技术研究院
　　　　河南省社会科学院
2018年6月出版 / 估价：99.00元
PSN B-2017-607-9/9

河南商务蓝皮书
河南商务发展报告（2018）
著(编)者：焦锦淼 穆荣国　2018年5月出版 / 估价：99.00元
PSN B-2014-399-1/1

河南双创蓝皮书
河南创新创业发展报告（2018）
著(编)者：喻新安 杨雪梅
2018年8月出版 / 估价：99.00元
PSN B-2017-641-1/1

黑龙江蓝皮书
黑龙江经济发展报告（2018）
著(编)者：朱宇　2018年1月出版 / 定价：89.00元
PSN B-2011-190-2/2

湖南城市蓝皮书
区域城市群整合
著(编)者：童中贤 韩未名　2018年12月出版 / 估价：99.00元
PSN B-2006-064-1/1

湖南蓝皮书
湖南城乡一体化发展报告（2018）
著(编)者：陈文胜 王文强 陆福兴
2018年8月出版 / 估价：99.00元
PSN B-2015-477-8/8

湖南蓝皮书
2018年湖南电子政务发展报告
著(编)者：梁志峰　2018年5月出版 / 估价：128.00元
PSN B-2014-394-6/8

湖南蓝皮书
2018年湖南经济发展报告
著(编)者：卞鹰　2018年5月出版 / 估价：128.00元
PSN B-2011-207-2/8

湖南蓝皮书
2016年湖南经济展望
著(编)者：梁志峰　2018年5月出版 / 估价：128.00元
PSN B-2011-206-1/8

湖南蓝皮书
2018年湖南县域经济社会发展报告
著(编)者：梁志峰　2018年5月出版 / 估价：128.00元
PSN B-2014-395-7/8

湖南县域绿皮书
湖南县域发展报告（No.5）
著(编)者：袁准 周小毛 黎仁寅
2018年6月出版 / 估价：99.00元
PSN G-2012-274-1/1

沪港蓝皮书
沪港发展报告（2018）
著(编)者：尤安山　2018年9月出版 / 估价：99.00元
PSN B-2013-362-1/1

吉林蓝皮书
2018年吉林经济社会形势分析与预测
著(编)者：邵汉明　2017年12月出版 / 定价：89.00元
PSN B-2013-319-1/1

吉林省城市竞争力蓝皮书
吉林省城市竞争力报告（2017~2018）
著(编)者：崔岳春 张磊
2018年3月出版 / 定价：89.00元
PSN B-2016-513-1/1

济源蓝皮书
济源经济社会发展报告（2018）
著(编)者：喻新安　2018年6月出版 / 估价：99.00元
PSN B-2014-387-1/1

江苏蓝皮书
2018年江苏经济发展分析与展望
著(编)者：王庆五 吴先满
2018年7月出版 / 估价：128.00元
PSN B-2017-635-1/3

江西蓝皮书
江西经济社会发展报告（2018）
著(编)者：陈石俊 龚建文　2018年10月出版 / 估价：128.00元
PSN B-2015-484-1/2

江西蓝皮书
江西设区市发展报告（2018）
著(编)者：姜玮 梁勇
2018年10月出版 / 估价：99.00元
PSN B-2016-517-2/2

经济特区蓝皮书
中国经济特区发展报告（2017）
著(编)者：陶一桃　2018年1月出版 / 估价：99.00元
PSN B-2009-139-1/1

辽宁蓝皮书
2018年辽宁经济社会形势分析与预测
著(编)者：梁启东 魏红江　2018年6月出版 / 估价：99.00元
PSN B-2006-053-1/1

民族经济蓝皮书
中国民族地区经济发展报告（2018）
著(编)者：李曦辉　2018年7月出版 / 估价：99.00元
PSN B-2017-630-1/1

南宁蓝皮书
南宁经济发展报告（2018）
著(编)者：胡建华　2018年9月出版 / 估价：99.00元
PSN B-2016-569-2/3

内蒙古蓝皮书
内蒙古精准扶贫研究报告（2018）
著(编)者：张志华　2018年1月出版 / 定价：89.00元
PSN B-2017-681-2/2

浦东新区蓝皮书
上海浦东经济发展报告（2018）
著(编)者：周小平 徐美芳
2018年1月出版 / 定价：89.00元
PSN B-2011-225-1/1

青海蓝皮书
2018年青海经济社会形势分析与预测
著(编)者：陈玮　2018年1月出版 / 定价：98.00元
PSN B-2012-275-1/2

青海科技绿皮书
青海科技发展报告（2017）
著(编)者：青海省科学技术信息研究所
2018年3月出版 / 估价：98.00元
PSN G-2018-701-1/1

山东蓝皮书
山东经济形势分析与预测（2018）
著(编)者：李广杰　2018年7月出版 / 估价：99.00元
PSN B-2014-404-1/5

山东蓝皮书
山东省普惠金融发展报告（2018）
著(编)者：齐鲁财富网
2018年9月出版 / 估价：99.00元
PSN B2017-676-5/5

山西蓝皮书
山西资源型经济转型发展报告（2018）
著(编)者：李志强　2018年7月出版 / 估价：99.00元
PSN B-2011-197-1/1

陕西蓝皮书
陕西经济发展报告（2018）
著(编)者：任宗哲 白宽犁 裴成荣
2018年1月出版 / 定价：89.00元
PSN B-2009-135-1/6

陕西蓝皮书
陕西精准脱贫研究报告（2018）
著(编)者：任宗哲 白宽犁 王建康
2018年4月出版 / 定价：89.00元
PSN B-2017-623-6/6

上海蓝皮书
上海经济发展报告（2018）
著(编)者：沈开艳　2018年2月出版 / 定价：89.00元
PSN B-2006-057-1/7

上海蓝皮书
上海资源环境发展报告（2018）
著(编)者：周冯琦 胡静　2018年2月出版 / 定价：89.00元
PSN B-2006-060-4/7

上海蓝皮书
上海奉贤经济发展分析与研判（2017～2018）
著(编)者：张兆安 朱平芳　2018年3月出版 / 定价：99.00元
PSN B-2018-698-8/8

上饶蓝皮书
上饶发展报告（2016～2017）
著(编)者：廖其志　2018年6月出版 / 估价：128.00元
PSN B-2014-377-1/1

深圳蓝皮书
深圳经济发展报告（2018）
著(编)者：张骁儒　2018年6月出版 / 估价：99.00元
PSN B-2008-112-3/7

四川蓝皮书
四川城镇化发展报告（2018）
著(编)者：侯水平 陈炜　2018年6月出版 / 估价：99.00元
PSN B-2015-456-7/7

四川蓝皮书
2018年四川经济形势分析与预测
著(编)者：杨钢　2018年1月出版 / 定价：158.00元
PSN B-2007-098-2/7

四川蓝皮书
四川企业社会责任研究报告（2017～2018）
著(编)者：侯水平 盛毅　2018年5月出版 / 估价：99.00元
PSN B-2014-386-4/7

四川蓝皮书
四川生态建设报告（2018）
著(编)者：李晟之　2018年5月出版 / 估价：99.00元
PSN B-2015-455-6/7

四川蓝皮书
四川特色小镇发展报告（2017）
著(编)者：吴志强　2017年11月出版 / 定价：89.00元
PSN B-2017-670-8/8

体育蓝皮书
上海体育产业发展报告（2017~2018）
著(编)者：张林 黄海燕
2018年10月出版 / 估价：99.00元
PSN B-2015-454-4/5

体育蓝皮书
长三角地区体育产业发展报（2017～2018）
著(编)者：张林　2018年6月出版 / 估价：99.00元
PSN B-2015-453-3/5

天津金融蓝皮书
天津金融发展报告（2018）
著(编)者：王爱俭 孔德昌
2018年5月出版 / 估价：99.00元
PSN B-2014-418-1/1

图们江区域合作蓝皮书
图们江区域合作发展报告（2018）
著(编)者：李铁　2018年6月出版 / 估价：99.00元
PSN B-2015-464-1/1

温州蓝皮书
2018年温州经济社会形势分析与预测
著(编)者：蒋儒标 王春光 金浩
2018年6月出版 / 估价：99.00元
PSN B-2008-105-1/1

西咸新区蓝皮书
西咸新区发展报告（2018）
著(编)者：李扬 王军
2018年6月出版 / 估价：99.00元
PSN B-2016-534-1/1

修武蓝皮书
修武经济社会发展报告（2018）
著(编)者：张占仓 袁凯声
2018年10月出版 / 估价：99.00元
PSN B-2017-651-1/1

偃师蓝皮书
偃师经济社会发展报告（2018）
著(编)者：张占仓 袁凯声 何武周
2018年7月出版 / 估价：99.00元
PSN B-2017-627-1/1

扬州蓝皮书
扬州经济社会发展报告（2018）
著(编)者：陈扬
2018年12月出版 / 估价：108.00元
PSN B-2011-191-1/1

长垣蓝皮书
长垣经济社会发展报告（2018）
著(编)者：张占仓 袁凯声 秦保建
2018年10月出版 / 估价：99.00元
PSN B-2017-654-1/1

遵义蓝皮书
遵义发展报告（2018）
著(编)者：邓彦 曾征 龚永育
2018年9月出版 / 估价：99.00元
PSN B-2014-433-1/1

地方发展类-社会

安徽蓝皮书
安徽社会发展报告（2018）
著(编)者：程桦　2018年6月出版 / 估价：99.00元
PSN B-2013-325-1/1

安徽社会建设蓝皮书
安徽社会建设分析报告（2017~2018）
著(编)者：黄家海 蔡宪
2018年11月出版 / 估价：99.00元
PSN B-2013-322-1/1

北京蓝皮书
北京公共服务发展报告（2017~2018）
著(编)者：施昌奎　2018年6月出版 / 估价：99.00元
PSN B-2008-103-7/8

北京蓝皮书
北京社会发展报告（2017~2018）
著(编)者：李伟东
2018年7月出版 / 估价：99.00元
PSN B-2006-055-3/8

北京蓝皮书
北京社会治理发展报告（2017~2018）
著(编)者：殷星辰　2018年7月出版 / 估价：99.00元
PSN B-2014-391-8/8

北京律师蓝皮书
北京律师发展报告No.4（2018）
著(编)者：王隽　2018年12月出版 / 估价：99.00元
PSN B-2011-217-1/1

北京人才蓝皮书
北京人才发展报告（2018）
著(编)者：敏月　2018年12月出版 / 估价：128.00元
PSN B-2011-201-1/1

北京社会心态蓝皮书
北京社会心态分析报告（2017~2018）
北京市社会心理服务促进中心
2018年10月出版 / 估价：99.00元
PSN B-2014-422-1/1

北京社会组织管理蓝皮书
北京社会组织发展与管理（2018）
著(编)者：黄江松
2018年6月出版 / 估价：99.00元
PSN B-2015-446-1/1

北京养老产业蓝皮书
北京居家养老发展报告（2018）
著(编)者：陆杰华 周明明
2018年8月出版 / 估价：99.00元
PSN B-2015-465-1/1

法治蓝皮书
四川依法治省年度报告No.4（2018）
著(编)者：李林 杨天宗 田禾
2018年3月出版 / 定价：118.00元
PSN B-2015-447-2/3

福建妇女发展蓝皮书
福建省妇女发展报告（2018）
著(编)者：刘群英　2018年11月出版 / 估价：99.00元
PSN B-2011-220-1/1

甘肃蓝皮书
甘肃社会发展分析与预测（2018）
著(编)者：安文华 谢增虎 包晓霞
2018年1月出版 / 定价：99.00元
PSN B-2013-313-2/6

广东蓝皮书
广东全面深化改革研究报告（2018）
著(编)者：周林生 涂成林
2018年12月出版 / 估价：99.00元
PSN B-2015-504-3/3

广东蓝皮书
广东社会工作发展报告（2018）
著(编)者：罗观翠　2018年6月出版 / 估价：99.00元
PSN B-2014-402-2/3

广州蓝皮书
广州青年发展报告（2018）
著(编)者：徐柳 张强
2018年8月出版 / 估价：99.00元
PSN B-2013-352-13/14

广州蓝皮书
广州社会保障发展报告（2018）
著(编)者：张跃国　2018年8月出版 / 估价：99.00元
PSN B-2014-425-14/14

广州蓝皮书
2018年中国广州社会形势分析与预测
著(编)者：张强 郭志勇 何镜清
2018年6月出版 / 估价：99.00元
PSN B-2008-110-5/14

贵州蓝皮书
贵州法治发展报告（2018）
著(编)者：吴大华　2018年5月出版 / 估价：99.00元
PSN B-2012-254-2/10

贵州蓝皮书
贵州人才发展报告（2017）
著(编)者：于杰 吴大华
2018年9月出版 / 估价：99.00元
PSN B-2014-382-3/10

贵州蓝皮书
贵州社会发展报告（2018）
著(编)者：王兴骥　2018年6月出版 / 估价：99.00元
PSN B-2010-166-1/10

杭州蓝皮书
杭州妇女发展报告（2018）
著(编)者：魏颖
2018年10月出版 / 估价：99.00元
PSN B-2014-403-1/1

河北蓝皮书
河北法治发展报告（2018）
著（编）者：康振海　2018年6月出版 / 估价：99.00元
PSN B-2017-622-3/3

河北食品药品安全蓝皮书
河北食品药品安全研究报告（2018）
著（编）者：丁锦霞
2018年10月出版 / 估价：99.00元
PSN B-2015-473-1/1

河南蓝皮书
河南法治发展报告（2018）
著（编）者：张林海　2018年7月出版 / 估价：99.00元
PSN B-2014-376-6/9

河南蓝皮书
2018年河南社会形势分析与预测
著（编）者：牛苏林　2018年5月出版 / 估价：99.00元
PSN B-2005-043-1/9

河南民办教育蓝皮书
河南民办教育发展报告（2018）
著（编）者：胡大白　2018年9月出版 / 估价：99.00元
PSN B-2017-642-1/1

黑龙江蓝皮书
黑龙江社会发展报告（2018）
著（编）者：王爱丽　2018年1月出版 / 定价：89.00元
PSN B-2011-189-1/2

湖南蓝皮书
2018年湖南两型社会与生态文明建设报告
著（编）者：卞鹰　2018年5月出版 / 估价：128.00元
PSN B-2011-208-3/8

湖南蓝皮书
2018年湖南社会发展报告
著（编）者：卞鹰　2018年5月出版 / 估价：128.00元
PSN B-2014-393-5/8

健康城市蓝皮书
北京健康城市建设研究报告（2018）
著（编）者：王鸿春 盛继洪
2018年9月出版 / 估价：99.00元
PSN B-2015-460-1/2

江苏法治蓝皮书
江苏法治发展报告No.6（2017）
著（编）者：蔡道通 龚廷泰
2018年8月出版 / 估价：99.00元
PSN B-2012-290-1/1

江苏蓝皮书
2018年江苏社会发展分析与展望
著（编）者：王庆五 刘旺洪
2018年8月出版 / 估价：128.00元
PSN B-2017-636-2/3

民族教育蓝皮书
中国民族教育发展报告（2017·内蒙古卷）
著（编）者：陈中永
2017年12月出版 / 定价：198.00元
PSN B-2017-669-1/1

南宁蓝皮书
南宁法治发展报告（2018）
著（编）者：杨维超　2018年12月出版 / 估价：99.00元
PSN B-2015-509-1/3

南宁蓝皮书
南宁社会发展报告（2018）
著（编）者：胡建华　2018年10月出版 / 估价：99.00元
PSN B-2016-570-3/3

内蒙古蓝皮书
内蒙古反腐倡廉建设报告 No.2
著（编）者：张志华　2018年6月出版 / 估价：99.00元
PSN B-2013-365-1/1

青海蓝皮书
2018年青海人才发展报告
著（编）者：于宇燕　2018年9月出版 / 估价：99.00元
PSN B-2017-650-2/2

青海生态文明建设蓝皮书
青海生态文明建设报告（2018）
著（编）者：张西明 高华　2018年12月出版 / 估价：99.00元
PSN B-2016-595-1/1

人口与健康蓝皮书
深圳人口与健康发展报告（2018）
著（编）者：陆杰华 傅崇辉
2018年11月出版 / 估价：99.00元
PSN B-2011-228-1/1

山东蓝皮书
山东社会形势分析与预测（2018）
著（编）者：李善峰　2018年6月出版 / 估价：99.00元
PSN B-2014-405-2/5

陕西蓝皮书
陕西社会发展报告（2018）
著（编）者：任宗哲 白宽犁 牛昉
2018年1月出版 / 定价：89.00元
PSN B-2009-136-2/6

上海蓝皮书
上海法治发展报告（2018）
著（编）者：叶必丰　2018年9月出版 / 估价：99.00元
PSN B-2012-296-6/7

上海蓝皮书
上海社会发展报告（2018）
著（编）者：杨雄 周海旺
2018年2月出版 / 定价：89.00元
PSN B-2006-058-2/7

社会建设蓝皮书
2018年北京社会建设分析报告
著(编)者：宋贵伦 冯虹　2018年9月出版 / 估价：99.00元
PSN B-2010-173-1/1

顺义社会建设蓝皮书
北京市顺义区社会建设发展报告（2018）
著(编)者：王学武　2018年9月出版 / 估价：99.00元
PSN B-2017-658-1/1

深圳蓝皮书
深圳法治发展报告（2018）
著(编)者：张骁儒　2018年6月出版 / 估价：99.00元
PSN B-2015-470-6/7

四川蓝皮书
四川法治发展报告（2018）
著(编)者：郑泰安　2018年6月出版 / 估价：99.00元
PSN B-2015-441-5/7

深圳蓝皮书
深圳劳动关系发展报告（2018）
著(编)者：汤庭芬　2018年8月出版 / 估价：99.00元
PSN B-2007-097-2/7

四川蓝皮书
四川社会发展报告（2018）
著(编)者：李羚　2018年6月出版 / 估价：99.00元
PSN B-2008-127-3/7

深圳蓝皮书
深圳社会治理与发展报告（2018）
著(编)者：张骁儒　2018年6月出版 / 估价：99.00元
PSN B-2008-113-4/7

四川社会工作与管理蓝皮书
四川省社会工作人力资源发展报告（2017）
著(编)者：边慧敏　2017年12月出版 / 定价：89.00元
PSN B-2017-683-1/1

生态安全绿皮书
甘肃国家生态安全屏障建设发展报告（2018）
著(编)者：刘举科 喜文华
2018年10月出版 / 估价：99.00元
PSN G-2017-659-1/1

云南社会治理蓝皮书
云南社会治理年度报告（2017）
著(编)者：晏雄 韩全芳
2018年5月出版 / 估价：99.00元
PSN B-2017-667-1/1

地方发展类-文化

北京传媒蓝皮书
北京新闻出版广电发展报告（2017~2018）
著(编)者：王志　2018年11月出版 / 估价：99.00元
PSN B-2016-588-1/1

非物质文化遗产蓝皮书
广州市非物质文化遗产保护发展报告（2018）
著(编)者：宋俊华　2018年12月出版 / 估价：99.00元
PSN B-2016-589-1/1

北京蓝皮书
北京文化发展报告（2017~2018）
著(编)者：李建盛　2018年5月出版 / 估价：99.00元
PSN B-2007-082-4/8

甘肃蓝皮书
甘肃文化发展分析与预测（2018）
著(编)者：马廷旭 戚晓萍　2018年1月出版 / 定价：99.00元
PSN B-2013-314-3/6

创意城市蓝皮书
北京文化创意产业发展报告（2018）
著(编)者：郭万超 张京成　2018年12月出版 / 估价：99.00元
PSN B-2012-263-1/7

甘肃蓝皮书
甘肃舆情分析与预测（2018）
著(编)者：王俊莲 张谦元　2018年1月出版 / 定价：99.00元
PSN B-2013-315-4/6

创意城市蓝皮书
天津文化创意产业发展报告（2017~2018）
著(编)者：谢思全　2018年6月出版 / 估价：99.00元
PSN B-2016-536-7/7

广州蓝皮书
中国广州文化发展报告（2018）
著(编)者：屈哨兵 陆志强　2018年6月出版 / 估价：99.00元
PSN B-2009-134-7/14

创意城市蓝皮书
武汉文化创意产业发展报告（2018）
著(编)者：黄永林 陈汉桥　2018年12月出版 / 估价：99.00元
PSN B-2013-354-4/7

广州蓝皮书
广州文化创意产业发展报告（2018）
著(编)者：徐咏虹　2018年7月出版 / 估价：99.00元
PSN B-2008-111-6/14

创意上海蓝皮书
上海文化创意产业发展报告（2017~2018）
著(编)者：王慧敏 王兴全　2018年8月出版 / 估价：99.00元
PSN B-2016-561-1/1

海淀蓝皮书
海淀区文化和科技融合发展报告（2018）
著(编)者：陈名杰 孟景伟　2018年5月出版 / 估价：99.00元
PSN B-2013-329-1/1

河南蓝皮书
河南文化发展报告（2018）
著(编)者：卫绍生　2018年7月出版 / 估价：99.00元
PSN B-2008-106-2/9

湖北文化产业蓝皮书
湖北省文化产业发展报告（2018）
著(编)者：黄晓华　2018年9月出版 / 估价：99.00元
PSN B-2017-656-1/1

湖北文化蓝皮书
湖北文化发展报告（2017~2018）
著(编)者：湖北大学高等人文研究院
　　　　　中华文化发展湖北省协同创新中心
2018年10月出版 / 估价：99.00元
PSN B-2016-566-1/1

江苏蓝皮书
2018年江苏文化发展分析与展望
著(编)者：王庆五 樊和平　2018年9月出版 / 估价：128.00元
PSN B-2017-637-3/3

江西文化蓝皮书
江西非物质文化遗产发展报告（2018）
著(编)者：张圣才 傅安平　2018年12月出版 / 估价：128.00元
PSN B-2015-499-1/1

洛阳蓝皮书
洛阳文化发展报告（2018）
著(编)者：刘福兴 陈启明　2018年7月出版 / 估价：99.00元
PSN B-2015-476-1/1

南京蓝皮书
南京文化发展报告（2018）
著(编)者：中共南京市委宣传部
2018年12月出版 / 估价：99.00元
PSN B-2014-439-1/1

宁波文化蓝皮书
宁波"一人一艺"全民艺术普及发展报告（2017）
著(编)者：张爱琴　2018年11月出版 / 估价：128.00元
PSN B-2017-668-1/1

山东蓝皮书
山东文化发展报告（2018）
著(编)者：涂可国　2018年5月出版 / 估价：99.00元
PSN B-2014-406-3/5

陕西蓝皮书
陕西文化发展报告（2018）
著(编)者：任宗哲 白宽犁 王长寿
2018年1月出版 / 定价：89.00元
PSN B-2009-137-3/6

上海蓝皮书
上海传媒发展报告（2018）
著(编)者：强荧 焦雨虹　2018年2月出版 / 定价：89.00元
PSN B-2012-295-5/7

上海蓝皮书
上海文学发展报告（2018）
著(编)者：陈圣来　2018年6月出版 / 估价：99.00元
PSN B-2012-297-7/7

上海蓝皮书
上海文化发展报告（2018）
著(编)者：荣跃明　2018年6月出版 / 估价：99.00元
PSN B-2006-059-3/7

深圳蓝皮书
深圳文化发展报告（2018）
著(编)者：张骁儒　2018年7月出版 / 估价：99.00元
PSN B-2016-554-7/7

四川蓝皮书
四川文化产业发展报告（2018）
著(编)者：向宝云 张立伟　2018年6月出版 / 估价：99.00元
PSN B-2006-074-1/7

郑州蓝皮书
2018年郑州文化发展报告
著(编)者：王哲　2018年9月出版 / 估价：99.00元
PSN B-2008-107-1/1

❖ 皮书起源 ❖

"皮书"起源于十七、十八世纪的英国，主要指官方或社会组织正式发表的重要文件或报告，多以"白皮书"命名。在中国，"皮书"这一概念被社会广泛接受，并被成功运作、发展成为一种全新的出版形态，则源于中国社会科学院社会科学文献出版社。

❖ 皮书定义 ❖

皮书是对中国与世界发展状况和热点问题进行年度监测，以专业的角度、专家的视野和实证研究方法，针对某一领域或区域现状与发展态势展开分析和预测，具备原创性、实证性、专业性、连续性、前沿性、时效性等特点的公开出版物，由一系列权威研究报告组成。

❖ 皮书作者 ❖

皮书系列的作者以中国社会科学院、著名高校、地方社会科学院的研究人员为主，多为国内一流研究机构的权威专家学者，他们的看法和观点代表了学界对中国与世界的现实和未来最高水平的解读与分析。

❖ 皮书荣誉 ❖

皮书系列已成为社会科学文献出版社的著名图书品牌和中国社会科学院的知名学术品牌。2016年，皮书系列正式列入"十三五"国家重点出版规划项目；2013~2018年，重点皮书列入中国社会科学院承担的国家哲学社会科学创新工程项目；2018年，59种院外皮书使用"中国社会科学院创新工程学术出版项目"标识。

中国皮书网

（网址：www.pishu.cn）

发布皮书研创资讯，传播皮书精彩内容
引领皮书出版潮流，打造皮书服务平台

栏目设置

关于皮书：何谓皮书、皮书分类、皮书大事记、皮书荣誉、
　　　　　皮书出版第一人、皮书编辑部
最新资讯：通知公告、新闻动态、媒体聚焦、网站专题、视频直播、下载专区
皮书研创：皮书规范、皮书选题、皮书出版、皮书研究、研创团队
皮书评奖评价：指标体系、皮书评价、皮书评奖
互动专区：皮书说、社科数托邦、皮书微博、留言板

所获荣誉

　　2008 年、2011 年，中国皮书网均在全
国新闻出版业网站荣誉评选中获得"最具商
业价值网站"称号；
　　2012 年，获得"出版业网站百强"称号。

网库合一

　　2014 年，中国皮书网与皮书数据库端
口合一，实现资源共享。

权威报告·一手数据·特色资源

皮书数据库
ANNUAL REPORT(YEARBOOK)
DATABASE

当代中国经济与社会发展高端智库平台

所获荣誉

- 2016年，入选"'十三五'国家重点电子出版物出版规划骨干工程"
- 2015年，荣获"搜索中国正能量 点赞2015""创新中国科技创新奖"
- 2013年，荣获"中国出版政府奖·网络出版物奖"提名奖
- 连续多年荣获中国数字出版博览会"数字出版·优秀品牌"奖

成为会员

通过网址www.pishu.com.cn或使用手机扫描二维码进入皮书数据库网站，进行手机号码验证或邮箱验证即可成为皮书数据库会员（建议通过手机号码快速验证注册）。

会员福利

- 使用手机号码首次注册的会员，账号自动充值100元体验金，可直接购买和查看数据库内容（仅限使用手机号码快速注册）。
- 已注册用户购书后可免费获赠100元皮书数据库充值卡。刮开充值卡涂层获取充值密码，登录并进入"会员中心"—"在线充值"—"充值卡充值"，充值成功后即可购买和查看数据库内容。

数据库服务热线：400-008-6695　　　　图书销售热线：010-59367070/7028
数据库服务QQ：2475522410　　　　　　图书服务QQ：1265056568
数据库服务邮箱：database@ssap.cn　　　图书服务邮箱：duzhe@ssap.cn

更多信息请登录

皮书数据库
http://www.pishu.com.cn

中国皮书网
http://www.pishu.cn

皮书微博
http://weibo.com/pishu

皮书微信"皮书说"

请到当当、亚马逊、京东或各地书店购买，也可办理邮购

咨询 / 邮购电话：010-59367028　59367070

邮　　箱：duzhe@ssap.cn

邮购地址：北京市西城区北三环中路甲29号院3号楼
　　　　　华龙大厦13层读者服务中心

邮　　编：100029

银行户名：社会科学文献出版社

开户银行：中国工商银行北京北太平庄支行

账　　号：0200010019200365434

中国社会科学院创新工程学术出版项目

广东省高校人文社科重点基地广州大学广州发展研究院、广东省教育厅广州学协同创新发展中心、广东省高校城市综合发展决策咨询研究创新团队、广州市首批新型智库建设试点单位研究成果

广州蓝皮书

BLUE BOOK OF
GUANGZHOU

丛书主持/涂成林

2018 年
中国广州经济形势分析与预测

ANALYSIS AND FORECAST ON ECONOMY OF
GUANGZHOU IN CHINA (2018)

主　编／魏明海　　谢博能　李　华
副主编／涂成林　李文新　彭诗升

社会科学文献出版社
SOCIAL SCIENCES ACADEMIC PRESS（CHINA）

图书在版编目（CIP）数据

2018年中国广州经济形势分析与预测／魏明海，谢
博能，李华主编 . -- 北京：社会科学文献出版社，
2018.7

（广州蓝皮书）

ISBN 978 - 7 - 5201 - 2932 - 9

Ⅰ. ①2⋯　Ⅱ. ①魏⋯ ②谢⋯ ③李⋯　Ⅲ. ①区域经
济 - 经济分析 - 广州 - 2018 ②区域经济 - 经济预测 - 广州
- 2018　Ⅳ. ①F127. 651

中国版本图书馆 CIP 数据核字（2018）第 134103 号

广州蓝皮书
2018 年中国广州经济形势分析与预测

主　　编／魏明海　谢博能　李 华
副 主 编／涂成林　李文新　彭诗升

出 版 人／谢寿光
项目统筹／任文武
责任编辑／王玉霞

出　　版／社会科学文献出版社·区域发展出版中心（010）59367143
　　　　　地址：北京市北三环中路甲29号院华龙大厦　邮编：100029
　　　　　网址：www. ssap. com. cn
发　　行／市场营销中心（010）59367081　59367018
印　　装／三河市龙林印务有限公司

规　　格／开 本：787mm × 1092mm　1/16
　　　　　印 张：23.25　字 数：348 千字
版　　次／2018 年 7 月第 1 版　2018 年 7 月第 1 次印刷
书　　号／ISBN 978 - 7 - 5201 - 2932 - 9
定　　价／98.00 元

皮书序列号／PSN B - 2011 - 185 - 9/15

本书如有印装质量问题，请与读者服务中心（010 - 59367028）联系

▲ 版权所有 翻印必究

广州蓝皮书系列编辑委员会

丛书执行编委 （以姓氏笔画为序）

丁旭光　于欣伟　王宏伟　王桂林　王福军

邓成明　邓佑满　邓建富　刘保春　刘　梅

孙延明　孙　玥　李文新　李　华　肖振宇

何镜清　汪茂铸　沈　奎　张其学　张跃国

张　强　陆志强　陈小钢　陈浩钿　陈　爽

陈雄桥　范小红　欧阳知　周　云　周建军

屈哨兵　贺　忠　顾涧清　徐　柳　涂成林

陶镇广　桑晓龙　黄平湘　庾建设　彭诗升

彭高峰　傅继阳　谢博能　蓝小环　赖天生

樊　群　魏明海

《2018 年中国广州经济形势分析与预测》
编 辑 部

主　　编　　魏明海　谢博能　李　华

副 主 编　　涂成林　李文新　彭诗升

本 书 编 委　（以姓氏笔画为序）

丁艳华　王满四　区海鹏　叶思海　叶祥松

冯　俊　刘秋得　刘　峰　孙晓茵　李长清

李颂东　肖穗华　吴开俊　何晓晴　汪文姣

张秀玲　张贻兵　陆财深　陈幸华　陈泽鹏

陈建年　陈晓霞　陈婉清　陈　骥　林清才

金永亮　周林生　周凌霄　庞永师　姚华松

秦　春　聂衍刚　高跃生　郭　黎　涂雄悦

黄小娴　黄　旭　彭建国　傅元海　蔡兴勇

谭苑芳　缪晓苏　魏绍琼

编辑部成员　　吕慧敏　周　雨　戴荔珠　梁华秀　李　俊

王　龙　于荣荣　魏高强　曾恒皋　苏维勇

徐阳生　徐子萱

主要编撰者简介

魏明海 男，现任广州大学校长，会计学教授、博士生导师。分别在江西财经大学、美国杜兰大学和厦门大学获经济学学士（1984）、MBA（1999）和经济学博士学位（1991）。1991年开始在中山大学管理学院任教，1994年晋升为教授，1998年开始担任博士生导师。2004～2005年在美国卡内基梅隆大学做富布赖特研究学者。曾先后担任中山大学会计审计系主任、管理学院副院长和院长、国际合作与交流处处长、产业集团董事长、校长助理、副校长。兼任国务院学位委员会第七届学科评议组（工商管理组）成员、第五届全国工商管理专业学位研究生教育指导委员会副主任委员、广东省社科联第七届委员会兼职副主席、中国会计学会常务理事等。曾获国家教育部高校青年教师奖、教育部第三届和第五届中国高校人文社会科学研究优秀成果奖、2009年和2013年广东省哲学社会科学优秀成果奖、广东省"五四"青年奖章等。

谢博能 男，现任广州市人民政府研究室主任、党组书记，广州市社会科学联合会兼职副主席。1990年毕业于中山大学，获经济学硕士学位。曾赴美国马里兰大学进修学习公共管理一年，在国家行政学院、清华大学等参加公共政策研究专题研讨学习。长期在广州市政府机关从事政策研究工作，主持起草市政府重要文稿和政策性文件，在宏观经济、改革开放、财经贸易、科技创新、工业交通、农业农村、城市规划建设管理、文化建设、社会管理等领域，组织开展大量的专题调查研究，并主持撰写重要课题研究报告。

李 华 男，现任广州市统计局党组书记、局长，经济学硕士，经济师。1985 年 7 月参加工作，先后在市发改委、东山区统计局、市统计局工作，2017 年 1 月任广州市统计局局长。长期从事国民经济核算、宏观经济管理、宏观经济形势分析工作，组织开展大量国民经济核算、经济社会研究、产业发展等课题，近年组织撰写了《广州金融业发展比较分析》、《提升金融业综合竞争力 抢占区域金融制高点——广州市金融业竞争力分析》、《广州金融业统计与核算现状及建议》、《广州市资本市场发展简析》、《广州市电子商务发展情况调研报告》、《电子商务统计工作的调研报告》等研究报告。

涂成林 男，现任广州大学广州发展研究院、广东发展研究院院长，二级研究员，博士生导师。享受国务院特殊津贴，获国家"万人计划"哲学社会科学领军人才、中宣部"文化名家暨四个一批"领军人才、广东省"特支计划"哲学社会科学领军人才、广州市杰出专家等称号。先后在四川大学、中山大学、中国人民大学学习，获得学士、硕士、博士学位。1985年起，先后在湖南省委理论研究室、广州市社会科学院、广州大学工作。兼任广东省区域发展蓝皮书研究会会长、广州市蓝皮书研究会会长、广东省体制改革研究会副会长等社会职务。曾赴澳大利亚、新西兰、加拿大等国做访问学者。目前主要从事城市综合发展、文化科技政策及西方哲学、唯物史观等方面研究。在《中国社会科学》、《哲学研究》、《中国社会科学内部文稿》、《中国科技论坛》等刊物发表论文 100 余篇；专著有《现象学的使命》、《国家软实力和文化安全研究》、《自主创新的制度安排》等 10 余部；主持和承担国家社科基金重大项目、一般项目、省市社科规划项目、省市政府委托项目 60 余项。获得国家教育部及省、市哲学社会科学奖项和人才奖项 20 余项，获得多项"皮书奖"和"皮书报告奖"，2017 年获"皮书专业化 20 年致敬人物"。

李文新 男，现任广州市政府研究室副主任。毕业于中山大学行政管理专业，获硕士学位，长期从事城市发展规划，城市管理，社区治理等方面研究，参与《政府工作报告》、街道和社区建设意见、简政强区事权改革方案、投资管理实施细则等多个政府政策文件起草工作，参与广州新型城市化发展系列丛书的编写。

彭诗升　男，现任中共广州市委改革办专职副主任。2003 年毕业于中南大学，获法学硕士学位。先后公开发表学术论文 10 余篇。具有基层工作经历，长期在广州市委机关从事政策研究工作，组织或参与经济发展、改革开放创新、城乡规划建设管理、政治党建等领域的专题调查研究。

摘　要

《2018 年中国广州经济形势分析与预测》由广州大学、广州市广州蓝皮书研究会与广州市委政策研究室、广州市政府研究室、广州市统计局等联合主编，作为广州蓝皮书系列之一，被列入社会科学文献出版社的"国家皮书系列"并面向全国公开发行。本报告由总报告、改革发展篇、区域发展篇、转型升级篇、财政税收篇、产业发展篇和附录七个部分组成，汇集了广州科研团体、高等院校和政府部门诸多经济问题研究专家、学者和实际部门工作者的最新研究成果，是关于广州经济运行情况和相关专题分析、预测的重要参考资料。

2017 年，在市委、市政府的坚强领导下，广州市牢固树立新发展理念，坚持稳中求进工作总基调，以供给侧结构性改革为主线，推动经济向高质量发展，经济结构不断优化，质量效益稳步提升，全市经济实现了平稳健康发展。

2018 年，面对世界经济增长动能仍显不足，保护主义势头加剧、全球金融环境突然恶化以及地缘政治风险持续累积等国际形势和经济社会发展中结构性深层次矛盾、不平衡不充分发展等问题，广州将通过培育壮大经济发展新动能、发展高端高质高新产业、优化投资结构和发展民营经济来实现经济平稳快速发展。

目 录

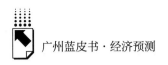

Ⅲ 区域发展篇

Ⅳ 转型升级篇

Ⅴ 财政税收篇

Ⅵ 产业发展篇

Ⅷ 附录

皮书数据库阅读 **使用指南** 👆

总 报 告

General Report

B.1

2017年广州经济形势分析
与2018年展望[*]

广州市统计局综合处　广州大学广州发展研究院联合课题组[**]

摘　要： 2017年，广州市以供给侧结构性改革为主线，推动经济向高质量发展，经济结构不断优化，质量效益稳步提升，全市经济实现了平稳发展。2018年，广州将通过培育壮大经济发展新动能、发展高端高质高新产业、优化投资结构和发展民营

---

[*] 本研究报告系广东省普通高校人文社会科学重点研究基地广州大学广州发展研究院、广东省教育厅广州学协同创新发展中心、广东省高校广州城市综合发展决策咨询创新团队、广州市首批新型智库建设试点单位研究成果。

[**] 课题组组长：涂成林，广州大学广州发展研究院院长，二级研究员，博士生导师；冯俊，广州市统计局副局长。成员：汪文娇，广州大学广州发展研究院院长助理，区域发展研究所所长，博士；谭苑芳，广州大学广州发展研究院副院长，教授、博士；蒋年云，广州大学特聘教授，经济学研究员；欧阳知，广州大学特聘教授，政府预算专家；魏绍标，广州市统计局处长；陈婉清，广州市统计局副处长；李俊，广州市统计局科长；梁华秀，广州大学广州发展研究院科研助理；李佳希，广州大学广州发展研究院科研助理。执笔：汪文娇，李俊。

经济来实现经济平稳快速发展。

关键词： 经济形势　新动能　高质量发展　广州

一　2017年广州经济运行情况分析

2017年，在市委、市政府的坚强领导下，广州市牢固树立新发展理念，坚持稳中求进工作总基调，以供给侧结构性改革为主线，推动经济向高质量发展，经济结构不断优化，质量效益稳步提升，全市经济实现了平稳健康发展。

（一）经济运行总体平稳，服务业主导地位更加突出

据初步核算并经省统计局核定，2017年，广州市经济保持中高速增长，地区生产总值（GDP）突破2万亿元大关，达21503.15亿元，同比增长10%，在全国经济十强城市中居第4位。其中，第一产业增加值233.49亿元，下降1.0%，第二产业和第三产业增加值分别为6015.29亿元和15254.37亿元，分别增长4.7%和8.2%。第三产业对经济增长的贡献率达

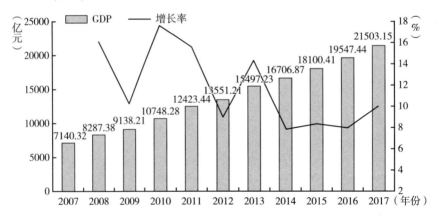

图1　2007～2017年广州市GDP及其增长率

79.3%，比上年提高2.3个百分点，服务业对经济的支撑作用进一步增强。

从服务业的行业分布来看，信息传输软件和信息技术服务业、交通运输仓储和邮政业及其他盈利性服务业引领发展，增加值增速分别为24.6%、12.0%和11.5%；金融业、非营利性服务业增加值均增长8.6%；批发和零售业、住宿和餐饮业增加值分别增长5.0%和0.8%。值得关注的是，信息服务业增加值超过1000亿元，成为广州第六个超千亿元的第三产业。

（二）质量效益逐步提高，实体经济稳步发展

1. 财政收支较快增长

2017年，广州市完成一般公共预算收入1533.06亿元，从全年趋势来看，1月开始较为平稳，基本维持在13%左右，5月开始逐步攀升，6月达到小峰值16.3%，从9月开始基本在10%上下徘徊。财政收入质量积极改善，税收收入占一般公共预算收入的比重为78.0%，同比提高1.8个百分点。一般公共预算支出2185.99亿元，同比增长12.5%。从趋势来看，2017年广州市一般公共预算支出在第一季度波动加大，其中，节能环保、科学技术、教育、社会保障和就业等领域支出保持快速增长，增速分别为89.8%、51.7%、25.6%和14.6%。

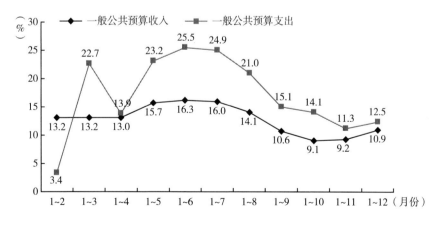

图2　2017年广州市一般公共预算收入和支出的各月累计增速

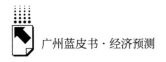

2．企业经营效益较好

从工业来看，受益于工业结构调整和盈利方式多元化，2017年，全市规模以上工业企业实现利润总额同比增长11.8%，比上年增速提升3.3个百分点。截止到11月，全市规模以上工业总产值累计18196.38亿元，比上年同期累计增长1.4%，利润总额为1186.1亿元，同比累计增长13.9%。工业企业主营业务收入利润率为5.87%，同比提高0.04个百分点。35个行业大类中，23个行业实现盈利同比增长，5个行业同比增速超50.0%。从服务业看，服务业企业的利润保持了快速的增长。预计规模以上服务业企业营业利润同比增长34.7%，其中，利润合计占比超八成的交通运输仓储和邮政业、信息传输软件和信息技术服务业、租赁和商务服务业增长较快。从企业类型来看，国有企业总体保持稳中有进、持续向好的运行态势。实现营业收入7007.2亿元，同比增长13%；实现利润总额623亿元，同比增长12.2%；实现国有净利润222亿元，同比增长0.7%。

（三）经济结构进一步优化，新动能产业发展迅速

1．经济结构不断优化调整

产业结构不断优化。2017年，三次产业比重由上年的1.21∶29.85∶68.94调整为1.09∶27.97∶70.94，第三产业比重同比提高2.0个百分点。具体到服务业，高附加值的现代服务业亮点突出，增速较快，其中现代服务业增加值占服务业的比重为66.0%，同比提升1.0个百分点。规模以上服务业中互联网和相关服务企业营业收入增长高达54.9%，软件和信息技术服务业企业营业收入增长30.3%。从工业来看，先进制造业增加值占规模以上制造业增加值的比重为65.6%，同比提升1.8个百分点；高技术制造业增加值占规模以上工业增加值的比重为12.2%，同比增长了0.2个百分点。高新技术产品产值占全市规模以上工业总产值的47.0%，比重同比提高1.0个百分点。

投资结构继续改善。从产业投资来看，第三产业投资总额占比达87.1%，比重同比提高0.6个百分点。房地产调控效果进一步显现，房地产

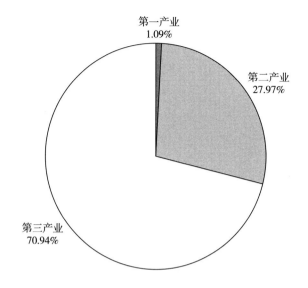

图3 2017年广州市主要经济结构

开发投资2702.89亿元，增长6.4%，由上年18.9%的较快增长回归理性稳健增长。重点发展领域投资加速推进，工业投资中，电子信息制造业投资增长160%，医药制造业投资增长23.1%；服务业投资中，卫生和社会工作、信息传输软件和信息技术服务业、金融业、水利环境和技术服务业投资分别增长71.7%、23.3%、21.3%和18.8%。

2. 新动能产业发展势头良好

新业态继续蓬勃发展。新消费习惯、新商业模式引领发展，2017年，广州市限额以上网上商店零售额增长19.3%，增速高于社会消费品零售总额11.3个百分点。新经营模式跨境电子商务进出口227.7亿元，增长55.1%。网络消费火爆带动快递业快速发展，全年快递业务量39.33亿件，同比增长37.2%。限额以上住宿餐饮业通过公共网络实现的餐费收入增长50.4%，占限额以上住宿餐饮业餐费收入的比重为2.48%，同比提高1.12个百分点。快捷便利的餐饮消费增长较快，快餐服务、饮料及冷饮服务、其他餐饮服务三类营业额合计占全市限额以上餐饮业法人企业营业额的比重为51.9%，超过正餐份额（占比48.1%）。

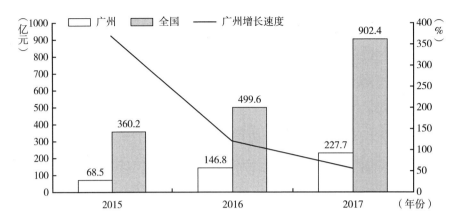

图4 2015～2017年广州市和全国跨境电商进出口情况

新产业发展势头加快。先进制造业和战略性新兴产业增势良好,增加值分别增长11.5%和10.0%。装备制造业工业总产值同比增长10.9%,占全市规模以上工业总产值的47.7%,增速和比重同比分别提高2.2个百分点和3.8个百分点,带动作用进一步增强。其中,铁路运输、城市轨道交通设备制造业分别增长9.1%和32.2%,医疗仪器设备、环保专用设备制造业分别增长13.8%和33.7%。IAB产业发展势头良好,具体而言,作为新一代信息技术的代表,富士康10.5代显示器全生态产业园、思科广州智慧城等项目的建设进度持续加快,移动通信基站设备和光电子元器件的产量分别增长77.3%和97.9%;在人工智能领域,科大讯飞、亚信科技等企业纷纷落户广州,广汽智能网联新能源汽车项目建设进一步加速,工业机器人产量也得到大幅提升,同比增长31.4%;生物医药方面,广州于2017年成功举办第十届中国生物产业大会。此外,广州的医疗仪器设备产量实现了稳步增长,增长率为18.1%[①],GE生物产业园、百济神州生物制药项目实现了开工建设。

新产品产量快速增长。符合产业结构和消费需求升级方向的产品增势良好,其中,运动型多用途乘用车(SUV)全年产量147.33万辆,同比增长

---

① 该数据截至2017年7月。

31.2%；健康食品中的营养保健食品、果汁和蔬菜汁饮料产量分别增长24.8%和63.7%；家电产品中的家用电热烘烤器具产量增长7.6%。与此同时，随着智能、绿色、高端产业的加快发展，新能源汽车、光电子器件、液晶显示屏、工业自动调节仪表与控制系统、工业机器人等新兴产品产量均保持较快增长，全年产量同比分别增长55.0%、58.3%、13.7%、37.6%和21.0%。民用无人机、环保、医疗设备等一批成长中的高新技术产品规模逐渐扩大，发展新动能积极孕育。

（四）供给侧结构性改革成效凸显，经济活力不断增强

1. 降成本、去杠杆稳步推进

2017年，广州市落实税收优惠政策以及取消、停征和降低47项行政事业性收费，全年为企业减负超过800亿元。企业通过IPO上市及上市公司再融资、发行债券、债转股、资金支持、引入基金等多种方式，切实降低融资成本和企业负债水平。工业企业成本费用利润率达7.98%，同比提高0.2个百分点；每百元主营业务收入中的三项费用为9.54元，同比减少0.49元；工业企业资产负债率为50.61%，同比下降0.64个百分点。

2. 经济活力不断增强

"放管服"改革等多项政策措施积极调动企业等市场主体的积极性，2017年，全市新登记市场主体32.77万户，同比增长33.9%；注册资本金1.79万亿元，同比增长120%。民营企业进出口增长26.9%，增长快速，规模达4053.3亿元，逼近外商投资企业（4141.5亿元），占全市进出口总值的41.7%，同比提升4.3个百分点。规模以上服务业中，民营经济营业收入3742.91元，增长14.3%，占全市的40.1%，比上年提高了0.7个百分点。

（五）消费增势稳定，进出口较快增长

1. 消费增势稳定

2017年，全市实现社会消费品零售总额9402.59亿元，同比增长8.0%，其中批发零售业、住宿餐饮业零售额分别为8259.35亿元和

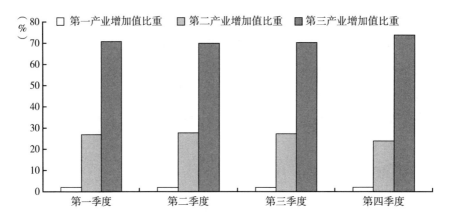

图5 2017年广州市分季度民营经济第一、第二、第三产业增加值比重

1143.24亿元，分别增长8.3%和5.8%。其中，批发零售业累计增速和社会消费品零售总额的增速基本保持一致，呈现逐步下降的趋势，而住宿餐饮业的累计增速在第一季度相对较慢，5月达到全年最高累计增速后，基本维持平稳。与居民消费质量提升和品质改善相关行业的零售额保持较快增长。限额以上金银珠宝类、中西药品类和体育、娱乐用品类零售额同比分别增长29.3%、18.6%和15.5%；网上消费保持较快增长，限额以上网上商店零售额增长19.3%，满足市民日常生活需求的便利店零售额增长8.9%。

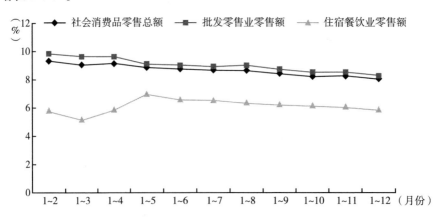

图6 2017年广州市社会消费品、批发零售业和住宿餐饮业零售额累计增速

2.进出口较快增长

2017年，全市商品进出口总值9714.4亿元，同比增长13.7%，增速同比提升10.6个百分点，占同期广东省外贸总值的14.3%。其中出口5792.2亿元，增长12.3%；进口3922.2亿元，增长16.0%，增速同比分别提升9.3个和12.7个百分点。从全年趋势来看，第一季度和第二季度，广州市外贸进出口分别增长31.3%和30.3%，增速大幅领先于全国和全省。为规范海关管理和贸易统计，2017年8月海关总署取消旅游购物贸易方式，广州市第三季度进出口整体同比下降2.4%，环比下降9%。进入第四季度后，外贸形势有所好转，进出口重新恢复增长，但增速与上半年相比明显趋缓。出口以机电产品和劳动密集型产品为主且均保持较快增长，进口以机电产品和农产品为主，整车、飞机进口大幅增长。

3.对外市场不断扩大

从贸易方式看，一般贸易进出口4390.5亿元，增长17.0%，占同期广州市外贸进出口总值的45.2%，比重比2016年提升1.3个百分点；加工贸易进出口2738.3亿元，微降0.7%，占28.2%，比2016年下降4.1个百分点；保税物流进出口791.9亿元，增长14.2%，占8.2%，比2016年提升0.1个百分点。从对外市场看，对欧盟、东盟、美国、日本进出口均保持两位数增长，分别增长22.8%、20.1%、11.1%和10.7%，合计进出口额占全市的50.1%。同期，对非洲进出口873.6亿元，增长14.7%；对韩国进出口584亿元，增长13.7%。此外，对"一带一路"沿线主要国家进出口保持较快增长，其中对沙特阿拉伯增长53.6%、对俄罗斯增长33.6%、对孟加拉国增长38.2%。

（六）金融存贷规模不断扩大，招商引资势头良好

1.金融存贷规模不断扩大

2017年末，金融机构本外币各项存、贷款余额为85506.08亿元，比上年末增长10.8%，增速同比提高0.7个百分点。其中存、贷款余额分别为51369.03亿元和34137.05亿元，同比增长8.1%和15.1%。四大行人民币

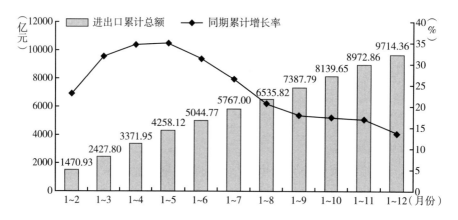

图7　2017年广州市商品进出口累计总值及其增速

存、贷款余额为21132.30亿元和13554.25亿元，分别比上年同期累计增长
8.39%和10.15%。非金融企业的人民币存款余额为17285.72亿元，短期贷
款余额为4968.03亿元，中长期贷款余额为133122.22亿元。

2. 招商引资势头良好

坚持引智引技引资相结合，出台招商引资优惠政策，举办国际投资年会
等高端招商活动。2017年，全市新批外商投资企业2459家，合同外资额
133.91亿美元，增长35.3%；实际直接利用外资62.89亿美元，增长
10.3%。项目质量不断优化，5000万美元以上的大型项目共78个，合同外
资95.23亿美元，增长37.1%。在穗投资的世界500强企业新增8家，累计
297家；新增在穗项目109个，累计921个，涵盖领域主要集中在电子信息
业、汽车制造、船舶工业等先进制造业。其中，投资布局由相对集中向相
对均衡转变，天河区和南沙区的世界500强企业在全市占比增速较快，同
时，这两个区进入2017年世界500强的企业占全市比重上升，占比均在
17%左右。而500强项目最多的则是黄埔区（含广州经济技术开发区），占
比接近三成。

（七）交通枢纽功能日益增强，客货运输总体平稳

国际交通枢纽功能日益完善。白云机场第三跑道正式启用，建成二号航

站楼和商务航空服务基地，全年新增国际国内通航点 10 个、国际航线 23 条，直飞国际及地区航线已经达到 80 条，机场旅客吞吐量达 6583.69 万人次，居全国第三位。南沙港三期建成投产，广州港深水航道拓宽一期工程主体完工，全年广州港新开通国内外集装箱航线 31 条，累计 197 条，外贸集装箱航线 12 条，累计 91 条。广州港口完成货物吞吐量达 5.89 亿吨，集装箱吞吐量达 2035.61 万标箱，位居全球前列。高铁网呈放射性向外延伸，新增天津线、成都线、重庆线高铁，快速高架遍布全城，广中江高速二期、潮漳高速、龙连高速、揭惠一期等纷纷实现通车。广州大桥拓宽工程顺利完工，新开通地铁 4 条（段）、总运营里程近 400 公里。客货运输保持平稳。货物周转量、货运量、旅客周转量、客运量同比分别增长 39.2%、11.9%、8.5% 和 7.7%，其中公路货运量累计达到 77099.41 万吨，占总货运量的 64%，水路货运量紧随其后，公路客运量和铁路客运量占总客运量的 83%。

（八）城乡居民收入稳步增长，消费价格涨幅稳定

1. 城乡居民收入稳步增长

2017 年，城镇常住居民和农村常住居民人均可支配收入分别为 55400 元和 23484 元，分别增长 8.8% 和 9.5%，在主要大城市中，仅次于上海（62596 元）和北京（57230 元），居民收入增长与经济增长同步。

2. 消费价格涨幅稳定

2017 年，广州市城市居民消费价格（CPI）同比上涨 2.3%，涨幅低于上年同期 0.4 个百分点。其中消费品和服务项目价格分别上涨 1.6% 和 3.6%。八大类商品价格同比"七涨一平"，涨幅居前三位的是医疗保健类（7.0%）、教育文化和娱乐类（3.6%）、居住类（3.3%）。食品烟酒类虽然有小幅增长，但是其中鲜菜价格指数下跌了 7.3%。工业生产者购进价格（IPI）同比上涨 8.8%，其中，钢材、燃料动力类、建筑材料及非金属矿类和黑色金属材料高居前列。出厂价格（PPI）同比上涨 2.3%，结束了连续 5 年工业品价格下降的态势，生产资料出厂价格指数上涨 3.8%。

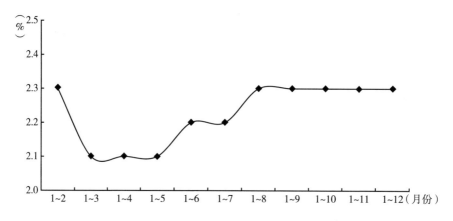

图8　2017年广州市城市居民消费价格各月累计涨幅

二　经济运行中需要关注的问题

（一）新旧动能迭代速度过慢，制度滞后影响动能形成

广州一直以来以电子信息制造业、汽车、石化为三大支柱产业，主导产业为资源密集型，虽然2017年提出了IAB（新一代信息技术、人工智能、生物医药）计划的产业布局，但是整体动能迭代速度过慢，且发展不平衡。部分实体企业依然面临着诸多制约，不想转、转不动、难转成。而一些已经涉足新业态致力于推进转型升级的企业在短时间内尚未产生效益，一些新技术、新业态并没有形成与之匹配的经济能量。新动能尚未成为广州经济发展的主引擎，严重制约了广州经济发展的后劲。而制度不配套导致改革推进步履艰难，严重影响了广州新动能的形成和推广。具体而言，一是制度空缺影响新动能的形成。整体来看，目前广州在新旧动能的改革工作上遵循"统一的步调前进"，但是部分领域立法仍然处于空白，在立法工作上多数时候仍然采取"守株待兔"的方式，和改革背景下经济发展新动能亟待形成的现状严重不匹配。二是制度的滞后性影响了新动能的形成。由于目前广州市的部分制度缺乏前瞻性，无法及时有效地提供指导以推动供给侧结构性改

革。例如，容错机制长时间未能出台，严重影响了改革的积极性，导致部分主体缺乏拼搏的动力，束手束脚，怕犯错进而导致不作为。三是制度的非系统性影响动能的形成。广州各部门仍然缺乏系统性协调，无法最大限度地释放改革红利。例如，在去产能上，具体实操涉及税收、财政等多个部门，缺乏系统的协调方案导致落后产能的淘汰进展缓慢。

（二）创新驱动带动效应不足，高端产业发展任重道远

从创新驱动来看，广州市在创新驱动方面虽然力度不断加大，但效果仍未显现，制度供给不足。战略性新兴产业、创新型城市、区域协调和错位发展的战略融合尚未形成推动作用。其次，广州研发投入经费长期不足，近几年广州市 R&D 经费支出占 GDP 比重有所提升，但与其他国内大城市相比仍有较大差距，2017 年，广州研发投入强度为 2.5%，和全省（2.65%）还存在一定差距，依然远远落后于北京（5.7%）、上海（3.78%）和深圳（4.13%）。科技创新资源整合度不高严重制约了科技成果的产出效率，特别是企业创新研发投入偏少，产业核心技术创新能力不强，科技创新短板明显，造成高端产业发展滞后。人才政策的"内陆化效应"使广州作为一线城市的吸引力和竞争力有待提升。整体而言，广州虽然拥有众多的创新资源，但是缺乏完整的创新链条，投入产出不成比例，创新活力不足。

从制造业来看，广州市传统产业存在供给过剩的现象，而新兴产业、高新技术产业则缺乏强有力的发展后劲，产业衔接出现脱节。近年来，虽然广州市的制造业规模不断壮大，但是增速已经由高速转为中低速，进入了平稳增长期。其中，高技术制造业增加值占规模以上工业增加值的比重约为12.2%，整体占比偏低，规模低于深圳、东莞、中山等市。先进制造业以汽车制造业为主，其增加值占先进制造业增加值比重达48.0%，而新能源汽车产量仅占全市汽车产量的0.24%，无人机、高端装备等新技术尚未形成产业聚集，装备产品智能化程度较低，石墨烯、3D 打印等新产品还未规模化、产业化生产，新技术、新产能规模偏小，对全市工业的拉动有限。近年来广州市

引进的工业大项目尚未产生新的产能，在经济支持上仍需要一段时间。此外，研发投入的比重过低，自主知识产权不足，创新产品相对缺乏，个性化、差异化产品不足，企业的关键核心技术缺失等都是当前广州制造业面临的主要瓶颈，将严重影响广州市制造业的市场竞争力，从而无法实现可持续发展。

表1　2017年国内主要城市高技术制造业增加值情况

单位：%

	高技术制造业增加值增速	占规模以上工业增加值比重
北　京	13.6	9.5
上　海	8.7	26.5
深　圳	12.8	64.9
广　州	2	12.2
重　庆	24.9	17

注：1. 主要数据来源于各城市2017年国民经济和社会发展统计公报。
2. 深圳的数据截至2017年11月。

从服务业来看，现代服务业仍需发展壮大，"四上"企业中服务业企业数量仅占全部服务业市场主体的1.2%，金融业、信息软件服务业增加值占GDP比重分别为9.3%和4.9%，服务业结构还有待优化。当前，广州市在发展高端服务业上的认识和需求仍然有待提升，多数企业仍然沿用传统发展和经营理念，以传统服务输出为主，缺乏向高端服务发展的动力。在商业模式创新方面，广州市的新模式增速也有所放缓。据统计，2017年，广州市限额以上网上零售额的增长速度同比下降了1.4%。从行业分布来看，当前广州市的高端服务业整体行业布局较为分散，企业数量多，但是规模不大，缺乏知名的龙头企业和具有较强竞争实力的大型企业。以软件业为例，整体的经营规模较小，资金实力优先，多为中小企业，人才吸引力度不足，无法形成规模优势和人才优势。此外，在人才、资源和营商环境上，高端服务人才较少，在物流领域、法律、金融和动漫设计等领域缺乏具有高管理水平和国际经验的高端人才，而广州对于人才的吸引力仍然有待提高，尤其是在引留政策、创业环境等方面，与北京、上海和深圳等城市相比存在较大差距。

具体而言,广州对服务业的财税优惠政策仅限于部分行业和部分特定企业,覆盖面不高,无法推动服务业的全面发展。

(三)工业投资比重持续偏低,产业投资结构有待优化

表2　2017年国内主要城市工业投资和工业技改投资情况

	工业 投资总额 (亿元)	工业投资占 固定资产投资 的比重(%)	工业投资 增长率 (%)	工业技改 投资总额 (亿元)	工业技改 投资比重 (%)	工业技改 投资增长率 (%)
北　京	895.2	10.0	24.6	—	—	—
上　海	1031.7	14.2	5.3	—	—	—
深　圳	916.0	17.8	27.5	353	6.8	71.9
广　州	736.2	12.4	3.1	252	4.2	−6.7
重　庆	5880.7	33.7	8.9	1400*	25	28

注：1. 主要数据来源于各城市统计局。

2. 重庆的工业技改数据为2016年统计数据。

3. 基于数据的可得性,北京、上海的工业技改投资相关数据缺失。

从比重来看,工业投资比重持续偏低。广州市工业投资占固定资产投资的比重由2011年的15.2%降为2017年的12.4%,占比低于全国平均水平(36.8%)和全省平均水平(32.3%),也低于上海(14.2%)和深圳(17.8%)。从增长率来看,广州工业投资增长乏力,仅为3.1%,和北京(24.6%)、深圳(27.5%)差距过大,也低于上海(5.3%);在技术改造上,则应当注重新水准的提升,加大智能化和数字化的研发,打造智能工厂,灵活运用信息技术手段重塑业务,构建信息化的组织架构,不断创新营销机制。据统计,在20世纪中期,发达国家的技改投资占工业投资的比重均在50%以上,其中,美国以69%的占比高居榜首。但是广州2017年工业技改投资持续负增长,占全市投资的比重仅4.2%,远低于全省平均水平(13.2%),和深圳、重庆相比,广州的工业技改投资额较小,占工业投资比重过低,增速缓慢。工业总供给持续疲软,总需求回落态势明显,部分行业结构性过剩问题突出。

从结构来看，广州的工业投资高度集中，31个制造业行业中，计算机通信和其他电子设施制造业（占工业投资的比重为34.7%）、汽车制造业（占工业投资的比重为15.8%）两个行业集中了50.5%的投资额，其余29个制造业行业的投资额均不足30亿元。但是工业投资的增长发展严重失衡，制造业领域中汽车制造业增长为-31.3%，而电子信息制造业的增长则达到161.8%。长期工业投资规模不足、投资结构失衡、企业技改投资意愿不强，这种局面如果不扭转将持续影响广州工业发展的后劲。

表3　2017年广州工业投资结构

主要行业	累计总额（亿元）	同期增长率（%）
工业	736.2	3.1
制造业	578.8	4.6
汽车制造业	116.4	-31.3
汽车零部件及配件制造业	54.1	-2.9
电子信息制造业	264.7	161.8
石油化工制造业	16.8	-35

注：数据来源于广州市统计局。

（四）民营经济发展尚不充分，民营投资渠道"通而不畅"

总体来看，目前广州市民营经济规模还不够大、活力还不够强。民营经济增加值占全市GDP的比重为39.8%，同比下降0.1个百分点，比重低于全省（53.8%），由于传统产业转型升级、新旧动能转换等原因，民间资本投资传统产业意愿不强；广州营商环境虽然有了大幅提高，但是与国际国内先进城市相比仍有差距。

从行业来看，民营工业总产值占全市规模以上工业的21.6%，比重同比降低4.0个百分点；民营批发零售业商品销售额增长8.7%，比同期限额以上批发零售业单位商品销售额增速低2.4个百分点。从具体的行业流向来看，民间投资的比重，也就是民间投资进入相应行业的深度，呈现"深"与"浅"的明显分化。民间投资较"深"的行业，大部分是民营企业众多、民营经济发达的领域；而民间投资较"浅"的行业，则集中在交通物流、能源、基础建设等公共、民生领域，这些行业多出现于国有企业集中的大本营。

表4　2017年主要城市民间投资情况

主要城市	民间投资额(亿元)	民间投资增速(%)	民间投资占比(%)
北　京	2654.40	-4.0	29.7
上　海	2717.33	13.5	37.5
深　圳	2627.29	22.5	51.0
广　州	2495.73	-1.0	42.2
重　庆	9522.88	13.5	54.6

注：主要数据来源于各城市2017年国民经济和社会发展统计公报。

从投资增速来看，民间投资增长低迷，近两年广州民间投资增速大幅下滑，2016年广州民间投资2519.77亿元，同比增长5.3%；2017年民间投资2495.73亿元，同比下降1.0%，增速低于全国（6.0%），也低于上海（13.5%）、重庆（13.5%）等；占全市固定资产投资的比重为42.2%，同比下降2.8个百分点。

从投资结构来看，广州市的民营经济产业分布结构有待提升，第一、第二、第三产业的分布比重不合理。据统计，当前广州市民营企业多数集中在第二产业和第三产业中的传统产业部分。其中，90%以上的个体工商户聚集在制造业、交通运输业和住宿餐饮业等，70%以上的民营企业则集中在制造业、批发零售业及租赁和商务服务业等。产业的高度集中导致广州市民营企业仍然以价格战为主要市场竞争手段，而未将创新作为扩大市场份额的重要手段，不利于产业的转型升级，也容易引发产能过剩。

三　2018年广州经济发展展望与对策建议

（一）2018年经济发展环境分析

从国际来看，当前全球经济共振向好、周期性回升态势明显，国际货币基金组织（IMF）预计 2018 年增长 3.9%。但同时，世界经济增长动能仍显不足、保护主义势头加剧、全球金融环境突然恶化以及地缘政治风险持续累积等仍不容忽视。

从国内来看，供给侧结构性改革、经济结构优化调整取得阶段性成果，先行指标释放了积极因素，2017 年 12 月中国制造业采购经理指数（PMI）为 51.6%，保持较强扩张动力，且高技术制造业 PMI 为 53.8%，明显高于上年和制造业总体水平，说明制造业正向高质量迈进。工业生产者出厂价格全年同比上涨 6.3%，结束自 2012 年以来连续 5 年下降的态势，反映了工业生产和市场需求稳定增长。2017 年第四季度中国人民银行企业家信心指数 71.8，比上季度和上年同期分别提高 3.1 个和 17.6 个百分点。

从广州来看，全市经济新动能加快发展，质量效益不断提升，经济稳中向好的基础和动力比较坚实。先行指标表现稳定，2017 年广州市工业用电量增长 4.8%，货运量增长 11.9%，非金融企业及机关团体中长期贷款增长 16.4%，12 月广州市重点制造业采购经理指数 PMI 为 53.2，连续 10 个月在 50.0 的荣枯线之上，表明制造业继续保持平稳增长。但也要看到，工业生产者购进价格指数连续 22 个月上涨，在一定程度上会加重企业生产经营成本，影响生产经营活动。目前广州正处于发展方式转变、经济结构优化、增长动力转换的关键期，经济社会发展中结构性深层次矛盾、不平衡不充分的问题仍然存在，稳增长、调结构、转方式任务依然艰巨。

（二）对策建议

为应对未来发展趋势，广州应当从制度设计、产业发展、投资结构和民间资本运用等方面入手，不断推动广州新旧动能转变，深入实施创新驱动发展战略，提升广州在全球价值链中的地位。同时，加快构建现代新型产业体系，坚定不移地继续发展先进制造业和现代服务业。激发传统企业活动，推动国有企业混合所有制改革，大力发展民营企业，实现经济形式的多元化发展。

1. 培育壮大经济发展新动能，加快新旧动能接续转换

一是要着力完善创新改革制度设计。新动能是推动当前新时代经济发展的重要驱动力，广州作为新旧动能转化的前沿阵地，必须要突破传统制度的枷锁，继续推进政府职能的转变，进一步简政放权，缩短审批流程，淘汰和清理制约经济发展的规章制度，加速营造开放包容、鼓励创新的发展环境。新技术新企业的发展仍然是广州经济发展新动能培育的重点，要继续推进供给侧结构性改革，跳出传统行业监管的套路，深化体制机制改革，因地制宜，为新技术研发和新企业的发展提供优化创新的发展环境。在准入门槛的设置上，要加快探索负面清单制度，同时积极构建产业准入的审管分离制度，最大限度地破除限制新技术新产业发展的不合理准入障碍。由于新动能具有跨界交叉融合的特征，且多在知识密集型和技术密集型企业中孕育发展，协调管理新模式亟待建立，以明细权责，实现信息共享。具体而言，要加强行政审批类制度设计，明晰"放管服"的界限范围，充分发挥好市场的基础作用和政府的宏观调控作用，避免行政手段的不正当干预。同时，要加大信息化执法制度涉及，尤其在食品药品监督领域，建立严格的监管执法体系，确保民众的安全保障。要加强政府扶持激励类制度设计，充分落实其在激发市场活力、引领企业创新发展上的作用，实现财政扶持的规范化、合法化。此外，广州要加紧制定《广州实施科技产业创新中心行动计划》，继续创新投融资、土地管理等机制，抓好新动能制度改革，大力支持新旧动能转化。

二是要加快国有企业改革，加快发展混合所有制改革。在不影响国有经济控制力的前提下，逐步降低部分非垄断国有企业中国资控股比例，以实现股权的多元化，最大限度激发国有企业活力，尤其对于竞争性的国有企业，更应当尊重市场规律，防止"一股独大"；制定并实施市场准入负面清单制度，消除非公有制经济进入电力、电信、铁路、油气、市政公用、养老、教育等领域的不合理限制和隐性壁垒。此外，目前混改的顶层设计尚不完善，虽然有系列政策指引，但是在具体参与、流通和退出机制上还需要有所突破，尤其在员工持股领域，更应构建一套详细的持股方案。虽然广州的试点

企业初步取得了一些经验，但是仍然要将标准逐步建立起来，将公司化治理和市场化经营等作为目标和切入点，呈现战略投资更活跃、试点引领效果更突出等特点。同时，广州要加大"二次混改"的力度，充分利用多层次资本市场，通过多种途径发展混合所有制经济，激活国有企业的发展动力，培育经济发展新动能。

三是实现"增量崛起"与"存量变革"的协同并举。广州加快新旧动能转换，既要利用市场化、法制化的手段，实现经济发展的倍增，扩大经济体量，在增量上不断累积，又要在存量上做文章，改造提升传统动能，盘活现有资产，通过高质量标准的约束和资源环境的倒逼，促进传统产业的转型升级，实现资源的再配置以达到最优，双管齐下，实现"增量崛起"与"存量变革"的协同并举。同时在新旧产能的转换上，要聚焦引领性和标志性前沿技术，将新型产业作为新动能增量培育的主体、传统动能的转型升级作为存量激活的根本，以获取未来竞争新优势，实现广州经济健康平稳有序的发展。2018年，广州要重点抓重大项目的引进和建设，培育"两高四新"（高科技、高成长；新技术、新产业、新业态、新模式）企业快速发展；在提质增效方面，重点抓企业技术改造和低效园区提质增效，促进广州工业和信息化产业向高质量发展。

四是推进"互联网＋"发展模式，实现价值链升级。持续推进"互联网＋"，积极运用智能化手段，将大数据、物联网融入产业链，推进产业的协同发展。一方面，在信息化和智能化手段的带动下，产品销售渠道将得到大幅拓展，商业模式不断创新，大力发展电商模式，以线上销售的方式减少中间环节，从而降低成本。同时，"互联网＋"的不断渗透也能够为产品构建密集的国内外销售网。另一方面，制造业的转型升级将和互联网密切结合。互联网技术被广泛运用于物流、金融、研发和咨询等领域，能够有效推进传统制造业的信息化转型，实现制造业和服务业的融合，提升制造业的附加值，推动广州市制造业向产业链、价值链高端发展，并向设计、营销等环节延伸，增强广州市制造业的全球竞争力，进一步"走出去"以实现海外市场的扩张。

2. 加快发展高端高质高新产业，提升国际竞争力和影响力

产业是城市发展的关键支撑和核心竞争力，广州要从科技创新、资源集聚、带动辐射能力、经营效益等方面，对拟引进的产业进行评估分析，实现精准招商。要做好孵化器中企业的跟进服务，促进企业技术成果转化。要把现有高端资源要素的效应发挥到极致，谋划建设好中新知识城、国际生物岛、黄埔临港经济区等重要平台，形成集聚效应。要立足现有显示产业项目做强产业链，吸引全球显示产业的先进技术、资源在广州集聚，努力建设"显示之都"，致力提升实体产业发展实力、提升产业创新能力、提升企业能级层次、提升产业高端人才集聚水平，加快建设实体经济、科技创新、现代金融、人力资源协同发展的产业体系。

一是深入实施创新驱动发展战略。支持规模以上企业设立研发机构，开展高新技术企业树标提质行动，激发企业创新潜力。实施科技创新人才战略，完善创新人才落户优惠政策。具体而言，一方面，要充分发挥企业的创新主体作用和功能，提高自主创新在企业研发中的比重，鼓励和支持创新型企业的发展，同时加大基础创新的力度，尤其是核心技术的研发和掌握，要坚定不移地实施创新驱动发展战略。同时，加大自主知识产权的保护，培育创新型龙头企业，既支持大型企业的研发，又引导中小企业进行技术改造，提升整体科研创新实力；另一方面，加快整合广州市的科技创新资源，鼓励产学研结合，实现跨界资源共享和联合研发，加快科技创新成果的转化。

二是发展壮大战略性新兴产业。聚焦 IAB（新一代信息技术、人工智能、生物医药）、NEM（新能源、新材料）等符合广州发展定位的重点领域，出台创新举措和务实政策，加快推进已经落户、开工建设的龙头项目投产，形成规模效应，加速形成创新型支柱产业集群。重构面向未来重要世界核心城市的新动力增长机制，着力打造富士康、思科、通用医疗、百济神州、广汽智能网联产业园、琶洲互联网创新集聚区等 10 个左右价值创新园区，集聚科研、生产、生活、生态等高端要素，完善城市服务、交通、教育、环境等配套建设，联动周边产业带及社区群，形成"有产有城"相对完整的产业生态群落。

三是提升高精尖领域科技创新能力。要紧跟世界新一轮科技革命和产业变革的趋势，着眼广州未来5年、10年引领发展及早谋划，加强前瞻性基础研究和应用基础研究，推动自主创新和原始创新，突出关键共性技术、前沿引领技术、现代工程技术、颠覆性技术创新，在工业互联网、干细胞、集成电路、量子通信、区块链、可燃冰、石墨烯等领域取得突破。强化创新基础设施支撑，完善科技创新平台体系，建设再生医学与健康科学等省实验室，争取国家产业创新中心和重大科技基础设施布局广州。推进高层次双向开放式创新，发挥驻硅谷、波士顿、特拉维夫办事处作用，深度融入全球创新网络。

四是推动现代服务业提质增效。明确以生产性服务业和生活性服务业支撑全市现代服务业创新发展路径。深化国家服务业综合改革试点，着力优化服务业发展的体制机制和政策环境，促进服务业集聚、集约、集群化发展。加快实施高端服务业政策措施，提高金融服务实体经济能力，推动信息服务、科技服务、中介服务等生产性服务业发展壮大。例如，将健康管理、医疗及康复器械、健康旅游和健康管理服务等相结合，推动综合健康服务业联动体系的建立，以实现多领域服务产业集群，将健康服务业作为现代服务业发展的重点之一，做大做强相关产业的发展，促进文化、旅游、健康等生活性服务业品质化高端发展，引导传统专业市场转型升级，集中规划和建设服务业重点园区。

3. 继续优化工业投资结构，着力提高投资增长质量

一是优化投资结构。投资结构直接决定了未来产业结构的发展方向，广州要落实全省推进"中国制造2025""互联网＋"行动计划，实施制造业强省等重大工程，加紧启动新一轮的工业技术改造，实施新产品开发和名牌产品培育，建设一批国家级新型工业化产业示范基地，引领广州的产业向中高端迈进，加快产业结构调整。以加快培育新动能为目标，瞄准未来技术创新和产能创新的机会，明确发展方向，调整投资重点领域和方向，强化规划引领，重点围绕战略性新兴产业、先进制造业、现代服务业等现代产业体系，精准聚焦新一代信息技术、人工智能、生物医药和新能源、新材料等行

业谋划重大项目投资。

二是加大工业投资力度。要依照"工业强市"的战略目标，把发展工业放在当前和今后一个时期经济工作的首位，想方设法扩展工业投资，强力推进工业"倍增方案"的施行，力争工业投资1500亿元，增长100%，加速新型工业化发展措施。同时，广州市要依托本身优势，结合产业特征，有针对性地做好项目筹划、招商引资和项目推进工作，走集聚式、集约式发展道路。同时，广州要将互联网作为重要突破口，推动其从工业领域向消费领域发展，全面布局工业互联网发展，加快工业互联网平台建设，建设一批示范性工业企业，并加快培育发展工业互联网产业新生态，以加大广州市工业投资的力度，分阶段分行业推动工业企业"上平台、用平台"。

三是加大企业技改投入。突出引导企业加大技改投入，实施新一轮技术改造，推动汽车、电子、石化等支柱产业优化升级，开展老旧工业园区改造升级，加大轨道交通、节能环保、新能源汽车等先进制造业投资，推动产业高端化转型升级发展。通过提升存量、优化增量，利用高新技术和先进适用技术改造提升传统产业，促进新兴产业的发展，推进产业结构的全面调整；加大技术改造投资对优势产业的支持力度，提高自主创新能力，加快发展战略性新兴产业；加快产业园区建设，促进工业化城镇化联动发展；通过节能减排、增加品种、改进工艺等技改来提高企业的内在发展动力。

4. 大力推进民营经济发展，拓宽民间资本进入领域

一是营造良好的民营经济发展环境。全力落实广州市"民营经济20条"，深化"放管服"改革，在市场准入、工商登记、行政审批、人才政策等方面实行有利于民营经济发展的政策措施，为各类市场主体营造良好的营商环境。一方面，广州市政府应当积极宣扬有利于民营经济发展的各项政策，消除不利的观念，健全民营经济发展的体制，为民营企业发展营造公平良好的营商环境；另一方面，积极推进负面清单制度。给予民营企业同等竞争地位，实施统一的市场准入标准，在非垄断性的竞争领域，鼓励民营企业进入，激发民营经济活力，释放民营经济的发展空间和能量。此外，广州市要改变固有的限制性管控，注重民营经济准入后的事中事后监管，加强产业引导，提高公共服务的供给质量，加大企业运作的监督指导等。广州要加大先行先试的步伐，率先建立民营企业优先发展的监管机制，破除民营企业发展壮大的障碍。

二是针对民营企业融资难、融资贵、成本高等问题开展专项行动。通过银企对接、对小微企业单列贷款资源和信贷计划等方式不断拓宽企业融资渠道。对民营企业上市（主板、新三板、区域性股权市场）融资给予对应的补助，对中小微企业开展应收账款融资给予支持。要完善政策性过桥资金，搭建银企畅通方便之桥；对照发行企业债、公司债、中小企业私募债等融资方式要求，协助企业选择最便捷、低成本的融资方式。同时，要积极争取国债和省财力资金，加大市本级财政投入，鼓励利用外资，加快中小企业信用担保体系建设。在充分发挥信用担保机构的桥梁作用的同时，搞好与企业、银行、政府社会方方面面的协调。作为政府和银行，应该提高认识，更新观念，为民营企业同国有企业融资一样，提供一个平等的信贷环境。要加快建设资源共享的个人征信和企业资信系统，整合现有工商、公安、财税、银行等部门资源，逐步建立和完善广州市个人征信和企业资信系统。

三是鼓励和支持民间资本投资民生领域。要拓宽民间资本的进入领域，大力推动民间资本参与PPP项目，引导民间资本投向社会事业、科研、教育、体育、医疗、养老、营利性邮政等领域，积极探索特许经营、公建民营、民办公助等模式，对社会领域民办服务机构实行并联审批，不得互为前置，用好国家关于"旧厂房、仓库改造为文化、健身场所的，可在五年内享受按原用途和类型使用土地""社会领域民办服务机构享受水电气热收费和税收优惠"等新政策。同时，为有效解决民间资本的投资观望心态，鼓励民间资本"抱团"参与涉及教育、医疗、养老、公共交通和综合服务等民生类项目，采取滚动筛选进行投资引导。建立和完善风险共担机制，由政府和民间资本分工协作，明确法律风险由政府承担，项目建设和运营过程中产生的系列风险由民间资本承担，以减少民间资本不能不敢不愿参与投资的问题，同时，在绩效评价上，适时根据企业的发展运营调整投资目标和投资回报，运用"区间弹性定价"来规范民间资本的定向投资。

改革开放篇

Reform and Opening-up

B.2

广州深化供给侧结构性改革对策研究

康达华[*]

摘　要：　深化供给侧结构性改革需要因地制宜，因城施策。广州作为
珠三角核心城市，理应为全国推进供给侧结构性改革提供理
论支撑和经验支撑。根据供给侧结构性改革的本质内涵，结
合已做工作和存在问题，广州深化供给侧结构性改革要紧扣
经济增长动力转换、大力发展实体经济这一主题，坚持以人
民为中心的思想，满足人民需求变化，协调好长期和短期、
政府和市场等关系，找准政策着力点。为此，广州要打造创
新型产业体系、完善科技创新体制机制、确保金融高效服务
实体经济、政府企业形成合力降成本、创新民生服务供给方
式，在深化供给侧结构性改革上为全国提供示范。

* 康达华，中共广州市委党校经济学教研部讲师，博士，主要研究方向：公共经济学和习近平
新时代中国特色社会主义经济思想。

关键词： 供给侧　结构性改革　"三去一降一补"　广州

一　问题的提出

"为全国推进供给侧结构性改革提供支撑"是习近平总书记对广东工作批示的重要内容，是党和国家赋予广东的历史使命。广东省第十二次党代会深刻贯彻这一精神，部署了深化供给侧结构性改革的具体任务，各地积极响应落实。从2015年底提出至今，供给侧结构性改革已进入深水区，继续深化供给侧结构性改革要因地制宜、因城施策。作为广东省会城市、珠三角核心城市，广州在推进供给侧结构性改革方面已经取得一定成绩，理应争当为全国提供支撑的先锋。

在党的十九大报告和2017年中央经济工作会议中，分别将深化供给侧结构性改革作为建设现代化经济体系和推动高质量发展的重要部署。深化供给侧结构性改革是广州贯彻落实党的十九大精神的重点工作，关于这一问题的已有相关文献可概括如下：

一是以习近平为核心的党中央对供给侧结构性改革作了全面论述。比较有代表性的有：《在省部级主要领导干部学习贯彻党的十八届五中全会精神专题研讨班上的讲话》，系统阐述了供给侧结构性改革的背景、内涵、任务；《在中共中央政治局第三十八次集体学习上的讲话》，提出了要处理好政府和市场、短期和长期、减法和加法、供给和需求等之间的关系；2015年《在中央经济工作会议上的讲话》，对"三去一降一补"任务作出了具体部署；2016年《在中央经济工作会议上的讲话》，提出2017年是供给侧结构性改革的深化之年。党的十九大报告中将深化供给侧结构性改革作为建设现代化经济体系的主线，并围绕大力发展实体经济作了部署。2017年《在中央经济工作会议上的讲话》，提出深化供给侧结构性改革重点做好"破""立""降"工作。

二是各地方政府相继出台了文件，提出了落实供给侧结构性改革的行动方案。例如，广东省出台了《广东省供给侧结构性改革总体方案及五个行动计划（2016～2018年)》，广州市相应出台了《广州市供给侧结构性改革总体方案及五个行动计划（2016～2018年)》，这些行动方案部署了各地推进供给侧结构性改革的重点任务和"去产能、去库存、去杠杆、降成本、补短板"的具体措施。2016年8月，国务院关于降成本问题专门印发了《降低实体经济企业成本工作方案》（国发〔2016〕48号），从合理降低企业税费负担、有效降低企业融资成本、着力降低制度性交易成本等十个方面提出了指导意见。2017年2月，广东省也印发了《广东省降低实体经济企业成本工作方案》。2017年9月，广州市印发了《广州市降低实体经济企业成本实施方案》。这些相关文件的出台，为广州进一步深化供给侧结构性改革提供借鉴和指导。

三是大量学者从学理角度对供给侧结构性改革思想进行了解析。逄锦聚（2016）、刘伟（2016）、朱尔茜（2016）等分析了经济发展新常态的矛盾主要有经济增长速度下滑、部分行业产能过剩、创新驱动不足、生产要素成本上升等，集中体现在供给侧，这是供给侧结构性改革的重要理论和实践依据。李本松（2016）、余斌（216）、王婷（2017）、康达华（2017）等从马克思主义政治经济学角度出发，认为供给侧结构性改革是对马克思生产力理论、市场均衡理论、人的全面发展理论的应用和发展。贾康（2016）、李旭章（2016）、李文增（2017）等比较了供给侧结构性改革与西方供给学派的区别，二者在经济背景、制度基础、政策着力点方面均有所不同。田国强（2016）、权过飞（2017）等在完善市场经济、进行金融创新方面提出了供给侧结构性改革的具体对策。

综上所述，关于供给侧结构性改革的理论研究已较为全面，下一步的重点是根据各地方实际情况变化，如何深化推进。然而，专门探讨广州如何深化供给侧结构性改革的文献尚不多，主要有欧阳卫民（2017）认为广州作为国家重要的中心城市要为全国深化供给侧结构性改革提供有力支撑，集中力量补齐创新型经济短板；鲁朝云（2017）立足供给侧和需求侧角度剖析广州制造业转型升级的约束条件，得出广州制造业转型升级五大发展趋势；谭保罗（2016）认为供给侧结构性改革最根本的路径是不断改善自身的营商环境，广州要降低营商成本并吸引实体经济。鉴于此，本文拟研究广州深化供给侧结构性改革的意义、重点与对策，旨在提出"广州方案"。

二 广州深化供给侧结构性改革的重大意义

（一）深化供给侧结构性改革是广州的历史使命

中国特色社会主义道路是在不断探索、总结、推广中向前发展的，这是中国特色社会主义建设的宝贵经验。供给侧结构性改革作为习近平新时代中国特色社会主义经济思想的重要内容，其提出时间尚不久，各个地区都还处在摸索阶段，在实践中难免会遇见困难。在党的十九大和2017年中央经济工作会议召开之后，供给侧结构性改革面临的经济形势有所变化，重点任务也随之改变。此时，急需有"领头羊"引领全国深化供给侧结构性改革，进行经验总结和理论完善。广州作为珠三角核心地区、改革开放前沿阵地，理应按照习近平总书记对广东工作批示和广东省第十二次党代会的有关精神，争当为全国推进供给侧结构性改革提供支撑的先锋，承担党和国家赋予的历史使命。具体来说，承担好这一历史使命体现在两个方面：一是为全国深化供给侧结构性改革提供理论支撑，这既是习近平治国理政新理念新思想新战略在广州的实践，又是对中国特色社会主义政治经济学的理论探索；二是为全国深化供给侧结构性改革提供经验支撑，总结推广广州落实"三去一降一补"五大任务、振兴实体经济、实现经济转型升级的做法经验。

（二）深化供给侧结构性改革是广州经济工作的主线

党的十九大报告在经济建设领域作出了"贯彻新发展理念，建设现代化经济体系"的战略部署，并明确提出将深化供给侧结构性改革作为主线。

建设现代化经济体系是广州贯彻党的十九大报告精神的最新要求，是今后经济工作的统领。为此，广州要将深化供给侧结构性改革作为新时期经济工作的主线，适应和引领经济发展新常态，从供给侧入手解决广州经济运行中的结构性矛盾，提高经济增长质量和效益，满足需求侧的变化，达到更高层次的供需均衡，推动经济向高质量发展阶段迈进。同时，作为习近平总书记对广东工作批示中"三个支撑"的其他两个支撑，是供给侧结构性改革的内在要求。实施创新驱动发展战略能够通过技术创新提高经济全要素生产率，通过制度创新提高要素配置效率，实现从要素驱动转为创新驱动，从而推动经济增长。构建开放型经济新体制能够通过不断深化国际合作，开拓国际市场，提供经济新增长极，从而拉动经济增长。二者在内涵上与供给侧结构性改革具有同一性。广州应把三者作为整体，构成今后工作的主要内容，从而实现习近平总书记提出的"在全面建成小康社会、加快建设社会主义现代化新征程上走在前列"的殷切希望。

（三）深化供给侧结构性改革是广州转型升级的客观要求

深化供给侧结构性改革要因地制宜、因城施策，要与各个地区的具体实际相结合。进入经济高质量发展阶段，要建立与现代经济体系相适应的产业体现，实现效率变革、质量变革、动力变革，全面提高全要素生产率。改革开放近四十年来，广州利用资源要素禀赋优势，抓住世界产业转移机遇，形成了石化、汽车、电子信息三大支柱产业，这也是全国经济发展的缩影。2008 年金融危机之后，广州经济受国外经济形势冲击和国内供给侧生产要素变化的影响，一直面临着产业转型的压力，不断寻找经济增长动力转换，努力发展战略性新兴产业。要解决这一问题，其根本途径就是深化供给侧结构性改革，大力发展实体经济，实现经济增长动力的转换。供给侧结构性改革不仅是短期的"去降补"任务，而且是长期从供给侧方面提升经济发展质量的指导思想。当前，广州的主要目标是通过打造"三中心一体系"、枢纽型网络城市，推动国家重要中心城市建设全面上水平。这些工作的落实，都需要以供给侧结构性改革理论作为指导。例如，打造现代金融服务体系，就是要解决企业融资问题，促进实体经济发展；打造国际科技创新枢纽，就是按照供给侧结构性改革思想，形成创新驱动新动力。

三 广州深化供给侧结构性改革的侧重点分析

（一）广州推进供给侧结构性改革的已有工作和成效

在中央提出供给侧结构性改革并部署"三去一降一补"任务后，广州出台了《广州市供给侧结构性改革总体方案及五个行动计划（2016～2018年）》，并按此方案推进落实。为了贯彻习近平总书记对广东工作的批示精神，广州更是将供给侧结构性改革作为经济工作的主线，发挥全国排头兵作用。从"三去一降一补"任务分解来看，目前广州已做工作主要有：一是"去产能"任务，主要集中在印染行业，在2016年已完成印染行业去产能7846万米，且2017年广东省并未给广州下达去产能新任务；二是"去库存"任务，主要集中在房地产行业，广州任务为全省最重（180万平方米），但经过一年多的时间努力，广州房地产去化周期（截至2017年8月）已降到6个月以内，短期库存偏紧；① 三是"去杠杆"任务，主要是严控金融风险、增强金融融资作用，2016年广州实现金融业增加值1800亿元，全市直接融资占社会融资的比重达65.7%（超过目标40%），为企业降低融资成本超过250亿元；四是"降成本"任务，广州通过"营改增"、减费降税、降低企业生产要素成本等措施，在2016年为企业减负超700亿元；五是"补短板"任务，包括发展短板和民生短板，广州通过国际科技创新枢纽建设、IAB产业计划（新一代信息技术、人工智能、生物制药）、构建创新型体系等来补齐创新型经济短板，并通过一系列民生工程增强人民获得感。

---

① 此处的印染行业去产能7846万米、房地产去库存180万平方米数据均来自《广东省供给侧结构性改革总体方案及五个行动计划（2016～2018年）》。

表 1　广州供给侧结构性改革已有工作及下一步工作建议

具体任务	已有工作	下一步工作建议
去产能	淘汰印染行业产能 7846 万米	2017 年,广东省没有给广州下达"去产能"任务
去库存	截至 2017 年 8 月底,广州房地产去化周期下降到 6 个月以下	适当增加土地供给
去杠杆	2016 年广州实现金融业增加值 1800 亿元,直接融资占社会融资的比重达 65.7%,为企业降低融资成本超过 250 亿元	坚持防风险、控制金融机构杠杆率,确保金融高效服务实体经济和创新驱动发展
降成本	2016 年度,广州已为企业减负超 700 亿元	进一步"放水养鱼",发挥企业降成本的主体作用
补短板	国际科技创新枢纽建设、IAB 产业计划、增加公共事业投入	集中资源培育壮大先进制造业和战略性新兴产业,推进基本公共服务均等化

通过供给侧结构性改革的多措并举发力,广州已取得一定成效:一是"三去"任务比较充分,广州作为市场经济较发达地区,能较好地依靠市场力量完成产能、库存、杠杆的出清,这减轻了下一步经济社会发展的硬约束,使广州可以专注于经济增长动力转换和产业转型升级;二是"降成本"多项措施的出台,优化了广州的营商环境,尤其是政务环境的提升,不仅有效地促进了实体经济的发展,而且提升了广州在全球范围内的投资吸引力;三是"补发展短板"注重发展创新型经济,通过抓住"科技创新"这一牛鼻子,引进培育战略性新兴产业,新的增长动力和产业支撑在广州呈现;四是"补民生短板"坚持以人民为中心的思想,通过实施改善交通、教育、医疗、生态等一揽子计划,使广州城市面貌焕然一新,人民幸福感不断提高。

(二)广州深化供给侧结构性改革面临的挑战

虽然广州在推进供给侧结构性改革方面已取得一些成绩,但也面临挑战。认识这些挑战,是广州进一步深化供给侧结构性改革的前提。

第一,创新能力不足。创新驱动是供给侧结构性改革的内在要求,是广州急需补齐的发展短板。作为珠三角核心城市,广州创新能力的不足可与深圳进行比较得以体现：一是科学研究与试验发展投入强度较低（R&D 占GDP 比重），根据《广州市科技创新第十三个五年规划（2016～2020 年）》，2015 年广州 R&D 占 GDP 的 2.1%，预计到 2020 年目标达到 3.0%，而深圳2015 年 R&D 占 GDP 的 4.18%；① 二是社会创新能力不强，2015 年广州专利授权量为 39834 件，其中发明型专利授权量为 6626 件，占总量的 16.6%，2015 年深圳专利授权量为 72120 件，其中发明型专利授权量为 16957 件，占总量的 23.5%，无论是数量还是质量，深圳都好于广州；三是企业研发能力不强，2015 年广州企业 R&D 经费占主营业收入的比重为 1.26%，同年深圳为 2.69%，2015 年广州规模以上工业企业 R&D 人员为 79930 人，同年深圳为 174953 人，远远高于广州，且深圳拥有华为、腾讯、中兴等一大批创新型企业；四是广州的创新体制机制不够完善，尤其是政府的科技创新治理机制、科技成果转化机制不健全，产学研一体化尚未形成。

第二，新兴产业不强。企业是创新的主体，是振兴实体经济的支撑，广州推进供给侧结构性改革需要依托战略性新兴产业进行产业转型升级。虽然广州实行 IAB 计划已有一定成效，但新兴产业总体不强：一是汽车、石油化工、电子产品三大传统产业依然是广州支柱，2015 年占全市规模以上工业总产值的比重为 49.57%，同年深圳的四大支柱产业为金融业、物流业、文化及相关产业、高新技术产业，占全市 GDP 的 64.24%，深圳的支柱产业在科技含量和产业集中度上都优于广州；二是新兴产业占比不高，2015 年全年规模以上高技术制造业增加值为 664.55 亿元，主要包括医药制造、航空航天器、电子及通信设备、电子计算机及办公设备、医疗设备及仪器仪表，占工业增加值的 12.38%，同年深圳新兴产业增加值合计 7847.72 亿元，主要包括新一代信息技术、互联网、新材料、生物、新能源、节能环保、文化创意产业，占 GDP 的 40.3%；三是未来产业发展不足，2015 年深圳四大未来产业增加值合计 1026.28 亿元，包括海洋、航空航天、机器人和

---

① 广州的数据来源于《2016 年广州统计年鉴》，深圳的数据来源于《2016 年深圳统计年鉴》，下同。

智能装备、生命健康，占 GDP 的 5.26%，而广州的未来产业还在起步阶段。

第三，民生性公共品供给短缺。民生性公共品短缺是全国推进供给侧结构性改革普遍存在的问题，但在不同地区也表现出其特殊性。广州民生性公共品短缺的地方特征如下：一是民生性公共品供给不平衡，一方面教育、医疗、环境等公共品供给的数量和质量在广州不同区域供给不均衡，另一方面城乡二元结构下民生性公共品的供给偏向于城镇；二是外来农民工民生性公共品供给缺口较大，大量来广州就业的农民工因没有城市户籍不能享受均等化的公共服务，针对农民工的民生性公共品供给不足，尤其是农民工教育、医疗等代际性公共品的短板，造成了代际不公平现象；三是民生性公共品供给主体和供给方式单一，广州民生性公共品供给的主体是政府相关职能部门，主要依靠转移支付和项目专项资金的形式进行财政保障，在供给方式上虽然有政府采购、委托代理等创新，却存在低效率、难监管、难评估等问题，社会组织、市场化、民间自治等供给方式培育不足。

（三）广州深化供给侧结构性改革的重点领域

党的十九大报告对深化供给侧结构性改革的最新论述标志着供给侧结构性改革从"三去一降一补"的治标阶段转向提升经济发展质量的治本阶段。经过一段时期的努力，"三去一降一补"工作在各地已取得一定成效，更重要的是围绕发展实体经济，如何形成新的增长动力，实现经济高质量发展。2017 年中央经济工作会议提出，今后 3 年要重点抓好决胜全面建成小康社会的防范化解重大风险、精准脱贫、污染防治三大攻坚战，在深化供给侧结构性改革工作上要在"破""立""降"上下功夫，即大力破除无效供给、大力培育新动能、大力降低实体经济成本。

分析广州深化供给侧结构性改革下一步工作的重点，前提是要按照中央的最新部署，深刻把握供给侧结构性改革的内涵，遵循供给侧结构性改革的理论逻辑。供给侧结构性改革的主要任务是振兴实体经济，根本途径是深化改革，通过解放和发展生产力，提高经济增长质量和效益，实现增长动力的转换，这是推进供给侧结构性改革的主题。供给侧结构性改革的最终目的是为了更好地满足需求端，满足人民群众需求的变化，使供给和需求达到更高层次的均衡，这是以人民为中心发展思想的体现。此外，习近平在论述供给侧结构性改革时，还特别强调要处理好政府和市场、短期和长期、减法和加法、供给和需求的关系。其中，处理政府和市场、短期和长期的关系，要求在推进供给侧结构性改革时注意选择时间和主体。因此，广州深化供给侧结构性改革的逻辑为：紧扣经济增长动力转换、大力发展实体经济这一主题，坚持以人民为中心的思想，满足人民需求变化，协调好长期和短期、政府和市场等关系，找准政策着力点。

按照这一逻辑主线，从时间维度来看，广州"去产能、去库存、去杠杆"任务已取得较好成效，接下来应侧重"降成本"和"补短板"任务；从主体维度来看，"去产能、去库存、去杠杆"任务主要发挥市场的决定性作用，而"降成本"和"补短板"则要求以政府引导市场，更好地发挥政府作用。结合已有工作和面临挑战，广州深化供给侧结构性改革的重点领域如下：一是加快实现经济增长动力转换，以国际科技创新枢纽建设为抓手，重点发展创新型经济；二是围绕服务实体经济目标，进行金融供给侧结构性改革，进一步降低企业成本，改善营商环境；三是坚持以人民为中心，补齐广州民生短板，推进教育、医疗、文化、环境等基本公共服务均等化。

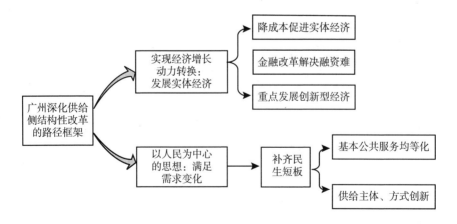

图1　广州推进供给侧结构性改革的路径框架

四 广州深化供给侧结构性改革的对策思考

（一）打造创新型产业体系

广州要实现经济增长动力的转换，根本途径是依靠科技创新，实现从要素驱动到科技创新驱动的转变。广州要以建设国际科技创新枢纽为抓手，继续引进国际高新技术和高端产业，营造良好的科技创新环境，通过制度设计和政策支持引导本土企业加大研发投入，给予企业研发激励和利益保障，增强企业自主创新能力。此外，增长动力转换的外在表现就是产业转型，科技创新需要创新型产业体系作为基础。广州要加快实施《广州制造 2025 战略规划》，推动工业信息化和智能化改造，通过产品质量提升应对有效需求不足。依托汽车、石油化工、电子产品三大支柱产业，大力发展先进制造业，并围绕先进制造业发展生产性服务业。同时，要合理规划空间布局，以珠江两岸创新带、广州科技创新走廊、广州高新区"一区五园"、广州国际创新城、广州国际生物岛等空间载体培育壮大智能装备、新一代信息技术、生物制药等战略性新兴产业，以琶洲互联网创新集聚区发展互联网新业态，尤其是跨境电子商务，形成创新型产业集聚。

（二）完善科技创新体制机制

广州创新动力的持续，重点是本土创新能力的提升，这需要以科技创新体系作为保障。一是构建创新企业培育机制，提升科技企业孵化器能力和质量，设立产业引导基金，对高新技术企业和科技创新重大突破企业进行奖励。出台企业研发机构建设发展配套政策，政府成立企业科技创新服务平台。二是完善高端人才引进制度。重点引进科技创新、先进制造业等产业领军人才，实施人才绿卡制度，并完善相关人才配套政策。通过实施羊城创新创业领军人才支持计划，实现创新人才集聚。加强对引进人才的跟踪，进行量化考核，发挥引进人才对本土人才的传帮带作用。三是要继续解放思想，改革科研制度，加大财政科技经费投入，激发科研人员活力，以产带研，以研促产，在产学研一体化上实现质的突破。加强企业与高校、科研院所的合作，鼓励企业将研发委托给科研机构，实现市场需求与科学研究的对接。为此，广州可试点打造一所创新型科技院校，探索本土创新型人才培养模式。

（三）确保金融高效服务实体经济

打好三大攻坚战是全面建成小康社会的重要任务，其中防范化解重大风险尤其是金融风险是重中之重。"去杠杆"是供给侧结构性改革的任务之一，是防范经济风险的重要举措。广州"去杠杆"的主要抓手是推进金融领域供给侧结构性改革，实现金融的"脱虚向实"，尤其是实现金融为广州的创新型经济服务。为此，一是要大力发展金融服务业，依托政府平台、带动社会资本发展股权投资、债权投资公司，增强金融的直接融资功能，确保金融业对实体经济的输血功能；二是着力解决微小企业融资难问题，针对金融市场信息不对称产生的逆向选择问题，既要引入风险投资基金，扶持培养有潜力的微小企业，也要对其他良性微小企业的资本需求兜底，降低企业融资成本；三是加快金融与实体经济的融合发展，按照《广州市构建现代金融服务体系三年行动计划（2016～2020年）》提出的14个"金融＋"专项行动计划，结合广州产业发展战略，实施"金融＋国际科技创新枢纽""金融＋国际航运枢纽""金融＋航空枢纽""金融＋互联网""金融＋自贸区"等，使金融精准服务于广州实体经济；四是严控金融风险，守住市属法人银行机构、证券机构、期货机构的杠杆率底线，加强对金融业的监管，坚持"脱虚向实"原则，防止过度投机行为。

（四）政府企业形成合力降成本

大力降低实体经济成本是2017年中央经济工作会议关于深化供给侧结构性改革部署的重点任务。在市场竞争机制下，企业追求利润最大化目标，有降成本的自主性，降成本常常表现为政府和企业围绕税负的博弈。在这种博弈调整中，社会主义经济制度优越性明显，能够达到政府和企业的双赢。

因此，广州在深化降成本任务时，一是要树立"放水养鱼"思想，进一步减税降费，扩大"营改增"试点范围，实行科技企业和小微企业结构性降税，减轻实体经济税负负担；二是推进行政体制改革，加大简政放权尤其是审批权的简放，通过政府后台数据共享提高行政服务效率，完善企业专业公共服务平台，降低社会运营成本，优化营商环境；三是完善基础设施建设，降低企业物流成本，合理控制企业人工、用水、用电、用地成本，降低生产要素成本；四是增强企业降成本的主体作用，提高企业管理水平，树立节约经营理念，降低企业内部运营成本，增强企业盈利能力。

（五）创新民生服务供给方式

广州深化供给侧结构性改革要坚持以人民为中心的发展思想，推进民生公共品供给侧结构性改革，提高公共服务供给质量与效率。一是要以公共事业领域投资为突破口，通过公共事业投资拉动经济增长，推广 PPP 模式，引入社会资本，提高公共事业投资效益；二是要改变政绩考核制度，将民生指标纳入干部考核体系，在条件允许的地区要创新民生性公共品供给模式，构建多中心的公共服务体系，在条件较差的地区要保证政府供给主体不缺位；三是促进基本公共服务均等化，均衡分配教育、医疗等公共资源，避免优质资源过度倾斜引致社会分配不均衡，加大对农村公共财政投入；四是拓展农民工进城入户渠道，将人才引进与城市产业转型升级相结合，有针对性地扩大农民工民生性公共品供给，保障农民工基本生活所需公共服务，探索企业为雇用农民工提供民生性公共品模式；五是改革公共服务供给制度，引导市场进入公共服务领域，以"市场 + 监管"模式扩大公共服务供给，以满足高端化、个性化市场需求，大力发展公共服务产业，提高供给效率。

B.3
广州市构建开放型经济
新体制的对策建议*

广州大学广州发展研究院课题组　执笔：谭苑芳　谭心怡**

摘　要： 广州市作为广东省省会和国家重要中心城市，长期处于对外
　　　　开放的前沿，是中国城市经济对外发展的重要标杆。在国家
　　　　提出"一带一路"重大倡议的背景下，广州构建开放型经济
　　　　新体制面临着重要的发展机遇，本报告对广州如何在其既有
　　　　的优势与基础上，进一步扩大对外开放，构建开放型经济新
　　　　体制，从而提升全球资源配置能力提出对策建议。

关键词： 开放型经济　新体制　"一带一路"　网络城市　广州

　　构建开放型经济新体制是党中央的一项基本国策。2015年5月中央出
台了《中共中央国务院关于构建开放型经济新体制的若干意见》，指出要
"对内对外开放相互促进，引进来与走出去更好结合"，"以开放促改革、促
发展、促创新"。2017年4月，习近平总书记对广东工作作出重要批示，也

---

　*　本报告系广东省高校人文社科重点研究基地广州大学广州发展研究院、广东省教育厅广州学
　　协同创新发展中心、广东省高校广州城市综合发展决策咨询团队、广州市首批新型智库建设
　　试点单位研究成果。
**　课题组组长：涂成林，广州大学广州发展研究院院长，二级研究员，博士生导师；成员：谭
　　苑芳，广州大学广州发展研究院副院长，教授，博士；谭心怡，广州大学城市发展与管理专
　　业硕士研究生；汪文姣，广州大学广州发展研究院院长助理，区域发展研究所所长，博士；
　　蒋年云，广州大学特聘教授，经济学研究员；李佳希，广州大学广州发展研究院科研助理。
　　执笔：谭苑芳、谭心怡。

明确要求广东省为全国"构建开放型经济新体制"提供支撑。广州市作为
广东省省会和国家中心城市,长期处于对外开放的前沿,是中国城市经济对
外发展的重要标杆,理应在构建开放型经济新体制中发挥积极而又独特的作
用,不仅应为区域领先,更要承担为全国构建开放型经济新体制提供支撑、
借鉴与参照的重要责任。

一 广州构建开放型经济新体制面临的挑战

广州经济之所以稳居全国大中城市前列,在很大程度上得益于开放型经
济发展。经过30多年的努力,广州市开放型经济体制已初具规模,特别是借
助地缘优势,成为我国"对外开放"的前沿地带。当前,广州应在国家"一
带一路"倡议的大前提下,加快发展高层次的开放型经济,不断提升对外开
放的水平,在构建开放型经济新体制上为全国提供制度和经验支撑。

近年来,广州在加快对外开放,构建开放型经济方面出现了新的亮点和
特点。就建构开放型经济新体制的背景来看,广州提出了建设"枢纽型网
络城市"的发展目标,这一城市发展目标与建设"中国特色社会主义引领
型全球城市"的目标互相呼应、互为表里,可以视为广州深入贯彻和落实
习近平总书记重要批示的切入点和新路径,也是广州近年来不断提升对外开
放水平的高度凝练。

但从经济发展的整体趋势看,在已然深度融入世界经济的今天,随着中
国经济发展进入新常态,广州市开放型经济的发展也同样出现了三大新状
况:一是面对全球经济复苏乏力,广州经济增长存在较大的不确定性,外商
投资趋于谨慎,吸引和合理利用外资方面存在困难;二是广州对外开放的区
位优势随着经济全球化和互联网技术的高速发展,正在消失;三是随着美国
再工业化战略之推进,以及欧洲主权债务危机的持续发酵,广州市如何利用
新契机,发挥民营资本优势,拓展海外贸易,从而提升广州全球资源配置能
力,值得进一步研究。

概括来说,广州构建开放型经济新体制存在如下挑战。

（一）城市开放的理念和国际化思维有待提升

2015 年前后，关于广州内陆化的讨论甚嚣尘上，虽然具有片面性，但也揭示了问题的存在：广州的城市开放步伐与国家"以开放促改革"措施上存在落差。近年来，国家在对外开放领域实施了一系列新举措，建立上海自由贸易试验区，开展中美、中欧投资协定谈判，打造中国－东盟自贸区升级版，特别是"一带一路"倡议构建了全方位开放的新战略。这一倡议需要广州拿出改革开放初期"敢为天下先"的魄力，配合国家对外开放的新战略和新思维，更新城市开放的理念与格局。我们应该看到，广州在进入后改革瓶颈期确实存在欠缺开放思维、改革思路僵化、部门利益固化等问题，阻碍了广州构建开放型经济新体制、提升对外开放水平的步伐。

（二）对外经贸的业绩下滑明显

随着国际经济下行的压力渐次增大，近年来，广州制造业面对的国际市场竞争日益激烈。2017 年广州市技术进口额同比下降 20.11%，同时技术出口额同比下降 41.65%。从技术进口额来看，产业结构仍以制造业（95.98%）为主，但同比减少 21.92%，且投资领域还是集中在劳动密集型等低附加值产业，即便是高端产业，从事的也主要是低端生产环节，这说明当前广州构建开放型经济的现实路径仍处在上一轮对外开放的整体环境之中，缺乏升级意识。

就投资主体而言，2017 年广州市民营固定资产投资额十年来首次负增长，其占全市固定资产投资比重从 2016 年的 44.17% 降至 2017 年的 41.6%，表明广州市民间投资不足，民营经济发展不充分。实际利用外商直接投资虽较上年增长 10.3%，但处于 4 个一线城市（根据《2017 年中国城市商业魅力排行榜》，一线城市为北、上、广、深）最低位，其规模（62.89 亿美元）不仅远低于北京（243.3 亿美元）、上海（170.08 亿美元）、天津（106.08 亿美元），甚至低于武汉（96.5 亿美元）、深圳（74.01

亿美元）、杭州（66.1 亿美元）。另外，广州外商直接投资（中国港澳台商和外商经济）占全市固定资产投资比重十年一直处于逐年缩减状态，与国内重要城市相比，广州外商投资规模始终低位徘徊。

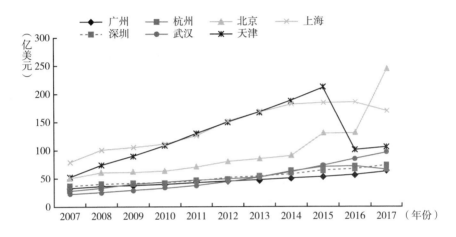

图 1　2007～2017 年国内重要城市实际利用外商直接投资情况

从实际利用外资的具体领域看，外商在广州的投资集中于制造业（37.68%）和房地产业（28.36%）。尤其房地产业，实际利用情况要比合同外资的占比高出近 6 个百分点，而相比之下，第三产业、城市基础设施建设领域，以及教育、文化、公共管理等领域利用外资的比例偏低。开放型经济新体制的覆盖面不广，凸显了广州全球资源配置能力偏弱，无法对金融资本形成有效的引导和布局。

就对外投资而言，2017 年广州市对外直接投资额同比下降 32.99%，与中国百强城市前列的地位不对称的是广州市企业海外市场开拓不足，企业单体投资额度不高。2017 年全国跨国公司百强企业榜单入选企业中，广州市企业虽然 5 家，次于北京（45 家）、上海（7 家），高于深圳（4 家）、青岛（3 家）、杭州（2 家），但就海外资产额度来看，广州市 5 家企业仅投资 2511 亿元，远低于只有 4 家企业的深圳（4031 亿元），和北京、上海相比更是差距甚远。

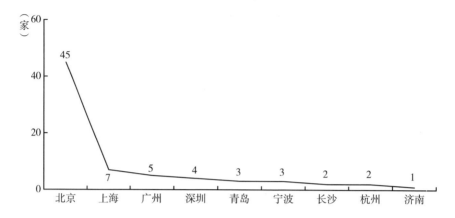

图2 2017年全国跨国公司百强企业榜单中海外投资企业数量

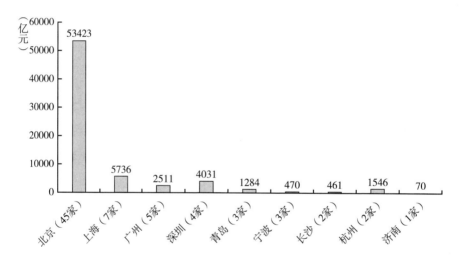

图3 2017年全国跨国公司百强企业榜单中海外资产额

（三）开放型经济的新业态发展较为缓慢

开放型经济新体制的建构，不但需要金融资本投入，更重要的是要有新业态支撑，"以开放促创新"，形成生产性服务业、知识生产以及新兴战略型产业的整体提升。而当前广州市开放型新兴业态发展较为缓慢，在进出口商品结构上，广州外贸整体停留在"以量取胜"上，结构层次较低；本地所产的出口商品在国际分工产业链中也处于低端，缺乏新产品与新业态，拥有自主品牌、自主知识产权和自主营销渠道的出口产品占比较低。此外，服务贸易发展相对滞后，保险业、金融业等业态短板明显；特别是计算机和信息服务、专有权利使用费和特许费等两大新兴服务占比较低，与服务贸易的全球发展趋势相比有较大差距。

以知识创新的两项重要指标为例。2017 年，广州有效专利数量排名全国第七。仅就近与深圳相比较而言，深圳有效专利总量超过广州 92.5%，但 2017 年其发明专利数量已是广州的 2.95 倍，两个城市之间的差距正在拉大。尽管广州市近两年来专利申请量的增速较快，但有效专利数量仍偏低。

表 1　2017 年全国地级市有效专利排名

排名	城市	发明专利	有效专利总量
1	北京	196204	469890
2	深圳	107244	356716
3	上海	97367	318335
4	苏州	46967	207812
5	杭州	42337	169271
6	南京	40307	114369
7	广州	36941	185320

就研发经费而言，2016 年广州 R&D 经费投入为 457.46 亿元，R&D 经费投入占 GDP 比重为 2.34%。作为"十三五"开局的 2016 年，广州 R&D 经费投入同比增长 20.34%，取得较大进步，但其规模与北京（1484.6 亿元，5.96%）、上海（1030 亿元，3.8%）、深圳（843 亿元，4.2%）、天津（537.32 亿元，3%）、武汉（369 亿元，3.1%）、杭州（346.36 亿元，3.13%）、南京（320.34 亿元，3.05%）相比都要低不少，甚至也比不上苏州（429.56 亿元，2.78%）、宁波（205.9 亿元，2.5%）。

（四）开放型经济的制度创新明显滞后

在新一轮开放中，除上述带有"硬件"特征的环节之外，广州构建开

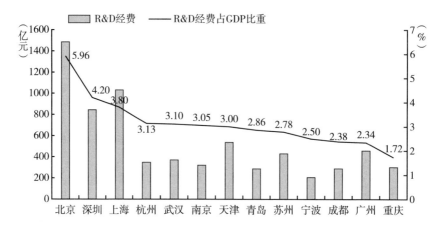

图4　2016 年国内主要城市 R&D 经费支出占 GDP 比重情况

放型经济新体制的关键短板还在于"体制"创新上。新一轮开放以构建良好的营商环境为目标，在体制机制上要积极优化政务、市场和政策环境，推进营商环境和做事规则与国际化接轨，特别是要推动行业市场准入开放，建立现代市场体系，从而带动全产业的整体转型升级。近年来，广州以南沙纳入广东自贸区为发展契机，加快推进贸易投资便利化、金融创新、科技成果转化等方面体制机制创新，但步子不大，仍需进一步深化。

以总部经济发展的相关制度创新为例，2010 年前后，"广州企业总部纷纷北上"成为媒体讨论的焦点。近十年来，中英人寿、中国人寿、网易网站部、信诚人寿、广州宝洁研发中心等企业重要部门迁往北京，好又多、广州宝洁销售中心等迁往上海，在导致数十亿元税收流失的同时，也深刻影响了广州创新业态发展。

广州凭借建立了与全球五大洲超过 200 个国家和地区经济往来的贸易中心，和采取了吸引跨国企业的促进投资贸易便利化改革创新措施，成功举办了 2017 年《财富》全球论坛，充分证明了广州的经济实力。但从《财富》发布的 2017 年中国企业 500 强榜单排名看，广州仅以 19 家而名列第四，较 2016 年减少两家，远低于北京、上海、深圳，略高于杭州。相比上海与深圳企业的成倍增长，广州与北、上、深的差距越来越大，这说明广州的地缘优势正在消失，经济竞争力逐年下滑。目前，累计已有297家世界500强企业在穗投资，其中至少120家在广州设立了总部或地区总部，但是其中绝大部分是区域型总部或职能型总部。凡此种种，都限制了广州龙头企业的发展，广州龙头企业的出路仍有待探讨。

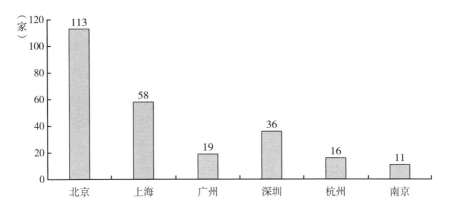

图5　2017年中国企业500强城市分布状况

缺少龙头企业的引领性作用，本土经济发展难有突破。从出口来看，2017年，外资企业出口额占广州全市出口总额的比重虽由2016年的52.52%下降至50.1%，但仍是对外贸易的绝对主力，相比之下，本土企业的国际化程度就显得较低；就境外投资而言，广州市大型企业偏少，特别缺乏具有国际影响力的本土跨国大型企业。这也导致广州"走出去"企业停留在建立传统贸易窗口或开展海外工程承包上，绿地投资、国际、设立海外研发机构等层次较高的对外投资新业态较少，国际竞争力整体偏弱。

二　从先进城市借鉴构建开放型经济新体制的经验

2016年，全国共有12个城市、区域入选构建开放型经济新体制综合试点试验地区，其部分经验可以为广州市提供参考。再综合海外若干具有全球中心地位的城市开放模式，大致可以梳理以下四条经验值得广州借鉴：

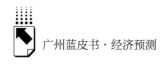
（一）依托城市集群，构建开放型经济新体制

世界重要的开放型城市，基本都以都市圈的面貌出现。在美国以纽约为代表，其南起弗吉尼亚，北达缅因，囊括了纽约、费城、波士顿、华盛顿四个具有相当规模的都市，以及巴尔的摩等区域中心城市，还有围绕这些城市所出现的卫星城镇；在中国则可以上海为代表，其与苏州、无锡、南通、宁波、嘉兴、舟山地区协同发展的"1+6"大都市圈，强调协同发展，突出同城效应。都市圈的发展与交通的便捷有着密切的关系。纽约都市圈的建立与内战结束后，美国铁路网络的形成密不可分；上海都市圈也以90分钟交通出行圈为其基本标准。但值得指出的是，都市圈的形成并非全然是产业经济发展的结果，城市规划也具有重要作用。如20世纪20年代纽约的"再中心化"设计，将工业布局于主要交通枢纽周边，并将城市居民向周边疏导，为城市的核心商贸区（CBD）之形成提供了前提与条件。广州由此获得的有效借鉴：一是要坚持互联互通的交通格局，二是扩大城市规划视野，将对开放型经济具有建构意义的物理空间纳入粤港澳大湾区的整体布局中。

（二）顺应产业转型趋势，发展自由贸易

开放型经济与产业发展密切相关。秉持区域产业基础，顺应其发展趋势，也是构建开放型经济新体制的一个经验。如纽约从20世纪60年代开始，其新增长动力就从制造业转向了现代服务业，尤其是包括现代物流业、科技服务业、金融保险业、信息服务业、商务服务业在内的生产性服务业。而依托都市圈，其生产性服务业迅速承接周边的制造业需求，使纽约与周边城市、区域，乃至国家之间发生了强联动。广州周边的东莞市也是我国构建开放型经济新体制的综合试点城市之一，长期以加工贸易为发展外向型经济的主要模式，而近年来，东莞就始终在致力于推动加工贸易创新发展。从2008年首创"非法人"来料加工企业不停产转型模式，到2010年成为全国加工贸易转型升级试点城市，2016年又出台《东莞市关于促进加工贸易创

新发展全面提升外经贸水平的实施方案》，东莞促使企业从加工贸易转向一般贸易或混合贸易，并已取得较大成果，经济效益明显。

需要说明的是，在顺应发展趋势的过程中，开放型经济新体制的建构必须重视自由贸易。以纽约为例，其只有取消地方保护的生产性服务业，才能与周边制造业形成相互支撑。在晚近一波的经济全球化中，放松管制、重视跨国公司落地、鼓励生产性服务业的跨区域流动，是纽约开放型城市经济建构的重要经验。而自由贸易为纽约带来的资本流动，集中体现在总部经济的落地上。曼哈顿格林尼治街和第五大道有金融机构上百家和数十万就业人口，知识溢出明显。再如香港开放型经济的建构，主要经验就在于发展自由贸易，促进地方制造业兴盛。

（三）重视制度创新，促进管理开放

构建开放型经济新体制，其要在于"体制创新"。以上海自贸区的设立为例，其创立四年来经过了三次调整，就显现出充分的制度创新意识和勇气。特别是 2017 年 3 月，上海自贸区第三次改革提出要参照香港、新加坡的"全面开放"，将"投资贸易便利化"的表述更新为"投资贸易自由化"，到 2020 年将建设成为连接国内外重点口岸的亚太供应链中心枢纽。纽约在发展开放型经济上，也以管理开放而著称。截至 2015 年 5 月，纽约开放政府数据平台共公布 98 个部门的 1831 个数据集，而据学者研究，这些数据的浏览、下载和使用之频繁，上海市只能为其 0.6% ~ 3.7%。近年来，东莞在商事登记、"三互"大通关和项目直接落地等领域，也有明显而频繁的制度创新。

（四）利用国家宏观政策，参与重大战略

构建开放型经济新体制是国家战略，城市发展需要融入国家整体规划之中，借力国家的顶层设计，才能实现效益的最大化。近些年来，纽约市顺应美国"制造业回归"政策，提出"时尚制造业回归"的理念，凭借其作为全美国最大服装零售市场的优势，将时尚产业作为产业基础，以"创意创

新"激活时尚制造业回归。而上海自贸区的设立,尤其是 2017 年 4 月出台的《关于进一步扩大开放加快构建开放型经济新体制的若干意见》,也显现出其与国家创新对外开放的相关政策相一致。

而当前,"一带一路"倡议为开放型经济发展提供了转型升级的重要方向。如香港经济发展中原有的本港产品出口优势随着以广州为代表的东部沿海区域制造业兴盛而弱化,但在"一带一路"倡议推进的过程中,香港加入亚投行,又开辟出离岸人民币业务中心作为其发展新方向。东莞近年来也提出打造华南地区连接"一带一路"倡议的枢纽城市,积极承办海博会,推动华坚集团在埃塞俄比亚设立中国东莞华坚国际轻工业园,大力拓展"一带一路"沿线国家市场。而以"一带一路"为代表,国家在新一轮对外开放中的顶层设计,包括推动境外投资便利化、健全贸易摩擦应对机制、推进海洋经济合作等,都应该作为广州市参与国家重大战略的契机与方向。

三 广州构建开放型经济新体制的几点建议

在国家提出"一带一路"倡议的背景下,广州构建开放型经济新体制面临着重要的发展机遇。而如何在其既有的优势与基础上,进一步扩大对外开放,提升全球资源配置能力,以下几个方面值得予以高度重视。

(一)做好顶层设计,精心规划具有"广州特色"的开放型经济新体制

构建开放型经济新体制是一项长期的工程,广州需要对接中央顶层设计的科学谋划,寻找广州建设枢纽型网络城市、深入推进供给侧结构性改革与构建开放型经济新体制的"广州特色"切合点,并以此确定其目标、路径与主攻方向。

从广州现有的基础和条件看,其构建"广州特色"的开放型经济新体制需要"具备一种视野,利用两种资源"。一种视野是要以全球中心城市的对标,来谋划广州开放型经济的转型升级,充分引入新理念、新业态和新模

式，推进营商环境和做事规则国际化的制度创新，吸引全球高端生产要素在广州落地。两种资源是要加强建设枢纽型网络城市互联互通的硬件资源，广州与世界（尤其"一带一路"沿线国家）的事实接轨；同时，充分利用广州在上一轮对外开放中积累的软件资源，如本土领事馆多、华人华侨人脉广、行业协会商会强，以及广交会等国际展会，还有南沙自贸区等先试先行政策，充分拓展国内外企业沟通与合作的机会，进行外经、外贸等领域的外资以及 PPP 方式的项目建设体制改革。

（二）充分利用南沙自贸区的优势和建设粤港澳大湾区的机遇，推进开放型经济新体制的多种探索

构建开放型经济新体制，需要综合利用多种途径，尤其是具有体制创新意义的新探索。对于广州而言，实施南沙新区发展规划，建设深化粤港澳全面合作的国家级新区，是带动珠三角转型发展的两大机遇，利用得当，不但可以探索出推进开放型经济新体制建设的丰富经验，对促进港澳地区长期繁荣稳定也有巨大意义。南沙自贸区不仅要被视为广东自贸试验区的组成部分，更要被作为未来"粤港澳大湾区"建设的核心，实现体制机制的充分创新。

以制度创新为核心来推动南沙自贸试验区建设，主要包括综合管理、人才吸引两个方面，要不断改善违背开放型经济发展的各种规制，借鉴和衔接港澳做法与国际惯例。综合管理的主要目的在于加强招商，通过制度创新，营造稳定公平透明的营商环境，主要包括推进"证照分离"，深化"三互建设"，推进市场综合执法改革，进一步拓展国际贸易"单一窗口"功能，着力打造智慧口岸品牌，特别是在扩大跨境人民币资金使用、内外融资租赁统一管理、启运港退税等方面先行先试；人才吸引则应将开放的人才政策放置在广州建设知识创新中心的背景下加以考量，尽快建设南沙国家级人才管理改革试验区，优化"1＋4"人才政策，加强人才绿卡政策服务配套，在贸易、金融、知识产权保护等领域积极探索新方法。

而粤港澳大湾区的建设则应与广州市整体城市规划相结合，把"制定

粤港澳大湾区城市群发展规划"作为广州市参与国家重大战略、构建开放型经济新体制的契机。这可以有两个思路：一是围绕自贸区建设，将自贸试验区作为高水平试点，进一步衔接港澳相关制度，发挥与"一带一路"沿线国家联通的相关优势，通过自贸试验区吸引和服务泛珠三角等广大腹地市场；二是围绕巨型城市区域治理，牵头"1+7珠三角都市经济区"（"广州＋佛山、肇庆、清远、东莞、惠州、韶关、中山"）一体化发展规划，落实广佛同城化、广清一体化，建设广佛肇清云韶经济圈，使这些规划与粤港澳大湾区密切关联，推动跨地经贸合作，探索建设以广州为中心的，在基础设施、产业布局、城乡规划、公共服务、金融服务和环境保护等方面均实现一体化的，中国人口密度最大、经济最发达的城市集群。

（三）培育服务贸易新业态，开拓新市场，利用"一带一路"倡议打造外经贸新增长点

"以开放促创新"是构建开放型经济新体制的题中之意，开放与创新构成当前中国发展的一体两面。构建开放型经济新体制，必须培育新业态，开拓新市场，打造新的增长点，这就要求城市发展积极供给知识创新要素，以高度的技术创新作为城市全球资源配置能力提升的支撑。相比于民营科企，广州市高水平创新性大学和科研院所的研发缺位，需要政府在产学研一体化上加以引导，广泛搭建知识创新和技术分享平台；还可以考虑以"一带一路"为主题，设置相关全球技术创新和商业模式创新的政府奖项，以鼓励万众参与，为知识溢出提供平台；设立依托高校的广州市东南亚研究中心，扩大"一带一路"的南向影响力。

广州是海上丝绸之路起点，参与"一带一路"有天然优势。除了在知识创新领域可以开拓"一带一路"相关业务外，更重要的是在市场利用上，将广州建设成为"一带一路"倡议枢纽城市。截至2017年5月16日，广州企业累计在沿线国家设立166家企业（机构），2017年，穗企对"一带一路"沿线国家新增投资项目31个，中方协议投资资金达16.2亿美元，同比翻一番，占全市对外投资中方协议额的62.5%。广州商务委已成功举办了

多个国家的投资推介会、交流合作座谈会等活动，鼓励穗企到"一带一路"沿线国家投资。

强化广州在"一带一路"沿线国家的产业布局，政府可以通过以下两个方面的体制创新加以引导：一是探索竞办国际组织的投资基金、风险基金和股权投资等新体制，引入国际前沿业态，引导企业参与"一带一路"沿线国家产业开发，特别是共同或参与建设生产基地、经贸合作区、商品城、营销中心、融资中心和结算中心等具有实体意义的业务合作；二是将"友城拓展"（广州—奥克兰—洛杉矶三城经济联盟）战略延伸至"一带一路"沿线国家的重点城市，降低企业"走出去"的风险和门槛。这可以通过强化当地华侨和商会组织，以凝聚侨胞、侨商和相关社团的资源和力量，提高本土企业参与"一带一路"倡议的内在动力和外在吸引力，为其创造便捷条件。无论何种方式，其目的都在于推动广州企业"走出去"，加强与沿线国家和地区的产能合作，带动广州优势产品出口。

（四）以构建枢纽型网络城市为抓手，建链补链强链，强化国际资源配置能力

枢纽型网络城市是广州市构建开放型经济新体制的一大创新。这一城市发展的新理念，已经创造性地将城市融入国际化的开放型经济社会语境，使自身成为国际链条的重要组成部分。既然有"网络"，就必然形成"链条"，广州市要以自身为"枢纽"，多层次构建国际交通链、产业链和影响链，并在这一过程中发现短板，弥补漏洞，补齐链条，进而强化、深化其中的关键链条，以凸显广州在国际网络中的重要地位，提高广州在国际资源配置上的相关能力。

具体来说，以构建枢纽型网络城市为抓手，建立广州融入国际化链条的内容包括制度环境和基础条件两个方面。前者需要通过以南沙自贸区、粤港澳大湾区和"一带一路"倡议为路径的探索，改善营商环境和创新环境，形成与国际接轨的商事登记等相关制度；后者则需要以国际交通链建设为中心，以互联互通为目标，大力提高广州快捷有效的国际航空航运能力。经由

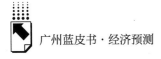

这两个方面的建设，最终提高广州在城市公共外交的话语设置和国际影响方面的相关能力。

多年来，广州市已通过优化和深度开发，积累了大量开放型经济体制的构建平台，如广交会、广博会等，这些都可以被视为广州市为融入经济全球化趋势而"建链补链强链"的基础性工作。而以提高广州公共外交和城市影响力为目的，还需要平台建设，培育枢纽型组织，吸引更多的项目落地广州。以即将召开的《财富》论坛为例，2013年成都市举办《财富》全球论坛，就收获了七十余个投资项目。这可以成为广州市构建枢纽型网络城市，"建链补链强链"的重要参考。通过平台建设和改造，培育开放主体（包括企业、国际组织、联合国机构、非政府组织等），是广州市提升全球资源配置能力，增强城市主导权、话语权的重要内容。

B.4
供给侧结构性改革下
广州共享经济发展研究

李济泰　李美景　潘　旭*

摘　要： 本文首先分析了共享经济的主要特征，阐述了共享经济对推
进供给侧结构性改革的重要意义，然后构建了衡量共享经济
发展环境的统计指标体系，通过与北京、上海、深圳、杭州
的对比分析了广州共享经济发展环境的优劣势，接着通过对
广州有关部门、重点企业走访和居民问卷调查分析了广州共
享经济的发展状况和居民的满意程度，最后提出共享经济发
展过程中面临的问题和政策建议。

关键词： 供给侧　结构性改革　共享经济　广州

共享经济的概念早在 20 世纪七八十年代就被提出，随着近几年共享经
济的迅速发展，共享经济所涉及的领域也不断增加，从最开始的车辆、房屋
的共享扩展到服务、知识、技能、教育、医疗、资金等各个领域，共享经济
的范围仍在不断扩大。共享经济在现阶段主要表现为利用网络信息技术，通
过互联网平台将分散资源进行优化配置，提高利用效率的新型经济形态。①

---

* 李济泰，硕士，国家统计局广州调查队副主任科员、统计师，主要研究方向：小微企业调查；
李美景，硕士，国家统计局广州调查队副主任科员、经济师，主要研究方向：小微企业调查；
潘旭，硕士，国家统计局广州调查队主任科员、统计师，主要研究方向：专项统计调查。
① 引自国家发展改革委等八部门于 2017 年 7 月联合印发的《关于促进分享经济发展的指导性
意见》。

党的十九大报告指出，深化供给侧结构性改革，要坚持去产能、去库存、去杠杆、降成本、补短板，优化存量资源配置，扩大优质增量供给，实现供需动态平衡。而共享经济的主要特征就是通过互联网平台将分散存量资源进行优化配置，提高利用效率，实现供需匹配，这与供给侧结构性改革的要求高度吻合。

一 广州共享经济发展环境

为了解广州发展共享经济的基础及环境，本文通过构建评价指标体系，并与北京、上海、深圳、杭州进行对比，分析广州共享经济发展环境的优势和不足。

共享经济发展环境指共享平台和共享经济各领域发展所依赖的经济社会基础、支撑条件以及外部环境。共享经济发展环境与互联网发展、创业创新、经济转型升级等方面密切相关。因此，尽管缺乏直接衡量共享经济发展的统计指标，但共享经济发展环境评价指标的选取可以参考国内已有的关于"互联网发展""电子商务发展""城市创新能力""信息化发展水平""经济转型升级"等评价指标体系的研究。依据这一思路，根据共享经济发展环境分析框架，考虑指标选取的全面性、科学性、可得性等原则，最终共选取 17 个指标[①]来评价区域共享经济发展环境。具体如下。

（一）评价指标体系权重的确定

本文采用层次分析法（AHP）来确定共享经济发展环境评价指标的权重。层次分析法由美国运筹学家萨蒂（T. L. Saaty）于 20 世纪 70 年代提出，它通过两两比较标度值的方法，把人们依靠主观经验来判断的定性问题定量

---

① 数据来源：各市 2017 年统计年鉴、《2016 年国民经济和社会发展统计公报》，以及工商、科技部门年报。各指标数据均为 2016 年数据。

表1　共享经济发展环境评价指标

目标层（A）	一级指标（B）	二级指标（C）	单位	指标说明
共享经济发展环境（A）	经济实力（B_1）	GDP（C_{11}）	亿元	反映经济发展规模
		人均 GDP（C_{12}）	元	反映经济发展水平
		第三产业增加值占 GDP 比重（C_{13}）	%	反映经济转型升级水平
		社会消费品零售总额（C_{14}）	亿元	反映社会消费总规模
	互联网发展（B_2）	信息传输、软件和信息技术服务业增加值（C_{21}）	亿元	反映信息产业发展状况
		互联网宽带普及度（C_{22}）	户/人	互联网宽带接入用户数/常住人口数，反映互联网宽带普及状况
		移动电话普及度（C_{23}）	户/人	移动电话年末用户数/常住人口数，反映移动互联网普及状况
	创业创新（B_3）	新登记注册企业数（C_{31}）	万个	反映创业状况及政策效果
		专利授权量（C_{32}）	件	反映创新状况及政策效果
		年末新三板挂牌企业数（C_{33}）	个	反映创业创新成效及政策环境
	市场基础（B_4）	常住人口数（C_{41}）	万人	反映整个共享市场以及人力资源的规模
		人口密度（C_{42}）	人/平方公里	
		人均可支配收入（C_{43}）	元	反映共享市场消费能力
		公共交通客运量（C_{44}）	万人次	反映交通出行领域的需求状况
		接待游客人次数（C_{45}）	万人次	反映房屋住宿、生活服务领域需求状况
		住户贷款余额（C_{46}）	亿元	反映资金共享领域的需求状况
		快递业务量（C_{47}）	万件	反映物流共享领域的需求状况

化，既有效地吸收了定性分析的结果，又发挥了定量分析的优势；既包含主观的逻辑判断和分析，又依靠客观的精确计算和推演，从而使决策过程具有很强的条理性和科学性，应用范围比较广泛。经过计算，所有判断矩阵均通过一致性检验，而最终确定各层指标的分项权重及总权重如下：

表2 共享经济发展环境评价指标体系权重

目标层	一级指标	二级指标	分项权重	总权重
A	B_1 (0.1667)	C_{11}	0.3368	0.0561
		C_{12}	0.1417	0.0236
		C_{13}	0.2833	0.0472
		C_{14}	0.2382	0.0397
	B_2 (0.3333)	C_{21}	0.5499	0.1833
		C_{22}	0.2402	0.0801
		C_{23}	0.2099	0.0699
	B_3 (0.3333)	C_{31}	0.3333	0.1111
		C_{32}	0.3333	0.1111
		C_{33}	0.3334	0.1111
	B_4 (0.1667)	C_{41}	0.1696	0.0283
		C_{42}	0.0899	0.0150
		C_{43}	0.3809	0.0635
		C_{44}	0.0899	0.0150
		C_{45}	0.0899	0.0150
		C_{46}	0.0899	0.0150
		C_{47}	0.0899	0.0150

（二）评价指标体系得分的计算

1. 数据无量纲化处理

由于原始数据中各个指标间计量单位和数量级不尽相同，从而使各指标间不具有可比性。为解决这一问题，需要对原始数据做无量纲化处理。本文采用阈值法计算指标的无量纲值。计算公式为：

$$x_i' = \frac{x_i}{\max x_i}$$

无量纲化处理后各指标的取值范围为$\left[\dfrac{\min x_i}{\max x_i},\ 1\right]$。

2. 评价指标体系得分的计算

用无量纲化处理后的指标数据乘以各指标权重，得到广州、北京、上

海、深圳、杭州五大城市共享经济发展环境评价指标得分。为方便观察分析,将各项指标得分乘以1000倍,最终得分如下:

表3 五大城市共享经济发展环境评价指标得分

城市	经济实力		互联网发展		创业创新		市场基础		总计	
	得分	排序	得分	排序	得分	排序	得分	排序	得分	排序
广州	132	3	175	5	119	4	122	3	547	4
北京	154	1	277	1	286	1	142	2	859	1
上海	153	2	203	4	223	3	159	1	738	2
深圳	119	4	244	3	247	2	121	4	730	3
杭州	94	5	253	2	95	5	99	5	542	5

(三)评价指标体系得分的分析

从表3来看,广州共享经济发展环境评价得分547分,总得分在五大城市排第4,高于杭州(542分),但与北京(859分)、上海(738分)、深圳(730分)相比还有一定的差距。从一级指标来看,广州经济实力和市场基础较好,为共享经济的发展提供了良好的条件和基础,但在互联网发展和创业创新方面为共享经济发展提供的支撑和保障还略显不足。具体表现在以下几个方面。

1. 经济水平靠前,经济结构优化

广州经济实力得分132分,列第3位。从经济总量上看,广州GDP仅次于上海和北京,[①] 同时保持了平稳较快的增长速度,2011~2016年GDP平均增长速度为9.8%,高于上海和北京,而2016年人均GDP为14.19万元,仅低于深圳的16.74万元。从社会消费总规模看,2016年广州社会消费品总额8706.49亿元,仅次于北京和上海。从经济结构上看,广州经济的

---

① 2017年实施地区研发支出核算方法改革后,部分统计局已经对2016年GDP数据进行了修订。根据广东省统计局修订公告,2016年深圳GDP已经超过广州,但由于其他市修订数据尚未公布,本文仍使用修订前数据。

产业结构不断趋于优化，第一、第二、第三产业增加值的比例从 2010 年的 1.75∶37.24∶61.01 调整至 2016 年的 1.22∶30.22∶68.56，第三产业增加值比例仅低于北京和上海，高于深圳和杭州。

2. 市场基础良好，发展空间较大

广州共享经济发展的市场基础较好，本项得分在五大城市中排第 3 位，仅次于上海、北京。从指标来看，广州的常住人口规模和人均可支配收入均列第 3 位，反映了广州共享经济市场容量大，同时消费能力较好，为共享经济发展提供了良好的市场条件。从各领域指标来看，广州快递业务量排全国各大城市第一，反映了广州在物流领域发展共享经济方面具有很大空间，此外，公共交通客运量、接待游客人次数、住户贷款余额等指标也很突出，反映了广州在交通出行、房屋住宿、资金共享等领域的需求较为旺盛，这些共享领域在广州推广和发展均具有良好的市场前景。

3. 创业创新活跃，对比先进仍有差距

广州创业创新在五城市中列第 4 位，落后于北京、深圳、上海。近年来，广州在推动大众创业、万众创新方面加大力度，市场主体快速增长，创新投入和产出显著提高，但是与先进城市对比，还有一定差距。从指标上看，2016 年广州专利授权量 48313 件，增长 21.3%，超过杭州，列五城市中第 4 位；深圳全社会专利授权量 75043 件，仅次于北京，显示了其突出的科技创新实力；广州 2016 年新登记注册企业数量和年末新三板挂牌企业数量也仅多于杭州，大幅少于北京、上海、深圳，说明广州在推动创业创新方面还有较大空间。

4. 产业支撑不足，龙头企业有待成长

互联网发展是广州的相对短板，本项得分在五城市中列第 5 位，与其他四个城市差距比较明显。具体来看，广州互联网普及状况较好、信息化水平较高，其中互联网宽带普及度仅低于深圳和杭州，移动电话普及度仅低于深圳，但支撑共享经济发展的互联网产业不强，主要表现在两个方面。一是行业发展不强。2016 年，广州信息传输、软件和信息技术服务业增加值仅有 801.46 亿元，而其他四个城市该行业的增加值均超过千亿元，其中北京高达 2697.90 亿元。二是龙头企业不强。互联网行业三巨头 BAT（百度、阿里巴巴、腾讯）分别位于北京、杭州、深圳，而上海也有携程网、大众点评网、盛大网络等一批分领域的龙头企业。这些企业在互联网产业人才、资金等方面产生集聚效应，为共享经济平台企业的诞生与成长提供了良好土壤。比如滴滴、摩拜、oFo、人人贷等知名共享经济企业均有来自 BAT 等互联网龙头企业的投资参与。广州本土成长的互联网龙头企业还不强，特别是平台型的企业缺乏，对于共享经济企业成长的带动作用较弱。

二　广州共享经济发展状况

（一）共享经济发展政策制度体系

共享经济作为一种新型经济形态，在不少方面都与现行制度有所冲突。由于其运行的时间还不长，运行的特征及规律还需要我们去认知，因此，目前与之配套的制度建立还显得相对滞后，如何建立完善的适应共享经济发展和监管的制度体系是当前各级政府面临的挑战。从不同领域来看，广州在交通出行领域（网约车、共享单车、共享汽车等）、住房共享领域（旅游民宿）、办公空间共享领域（众创空间）、自媒体领域和资金共享领域（互联网金融）等均出台了有关政策制度。

（二）广州共享经济企业发展状况

为了解广州共享经济企业的发展情况，课题组走访调研了部分在广州注册的共享经济典型企业。调研结果表明，广州共享经济企业发展比较迅速，但是与国内共享经济各领域的龙头企业相比还存在较大差距。

在交通出行领域，星星打车 2017 年上半年的平台交易额为 368 万元，订单数 16 万余单，期末注册用户数约 105 万，月度活跃用户约 2 万，期末注册司机数近 3 万人；卫蓝出行 2017 年上半年的交易额近 170 万元，订单数近 2 万单，期末注册用户数 5000 多，月度活跃用户 1500 多，期末自有车

辆 400 台。

在住房共享领域，截至 2017 年 8 月，搜床科技签约房屋一万间，上线运行的房屋 2000 间左右，注册管家 4000 余人，每月能稳定获取当地最低收入以上的管家约 600 人。预计全年的平台交易额能达到 13 亿元左右，实现营业收入 9000 万元左右。

在办公空间共享领域，截至 2017 年 8 月，酷窝管理约 10000 个工位，面积 9 万多平方米，入驻企业数百家，现在仍在以每个月增加 6000 平方米左右的速度在扩张。预计全年的营业收入可达 8000 多万元。

在自媒体领域，截至 2017 年 8 月，荔枝 FM 注册用户 1 亿以上，日活跃用户 600 万以上，月活跃用户 1500 万以上，播客 200 万以上。2017 年上半年实现营业收入 1.55 亿元，是上年同期的 38 倍。截至 2017 年 8 月，YY 直播注册用户超过 14 亿，有 100 万签约歌手，超过 15 万个经纪组织在平台上经营在线表演，日均超过 3000 万观众进行在线互动娱乐。2016 年集团实现营业收入超过 80 亿元，同比增长 37%，利润总额超过 15 亿元，在广州缴纳税收逾 6 亿元。

（三）共享经济发展的民意调查

为了解广州居民对共享经济发展的看法，课题组在广州城区抽取了 316 个常住居民开展问卷调查，调查结果显示，共享经济在广州受居民关注程度高，居民参与程度高，提供的产品和服务基本达到居民消费预期，未来发展前景被看好。

1. 共享经济受居民高度关注，吸引居民积极参与

广州作为一线城市，滴滴出行、摩拜单车等共享经济企业均较早布局入市，走进了人们的生活。广州居民共享经济问卷调查数据显示，共享经济的知晓度和受关注度较高，有 81.3% 的受访居民表示知道共享经济这个新经济形态。共享经济既给居民提供了更经济、便利和多样的生活服务和生活方式，又拓宽了就业的渠道，吸引了居民的积极参与，有 76% 的受访居民表示愿意参与到共享经济中来，其中，有 27.5% 的受访居民表示非常愿意（见图 1）。

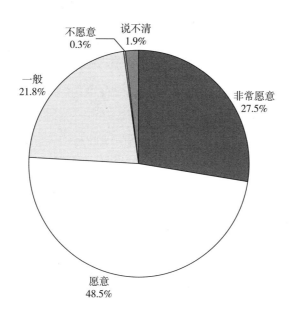

图1 受访居民共享经济参与意愿

2. 可持续发展理念成居民共识，无形资源共享领域或成下轮共享经济亮点

共享经济在给居民带来方便、高效的消费体验的同时，也打破了传统经济中供给者的结构，让大量消费者成为潜在的供给者，此次调查发现，大量受访居民都愿意成为供给者，有七成以上（71.5%）的受访居民表示愿意将个人资源共享给他人，这表明未来共享经济领域将会出现更多的待整合资源，涌现更多新的共享商业模式。对于愿意共享资源的原因，高达71.2%的受访居民表示是共享经济会优化资源配置，提高资源利用效率，增强社会发展的可持续性；认为共享可以给自己带来金钱回报和结交新朋友的受访居民均在50.9%；还有26.5%的受访居民只是出于个人兴趣（见图2）。从受访居民共享动机调查结果可见，当前共享型价值观已逐渐深入人心，可持续发展理念成为大众共识。

对于有意共享的资源，受访居民的选择主要集中在兴趣爱好（63.7%）、知识技能（60.6%）、汽车（30.5%）、住房（27.9%）、资金

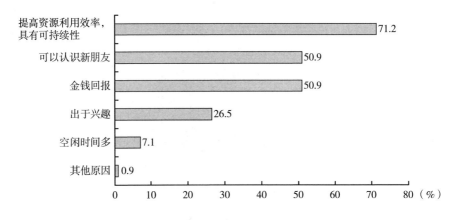

图2 受访居民资源共享动机（多选）

（18.6%）等几个方面（见图3）。从调查结果看，兴趣爱好和知识技能的供给者众多，远远高于其他资源供给者的比例，原因如下。一是由于兴趣爱好、知识技能是基于个人素质能力的无形资源，拥有这种无形资源的人群基数相对较大；二是汽车、住房、资金等是基于个人经济能力的有形资源，客观上存在一定的门槛，导致供给人群基数较小，有意愿供给的人数自然更少；三是由于无形资源的共享较有形资源的共享而言，具有风险低、零折旧、可操作性强等优势，愿意共享的人自然也更多。

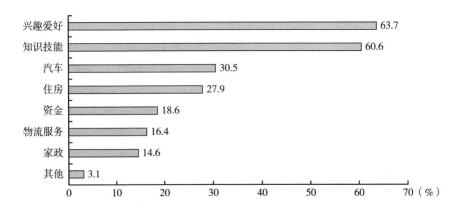

图3 受访居民愿意共享资源（多选）

从受访居民对兴趣爱好、知识技能等共享平台的供给意愿和需求意愿看，该领域的共享平台仍存在较大发展空间，可预见今后随着经济社会的发展，居民对精神生活的要求将会不断提高，对兴趣爱好等方面的需求亦会日渐强烈，因此这些领域将会成为下轮共享经济的供给和消费热点。

3. 交通出行领域共享受居民热捧，领衔共享经济行业发展

当前，广州交通服务供需仍不平衡，居民仍面临打车难、养车贵、用车不及时等现实问题。调查显示，在对共享资源的需求方面，交通出行需求仍位居首位，对于最希望共享平台能够提供的产品或服务，84.8%的受访居民希望是交通出行，远高于对其他共享资源的需求（见图4）。

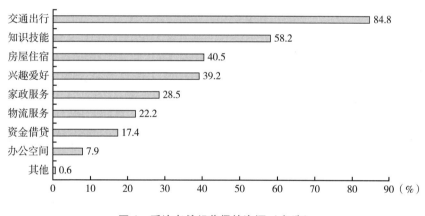

图4 受访者希望获得的资源（多选）

调查结果还显示，在网约车和传统出租车的选择上，网约车已经代替传统出租车成为多数受访居民打车出行的第一选择，当有打车出行需求时，有70.6%的受访者表示会优先选择网约车，只有15.5%的受访者表示会选择出租车（见图5）。

对比共享经济其他领域，交通出行也是目前受访居民关注度和活跃度最高的领域。调查显示，受访居民对共享单车领域的共享平台的知晓率最高达97.2%，使用率最高达74.9%，对网约车领域的龙头企业滴滴出行的知晓

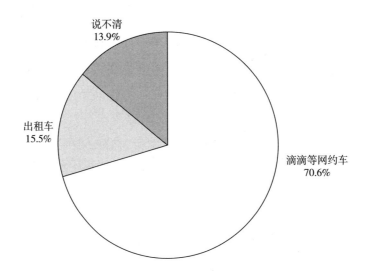

图5　受访居民打车出行方式选择

率达92.1%，使用率达86.6%。在其他领域中，自媒体领域共享平台的知晓率最高为29.4%，使用率最高为19.4%；资金共享领域共享平台的最高知晓率为22.5%，使用率则为11.3%；办公空间共享、知识共享等领域的共享平台受访居民无论是知晓率还是使用率，都比较低。受访居民对交通出行共享平台的知晓率和使用率在几大领域中遥遥领先。

4. 行业龙头企业市场优势明显，本土企业受居民青睐少

从受访居民对各领域具体平台的知晓率和使用率看，同一行业内的领军企业市场优势明显，与第二梯队企业拉开了较大的差距。以广州本土企业为例，网约车领域，星星打车的知晓率和使用率均非常低，与滴滴出行差距明显；自媒体领域，荔枝FM与喜马拉雅FM差距稍小，但在知晓率和使用率上也均处于弱势；资金共享领域，陆金所的知晓率是PPMoney的3倍多，使用率则达8倍多（见表4）。当前，除自媒体领域外，广州本土的共享经济企业大多位于其领域内的第二梯队甚至第三、第四梯队。从受访居民对本土企业知晓率和使用率看，本土企业面临的竞争压力大，生存空间小，迫切需要夹缝谋略，才能在市场中站稳脚跟。

表4 受访居民对共享经济平台认知和使用情况

共享经济领域	共享经济平台	受访居民知晓率(%)	受访居民使用率(%)
共享单车	摩拜	97.2	74.9
	oFo	84.5	61.5
网约车	滴滴出行	92.1	86.6
	神州专车	67.4	29.7
	星星打车(广州企业)	7.9	3.2
房屋住宿	途家	19.3	6.0
	小猪短租	17.1	4.2
	朋友家(广州企业)	3.5	1.4
自媒体	斗鱼	24.7	9.5
	YY直播(广州企业)	28.8	9.5
	喜马拉雅FM	29.4	19.4
	荔枝FM(广州企业)	25.9	14.1
办公空间	优客工厂	4.7	1.4
	酷窝(广州企业)	3.5	0.4
美食共享	好厨师	4.4	1.4
	我有饭(广州企业)	3.5	1.1
知识技能	猪八戒网	11.4	2.1
	在行	2.5	0.4
资金共享	陆金所	22.5	11.3
	PPMoney(广州企业)	6.6	1.4

注: 1. 受访居民知晓率: 选择"知道"的受访居民人数/受访居民总数。

2. 受访居民使用率: 选择"使用过"的受访居民人数/受访居民总数。

5. 共享平台消费体验达居民预期，但消费风险和隐患不容忽视

对于共享平台所提供的产品或服务，81.6%的受访居民表示达到预期，7.8%的受访居民表示超过了预期，10.6%的受访居民认为没有达到预期（见图6）。

对于共享平台使用的满意度评价，54.8%的受访居民表示满意，42.8%的受访居民认为一般，只有1.4%的受访居民表示不满意（见图7）。调查结果表明，共享平台提供的产品和服务基本能够达到居民消费预期，但在用

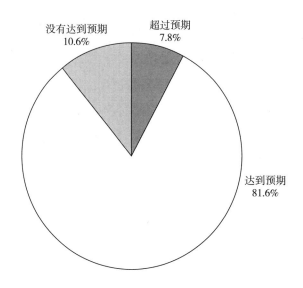

图6 受访居民对共享平台的消费体验

户满意度上仍有一定提升空间，这与受访居民认为在共享平台的消费过程中
仍存在不少消费风险和隐患不无关系。

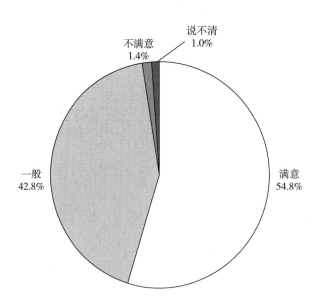

图7 受访居民对共享平台使用满意度

对于当前共享平台应用方面存在的风险和隐患，有78.8%的受访居民认为存在个人信息泄露风险，有55.1%的受访居民担心个人财产、人身安全风险，有54.1%的受访居民认为缺乏政策监管，还有受访居民认为缺乏交易安全、纠纷难处理等（见图8），这些正是目前共享经济发展所面临的待解决的现实问题。

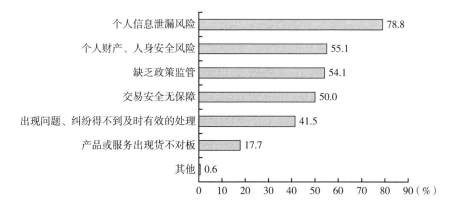

图8　共享平台应用存在的消费风险和隐患（多选）

6. 共享经济受居民高度认同，发展前景被看好

对于共享经济对整体社会经济的影响的看法，68.4%的受访居民认为共享经济能够促进经济发展，63.0%的受访居民认为可以改善民生，42.1%的受访居民认为推动了社会资源的合理配置。此外，还有不少受访居民认为共享经济在促进就业、扩大消费等方面有积极的作用。但同时，部分受访居民担忧共享经济会给传统的行业带来冲击，还有少数被访者看法较为负面，认为共享经济会扰乱正常的市场秩序，给生活带来一定的负面影响（见图9）。

对于共享经济的发展前景，65.3%的受访居民认为很好，27.8%的受访居民认为一般，只有0.6%的受访居民表示不看好。从调查结果看，多数受访居民对共享经济的看法较为乐观，对共享经济在促进社会经济进步方面的积极作用给予了肯定。

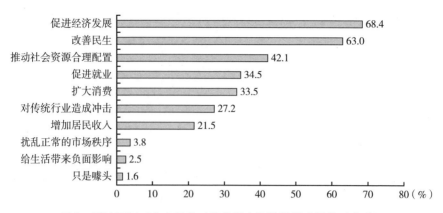

图 9　受访居民对共享经济对整体社会经济的影响评价（多选）

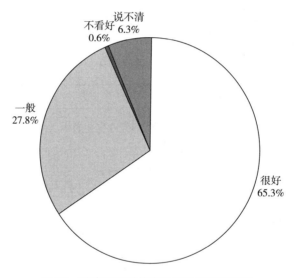

图 10　受访居民对共享经济发展前景评价

三　广州共享经济发展存在的问题

（一）现有法规不适应，监管体系待重构

共享经济作为一种新型经济形态，发展变化快，还具有跨区域、跨行业

和互联网的特点，现行法律法规在不少方面已不能适应其发展，可以说当前共享经济发展面临的最大问题来源于政策的不确定性。目前来看，许多共享经济活动都或多或少地存在与现有政策相冲突的现象，导致大量的共享经济活动处于灰色地带，甚至有违规嫌疑，随时面临行政处罚乃至被叫停的风险。例如，在交通出行领域，网约车面临未获得经营许可的风险。在广州市交委调研时了解到，截至 2017 年 8 月，在广州运营的 11 家网约车公司中，仅有 3 家获得了网约车经营许可。

同时，共享经济自身也存在着市场失灵的情况，给经济和社会领域带来了一系列新问题，而现有的监管手段难以适应共享经济的快速发展。例如，在住房共享领域，如何对住宿房屋的治安消防进行必要的监管，如何对入住房客的身份进行登记核实。

此外，监管的缺失和共享经济平台使用的门槛较低，致使部分平台对用户的资格审查不够严格，交易中存在一定的安全保障漏洞。当消费者权益受到侵害时，缺少各方提供的保障，现有法律法规也难以厘清责任。

（二）对传统行业冲击大，公平有序的市场环境待建立

共享经济的发展大大降低了许多行业的进入门槛，共享经济企业拥有显著的成本优势、创造无限供给的能力、极小的边际成本，使传统企业面临巨大竞争压力。共享经济企业的进入及其快速扩张的发展态势冲击着原有的商业逻辑和经济秩序，直接引发了社会财富和利益的重新分配，许多行业的利润空间被大幅压缩，许多传统企业暴露于转型压力之下，甚至其生存也遭受到威胁。在交通出行领域，网约车的兴起直接挤压了传统出租车的生存空间。在住房共享领域，短租民宿给传统酒店业带来了不小的冲击。

同时，共享经济企业相比传统企业的优势并不仅仅来自商业模式的创新，还有其在政策不明朗期间，逃避了传统商业取得牌照、缴纳税收、社保等义务和责任，和传统企业之间形成了不公平的竞争。在交通出行领域，在网约车新政出台前，网约车和驾驶员无须取得营运资格便上路运营，即使是

在网约车新政出台后，广州部分网约车平台也还存在未通过审核拿到运营许可的"灰色地带"，这对传统的出租车而言明显有失公允。在住房共享领域，短租民宿逃避了消防治安的监管，存在逃税的嫌疑，这对传统酒店业来说也不公平。因此，如何赋予共享经济企业和传统企业一个公平有序竞争的市场环境也是一大难题。

（三）盲目跟风现象严重，盈利模式待寻找

共享单车席卷了整个资本市场，成为风险资本的宠儿，一时间共享产品蜂拥而至。空调、雨伞、睡眠仓、纸巾等均纷纷加入共享经济的家族，共享产品的门槛一再降低。但是，许多行业仅是以共享为噱头，以融资为目的，盲目跟进，在商业模式尚未成熟就贸然进入，缺乏持续发展的后劲，也导致其无法实现大规模的发展。

即使是在培养了用户消费习惯，推动市场完成洗牌之后，共享经济依然要回归理性，找到可持续的盈利模式。目前共享经济企业"输血"和"造血"能力显然难言平衡。合并了快的、优步后，中国的滴滴已经在网约车市场"一家独大"，摆脱了"烧钱大战"，但也并未传来盈利的消息。共享单车领域使用人数众多，市场需求巨大，但即使是行业龙头oFo和摩拜单车，仅靠押金和租金也难以支撑公司的运营，盈利模式仍然在不断探索中，更不用说许多小的共享单车公司，它们已经纷纷倒闭，消费者的押金也无从退还。在我们调研的广州共享经济企业中，除了自媒体领域已经实现了盈利外，其余领域都还处在不断投入的过程当中，此时谈盈利为时尚早。

（四）信息不对称导致道德风险，信用体系待完善

共享经济是陌生人之间通过第三方网络平台实现交易，其基本条件是成熟的社会信用体系。而目前我国诚信缺失现象和商业欺诈行为时有发生。在交通出行领域，网约车驾驶员的专业技能和道德水准难以事先确认，可能对乘客的人身财产安全带来风险。广州居民共享经济问卷调查数据显示，有55.1%的受访居民担心个人财产、人身安全风险。同时，驾驶员对乘客的信

用信誉也表示关注。对广州网约车驾驶员群体的调查结果显示[1]，77.0%的受访司机希望能完善司机、乘客的信用互评体系。共享单车、共享汽车被使用者恶意损坏时有发生。在住房共享领域，房间的服务和设施可能没有宣传得那么周到完善。在餐饮共享领域，食品的卫生安全可能不符合食品安全要求。

尽管共享经济平台企业设置了星级评定、用户投诉、资格审核等多种机制提高信任度，但我国共享经济的发展仍面临着信用体系不完善的困境。我国的整体信用环境，尤其是个人信用体系的建设水平还不高，部分居民信用意识仍然比较缺乏，整体的信用文化和信用环境仍需不断培养和提高。

（五）新型劳动关系认定不清晰，劳动者权益待保障

共享经济提供了大量的就业机会，促进了隐性就业和自由职业者的规模化发展。在交通出行领域，许多人通过驾驶网约车而实现了就业。在住房共享领域，许多人通过出租自己的闲置房屋而实现就业，也有许多人通过成为管家而实现就业。在自媒体领域，许多人通过表演节目或成为经纪人而实现就业。在其他领域，许多人通过提供自己的知识、技能、时间、资金等都实现了不同程度的就业。但目前对于这种非传统雇用的新型劳动关系，现行法律政策与司法实践对此的认定尚不清晰，导致劳动权益保护问题比较突出。

共享经济平台企业认为他们与个体劳动者不是雇用关系而是合作关系，平台主要起到撮合成交的作用，其业务实质是为个体劳动者与服务需求方的交易提供平台服务。对广州共享经济企业的调研显示，平台与绝大部分的兼职从业人员没有签订劳动合同，平台也没有为这些从业人员购买相应的社会保险。对广州网约车驾驶员群体的调查结果显示，43.0%的受访司机对社会保障问题担忧。因此，对参与共享经济的个体劳动者的权益如何保障是当前面临的难题。

---

[1]　课题组采取滚雪球抽样调查方法对100名网约车驾驶员进行了问卷调查。

四 推动广州共享经济发展完善的政策建议

（一）以包容审慎为原则，制定完善相关政策促进规范共享经济发展

共享经济与所有新生事物一样，总会出现与现有政策不符甚至冲突的地方，总会触动部分传统行业获益者的利益，政策制定者应该以鼓励创新、包容审慎为原则，合理制定可以促进规范共享经济发展的相关政策。对于发展中的新生事物，政府的管理部门不要急于用传统思维和老办法简单扼制，更不要急于发布限制性条令，可以先让新生事物发展，政府部门需要把握的是这些新生事物有什么风险，将风险限制在可控范围内。

具体来讲，在交通出行领域，国家和广州市均已出台了网约车的相关管理办法，目前要做的就是根据管理办法，督促网约车平台企业办理经营许可证，积极开展不合规车辆的清理工作。在共享单车方面，加快推进广州市共享单车发展指导意见的出台，营造适合共享单车发展的政策环境，引导共享单车企业合理投放、管理车辆。在住房共享领域，加快修订《广州市旅游条例》，加强对民宿经营管理的引导，鼓励社会力量参与民宿经营管理，支持在具有旅游资源的乡村发展民宿，明确各有关部门对民宿经营监督管理的职责分工。在办公空间共享领域，积极支持联合办公平台企业的发展壮大，在财税、金融等方面给予一定力度的扶持，进一步推动"一址多照"在工商税务部门的落地，推动联合办公在大众创业、万众创新中发挥更大的作用。在自媒体领域，鼓励支持管理规范的语音视频平台企业做大做强，监督各平台企业建立健全信息安全管理制度和安全可控的技术保障措施，有效阻止法律法规禁止的信息内容的发布和传播。加强对互联网新闻信息服务单位内容管理从业人员的管理，定期组织开展从业人员的教育培训和从业情况的监督检查。在资金共享领域，谨慎发展互联网金融业务，加大对"现金贷"、网络小额贷款的监管、整治、清理、整顿力度，有效化解互联网金融风险，保障人民群众的财产安全。

（二）以科技创新为导向，引导支持共享经济企业在发展中解决问题

共享经济平台的运行基于强大的互联网和大数据技术，政府对于平台的监管，也应该利用现代化的信息技术手段，利用最新的科学技术，包括云计算、大数据等，提高对共享经济活动的监管水平，建立现代化的政府监管模式。

对于共享经济在发展中产生的问题，各级政府部门应该在守住不危及公众利益的底线基础上，引导支持共享经济企业通过科技创新的方式解决问题。在交通出行领域，引导鼓励共享单车平台企业推广应用电子围栏等技术，有效规范用户停车行为，解决无序停放乱象。在有条件的地铁站修建带电子围栏和充电桩的停车换乘停车场，为新能源共享汽车的使用和停放提供便利。鼓励支持移动互联网平台通过科技手段和科学管理实现停车位共享，解决城市停车难题。在住房共享领域，引导住房共享平台公司在所管理的房屋上安装包含指纹识别、面部识别、虹膜识别等技术的智能门锁，确保入住房客的信息录入和可追溯性，防范治安方面的风险。在自媒体领域，推动语音视频平台企业应用云计算、大数据等技术进行声音识别和图像识别，自动筛选屏蔽违规的语音视频信息。

（三）以信息共享为机制，建立健全信用体系筑牢共享经济发展基础

信用不仅是保障共享经济健康有序发展的前提，也是共享经济平台价值放大的基础。建立健全信用体系，积极引导共享经济企业运用大数据技术，建立双向评价机制和"黑名单"制度，对共享经济的双方进行信用约束，强化对资源提供者和资源使用者的身份认证、信用评级和信用管理。鼓励共享经济平台企业积极开展与大型互联网平台企业、信用评估公司、诚信信息

服务提供商以及保险公司开展信用信息共享合作，鼓励平台企业成立信用数据共享联盟。加快推动政府信息公开，探索平台企业与政府之间的信用数据双向共享机制。

强化社会征信体系建设。进一步完善个人信息登记和查询制度，依法加强信息披露，对于有不良信用记录、高频违约失信行为的用户风险进行有效识别，并推动信用分级，实行守信激励和失信惩戒，打造良好的共享经济发展环境和氛围，创建良好的社会生态。在共享单车领域，以征信体系为保障，鼓励引导共享单车平台企业尽可能地免收押金，有效防止出现押金挪用、难退的情况。在自媒体领域，依法建立互联网新闻信息服务单位内容管理从业人员信用档案和黑名单。

（四）以商业保险为补充，完善社会养老保障体系以适应就业形态变化

鼓励共享经济平台企业引入商业保险机制，通过电子商务平台责任险、人身意外伤害保险等产品，为参与共享经济的个体提供风险保障。鼓励保险公司针对共享经济领域制定专门的保险解决方案，比如在交通出行领域定制出行安全综合险，在房屋共享领域提供财产险和承租人综合保障险，在物流共享领域提供定制保险保障配送人员安全等。

推广共享经济模式在养老保险上的应用。随着就业方式的灵活性和弹性化，传统的社会保障方式已经无法满足新形势的变化和需求，因此，共享经济的发展壮大将能够为养老保险提供新的发展模式，弥补统一社会保障的不足。因此，一方面应积极宣传号召灵活就业者购买城镇居民社会养老保险或新型农村社会养老保险，另一方面应加快发展商业养老保险，进一步完善社会养老保障体系，促进养老服务业多层次多样化发展，以适应就业形态新变化。

（五）以扶持龙头为引领，优化广州共享经济发展环境促进企业发展

以广州琶洲互联网创新集聚区为依托，大力支持包括共享经济在内的互

联网经济的发展。大力支持广州共享经济龙头企业的培育和发展，充分发挥龙头企业的集聚引领效应，带动广州共享经济跨越式发展。

充分理解共享经济与现行政策的矛盾之处，引导协调共享经济企业获取相关的资质、许可证。充分认识到共享经济的融资需求，大力发展创投基金、创投媒体，鼓励龙头企业挂牌上市。充分认识到共享经济的科技创新特点，在财政补贴、税收返还等方面给予相当力度的支持。充分认识到共享经济的人才特点，放宽人才绿卡的学历、职称要求，加大公租房的供给力度，探索研究共有产权住房、安居型商品房制度，加快出台高级管理人才退税政策。充分认识理解共享经济新业态新模式，大力优化广州共享经济发展环境，促进广州共享经济企业的发展。

B.5
广州工业供给侧结构性
改革的路径研究

陈 贝[*]

摘　要： 本文在分析广州工业"去产能""降成本""补短板"推进情况的基础上，从优化工业供给侧结构性改革的角度，以广州工业供给发展要素作为切入点，通过 Entropy 法，与包括北京、上海在内的其他 7 个主要工业城市，进行劳动力、资本、土地资源、能源消耗、创新投入和资源效率六大工业供给发展要素对比，找出广州工业供给侧结构性改革继续深入推进所需要素的优劣势，结合广州工业发展的实际，提出完善广州供给侧结构性改革路径的参考建议。

关键词： 供给侧　结构性改革　工业　发展要素　广州

一　广州工业供给侧结构性改革推进情况

党的十八大以来，广州深入贯彻习近平新时代中国特色社会主义思想和习近平总书记对广东工作的重要批示精神，坚持以新发展理念引领经济发展新常态，坚持以推进供给侧结构性改革为主线，加快推动经济结构战略性调整和经济转型升级，国民经济呈现结构改善、动力增强和质量提升的崭新面

* 陈贝，经济学硕士，国家统计局广州调查队主任科员，统计师，研究方向：工业统计和专项统计。

貌，产业结构不断优化，需求结构持续改善，发展的协调性和可持续性不断增强，取得了令人瞩目的成就。

（一）工业供给侧结构性改革任务推进顺利

1. 去产能方面：关停企业已完成账面出清、脱困目标达四成

国有"僵尸企业"出清重组是供给侧结构性改革的主要内容，国有"僵尸企业"是指已停产、半停产、连年亏损、资不抵债，主要靠政府补贴和银行续贷维持经营的国有企业。当前广州关停企业已完成账面出清。在核定的361家国有关停"僵尸企业"中，广州市政府通过工商销号、破产清算、内部重组、托管处置四种方式，完成关停企业出清任务。截至2016年12月31日，广州已经对361家关停企业完成账面出清。其中工商销号27家，破产清算7家，内部重组53家，其余的274家按照省国资委工作要求，在2016年12月30日，举行广州国有关停"僵尸企业"托管签约，与广州国有关停企业公共处置平台——广州工业发展集团有限公司签订《关停企业托管协议》，依法实现国有关停企业出清。

特困企业脱困完成目标达四成以上。在核定的115家国有特困"僵尸企业"中，广州市政府通过工商销号、破产清算、内部重组和改善经营四种方式，完成特困企业脱困任务。按照目标，在115家国有特困"僵尸企业"中，拟通过工商销号26家，破产清算4家，内部重组25家，改善经营60家。截至2016年12月31日，广州已对49家特困企业完成脱困任务。其中破产清算1家，内部重组2家，实现资产负债率低于70%的有17家，实现当期扭亏为盈的有20家，实现资产负债率低于70%且当期扭亏为盈的有9家。

2. 降成本方面：工业企业减负成效明显

2016年，广州规模以上工业企业在主营业务收入增长6.7%的同时，主营业务税金及附加同比下降2.0%，占主营业务收入的比重（2.1%）比上年同期减少0.2个百分点。"营改增"政策效果显现。

3. 补短板方面：创新成引领发展的第一动力

广州已经凝聚了越来越多的创新力量。据统计，截止到 2017 年，广州共有 288 家世界 500 强企业，投资项目近 800 个。同时，广州还拥有 120 家企业总部或地区总部。广州产业结构不断优化，先进制造业占制造业比重达 62%，形成了 5 个超千亿元级的产业，涵盖汽车制造、石油化工、电子产品、电气机械及器材制造业、电力和热力生产及供应等领域，其中，船舶、医药等领域约有 26 个超百亿元级产业，战略性新兴产业持续增长。

（二）工业供给侧结构性改革外溢正效应显著

1. 供给侧结构性改革扎实推进减少了低端供给和无效供给

随着供给侧结构性改革的稳步推进，广州市加速出清产能过剩行业，供求关系得以调整，去产能化扭转了企业的不善经营状况。截止到 2016 年 9 月，广州市工业生产者出厂价格首次实现由降转升，结束了自 2012 年以来连续同比下降的局面。由于低端供给和无效供给的减少，市场环境向好，市场信心不断增强。2016 年，广州市规模以上工业企业利润同比增长 8.5%；主营业务收入利润率为 5.97%，同比增长 0.19%。

2. 供给侧结构性改革扩大了中高端供给和有效供给

供给侧结构性改革为经济发展提供了新的动力，保障了市场运营的平稳性，同时也促进新技术新产业新产品的研发升级，有力支撑了宏观经济的发展。

（1）多种高新技术类工业行业产值位于前列。以 2016 年为例，在规模以上工业企业中，工业行业总产值超过 200 亿元的有 23 个大类行业（见表 1）。多种高新技术类工业行业产值位于前列，其中汽车制造业，计算机、通信和其他电子设备制造业，化学原料及化学制品制造业，电力、热力的生产和供应业，电气机械及器材制造业 5 个工业行业总产值超千亿元，这 5 个行业合计实现工业总产值 11750.58 亿元，占广州规模以上工业总产值的 60.0%。作为广州三大支柱产业，汽车制造业工业总产值为 4433.72 亿元，占全市规模以上工业总产值的 22.6%；包括通信设备、计算机和其他电子设备在内的电子产品制造业工业总产值为 2310.03 亿元，占 12.4%；包括

石油加工和化工制品在内的石油化工制造业工业总产值为 2390.77 亿元, 占
12.1%。从工业企业数量分布和产值分布来看, 广州工业行业构成比较完
整, 产业结构进一步优化, 汽车制造、电子产品制造和石油化工制造这三大
工业支柱产业发挥着重要作用。

表1 2016 年广州规模以上工业行业总产值情况

单位: 亿元

行业名称	工业总产值
汽车制造业	4433.72
计算机、通信和其他电子设备制造业	2310.03
化学原料及化学制品制造业	1934.98
电力、热力的生产和供应业	1924.72
电气机械及器材制造业	1147.13
铁路、船舶、航空航天和其他运输设备制造业	639.85
通用设备制造业	622.52
农副食品加工业	522.09
食品制造业	474.83
石油加工、炼焦和核燃料加工业	455.79
有色金属冶炼和压延加工业	424.98
黑色金属冶炼和压延加工业	406.24
橡胶和塑料制品业	403.96
纺织服装、服饰业	403.83
金属制品业	356.47
文教、工美、体育和娱乐用品制造业	339.50
燃气生产和供应业	337.75
酒、饮料和精制茶制造业	305.20
医药制造业	278.05
纺织业	262.70
皮革、毛皮、羽毛及其制品和制鞋业	242.49
专用设备制造业	210.74
家具制造业	208.38

（2）广州工业出口逐步转向中高端产品。近四年来, 在国际经济缓慢
复苏, 外需明显减弱的大环境下, 广州工业出口受到严峻挑战, 但出口总量

仍保持平稳，2013～2016 年规模以上工业出口交货值年均缓降 0.5%。其中装备类、技术类的机电产品代替传统的纺织服装、服饰、皮革、制鞋业成为出口主力。计算机、通信和其他电子设备制造业四年共实现出口交货值5021.31 亿元，占同期广州规模以上工业出口交货值的 40.9%。电气机械及器材制造业，运输设备制造业，文教、工美、体育和娱乐用品制造业，化学原料和化学制品制造业，汽车制造业五个行业四年来出口总量均超过 500 亿元。值得一提的是在三大支柱产业中的化学原料制造业近年来出口增速下降、电子信息类产品出口保持平稳的态势下，汽车制造业出口保持高速增长，年均增速达到 14.7%，成为广州出口中的一个亮点。总体来看，广州工业对外贸易逐渐转向中高端的技术竞争领域（见表 2）。

表 2 2013～2016 年广州市规模以上工业分行业出口交货值情况

单位：亿元，%

行业名称	2016 年	2015 年	2014 年	2013 年	四年总量	年均增速
总　计	3004.80	3065.61	3159.14	3045.86	12275.42	-0.5
计算机、通信和其他电子设备制造业	12262540	12392210	12977069	12581235	5021.31	-0.9
电气机械及器材制造业	2760938	2524305	2581589	2315266	1018.21	6.0
铁路、船舶、航空航天和其他运输设备制造业	2476301	2564320	2128480	2010367	917.95	7.2
文教、工美、体育和娱乐用品制造业	1979337	1977162	1760026	1592820	730.93	7.5
化学原料和化学制品制造业	1177592	1572594	1795996	1767654	631.38	-12.7
汽车制造业	1674681	1580905	1576908	1108714	594.12	14.7
皮革、毛皮、羽毛及其制品和制鞋业	1094300	1195406	1100129	1195406	458.52	-2.9
纺织业	945947	1093590	1088230	1093590	422.14	-4.7
金属制品业	836301	923358	1249700	1011449	402.08	-6.1
橡胶和塑料制品业	1019905	852167	871419	950929	369.44	2.4
通用设备制造业	710285	831876	849699	1174714	356.66	-15.4
黑色金属冶炼和压延加工业	484839	652517	842218	993606	297.32	-21.3

续表

行业名称	2016 年	2015 年	2014 年	2013 年	四年总量	年均增速
纺织服装、服饰业	449681	487240	615954	487240	204.01	-2.6
专用设备制造业	371517	467636	446604	448497	173.43	-6.1
印刷业和记录媒介复制业	355052	287457	290427	278194	121.11	8.5
非金属矿物制品业	211293	229659	254209	267081	96.22	-7.5
仪器仪表制造业	250090	173533	184263	227427	83.53	3.2
家具制造业	198176	191432	207855	195516	79.30	0.5
食品制造业	162279	129014	112439	129014	53.27	7.9
医药制造业	161691	98404	127349	128327	51.58	8.0
金属制品、机械和设备修理业	69356	126767	126806	121910	44.48	-17.1
有色金属冶炼和压延加工业	108629	58102	88378	120937	37.60	-3.5
造纸和纸制品业	79412	63244	98749	99533	34.09	-7.3
木材加工和木、竹、藤、棕、草制品业	85599	86939	77062	61536	31.11	11.6
农副食品加工业	55042	25612	59290	25612	16.56	29.0
其他制造业	32874	36252	39240	44944	15.33	-9.9
石油加工、炼焦和核燃料加工业	13629	12388	12271	9223	4.75	13.9
烟草制品业	10062	8837	11484	8837	3.92	4.4
化学纤维制造业	8007	10674	9624	6559	3.49	6.9
酒、饮料和精制茶制造业	2671	2476	7976	2476	1.56	2.6

二 当前广州工业供给侧结构性改革面临的要素困境

工业的生产和发展需要各类要素的供给，从传统生产要素看，包括劳动力、资本、土地和能源四大要素。在工业革命后，工业创新成为工业生产重要的要素之一。由于各类资源的利用具有边际效应递减的自然规律，而资源利用效率的高低会直接决定工业供给效率，因此当前资源效率是工业生产和发展必须考虑的要素之一。本文把劳动力、资本、土地资源、能源消耗、创新投入和资源效率六类要素统称为工业供给发展要素，通过剖析广州的工业供给发展要素，可以发现当前广州工业供给侧发展要素具有如下特点和不足。

（一）工业劳动力总量保持稳定，劳动力素质结构偏低

从工业用工情况看，广州工业从业人员从2006年的205.53万人上升至2016年的267.66万人。值得注意的是，工业从业人员总量在2010年达到近十年来的峰值，之后逐年走低，在2014年后工业从业人员总量有所上升，表明近年来广州工业劳动力群体数量仍然保持稳定态势。从工业从业人员占全部从业人员比例上看，广州2006～2016年平均占比为34.1%。随着服务业蓬勃发展，服务业从业人员人数上升明显，虽然近几年工业从业人员总人数上升，但工业从业人员占全部从业人员的比重有所下降，2016年占比为32%（见图1）。

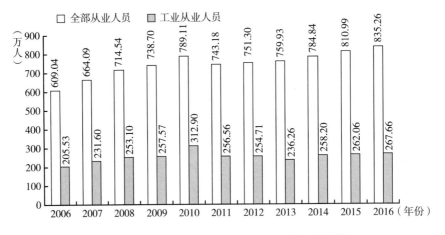

图1　2006～2016年广州从业人员和工业从业人员情况

根据广州2015年1%人口抽样调查数据，广州就业人口大学专科及以上水平的占比为30.8%，而工业就业人口中大学专科及以上水平的占比仅为17.4%（见图2），受教育程度低于平均水平。工业劳动力素质结构偏低，制约广州工业进一步转型升级。

从工业从业人员的薪酬情况看，广州制造业非私营单位在岗职工年平均

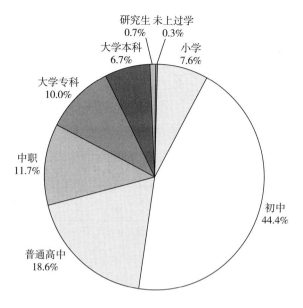

图2 广州工业就业人口学历分布

工资从2006年的24906元上升至2016年的73331元，年增长率为11.4%，高于全部工业生产总值年平均增速。但2016年广州非私营单位在岗职工年平均工资为89096元，制造业工资低于全行业平均水平。可见，虽然工业从业人员薪酬增长较快，但相对于其他行业，工业从业人员的薪酬仍处于较低水平。

（二）工业资本积累不断增强，工业资本投入平稳增长

除了劳动力，资本也是工业生产中重要的生产要素。从广州规模以上工业年末资产合计上看，工业企业的资本积累也在不断增强，从2006年的6903.61亿元上升至2016年的16737.71亿元，年均增长9.3%（见图3）。平均每家规模以上工业企业年末资产从2006年的1.33亿元上升至2016年的3.59亿元，年均增长10.4%。

从规模以上工业固定资产原价年末数来看，从2006年的3358.74亿元上升至2016年的7852.56亿元，年均增长8.9%。平均每家规模以上工业企业固

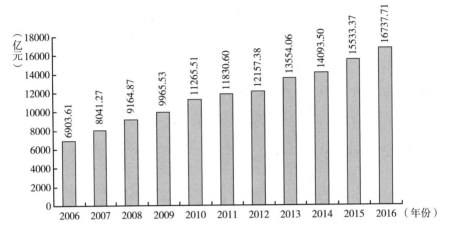

图3　2006～2016年广州规模以上工业年末资产合计走势

定资产原价年末数从2006年的0.65亿元上升至2016年的1.68亿元，年均增长10.0%。近十年来广州工业资本投入保持一个比较平稳的增长态势。

（三）土地资源稀缺，建设用地紧张

土地是工业生产的基本要素，广州行政区域面积为7434平方公里，在全国工业较发达的八个城市中，广州土地面积仅排第六位（见表3），只略高于上海，不足北京的一半，更不足重庆的1/10。广州行政区域面积中，

表3　全国八大工业城市行政区域面积情况

	行政区域面积（平方公里）	排名	城镇村及工矿用地面积（平方公里）	排名
广　州	7473	6	1351	4
北　京	16410	2	3029	2
上　海	6340	7	850	7
深　圳	1997	8	270	8
天　津	11946	3	1292	5
重　庆	82402	1	4300	1
苏　州	8488	5	1118	6
武　汉	8594	4	1980	3

以资源型耕地和林地为主，用于城镇建设和工业用地的城镇村及工矿用地面积为 1351 平方公里，在八大工业城市中排第四位。从全省范围看，在省内 21 个城市中，广州行政区域面积排在第 11 位，但人口总量排在第 1 位，以占全省 4% 的行政区域面积承载 12.4% 的常住人口，使广州土地开发后备资源比较稀缺，建设用地紧张，对工业发展后劲造成一定的不利影响。

（四）单位能耗持续下降，能源供给对外依赖性较强

工业能源消耗一方面体现了一个地区工业发展的活跃程度，另一方面也代表了一个地区工业发展的阶段。从广州工业能源消耗的情况看，2006 年广州工业能源消耗总量为 2600.82 万吨标准煤，2016 年下降至 2381.37 万吨标准煤。每万元工业生产总值从 2006 年消耗 0.32 吨标准煤，下降至 2016 年消耗 0.11 吨标准煤，年均下降 10.1%（见图4）。可见，当前广州工业发展单位能耗持续下降，广州工业的发展已经脱离了单纯依靠能源投入来取得工业增长的阶段，进入能源高效利用的发展阶段。

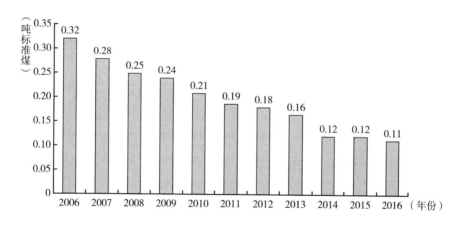

图4　2006~2016年广州工业万元生产总值能耗情况

以电力为例，由于广州经济结构调整，随着"退二进三"产业政策的实施，部分发电厂关闭搬迁，电力生产量从 2006 年的 346.94 亿千瓦时下降至 2016 年的 306.63 亿千瓦时。但工业电力的消费量从 2006 年的 274.03 亿千瓦

时上升至 2016 年的 416.46 亿千瓦时。电力消费量占生产量的比重从 2006 年的 78.98% 上升至 2016 年的 135.82%（见表4）。随着本地电力生产量的减少和电力消费量的增加，从 2009 年起本地电力的生产量已经不能满足工业电力的消费量，且缺口越来越大。2016 年规模以上工业企业煤炭、燃料油、汽油和柴油的消费量分别为 1435.63 万吨、5.18 万吨、9.59 万吨和 19.45 万吨，广州这些能源的生产主要依靠外部供给。可见，广州工业生产的能源供给对外依赖性比较强。

表4 2006～2016 年广州电力生产量和消费量对比

项目	2006	2007	2008	2009	2010	2011	2012	2013	2014	2015	2016
生产量 （亿千瓦时）	346.94	334.54	316.23	301.87	333.03	341.21	310.83	323.54	304.38	279.10	306.63
其中:水电 （亿千瓦时）	37.23	3.50	3.02	3.12	4.61	2.81	4.24	5.23	4.04	4.33	6.92
火电 （亿千瓦时）	309.71	331.04	313.21	298.75	328.42	338.40	306.59	318.31	300.34	274.77	299.71
工业消费量 （亿千瓦时）	274.03	306.36	309.88	309.88	349.72	361.45	358.95	365.64	386.04	393.74	416.46
消费量占生产量比重(%)	78.98	91.58	97.99	102.65	105.01	105.93	115.48	113.01	126.83	141.07	135.82

（五）重视创新投入，科教创新投入不断增强

创新是工业企业提高产品核心竞争力的重要手段。在广州规模以上工业企业中，有研发机构的企业从 2009 年[①]的 358 家上升至 2016 年的 1157 家，研发机构企业占比从 2009 年的 5.1% 上升至 2016 年的 24.8%（见表5）。研究与开发（R&D）人员从 2009 年的 4.13 万人上升至 2016 年的 7.97 万人，年均增长 9.8%。规模以上工业企业 R&D 经费内部支出合计从 2009 年的 103.05 亿元上升至 2016 年的 232.34 亿元，年均增长 12.3%。专利申请量从 2009 年的

---

① 2009 年以后广州企业创新类的指标统计口径统一调整为规模以上工业企业，与 2009 年之前的统计口径为大中型企业有些区别，故本文选择 2009 年之后的数据进行阐述。

16530 件上升至 2016 年的 99070 件, 8 年间共提出专利申请超过 34 万件。可见，广州工业企业对创新的投入十分重视，对科技创新的投入不断增强。

表 5　2009～2016 年广州规模以上工业企业创新投入指标情况

	2009	2010	2011	2012	2013	2014	2015	2016
规模以上工业企业数（个）	7020	6969	4438	4373	4812	4774	4643	4659
#有研发机构的企业数（个）	358	344	433	346	371	393	707	1157
R&D 人员（人）	41275	47296	58905	64394	66165	80196	79930	79686
R&D 经费内部支出合计（亿元）	103.05	118.77	140.67	158.06	165.69	189.62	209.80	232.34
专利申请量（件）	16530	20803	28097	33387	39751	46330	63366	99070

（六）劳动力效率持续提高，资本利用效率处于较好水平

工业供给效率反映了生产要素利用效率。从劳动力资源的角度看，广州规模以上工业企业全员劳动生产率从 2006 年的 13.22 万元/人上升至 2016 年的 36.13 万元/人（见图 5），年均增长 10.6%。从资本的角度看，2016 年广州规模以上工业企业资本保值增值率达到 109.78%，资产负债率为 51.9%，流动资产周转率达到 2.07%，总资产贡献率为 13.9%。资本的利用效率均处于较好水平。

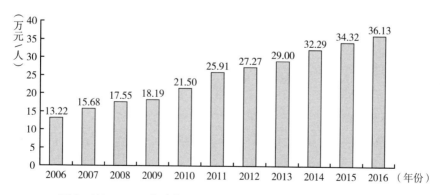

图 5　2006～2016 年广州规模以上工业企业全员劳动生产率情况

三 广州工业发展要素评价的实证分析

(一)数据来源

本文选取广州、北京、上海、天津、深圳、重庆、苏州、武汉共八大工业城市作为样本,这八大城市作为全国工业最发达的城市,2015 年规模以上工业总产值达到 18.65 万亿元,约占全国规模以上工业总产值的 20%。广州与这些城市进行对比,可以更为客观地找出当前广州工业供给发展要素的优势和存在的不足和问题。由于数据的可得性,本文的原始数据选择了各城市 2015 年的统计数据,通过各城市统计年鉴、科技统计年鉴、国民经济和社会发展统计公报和普查公报整理得出。

(二)模型框架

本文将采用 Entropy 法①,求出各城市六大工业供给发展要素的分值,最后得出各城市工业供给发展要素的得分及排位。

指标权重计算公式如下:

在有 m 个评价指标,n 个城市的评估中,

第 i 个评价指标的熵值为:

$$e_i = -k \sum_{j=1}^{n} p_{ij} \ln(p_{ij}) \tag{1}$$

其中 $p_{ij} = \dfrac{r_{ij}}{\sum\limits_{j=1}^{n} r_{ij}}, k = \dfrac{1}{\ln n}$;

第 i 个指标的熵权为:

---

① Entropy 法是一种利用信息量的大小来确定指标权重并进行综合评价的方法。一般认为,Entropy 法能够深刻地反映指标信息的效用价值,Entropy 法求得各类要素的指标权重体现了其在发展创新中的重要程度。

$$w_i = \frac{g_i}{\sum\limits_{i=1}^{m} g_i} \qquad (2)$$

其中，$g_i = 1 - e_i$，$\sum\limits_{i=1}^{m} = 1$

综合评价值：

$$v_j = \sum\limits_{i=1}^{m} w_i p_{ij} \qquad (3)$$

本文以工业供给发展要素为构建单元，考虑指标的反映功能以及指标数据的可得性，根据工业供给发展要素的劳动力要素、资本要素、土地要素、能源要素、创新要素和效率要素六个方面，建立工业供给发展要素的评价体系，根据 Entropy 法的要求，为了平衡 6 个一级指标的 Entropy 信息量，此次模型具体由 6 个一级指标，14 个二级指标和 19 个三级指标组成（见表 6）。

表 6　工业供给发展要素指标

劳动力要素	劳动力数量	从业人员（人）
	劳动力素质	大专以上学历比例（%）
	劳动力价值	平均工资（元）
资本要素	资本存量	规模以上工业资产总计（亿元）
		规模以上工业固定资产原价（亿元）
	资本增量	工业固定资产投资额（亿元）
土地要素	土地存量	城镇村及工矿用地面积（公顷）
		城镇村及工矿用地面积/土地面积（%）
能源要素	工业能耗	工业用电量（亿千瓦时）
		工业能源消费总量（万吨标准煤）
	工业能耗比	工业用电量/全社会用电量（%）
创新要素	创新主体规模	有研究与试验发展（R&D）活动的企业数（家）
		有研究与试验发展（R&D）活动的企业数/规模以上工业企业数（%）
	创新人才规模	（R&D）人员（人）
	创新资本投入	（R&D）经费内部支出（亿元）
	创新成果	新产品产值（亿元）
效率要素	劳动力效率	工业全员劳动生产率（万元/人）
	资本效率	总资产贡献率（%）
		成本费用利用率（%）

（三）实证分析结果

根据公式（1）（2）计算出各层指标熵权（见表7），可以看出：从全国八大工业城市来看，六类工业供给发展要素对工业发展影响程度最大的是创新要素（占27.1%），其次是资本要素（占19.0%），第三是能源要素（占15.7%），第四是劳动力要素（占12.9%），第五是效率要素（占12.8%），最后是土地要素（占12.5%）。从模型的熵权数据可以得出，在进行工业供给侧结构性改革，提高工业经济发展的过程中，首先应当注重工

表7 工业供给发展要素指标权重表

一级指标	二级指标	三级指标	三级权重（%）	二级权重（%）	一级权重（%）
劳动力要素	劳动力数量	从业人员（人）	4.4	4.4	12.9
	劳动力素质	大专以上学历比例（%）	4.5	4.5	
	劳动力价值	平均工资（元）	4.0	4.0	
资本要素	资本存量	规模以上工业资产总计（亿元）	4.8	9.6	19.0
		规模以上工业固定资产原价（亿元）	4.8		
	资本增量	工业固定资产投资额（亿元）	9.4	9.4	
土地要素	土地存量	城镇村及工矿用地面积（公顷）	7.6	12.5	12.5
		城镇村及工矿用地面积/土地面积（%）	4.9		
能源要素	工业能耗	工业用电量（亿千瓦时）	5.3	11.3	15.7
		工业能源消费总量（万吨标准煤）	6.0		
	工业能耗比	工业用电量/全社会用电量（%）	4.4	4.4	
创新要素	创新主体规模	有研究与试验发展（R&D）活动的企业数/规模以上工业企业数（%）	5.9	10.5	27.1
		有研究与试验发展（R&D）活动的企业数（家）	4.6		
	创新人才规模	（R&D）人员（人）	5.6	5.6	
	创新资本投入	（R&D）经费内部支出（亿元）	5.6	5.6	
	创新成果	新产品产值（亿元）	5.4	5.4	
效率要素	劳动力效率	工业全员劳动生产率（万元/人）	4.3	4.3	12.8
	资本效率	总资产贡献率（%）	4.3	8.5	
		成本费用利用率（%）	4.2		

业创新，积极引导工业企业创新能力的培养，同时要注重工业经济发展传统的资本、能源和劳动力要素的投入和要素质量的提高。而供给效率因素和土地因素对工业经济发展的影响还相对比较弱，但也需提高重视。

根据公式（3）求得这八大城市工业供给侧各类发展要素的得分。考虑到求得的得分数值过小，故在不影响分析结果的基础上，本文将分值统一扩大了1000倍，得到各项得分排位结果（见表8）。

表8　八大工业城市工业供给发展要素得分及排位

	广州	北京	上海	深圳	天津	重庆	苏州	武汉
劳动力要素	14.61	17.56	17.60	20.71	13.83	12.55	17.88	13.03
劳动力要素排位	5	4	3	1	6	8	2	7
资本要素	12.27	18.31	22.44	16.19	36.38	37.87	26.68	20.75
资本要素排位	8	6	4	7	2	1	3	5
土地要素	14.86	24.02	10.21	7.15	11.48	25.23	11.55	20.33
土地要素排位	4	2	7	8	6	1	5	3
能源要素	15.52	10.06	28.73	11.29	17.57	22.55	31.37	19.99
能源要素排位	6	8	2	7	5	3	1	4
创新要素	33.28	27.92	41.93	48.40	41.97	20.52	44.04	13.81
创新要素排位	5	6	4	1	3	7	2	8
效率要素	19.09	16.26	17.95	14.41	17.35	17.95	11.91	12.63
效率要素排位	1	5	3	6	4	2	8	7

（1）从工业供给发展最重要的创新要素看，广州（33.28分）排名第5，深圳（48.40分）、苏州（44.04分）和天津（41.97分）排在前三位。在八大工业城市中，2015年，深圳规模以上工业企业R&D人员达到17.50万人，R&D经费内部支出达到656.7亿元，新产品产值达到8871.95亿元，凭借强大的创新人才集聚、创新资本投入以及优质的创新成果，深圳在创新要素上位居第1。苏州规模以上工业企业中有研究与试验发展（R&D）活动的企业达到3103家，占规模以上工业企业总数的30.8%，凭借其具有众多的创新主体，苏州在创新要素上位居第2。天津和上海得分相近，位居第3、第4。其中天津虽然规模以上工业企业中有研究与试验发展（R&D）活动的

企业为 2084 家，但其占规模以上工业企业总数达到了 37.7%，比例较高，可见天津创新主体比较活跃。相对于其他工业城市，广州规模以上工业企业中有研究与试验发展（R&D）活动的企业为 1338 家，少于苏州（3103 家）、天津（2084 家）和上海（1866 家）。从创新人才的规模和资本投入看，广州规模以上工业企业 R&D 人员共 7.99 万人，不足深圳（17.50 万人）的一半，仅为上海的 64.0%。广州规模以上工业企业 R&D 经费内部支出为 209.80 亿元，只高于武汉（147.30 亿元）和重庆（199.70 亿元），仅为深圳（656.70 亿元）的 1/3，不足上海（474.20 亿元）的一半。从创新成果看，广州规模以上工业企业新产品产值为 8052.52 亿元，仅低于深圳（8871.95 亿元），高于其他工业城市。可见，在工业供给发展的创新要素中，虽然当前广州创新成果较为丰厚，但是从创新的企业主体以及创新的人员规模、资本规模看，与其他城市相比，广州工业企业尚未形成强大的工业创新规模。

（2）从工业供给发展的资本要素看，广州（12.27 分）排第 8 位，重庆（37.87 分）、天津（36.38 分）和苏州（26.68 分）位居前三位。从工业资本存量的角度看，工业发展起步较早的上海和北京两大城市资本存量最大。2015 年，北京规模以上工业资产总计达到 38610 亿元，上海为 37307 亿元，广州为 15533 亿元，不到北京、上海的一半。上海规模以上工业固定资产原价为 15933 亿元，北京为 12265 亿元，广州为 7652 亿元，不到上海的一半，为北京的六成。可见，广州工业资本存量较小。从工业资本增量的角度看，重庆、天津、武汉和苏州四个城市对工业固定资产的投资巨大，其中 2015 年重庆工业固定资产投资额达到 4990 亿元，天津为 4601 亿元，武汉为 2769 亿元，苏州为 2200 亿元，这四个城市对工业领域的大力投资，将形成较强的产业效应，对未来的工业发展起到有力的支撑作用。2015 年，上海、广州、深圳和北京四个城市由于重点扶持第三产业的发展，对工业领域的投资明显放缓，2015 年上海工业固定资产投资额为 795 亿元，广州为 755 亿元，深圳为 513 亿元，北京为 371 亿元。在这八大城市中，重庆、天津、武汉和苏州第三产业的比重均在 50% 或以下，工业仍然为其主要的投资和发展领域，这四个城市对工业资本的投入明显高于其他城市。而上海、北京、广州、深圳以第三产业投入和发展为主,第三产业的比重均超过六成,对工业的资本投入相对较少。广州在工业资本存量不高、资本增量又不强的情况下,工业供给发展的资本要素相对较弱。

(3) 从工业供给发展的能源要素看,广州(15.52 分)排第 6 位,苏州(31.37 分)、上海(28.73 分)和重庆(22.55 分)位居前三位。从工业能源投入角度看,长三角两座工业城市工业能源投入最大,2015 年苏州工业用电量为 892.41 亿千瓦时,上海为 787.03 亿千瓦时。上海工业能源消费总量为 5815.6 万吨标准煤,苏州为 5199.3 万吨标准煤。2015 年广州工业用电量为 393.74 亿千瓦时,工业能源消费总量为 2404 万吨标准煤,这些工业能耗的指标与苏州、上海相比,基本不到其一半。从工业能耗比的角度看,苏州工业用电量占全社会用电量的 81.9%,重庆工业用电量占全社会用电量的 64.4%,天津工业用电量占全社会用电量的 64.0%,这三个工业城市工业能耗比较大。上海(56.0%)、武汉(54.8%)、广州(50.5%)均在 50%~55%,而深圳(37.0%)、北京(31.9%)在 40% 以下。可见,这八大城市对工业能源的投入差别很大,苏州和上海工业产业结构以重工业为主,工业能源投入巨大,而重庆、天津以工业经济为主的城市,工业能耗比也比较高。北京和深圳以服务业为主,对工业的能源投入和工业能耗相对较低。可见,工业化作为一个历史进程,各个城市所处的工业化水平和产业结构直接决定了该城市对工业能源投入和工业能耗情况。广州工业正处于向绿色发展、提质增效阶段,在八大城市中,广州当前对工业能源投入和工业能耗均处在中下游水平。

(4) 从工业供给发展的劳动力要素上看,广州(14.61 分)排名第 5 位。深圳(20.71 分)、苏州(17.88 分)和上海(17.60 分)分列前三位。从劳动力数量看,苏州(414.50 万人)、深圳(384.02 万人)、上海(351.01 万人)三个城市工业从业人员数量最多,均超过 350 万人。包括广州(262.06 万人)在内的其他五个城市工业从业人员均在 200 多万人的规模。从劳动力素质上看,依据第六次全国人口普查结果,深圳工业从业人员大专及以上学历的人才比例达到 33.8%,北京为 29.8%,广州仅为 19.0%,

广州工业劳动力的学历结构偏低。从体现劳动力价值的薪酬水平看，2015年广州规模以上工业企业平均工资为 6.80 万元，低于北京（8.76 万元）、苏州（7.70 万元）、天津（7.19 万元）和深圳（6.98 万元）。从当前情况看，随着产业结构调整和劳动力回流，广州工业劳动力面临人才储备不足、劳动力素质结构偏低、劳动薪酬不高的问题，需引起重视。

（5）从工业供给发展的效率要素看，广州（19.09 分）排名首位，但各个城市之间效率要素差别不大。从劳动力效率角度看，广州工业全员劳动生产率为 35.0 万元/人，北京为 33.3 万元/人，重庆为 29.7 万元/人。这三个城市劳动力效率较高。从资产效率角度看，总资产贡献率较高的城市为广州（15.2%）、重庆（14.9%）和天津（14.6%）；成本费用率较高的城市为北京（8.8%）、天津（8.7%）和上海（8.3%）。无论是劳动力效率还是资产效率，体现了各个城市对生产要素的利用程度，广州能在劳动力、资本等生产要素投入不高的情况下，在综合效率上脱颖而出，值得肯定。

（6）从工业供给发展的土地要素上看，广州（14.86 分）排名第 4。从可用于工业发展的城镇村及工矿用地面积看，广州城镇村及工矿用地面积为 1350.72 平方公里，在八大工业城市中，位居第 4，城镇村及工矿用地面积较多的城市为重庆（4300 平方公里）、北京（3029.39 平方公里）和武汉（1980.12 平方公里）。总体来看，除了重庆，其他七大城市工业供给发展的土地要素都较为紧张。

从以上的分析可以看出，广州当前面临的主要问题有三个，一是工业发展内生动力不足，新的核心竞争优势尚未凸显；二是创新要素有待加强，创新氛围较弱，企业创新能力有待提高；三是部分工业供给发展要素压力较大，存在土地日益紧缺、人才结构层次较低等问题。

四　政策建议

经过多年的发展，广州工业经济的发展取得了长足的进步，形成了以汽车、石油化工和电子信息产业为主导的现代化工业产业结构。与其他主要工业城市相比，广州已经摆脱了单靠资本投入、能源拉动等传统要素主导工业发展的模式，进入了以创新要素为主导、高效优质的工业发展轨道。从工业产值的角度看，广州工业在投入较少的情况下，实现了较高的生产效率，2016 年工业总产值位列国内八大工业城市第 5 位。目前在国内经济呈现新常态的大背景下，本文建议广州进行工业供给侧结构性改革的政策重点：一是增强要素投入，优化工业产能；二是激发工业创新要素，补齐研发创新短板；三是从强化工业供给发展要素、降低企业成本等方面入手，推进广州工业供给侧结构性改革，夯实广州工业基础，激活工业发展新动力。

（一）增强要素投入，进一步优化工业产能

从广州工业产业结构和优势产品类型看，广州汽车、石油化工和电子信息三大产业是广州工业最重要的三大支柱产业。但当前广州汽车产业以日系为主，抗市场风险能力不够稳健。电子产品制造业主要集中在组装加工环节，内生发展动力较弱。石油化工产业受资源环境约束，难有较大发展空间。同时，广州新的产业尚未形成规模，带动作用较弱。结合广州"十三五"规划，从增强要素投入入手，进一步优化工业产能。

1. 优化三大支柱产业

一是重点推进自主品牌轿车的资本和人才等要素投入，提高零部件本地化配套能力，提升整车成本竞争力。在发展传统汽车的基础上重点谋划新能源及智能网联汽车、新一代汽车整车发展。二是加快发展新一代通信技术产业，以 5G（第五代移动通信技术）系统设备部件研发为核心，加大创新要素投入，打造完整的新一代移动通信产业链。促进广州 LED 产业链延伸，打造从外延材料、外延片生产到芯片制造、封装及特色应用的完整产业链。三是集中资本重点优化石化产业链，提质做强现有优势的精细及日用化学品。引入配套化、高附加值、低污染的产业项目，发展高附加值的化工新材料产品。对接广州周边石化基地的基础原料资源，发展深加工的高性能合成材料等高端绿色精细化工产品。

2. 培育壮大新兴领域

继续加大力度培育七大新兴产业，分类推进各产业的发展。例如，目前广州的智能装备及机器人、能源及环保装备等仍然处于产业链形成阶段，具有较强的比较优势，但是产业链还不完整，需要加大人才引进和龙头企业培育的力度，健全产业链的发展。对高端船舶与海洋工程装备、轨道交通装备、航空与卫星应用等产业，重点提升其竞争力和辐射带动作用，拓展其产业链的研发端和营销端，为企业发展引进高水平管理人才和高端技术人才。此外，广州市的都市消费工业、生物医药及健康医疗等有较强的产业基础和辐射能力，应当将重心转到左右做大做强产业链上，实现产业的信息化、规模化和品牌化，重点建设新业态示范园区，以带动同类型产业的快速发展。

3. 优化工业发展布局

按照广东省主体功能区规划的定位和引领，合理布局工业，加强功能定位，整合现有的资源要素，致力于打造"3+4+N"的园区发展格局。其中，将黄埔、增城、南沙和番禺等作为先进制造业的重点基地，以广州开发区、南沙自贸试验区、增城开发区3大国家级开发区为中心，以4个省级开发区为支点，全面铺开先进制造业集聚发展的布局。

（二）激发创新要素，补齐研发创新短板

当前国内城市工业发展最重要的要素就是创新要素，在全国经济进入新常态，同时新一轮科技革命与产业变革正孕育兴起的大背景下，广州在创新要素方面还不是特别突出，广州工业只有依靠创新，才能支撑起工业经济新的发展。政府应该从发展创新型企业、建设创新型产业技术研发机构和健全创新团队激励机制等方面，发展创新企业，鼓励工业创新，激发创新活力，补齐研发创新短板。

1. 发展创新型企业

一是积极引进创新型龙头企业，对标国内外一流企业开展招商，优先引进智能装备及机器人、新一代信息技术、新能源汽车、生物医药等广州重点发展的高端创新型企业。二是支持本地企业按照市场化运作原则重组外地上

市高科技龙头企业。支持创新型中小企业发展，设立市级中小微企业发展基金，搭建创新型企业服务中心，培育一批创新型中小企业。三是发展引领产业变革的颠覆性技术。实施前瞻性产业技术创新专项，组织企业承担国家、省重大科技专项，突破掌握一批核心关键技术，力争实现"弯道超车"。

2. 建设创新型产业技术研发机构

一是鼓励企业自主设立新型研发机构，积极推动龙头骨干企业自主设立产业创新研究院等创新型研发院所，推动中小企业利用社会资源以众包方式建立轻资产的创新型研发机构，支持企业在境外收购、并购高技术企业和研发机构，建立海外研发基地。二是扶持同行业企业和产业链上下游企业建立联合研发机构推动设立国家级高层次研究机构，打造全产业链网络创新服务平台，支撑服务中小企业研发创新，提高中小企业研发效率。三是着力构建创新生态圈。围绕制造业重大共性需求，采取企业主导、院校协作、多元投资、成果分享的新模式，聚焦重点领域创建制造业创新中心。

3. 健全创新团队激励机制

紧密结合供给侧结构性改革、创新驱动和产业转型升级的需求，多渠道、多手段引入国内外的高水平运营团队和研发团队，加大平台建设和配需，运用课题招标等手段促进产学研融合。在团队引入后，要积极为创新团队营造良好环境，建立有效的激励机制，鼓励其参与中小微企业的发展，加速科技成果转化，同时创新科研专利入股方式，推行研发人员持股的股权激励政策，激发研发人员的工作积极性和活力。在大型骨干企业的培育上，要将重心放在产业链上下游的创业创新上。整合广州现有的创新资源，通过"裂变式创业"孵化一批新兴产业企业。同时，加强企业和高校之间的人才供求匹配，联合培养，以满足市场对人才的个性化需求。

（三）强化工业供给发展要素，降低企业成本

广州工业的发展已经进入提质增效的阶段，针对广州工业供给发展要素中土地供应紧张、人才结构层次较低的问题以及工业绿色节能发展的要求，政府应该在工业供给发展要素中的土地要素、劳动力要素和能源要素方面，

通过强化用地支撑、引进人才资源和推动绿色制造三个方面，增强这三个要素的供给质量，降低企业成本。

1. 强化用地支撑，降低企业用地成本

严格遵循土地利用的总体规划，确定产业区块的控制线，积极拓展后备资源，整合现有的限制资源，确保工业用地的总规模。鼓励企业多渠道、多手段提高土地使用率，例如，可采取"先租后让、租让结合"的供应方式，即符合安全标准，又不改变用途，以加层、改造等途径降低企业的用地成本。鼓励初创型企业优先采取租赁的方式满足用地或厂房的需求，促进土地利用的节约化和集约化，同时以旧城改造为契机，丰富和完善生产服务业和制造业的用地。

2. 优化人才环境，降低企业用人成本

加大创新型技能人才的培训，企业和高校联手共同培养具有原始创新能力的高端人才。广州市要进一步加大引技引智工作力度，通过多种平台引入海外优秀人才，充分发挥"留交会"的作用，形成人才聚集高地，从而带动更多创新资源汇聚广州。同时，广州市还要进一步优化人才环境，加大人才引进配套措施的落地，为人才的安家落户、科技研发、医疗保障等方面提供全方位便捷优质的服务。

3. 推动绿色制造，降低企业能耗成本

坚持以绿色发展为主线，加大节能环保技术和工艺研发的力度，推动绿色制造，鼓励企业将环保纳入生产指标，以降低企业能耗，致力于实现规模以上企业清洁生产全覆盖。对于能耗大的重点企业，要进行实时监测，通过对能效标识和节能产品认证的加强，鼓励企业加大环保投入力度，以提高单位能耗的产出。在工业园区内，注重循环利用，加快推广应用循环经济新技术、新工艺、新设备，实现供热、"三废"和土地的集约利用等。

区域发展篇

Regional Development Articles

B.6

2017年南沙自贸区的发展现状
及2018年发展建议[*]

广州大学广州发展研究院课题组　执笔：戴荔珠^{**}

摘　要： 2017年南沙自贸区在国际航运中心建设、特色金融产业发展、创新型产业体系搭建、营商环境优化、对外开放的层次和水平提升等方面取得了阶段性成效。同时也存在一些问题，包括国际化营商环境有待改善、航运体系仍不畅通、产业同质化严重、过多依赖国有企业、人才引进跟不上实际需

* 本研究报告系广东省普通高校人文社会科学重点研究基地广州大学广州发展研究院、广东省教育厅广州学协同创新发展中心、广东省高校广州城市综合发展决策咨询创新团队、广州市首批新型智库建设试点单位研究成果。

** 课题组组长：涂成林，广州大学广州发展研究院院长，二级研究员、博士生导师。成员：戴荔珠，广州大学广州发展研究院助理研究员，博士；汪文姣，广州大学广州发展研究院院长助理，区域发展研究所所长，博士，助理研究员；周雨，广州大学广州发展研究院院长助理、政府绩效评价中心主任，博士，助理研究员；姚华松，广州大学广州发展研究院副研究员，博士；梁华秀，广州大学广州发展研究院科研助理。执笔：戴荔珠。

求等。本文对粤港澳大湾区背景下改善和提升南沙自贸区的建设水平提出了若干建议。

关键词： 南沙自贸区 粤港澳大湾区 国际化

2017 年南沙自贸区坚持"四个全面"战略布局，以"创新、协调、绿色、开放、共享"五大发展理念统领开发建设。南沙自贸区基于自贸试验区这个根本定位，以制度创新为核心，贯彻"一带一路"倡议等，在建设国际化法治化营商环境、探索粤港澳经济合作新模式、构建开放型经济新体制等方面先行先试。围绕"率先形成国际化市场化法治化营商环境，实现与港澳深度合作，基本建成符合国际高标准的法治环境规范、投资贸易便利、辐射带动功能突出、监管安全高效的自由贸易园区，成为陆上丝绸之路与 21 世纪海上丝绸之路的结合点和重要枢纽、广东省对外开放重大平台"等目标，南沙自贸区 2017 年在国际航运中心建设、特色金融产业发展、创新型产业体系搭建、营商环境优化、对外开放的层次和水平提升等方面取得了阶段性成效。

一 南沙自贸区的发展现状

2017 年南沙自贸区经济维持高速增长，但与 2016 年略有差别（见表 1）。从地区生产总值来看，2017 年 GDP 达 1391.9 亿元，略高于 2016 年的 1259.6 亿元。但其增长速度略有放缓，然而依旧保持在全市第一。2017 年规模以上工业总产值和商品销售总额规模虽略高于 2016 年，但其增长速度大幅回落。其中，2017 年规模以上工业总产值的增长速度仅为 2.8%，远低于 2016 年的 12.1%。然而，固定资产投资完成额的增长速度呈下降趋势。2017 年南沙自贸区的一般公共预算收入和税收总额无论是在规模或者在增长速度上都比 2016 年有所增加。而增速提升幅度更为突出的还有港口货物吞吐量、集装箱吞吐量、出口总值以及外资。其中实际利用外资金额2017年达10.4亿美元,比2016年高出了4亿多美元,增长速度从 -39% 上升为66.8%。可见南沙自贸区在航运、出口、利用外资上面增长迅速。

表1 南沙自贸区2016年和2017年经济数据对比

指标名称	单位	2017年	同比增长(%)	2016年	同比增长(%)
地区生产总值	万元	13918923	10.5	12596310#	12.1#
规模以上工业总产值*	万元	28969202	2.8	28180160#	12.1#
一般公共预算收入	万元	706608	2.1	691788	1.7
税收总额	万元	4719626	22.1	3865306	15.5
固定资产投资完成额	万元	7449292	4.8	7108103#	14.5#
商品销售总额	万元	14739036	12.5	12799939	46.3
港口货物吞吐量	万吨	33465	10.1	30393	7.9
集装箱吞吐量	万TEU	1406	10.5	1273	8.1
进出口总值	万元	19517482	15.2	16942830	10.7
进口总值	万元	8032702	26.3	6371007	27.4
出口总值	万元	11484780	8.6	10571823	2.6
合同利用外资金额	万美元	502219	56.0	320959	15.1
实际利用外资金额	万美元	104200	66.8	62506	-39.0

注: *因为对比数据缺乏,规模以上工业总产值采用的是当年1~11月数据。

#其中2016年地区生产总值、规模以上工业总产值和固定资产投资完成额的数据根据2017年的数据进行修正。

(一)国际航运中心建设加快

南沙自贸区建设国际航运中心取得新进展。在港口规模上,南沙自贸区港口助推广州港名列全国第四。2017年1~8月完成904.15万标箱,同比增长15.39%,增长速度高于上一年;汽车码头年吞吐量超过55万台,已成为国内第三的汽车专业码头;国际邮轮旅客年进出港量超过32万人次,稳居全国第三。在航运服务上,全球知名班轮公司均在南沙开辟国际航线开展业务，南沙港的集聚效应进一步凸显。至 2017 年 9 月南沙自贸区已开通 83 条国际航线、31 条内贸航线和 56 条"穿梭巴士"支线，建成 31 个无水港，与 40 个国际港口建立了友好合作关系（2017 年新增 11 条国际航线、1 条"穿梭巴士"支线和 7 个无水港）；同时，贸易新业态获得进一步发展。南沙跨境电子商务占广州市跨境电商进口值的 50.5%。2017 年累计进境电子清单 1408.6 万票，保税跨境电商进口 38.6 亿元，增长 130%；完成备案的跨境电商企业 1252 家，备案商品 30 万种。2017 年 1~8 月，南沙保税港区进出区货值 545 亿美元；1~9 月，市场采购商品出口集拼货值 65 亿美元，引导推动"旅游购物"业务向"市场采购"方式转型。

（二）特色金融产业进一步发展

在融资租赁产业和股权投资基金引进方面取得进一步发展。在融资租赁产业集聚方面，截至 2017 年 9 月，集聚融资租赁企业 353 家，累计业务合同余额超 1500 亿元，融资租赁企业数量和业务规模占全市 80%。南沙通过 SPV 方式新引进落地 17 架飞机，合同金额约 10.88 亿美元（累计引进落地 29 架，合同金额约 20 亿美元），成为华南地区最大的飞机租赁集聚地。在股权投资基金引进方面，2017 年落户国新央企投资运营基金（1500 亿元）、国华军民融合基金（302 亿元）、省铁道基金（100 亿元）、广州首家外商股权投资基金等重点项目，目前已集聚私募股权基金 559 家，注册资本超 1883 亿元。

（三）创新型产业体系初步搭建

南沙自贸区在科技产业和总部经济方面发展迅速。在科技产业发展方面，2017 年新增 200 多家，增速超过 100%。南沙自贸区设立了全市首个区级科技信贷风险补偿资金，成立了创业投资引导基金，成为全省首个科技服务体系建设试点。在谋划人工智能产业发展方面，在庆盛枢纽区块规划面积约 3000 亩的人工智能产业集聚区，预计建设人工智能产业高级研究院和设立人工智能产业基金；引进微软广州云暨移动应用孵化平台。在总部经济集聚方面，南沙自贸区在达沃斯论坛等高端平台以及美国、德国、英国等国家开展招商路演，与国外机构、国家部委、大型央企建立联络渠道；引进了国家电投广东总部、南方电网信息总部和物资总部等7个世界500强企业投资项目及省交通集团国际金融中心、越秀国际金融中心、联瑞制药研发生产基地等一批行业龙头项目。总投资300亿元的粤海集团珠三角水资源配置工程项目总部在南沙落户。总部型企业累计达103家。

（四）改革创新走在全省前列

截至目前，南沙自贸区已累计形成289项改革创新成果，其中19项在全国复制推广，74项在全省复制推广，124项在全市推广实施，"跨境电子商务监管模式""企业专属网页政务服务新模式"入选商务部"最佳实践案例"。在行政体制改革方面，南沙自贸区推进相对集中行政许可权改革，成立了行政审批局和综合执法局，加快建设一个窗口对外、一颗公章管审批、一支队伍管执法"三个一"管理服务体系。在政务服务便利化方面，南沙自贸区将商事服务窗口从港澳延伸至美国、英国、日本、新加坡等国家，方便企业投资注册；出台深化商事登记制度改革若干规定，提出更加宽松便利的10项措施；推进设立投资政策咨询、兑现窗口，企业专属网页实现办理395项政务服务事项。在自贸区司法保障体系建设方面，南沙自贸区设立广州海事法院广东自贸区巡回法庭，南沙公证处挂牌开业，成立全国首个自贸区劳动人事争议仲裁委员会，筹建知识产权维权援助中心。

（五）对外开放的层次和水平进一步提升

南沙自贸区在与港澳合作方面以及对外合作平台搭建方面都有很大提升。与港澳合作方面，已落户港澳投资企业1053家，投资总额272.4亿美元，粤港深度合作区方案已上报审批。启动港澳专业服务联盟筹建工作，将在法律、会计、金融、咨询服务等领域集聚一批港澳专业服务提供者，为企业"走出去"提供专业服务。国家超算中心南沙分中心与香港光纤通信线路已开通运行，将向港澳两地提供超算及数据服务。在对外合作平台搭建方面，与国家发改委共同设立南方国际产能和技术合作中心，将成为集产业投资、产能合作、跨境投融资服务于一体的"走出去"综合服务平台。

二 2017年南沙自贸区发展面临的主要问题

（一）国际化营商环境有待改善

南沙自贸区的营商环境与国际水平还有一定差距。自2016年4月起，南沙开办企业程序已调整为3个主要环节（程序）：①企业名称自主申报、"一照一码，五证合一"商事登记（包含采集税务部门、社保登记信息）；②刻章（包含公安部门的许可刻章和印章刻制机构的公章刻制）；③银行开户（包含在人民银行开立基本账户许可和在商业银行开立基本账户）。因而在南沙开办企业涉及工商、国税、地税、公安、社保、人民银行6个部门和商业银行、刻章机构2个企业一共8个单位。企业在实际办理中，通过登记"一口受理"服务模式，仍需要通过网上预约、填报申请信息，往返政务中心"一口受理"窗口两趟，然后到商业银行网点完成面签。整个过程一般需要7天左右（"企业名称自主申报＋商事登记"在0.5～1天，刻章在0.5～1天，银行开户在1～5天），对标国际先进营商制度，与世界银行2017年评选的"开办企业便利度排名"靠前的国家和地区比较，南沙在企业开办便利度方面仍然有一定差距。例如，在新西兰开办企业需要1个程序，耗时0.5天；在中国香港需要2个程序，耗时1.5天；在新加坡需要3个程序，耗时2.5天；而在南沙需要3个程序，耗时1～7天（见表2）。可见南沙在某些方面还存在办照不便利的问题，主要表现为对企业名称的限制还较多，企业经营场地的证明材料过多过杂，刻章、开户还是要依次办理，耗时较长。

表2　开办企业便利度排名

地区 内容	排名	评分	程序 （单位：个）	时间 （单位：天）	成本（占人均 收入的百分比）	最低注册资本（占 人均收入的百分比）
新 西 兰	1	99.96	1	0.5	0.3	0.0
中国香港	3	98.20	2	1.5	0.6	0.0
新 加 坡	6	96.49	3	2.5	0.6	0.0
中 国	127	81.02	9	28.9	0.7	0.0

数据来源：《世界银行2017年营商环境报告》。

（二）南沙自贸区航运体系仍不畅通

自贸区经济代表最开放的经济结构、高效的集聚外溢能力、全球化的资源配置功能、强大的国际交往网络，而这些都离不开国际化的航运能力。南沙港是发展广州国际航运中心的重要载体，然而南沙港航运运输还存在以下不足：一是集疏运体系还需进一步完善，海空联运、铁水联运的快速运输通道有待开通，江海联运基础设施和网络建设仍有待升级和完善；二是虽然港口码头等硬件基础设施建设推进较快，但现代航运服务业发展相对滞后，服务体系仍有待完善；三是国际贸易航线数量与上海、深圳等港口相比较不够多，2017年南沙港的国际贸易航线仅为83条，而上海港、深圳港都高达230条以上，南沙港在对外贸易中的国际地位和国际交往网络仍需进一步提升。

（三）南沙自贸区的产业定位在粤港澳大湾区中同质化严重

大湾区无论是核心与外围还是核心城市之间分工均明确，然而从目前广州、深圳、香港，以及南沙自贸区和深圳前海自贸区自身的定位来看，三者产业重构现象突出。广州、深圳、香港分别以金融服务、航运物流、科技创新作为城市的主要功能。作为广州市科技创新的先行者，南沙自贸区的重点发展产业为航运物流、高端制造、金融商务、科技创新、旅游健康。与此同时，前海自贸区的重点发展产业为现代物流、科技服务、信息服务、现代金融。二者的重点发展产业均为物流、金融、科技信息，可见产业同构严重，在发展建设中容易出现恶性竞争的现象（见表3）。

表3　广州、深圳、香港的功能定位

	广州	深圳	香港
定位	国家重要中心城市、国际航运、航空和科技创新枢纽	经济特区、全国经济中心城市和国家创新型城市	国际金融、航运、贸易中心
自贸区重点发展产业	航运物流、高端制造、金融商务、科技创新、旅游健康	现代物流、科技服务、信息服务、现代金融	

（四）过多依赖国有企业

南沙自贸区在发展过程中过多依赖规模雄厚的国有企业，这对于营造公平国际化的市场竞争环境有一定影响。竞争中立原则已经成为国际高标准投资贸易规则的重要组成部分。例如，在 TPP 协议中，第 16 章《竞争政策》与第 17 章《国有企业与指定垄断》对国有企业中立竞争都进行了明确规定（详见第 16.1、16.4、16.7、17.3、17.4、17.6、17.7、17.8、17.13 等条款）。同样，《欧盟运作条约》对欧盟的国有企业透明度督查机制也日渐完善。《欧盟运作条约》第 101 条特别禁止卡特尔条款，并严格规定市场竞争者之间任何正式或非正式的合作，只要存在限制竞争的目的或可能产生限制竞争的结果，都将被禁止。事实上，竞争中立原则对于预防国有企业市场垄断、塑造公平公正自由的市场竞争环境以及增强东道国对外资企业的吸引力都有一定的积极作用。

（五）南沙自贸区人才引进跟不上实际需求

南沙自贸区在人才政策供给上跟不上人才实际需求，不利于引进海外高层次人才。据部分企业反映，生活工作在南沙自贸区的海外人才特别是来自香港的人才都不同程度地面临着居住、通行、就医、就学、收入汇兑、通关和证件办理等方面的困难。例如在医疗上，南沙虽然于 2017 年引进三所三甲医院（中山大学附属第一医院、广东省中医院、广州市妇女儿童医疗中心），大大提升了南沙区的医疗卫生水平，然而都同样面临着目前很多海外先进的药不能在国内的医药行业流通，包括一些免疫疗法、基因疗法，而这些在香港是可行的。这就相对地影响到海外人才在南沙自贸区甚至是国内其他地区就业的决定。而在通行通关上，海外高层次人才，仍需耗费较多时间，不利于在香港和南沙两地的日常通行和交流。时间是海外高层次人才最宝贵的资源。通关上所耗费的时间会影响到海外人才在香港和南沙之间的密切交流。

三 南沙自贸区2018年展望建议

在粤港澳大湾区背景下，虽然南沙自贸区还存在着国际化营商环境有待改善、航运体系仍不畅通、产业同质化严重、过多依赖国有企业、人才引进跟不上实际需求的问题，但是与前海蛇口自贸区、横琴自贸区相比，南沙自贸区存在着以下优势：一是南沙自贸区位于粤港澳大湾区的几何中心，是推动广州与湾区其他城市互联互通区域融合的枢纽。当前以及规划中的交通将南沙与大湾区的11个城市串联起来。南沙更规划了17条对外快速公交联络线，打造以南沙为核心的珠三角"1小时交通圈"。二是南沙自贸区土地资源充沛，为湾区发展提供巨大潜力。南沙面积是自贸区中最大的，然而又不只是60平方公里的自贸区，还是基于800平方公里的大区，这是横琴和前海不具备的优势。三是岸线资源丰富。南沙规划港区总面积84平方公里，规划港口岸线71.8公里，建港岸线资源充足，完全可满足南沙自贸区乃至粤港澳湾区未来10年的建港需要。结合南沙自贸区的优势，针对其存在的问题，本报告提出如下建议：

（一）进一步完善商事登记制度，打造国际化营商环境

南沙自贸区的发展定位之一是高水平对外开放枢纽，为粤港澳大湾区打造国际化、法制化、便利化的营商环境。建议进一步完善商事登记制度，取

消企业设立审批制度,包括一是改革企业设立不再实行核准制,改为实行注册制,申请人只需提交商事登记申请材料由登记机关对其进行形式审查。二是推行信用承诺登记制。签署信用承诺书的企业全体股东及法定代表人可享受便利服务。三是允许企业名称自主申报,进一步放宽对企业名称的限制。四是实行住所(即经营场所)自主承诺申报。建议完善商事登记全程电子化,全面提升企业登记管理的便利化、规范化和信息化水平。另外,进一步扩大"证照分离"改革试点,向实现"全程无纸、自主确认、当日办结、依法合规、制度先行"的企业市场准入一站式服务的目标更靠近一步,达到新西兰、新加坡、中国香港等先进地区水平。

(二)着力打造现代产业新体系,构建创新型经济发展新模式

南沙自贸区在产业发展上应结合自身优势大力发展与高水平对外开放门户枢纽相适应的科技产业。一是优化科技产业发展环境和科技创新载体建设。建议出台南沙片区双自联动工作方案,出台 R&D 投入激励政策,推进科技服务体系建设试点,打造创新型企业全成长周期服务链;加快推动国土资源部南海深海可燃气体综合开发利用、中科院南海海洋研究所国家深远海科技创新中心、中山大学南海研究院等一批重大项目落户,推动科技创新载体建设。二是大力发展科技产业。着力引进大数据、海洋科技、新一代半导体、生物与医药等战略性新兴产业项目。启动国际人工智能产业园、海洋科技产业园、中科院广东创新园等园区开发,建设以世界级龙头企业为核心的价值创新园区。加快人工智能产业集聚发展,推进人工智能高级研究院、人工智能产业基金、微软人工智能加速器、云从人工智能创新总部、科大讯飞产学研用基地等领军型项目建设,力争打造千亿元级人工智能产业集群。争取中国电子信息产业集团健康医疗大数据中心及智慧产业园落户。三是打造全球招商网络。加强与欧美及"一带一路"沿线国家地区主流商协会,以及国家、省、市驻外商务机构的紧密合作,进一步拓展全球投资促进服务联络站点,设立北京、上海、深圳等国内重点区域招商联络点,打造南沙全球招商网络。

（三）明确竞争中立制度，对接国际投资贸易规则

国有企业竞争中立制度的建立是对接国际高标准投资贸易规则的重要内容之一，关系到南沙自贸区能否顺利融入世界经济格局，有力提升自身国际市场竞争力，以及建设国际化法治化营商环境。建议南沙自贸区完善有关法律法规或协议形式，先行先试有利于经济发展，并适应于本国国情的竞争中立制度。竞争中立制度应当包括：一是"政府对国有企业应明确行政管理权限，不应对国有企业的日常经营进行过度的行政干预"；二是"明确规定国有企业对社会发展和其内部员工均负有相应的责任；按照一定程序和标准对任何针对国有企业的优惠政策进行审查，合理判断国有企业优惠政策实施的必要性"；三是"在国有企业治理体系结构中，要求清晰界定并区分政府管理者、公司所有者和市场竞争参与者三者的角色和职能"；四是"列明国有企业竞争中立例外情形为应对全球或全国经济中的可能突发性状况而采取的临时性措施等等"。

（四）借助广州与香港基础研究优势，构建高校与企业合作创新

借助广州本地及香港高校的基础研究优势，开展高校与企业合作创新。继续鼓励南沙工业企业与大学合作建立密切结合的研究园，进一步将大学的研究工作与以科学为基础的工业相融合。在现有的中大、暨大自贸区研究院的基础上，根据新的形势和需求，创新智库合作和课题研究模式，探索建立南沙本地的自贸区创新研究机构，并以机构为平台，整合国内外高端智库资源，形成服务自贸区南沙片区建设的高端新型智库体系。以服务地方经济为导向、以贴近企业需求为指引，集聚国内外精英人才，研究提出符合上级要求切合南沙实际的发展方向、思路，提出有针对性、可操作、可实施的具体举措，在促进产学研深度融合、研究成果向公共政策转化等方面先行先试，为推动自贸区建设和构建开放型经济新体制提供南沙智慧和南沙样本。另外，在生物科技领域，建议结合香港跟内地优势资源，打破制度障碍建立国际实验室，让国内病人、国内医生、国内科学家以及实验动

物进入这个试验地区，融合国内的临床领域和香港的医药科学，共同发展生物科技。

（五）设立自由贸易港，提升港口服务能力和开放水平

自由贸易港其实是自由贸易区的升级版，是全面开放的新高地。它是开放水平最高的区域，无论在货物贸易、市场准入，还是在金融财政税收制度等方面都应当与国际高标准水平接轨。南沙自贸区的一大机遇就是承接香港自由贸易港的发展，成为南沙自贸港。香港自贸港在金融、创新等方面具有发展优势，然而在空间、成本上都存在发展制约，这为梯度转移到南沙自贸港来提供了机会。建议南沙自贸港与香港自贸港形成组合式的自由贸易港，在投资便利化、贸易便利化等方面形成合力，对未来将粤港澳大湾区打造成为世界首位湾区具有重要意义。在香港继续发挥在金融、创新等方面优势的同时，南沙自贸港应把港口作为物理主体来打造，同时把自贸港的政策辐射到白云机场等空港区域。因而南沙自贸区一是进一步完善集疏运体系。加强广州港与珠三角主要城市尤其是佛山、中山航运物流产业合作，积极拓展泛珠地区"无水港"建设。大力开辟国际班轮航线，重点开拓东南亚、中东航线，积极争取欧美航线。二是打造高端航运服务集聚区。加快建设港航总部大楼并完善配套服务，引进航运物流龙头企业，建设国际海员培训、认证、外派和国际船舶检验等机构。积极推动国际船舶登记平台、航运物流信息平台及航运交易平台建设，扩大航运交易业务规模，提升珠江航运运价指数影响力。争取南沙国际航运保险业务免征增值税政策。三是建议把空港保税区作为南沙自贸区的一个飞地，解决都市联运的便捷性问题。最终将南沙自贸区建成以海港为主体，打造海陆空三位一体的南沙自贸港。

（六）引进香港民生资源，吸引国际化人才

鉴于在南沙自贸区的海外人才都不同程度地遇到住宿、出行、医疗、教育等问题，南沙自贸区应当积极引进香港现有的医疗、教育资源，为国际化人才提供更加高质量的民生服务。南沙自贸区在建造人才公寓、优化交通布

局的同时，应当把重点放在医疗和通关上。建议南沙自贸区向中央政府部门申请设立国际医疗实验区，引进香港医生、国外医生在这些实验区里面的医院、诊所服务，允许在这些医疗实验区里面香港医生能用香港的药，海外医生能采用海外的医疗措施，同时允许国内病人、国内医生进入求诊和交流，创造一个高度开放的环境，打造粤港澳大湾区医疗卫生新高地。在通关政策上，建议南沙自贸区向中央政府部门申请予以海外高层次人才特殊方式，借助最新的科技通关，例如人脸识别，从而节约海外人才的通关时间。通过提高医疗和通关政策环境，南沙自贸区将吸引更多的香港、澳门人才创业和就业。

B.7
广州市花都区产业发展策略与布局研究

刘　炜*

摘　要: 本研究将在分析广州市花都区产业发展现状的基础上，通过总结近年来花都区产能转换现状和趋势，有针对性地提出花都区产业发展策略，并对产业空间布局提出相关建议。

关键词: 产业发展　空间布局　花都区

当前，广州市正在大力推进供给侧结构性改革，先后出台了《广州市供给侧结构性改革总体方案（2016~2018 年)》及"三去一降一补"5 个行动计划（简称"1+5"系列文件），以提升广州市产业转型升级的效率。花都区作为广州市的工业大区，在新旧动能接续转换、经济产业转型升级的关键时期，迫切需要以我们产业发展现状为基础，科学研判国内外产业发展趋势，对新时期花都区产业发展策略和布局进行科学规划和周密部署。

一　广州市花都区产业发展现状分析

（一）产业结构总体水平分析

伴随着"十二五"花都区经济的稳步发展，花都区三次产业结构由 2010

---

* 刘炜，广东省社会科学院现代化战略所博士，副研究员，主要研究方向：城市与区域规划、经济地理、产业集群与技术创新等。

年的 3.81∶65.11∶31.08 转变为 2016 年的 2.7∶55.7∶41.6，已经由一个工业支柱型产业结构转变为以工业为主导、服务业并重发展的现代产业结构雏形。

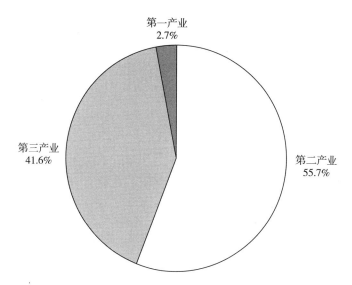

图 1　2016 年花都区三次产业结构情况

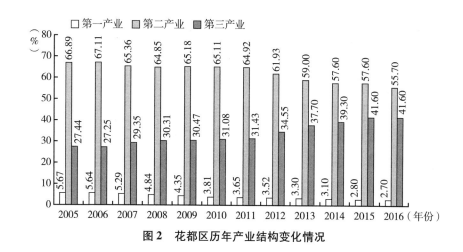

图 2　花都区历年产业结构变化情况

改革开放以来，花都区的工业化推进迅速，形成了以服装、珠宝、音响等劳动密集型产业为支柱的产业结构。2003 年东风日产落户以后，花都区的工业化进程开始进入一个新的阶段，产业结构开始转型升级，以汽车为代表的资本和技术密集型产业开始成为花都区的主导产业，并吸纳了大量来自全国各地的外来务工人员。同时，大量外来人口的涌入，又推动花都区服务业的快速发展。第三产业的产值由 2005 年的 27.44% 上升至 41.6%，年均增长 4.24%，进入 2011 年以后平均增速更是高达 7.26%。这说明从 2011年起，花都区的产业结构开始进一步转型升级，开始由工业支柱型产业结构向工业与服务业平衡发展的现代产业结构转型。

（二）第二产业结构分析

花都区工业发展经过"十一五"的高速增长后趋于平稳，工业总产值由 2010 年的 1586.92 亿元增加到 2016 年的 2110.65 亿元，在广州市稳居第三，年均增长达到 8.6%，已经发展成为广州市重要的工业生产基地之一。

从花都区第二产业的构成来看，汽车制造业、通信及电子设备制造业、橡胶和塑料制品业、皮革皮具制造业、纺织服装业占到全区工业总产值的67.09%，构成了花都区五大支柱产业。其中，汽车制造业的产值高达 1218.49亿元，占工业总产值的 57.73%；通信及电子设备制造业 71.82 亿元，占 3.40%；橡胶和塑料制品业 50.46 亿元，占 2.39%；皮革皮具制造业 37.17 亿元，占1.76%；纺织服装业 38.29 亿元，占 1.81%（见图 3）。总体来看，花都区第二产业发展仍然呈现汽车产业一家独大的格局，工业发展的单一动力问题非常突出。

从花都区第二产业发展的水平来看，除了汽车制造业属于资金和技术型产业以外，皮革皮具制造业、橡胶和塑料制品业、纺织服装业均属于传统的劳动密集型产业，产业的技术水平和附加值不高，而通信及电子设备制造业、新能源、生物医药、新材料等技术密集的战略性新兴产业的发展规模还相当小。因此，虽然花都区工业发展已经形成了一定的规模，但工业发展的整体水平和质量仍然有待进一步提升。

（三）第三产业结构情况

近年来，第三产业取得快速发展，层次不断提升，2016 年第三产业增加值达到 486.14 亿元，占地区生产总值的比重达到 41.6%，已经远远超过

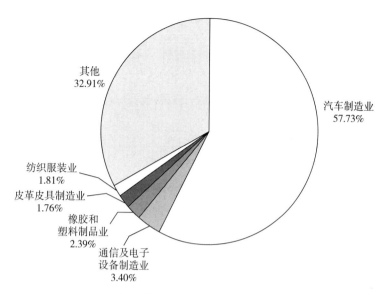

图3 花都区第二产业结构情况

"十二五" 35%的规划目标值。

从花都区第三产业的构成来看（见图4），产业增加值排在第一的是批

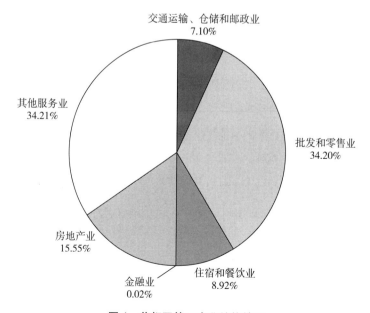

图4 花都区第三产业结构情况

发零售业，占第三产业的比重达到 34.20%，从第二往后依次是房地产业（15.55%），住宿和餐饮业（8.92%），交通运输、仓储和邮政业（7.10%）。总体而言，花都区第三产业发展的层次还不够高，以金融业为代表的现代服务业发展仍然较为滞后（金融业占第三产业增加值的比重仅有 0.02%）。

二 广州市花都区产能转换现状与趋势分析

（一）近年来花都区淘汰落后产业情况

2012 年以来，花都区全面贯彻落实国家、省、市有关决策部署以及区委区政府关于推进淘汰落后产能与污染企业工作的重要指示精神，践行"创新、协调、绿色、开放、共享"发展理念，按照"政府指导、属地负责、部门联动"原则，紧紧围绕淘汰落后产能和污染企业与产业转型升级相结合的要求，加快全区落后产能与污染企业的淘汰工作，全面提升全区产业整体素质和综合竞争力。

从 2012 年至 2015 年，花都区共淘汰落后产能企业 125 家，主要为洗漂、电镀、石灰等高污染、高耗能、低附加值产业。其中，洗漂企业 51 家，占 40.8%；电镀企业 28 家，占 22.4%；石灰企业 17 家，占 13.6%，橡胶企业 8 家，占 6.4%；其他企业如印刷、油漆、塑料等 21 家，占 16.8%（见图 5）。从落后产能的工业产值来看，2012～2015 年累计达到 17.19 亿元，占累计工业总值的 0.21%。其中，洗漂产业工业产值 11.8 亿元，占 68%，其余产值较高的产业还有电镀产业，工业产值达到 2 亿元，线路板产业 1.69 亿元，造纸 0.7 亿元（见图 6）。

总的来说，花都区落后产能工作进展良好，在工业化初期曾经是花都区主导产业的洗漂、电镀等产业正在退出历史舞台，为花都区产业的更新换代和转型升级创造了良好条件。

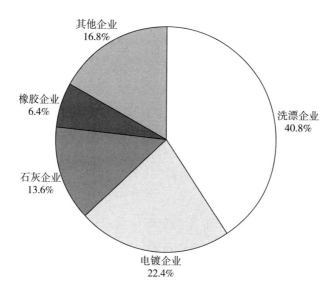

图 5　2012～2015 年花都区淘汰落后产能产业分布情况

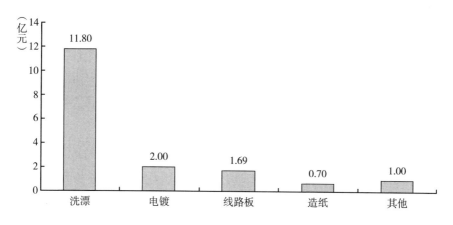

图 6　2012～2015 年花都区淘汰落后产能产业产值情况

（二）近年来花都区引进产业情况

2017 年以来，花都区以实施"航空枢纽＋"战略为主导，以建设"国际空铁枢纽、高端产业基地、休闲旅游绿港、幸福美丽花都"为目标，以强化全区招商统筹机制和招商办协调会议机制为抓手，突出推进重大项目的

落户落地，并取得了突出的成绩。

从花都区近年来引进的产业情况来看，主要集中在以下几个类型：

第一，汽车及其相关配套产业。汽车产业作为花都区的核心主导产业，是需要重点保障发展的产业。近年来，花都区已经签约引进了元通座椅、法雷奥、阿尔特、顺普、瑞道电池、国利等汽车整车及零部件以及龙创等汽车研发和设计公司，并有针对性地引进了新能源汽车及相关零部件企业，为"十三五"期间花都区重点发展新能源汽车产业提供了有力支撑。

第二，以生物医药为代表的战略性新兴产业。花都区"十三五"规划将生物医药和智能装备制造产业作为花都区重点引进发展的战略性新兴产业。近年来，花都区相继引进了康泽药业、贝氏纳米药业、优尼康通、金域检测等生物医药项目，同时与九州通、葵花、华润和国药等项目洽谈也取得了一定的进展。装备制造领域的进展则相对较为缓慢，目前签约的有森宝电器、玖的数码等项目。

第三，航空制造及相关领域产业。空港经济是花都区经济发展的优势所在，也是新时期重点需要扶持的产业。目前引进的航空产业以物流、培训等服务业为主，包括美华航空的飞行员模拟机培训项目、海航广州运营基地项目、龙浩航空公司和中通快递华南总部等。与之相比，航空制造相关项目引进则相对较为滞后，目前只有GAMECO附件中心等项目落地。

第四，总部经济及金融产业。以总部经济和金融产业为代表的生产性服务业是花都区新时期重点引进的产业类型。目前，在总部经济方面，花都区已经引进了维龙华南地区总部、海华集团总部、明道灯管总部等一批总部经济项目；在金融产业方面，借助绿色金融试验区即将落户花都区的东风，花都区相继引进了棕榈基金、兴业银行、越秀产业基金等一批金融产业项目，成果颇丰。

三　广州市花都区产业发展策略与导引

花都区未来的产业发展首先要立足于花都区的发展定位，国际空铁枢纽和高端产业基地的定位意味着空港经济、先进制造业和现代服务业将是花都区产业发展的主导方向。与此同时，综合考虑到当前我国乃至全球的产业发展趋势和花都区自身的产业基础，新时期花都区应有效集聚资金、人才等产业要素，大力发展以下四类主导产业。

（一）汽车及相关配套产业

近年来，国内汽车产业发展呈现三大趋势：一是新能源汽车不断发力，开始逐步成为未来产业发展的主体方向；二是国内自主品牌迅速崛起，哈弗H6、传祺 GS4 等一大批优秀的自主品牌车型占据了大量的市场份额；三是汽车第三产业包括汽车后市场、汽车主题旅游等产业开始逐步兴起。因为花都区的汽车产业发展应围绕产业发展趋势推进，一方面着力引进国产自主品牌整车生产企业，大力推进新能源汽车及其核心零部件制造业发展；另一方面发展汽车总部经济、汽车主题旅游、汽车金融服务、汽车电子商务、汽车展贸博览等汽车服务业。

1. 传统汽车方面

近年来，中国消费者对于 SUV 车型的偏好快速提升，未来有望在 2018～2020 年达到与轿车市场份额相当。以哈弗 H6、传祺 GS4 为代表的经济型 SUV 和以唐为代表的插电式 SUV 已经成为市场宠儿。因此，在传统汽车方面，秀全街道应重点引进长安汽车、北汽集团、广汽集团、长城汽车等国内自主品牌的 SUV、MPV 新增整车产能及相关零部件的制造业。

2. 新能源汽车方面

2015 年中国新能源汽车在国内占比首次突破 1%，我们预计未来在新能源乘用车的带动下，2020 年的产销量有望达到 200 万辆的水平。对于新能源汽车及零部件生产的引进，可确定三个重点：

（1）国外领先品牌新能源汽车的零部件制造。引进以丰田普锐斯为代表的国外领先品牌新能源车型整车制造以及汽车电子电器、内外饰品、充电设备安装维护等零部件。

（2）经济型、普及型的微轻型低速纯电动车。代表品牌包括奇瑞、江淮、众泰、吉利等传统车企，以及以雷丁、御捷、道爵、宝雅、时风等为代表的新兴低速电动汽车企业。

（3）重点引进新能源汽车核心零部件及其设备制造业。新能源汽车除动力系统以外，大部分零部件与传统汽车是共享的。目前，纯电动新能源汽车在动力结构上以电驱动系统代替了内燃机，混合动力汽车大部分是在传统动力系统基础上叠加电驱动系统。新能源汽车的零部件主要是指汽车电驱动系统，包括电池、电机和电控等核心部件。在电池方面，花都区主要招商目标包括电池材料供应商和动力电池制造商。根据附加值大小，材料供应商方面推荐引进正极材料、隔膜、电芯制造等材料供应商；电池厂商方面则推荐比亚迪、CATL（宁德时代）、力神、威能、万向等国内龙头电池厂商；在电机方面，花都区招商的主要对象应为中国具有技术领先的永磁电机厂商。目前国内由于稀土储量极丰富，而且电机工艺已经接近世界先进水平，性价比优势较大。不仅如此，国产永磁电机在我国纯电动乘用车型中应用广泛，在电动客车应用中也有部分采用永磁异步电机，预计永磁电机将在较长时间内占据我国新能源汽车的电机市场；在电机驱动控制系统方面，花都区重点招商对象应为比亚迪、上海电驱动、大洋电机、上海大郡、苏州海格斯等国内龙头电控厂商。其中，比亚迪、南车时代和上汽集团具有传统整车及零部件生产经验，上海电驱动、精进电动、上海大郡等是专门针对新能源汽车成立的专业电机企业，而大洋电机则是传统电机生产厂商。

3. 汽车第三产业

汽车第三产业主要发展以下两种产业类型：

（1）汽车旅游产业

主要包括汽车主题公园（如阿布扎比的法拉利汽车主题公园）、汽车博物馆（如上海奔驰汽车博物馆）等体验类汽车旅游项目。

（2）汽车现代服务业与汽车"互联网+"

主要包括汽车金融、汽车展贸、汽车电子商务、汽车无人驾驶体验以及物流、咨询、商务洽谈等汽车总部经济。

（二）战略性新兴产业

1. 生物医药产业

生物医药产业是花都区"十三五"规划确定了的重点发展产业。然而，广州目前已有多区重点布局生物医药产业，比如海珠区的国际生物岛、广州科学城和中新知识城等，花都区发展生物医药产业需要面对这些区域的竞争，因此需要精心选择产业门类，与主要竞争区域实现错位发展，构建产业集群，最大程度实现集聚效应。

通过分析广州生物医药产业发展现状，花都区应该重点发展以化学药和中成药为主要门类的生物医药产业，以及充分利用花都区制造业优势，大力发展医疗器械产业。

（1）化学药与中成药

在化学药领域，全力引进诺华、辉瑞、拜耳国际大型跨国公司布局，同时瞄准在国内有一定研发实力的企业，比如正大天晴、华润制药等。在中成药领域，则重点引进国药、广药等国内中成药巨头企业来花都区投资。

（2）医疗器械产业

目前我国众多医疗器械特别是高端医疗器械市场基本由外国公司垄断，完全依赖于进口，医疗器械产业的进口替代在我国拥有巨大的潜力。中国医疗器械市场销售规模由 2001 年的 179 亿元增长到 2013 年的 2120 亿元，剔除物价因素影响，13 年间增长了 1084.4%，年均增长率超过 20%。因此，花都区应全力布局医药器械产业，为进一步的发展打下良好基础。一方面，花都区应争取引进国际先进医疗器械生产公司如强生、西门子、GE 医疗等，同时也可以瞄准国内领先企业如迈瑞、新华等来花都区投资；另一方面，瞄准产业中的朝阳细分领域，医疗器械主要面向中高端即将国产化，在国际市场有一定销量的产品，比如伽马刀和体外诊断设备。

表1　花都区重点招商引进的国外医疗器械公司基本情况

排序	公司	公司总部	销售额（百万美元）		复合增速（CAGR）（%）	市场份额（%）	
			2012A	2018E		2012A	2018E
1	罗　氏	瑞士	8216	11329	6	18.80	19.30
2	雅　培	美国	4292	6292	7	9.80	10.70
3	丹纳赫	美国	4628	6197	5	10.60	10.50
4	西门子	德国	5153	6073	3	11.80	10.30
5	赛默飞	美国	2912	3749	4	6.70	6.40
6	碧　迪	美国	2538	3203	4	5.80	5.40
7	美艾利尔	美国	2110	2808	5	4.80	4.80
8	希森美康	日本	1666	2542	7	3.80	4.30
9	强　生	美国	2069	2143	1	4.70	3.60
10	梅里埃	法国	1069	2064	5	3.70	3.50

2. 高端装备制造业

与生物医药一样，高端装备制造业也是花都区"十三五"规划确定的重点发展产业。综合考虑花都区的产业基础和当前高端装备制造业的发展趋势和布局，花都区高端装备制造业应重点发展以下三个领域：

（1）智能装备制造

主要聚焦于智能装备制造的关键性设备和零部件，包括智能制造装备、智能制造成套装备生产、智能测控装置与部件生产、配套机械加工、工业机器人等产业环节，引进相关龙头企业，构建完善产业链。

（2）新能源及节能环保产业相关装备设备

主要包括新能源产业和节能环保产业中的装备制造环节，包括新能源设备及核心部件、节能设备及部件等。

（3）LED光电子产业

该产业主要以鸿利光电为龙头，同时引进相关配套企业，进一步完善LED从芯片制造、封装到LED产品的全产业链，做大做强产业规模，打造华南地区LED光电子产业制造中心。

3. 其他战略性新兴产业

其他的战略性新兴产业比如新一代电子信息产业、新能源、节能环保、新材料等产业，只要能够引进合适的企业和项目，均应该重点扶持发展。从这些产业的区域指向来看，新一代电子信息产业比较倾向于在城市中心布局，新能源、节能环保、新材料等产业相对而言落户花都区的机会相对大一些。

（三）临港产业

花都区作为广州临港门户地区，毗邻机场和北站的区位优势使花都区拥有发展临港产业的天然优势。与此同时，随着花都区产业结构的不断升级，花都区将有工业主导型产业体系向工业与服务业并重的产业体系转型，现代服务业同样也就成为花都区"十三五"期间重点发展产业。结合花都区的产业基础，临港产业和现代服务业应重点发展以下产业。

1. 临港制造业

临港制造业毫无疑问是临港产业中的重中之重，从国际国内的经验来看，要发展临港制造业，必须要以龙头企业为核心，构建临空制造业体系。在新时期，花都区应积极发展飞机制造、改装及维修业，围绕现有GAMECO、新科宇航等龙头企业，利用产业关联引进上下游企业，实现产业纵向一体化。紧抓国内航空业快速发展和航空公司飞机保有量上升的有利形势，大力发展飞机维修服务业，积极争取空客"客改货"改装线落户花都。把握国产大飞机下线试飞的重大机遇，利用花都飞机维修的产业基础，积极引进国产大飞机相关产业环节落户花都。积极发展航材生产、机载设备制造等航空制造业配套产业链。另外，根据产业与空港的关联度，积极引进新一代信息技术、生物医药及高性能医疗器械、新材料制造、航空航天装备等临港指向性较强的临港制造业。

2. 临港服务业

重点发展总部经济、金融租赁、跨境电商、教育培训、会展贸易、临港都市休闲旅游等高端临港服务业。根据自身条件，错位发展总部经济，重点引进国内外航空公司区域总部、航空物流总部、跨国临港制造企业区域总部等特色总部。大力引进金融机构进驻，开展航空金融租赁业务，重点发展飞机金融租赁等业务。把握广州成为跨境电商试点城市的机遇，围绕保税区、花都湖片区、CBD打造跨境电商基地产业园区、商务园区以及实体体验旗舰店。积极发展跨境电商运营培训中心、空港技术人员培训中心、空港服务人员培训实习基地等相关教育培训服务业。结合本地珠宝、皮具、纺织服装、飞机制造维修等产业发展特色临港展贸业。依托空铁联运优势，结合万达文旅城等龙头项目，积极发展都市休闲旅游业。

四 广州市花都区产业空间布局策略与建议

（一）新时期花都区产业空间布局策略

经过"十一五""十二五"期间的快速发展，花都区的产业功能空间格局已经基本清晰。按照产业功能布局的差异，花都区大致可以分为五个产业板块：现代服务业板块、时尚产业板块、先进制造业板块、空港经济板块和文商旅板块。

尽管产业空间框架已经基本成型，但花都区产业空间布局的问题依旧非常突出，主要表现在：第一，产业园区缺乏统一规划。目前花都区各类产业园区和平台达到50多个，但其中大多数是各自为政，自行发展，缺乏统一的发展规划，导致园区之间协作和规模效应不足；第二，园区发展建设水平普遍不高，产业层次较为低端，亟待转型；第三，园区公共服务普遍缺失，全区范围内缺乏统一的公共服务布局规划，产城融合不足。在这种情况下，花都区产业的空间布局需要从以下两个方面来推进。

1. 构建完善的产业园区体系

新时期，花都区将根据产业园区现状和特点，构建相对完善的产业园区体系，统一规划，科学布局，分类指导。按照园区主导产业和功能的差异，花都区产业园区和平台大致可以分为三类：第一类是现代服务业平台，主要以发展生产性服务业、总部经济和高端生活、公共服务业为主；第二类是先进制造业产业园区，主要以发展先进制造业、战略性新兴产业和传统转型升级产业为主；第三类是特色小镇，主要以生态旅游、现代农业和健康产业为主。

根据产业基础和选址规划情况，新时期花都区将形成"15 + 23 + 12"三大产业园区体系，共计布局 50 个产业平台。

2. 以价值创新园区（V - Park）为理念推动园区转型升级

目前广州提出要顺应高科技创新产业加快发展的趋势，着力建设一批价值创新园区，集聚科技前沿公司形成创新集群，争取把广州打造成为全国乃至全球的科技创新枢纽。价值创新园区（V - Park）理念和战略的提出，为花都区产业园区的转型提供了方向。

（1）V - Park 的内涵和特征

V - Park 是当前全球流行的高科技产业集聚区的一种类型。美国著名智库布鲁金斯学会（Brookings Institution）2014 年发布了研究报告《创新区的崛起：美国创新的新地理》，将美国近年来在城市内部兴起的"创新区"分为三种类型：第一种是"锚 +"区域（Anchor Plus Areas），主要分布在城市中心区和次中心区。该类型创新区的发展模式是围绕城市中主要的"锚机构"，集聚了相关企业、创业者和商业化创新的衍生企业。典型案例包括美国马萨诸塞州剑桥市的肯德尔广场（Kendall Square）（该创新区的爆发式成长主要依托于附近的麻省理工学院和麻省总医院等"锚机构"）、费城大学城（主要依托于宾夕法尼亚大学和大学城科学中心等机构）以及我国北京的中关村（依托于清华大学、北京大学等诸多高校和研究机构）等。二是"重塑城市区域"（Re-Imagined Urban Areas）类型，主要分布在城市中正在转型升级的工业区或仓储区。该类型的创新区凭借其悠久的历史传统、毗邻高租金的城市中心等优势，集聚了一批先进的研究机构和代表企业。该类型创新区的典型例证主要包括美国纽约曼哈顿的"硅巷"（Silicon Alley）、旧金山的米逊湾（Mission Bay）等。第三是"城市化科学园区"（Urbanized Science Park），主要分布在城市郊区和远郊区。这类创新区往往与传统的市中心相互隔离，通过提高空间密度、注入新的商业形态（包括零售和餐馆等），为集聚区企业创新提供广阔空间。典型的案例包括美国北卡罗来纳州的三角科技园等。

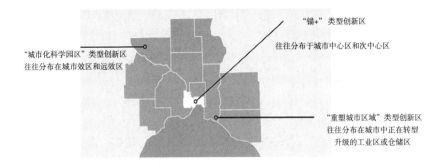

图7　创新区的三种基本类型和空间分布

V－Park 究其内涵就是"城市化科学园区"和"锚＋"区域两种创新区的结合体，其主要特征表现在：

第一，一般位于城市近郊区或者远郊区。V－Park 对环境品质的要求很高，这主要源自科技企业员工对于生活和居住环境的要求很高，不但要求工作居住地的生态环境要优良，生活环境也要非常便利。而这两点在大都市的中心区是比较难以实现的，这就是为什么全球的高科技企业一般集聚在一些生态环境优良的小城的重要原因，比如苹果总部不在硅谷的大城市旧金山和圣何塞，而位于库珀蒂诺这样一个小镇，而谷歌的总部也位于硅谷的另一个小镇山景城。当然，这与美国公共服务均等化相对比较完善也有较大的关系，企业位于小镇和位于大城市基本可以享受同等的公共服务。从这一点上来看，花都区建设 V－Park 是有一定优势的。

第二，以核心企业或者科研院所带动，形成完善的产业体系和创新价值链。这与"锚＋"区域的特征是一致的，即 V－Park 区域内一般有数个核心企业或者研究机构，形成相对统一的产业体系和创新价值链。以美国休斯敦的德克萨斯医疗中心园区为案例，主要以德克萨斯医疗中心为核心，形成生物医药产业集群，并构建了完善的技术创新孵化链条，研发—初试—中试—孵化—产业化各个环节一应俱全。

第三，产业相关的配套服务也是齐全的。在 V－Park 范围内，不仅产业体系和创新链条完整，各类生产和生活服务业以及公共服务业也非常完善，

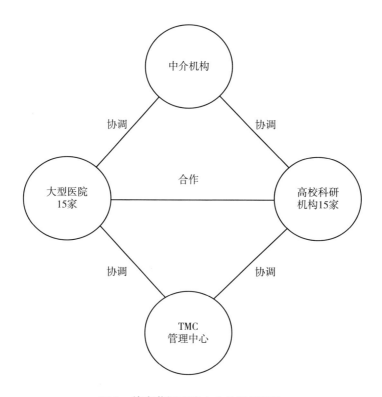

图8　德克萨斯医疗中心的组织结构

包括大型超市、购物综合体、咖啡吧、茶室、医院、学校、人才公寓等一应俱全。

第四，精心规划，规模适中。与传统的大工业园区、开发区不同，V–Park 一般面积不大，规模一般在 1～5 平方公里。在这样一个规模相对适中的区域范围内打造生产、生活和生态融合发展的科技创新园区，可最大化提升创新活动的效率。

（2）建设 V–Park 的目标是为了构建创新型产业集群

V–Park 是一种高科技创新集聚区的空间形态，但是内核实质是创新型产业集群。与一般产业集群相比，创新产业集群的概念无疑更为丰富，主要包括以下几个方面的特点：

多元的技术创新主体与资源。集群中存在着大量与技术创新活动相关的

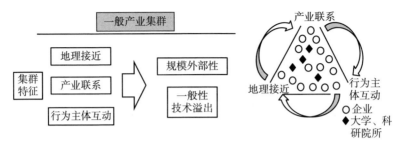

图9 一般产业集群的基本特征

主体，除了企业，还包括各种科研机构和创新平台、人员培训机构、人才市场、风险投资机构、行业协会等。特别是拥有一定数量的具备强大创新能力的核心企业与科研机构。

地理接近+组织接近。集群中的企业不仅在地理空间上相互接近，而且存在着组织接近，即存在着多种形式的组织将企业集中在一起，如战略联盟、研发共同体、行业协会等。这种组织接近有利于企业之间的技术溢出和协同创新。

产业联系+产研联系。除了企业之间因为经济关系和产业分工形成的广泛产业联系，创新型集群的另一大特征就是密切的产研联系，即企业与大学、科研院所之间形成密切的创新联系与网络。

制度导向下的行为主体合作。从已有成功的创新型集群的经验来看，针对集群不同的特点制定有利于技术创新的政策与制度是非常重要的。其目的是为了突出集群技术的外部性，使企业之间在现有制度和组织的框架下均衡利益，形成协同创新。

创新产业集群在追求规模外部性和一般性技术溢出的基础上，更加注重技术外部性与集群创新主体之间的协同创新效应，即创新主体之间并非被动地接受来自集群其他创新主体的技术溢出和传递，而是有意识地开展多种组织形式的相互合作，主动追求创新效益的最大化。

（二）新时期花都区产业空间布局建议

综上所述，新时期花都区产业空间的规划布局应以构建完善的产业园区

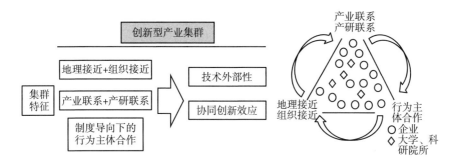

图10 创新产业集群的基本特征

体系为导向,大力实施价值创新园区(V-Park)创新工程,在做好全区"园区一盘棋"的同时,规划建设成功若干在全市有一定影响力的价值创新园区。新时期花都区五大产业板块的产业布局也将主要围绕上述两大目标展开。

1. 现代服务业板块

现代服务业板块主要是指花都中心城区板块,包括新华、雅瑶等街道,该板块主要包括万达文旅城、绿色金融试验区、空港服务创新区、北站商务区等园区。该区域是花都区的产业核心区,是生产和生活、公共服务业的主要集聚区,担负着为全区提供现代和高端服务的功能。该区域重点发展的产业包括金融、咨询、法律、广告、培训、中介服务等总部经济带来的生产性服务业,以及跨境电商、休闲娱乐、购物餐饮、医疗教育等高端生活和公共配套服务业。其中,该区的绿色金融试验区可以打造以金融产业为核心,金融产业创新链条的价值创新园区。

2. 空港经济板块

空港经济板块主要位于花都区东部的花山、花东等镇,包括的主要园区和平台有花都高新科技园、花山第一工业园、机场北部商务区、华侨工业园等。该区毗邻机场,是发展临港产业的主要集聚区。该区一方面应重点发展临港制造业包括飞机及零部件制造、飞机维修、航材生产、机载设备制造以及部分战略性新兴产业,如 LED 光电子、新材料、新能源等产业;另一方面应大力发展临港服务业,包括跨境电商、物流仓储、临港展贸、商务洽谈

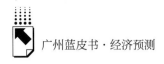

等。其中，花都高新科技园与花山第一工业园可以打造以临港制造业和高科技产业为产业体系的价值创新园区。

3. 先进制造业板块

先进制造业板块主要位于花都区西部，包括秀全、炭步等街道和镇区，主要园区和平台包括花都汽车城、新能源汽车及智能装备制造产业园、生物医药产业园等。该区是花都区作为高端产业基地定位的主要载体，同时也是花都区核心产业——汽车产业和战略性新兴产业发展的主要平台。该区将重点发展汽车及零部件制造、新能源汽车、智能装备制造、生物医药等产业。其中新能源汽车及智能装备制造产业园与生物医药产业园可以分别打造以智能制造和生物医药为产业体系的价值创新园区。

4. 时尚产业板块

时尚产业板块主要位于花都区西北部，主要以狮岭镇为主，产业园区和平台包括狮岭皮革皮具产业区、珠三角对外贸易产业区、珠宝小镇、新华工业园等。该区域是花都区传统产业如皮革皮具、珠宝、服装等产业的集聚区，这些产业需要经过转型升级，逐步向时尚产业转型过渡。该区域未来主要应发展时尚产业、汽车零部件及车载装备、部分战略性新兴产业如新能源、新材料等。该区域尚缺乏建设价值创新园区的合适平台，目前来看只有新华工业园具备一定的条件。

5. 文商旅板块

文商旅板块主要位于花都区外围，包括梯面、赤坭等镇，产业园区和平台主要以特色小镇如花山生态小镇、梯面生态旅游小镇、赤坭岭南古村落小镇等。该区是花都区的生态屏障和水源涵养区，未来主要以发展低冲击的生态旅游、休闲度假、特色农业等产业为主。该区域可以选择一到两个特色小镇作为价值创新园区的承载平台，产业类型还需要进一步论证。

转型升级篇

Transformation and Upgrading

B.8

"放管服"助推广州市
展览业转型升级研究*

刘隽欣**

摘　要： 本文以广州市展览业作为研究对象，通过对展览业数据统计
和相关资料的梳理、比较与分析，剖析广州市展览业发展的
现状，并指出其具有的展览馆资源丰富、市场发展态势良好、
教育资源充足和发展环境条件优越的优势，分析其面临"内

---

* 展览业是会展业（一般包括展览、会议、节事活动和奖励旅游等）的重要组成部分，对产业
的拉动作用最为显著。目前在全国范围内仅有展览业的统计数据（一是中国国际贸易促进委
员会的《中国展览经济发展报告》，二是中国会展经济研究会统计工作专业委员会的《中国
展览数据统计报告》，三是商务部服务贸易和商贸服务业司的《中国展览行业发展报告》），
基于统计数据的来源和展览业的作用，文章以展览业作为研究对象。为保证统计数据研究的
准确性和一贯性，本文主要采用较为翔实、出版历史较长的《中国展览经济发展报告》的数
据，辅之以《中国展览数据统计报告》和《中国展览行业发展报告》。在研究论证过程中，
"展览"和"会展"字眼不作严格区分。

** 刘隽欣，广州市海珠区市场和质量监督管理局凤阳所。

忧外患"、国际化和品牌化程度不高、信息化融合仍处于初级阶段、全产业链发展尚不健全的瓶颈和挑战，从市场监督管理的视角探讨广州市展览业转型升级的新思路，提出践行简政放权、公正监管、优化服务改革，助推展览业发展的对策和建议。

关键词： 展览业　转型升级　广州

　　展览业作为投资与贸易的重要平台和现代服务业的重要组成部分，不仅在服务国家总体战略上发挥着积极贡献，还被赋予了稳增长、促改革、调结构、惠民生的重任。近年来，全球投资与贸易持续低迷、中国经济增速放缓，一直处于展览会数量快速增长、展览产业规模迅速扩张的中国展览业亦进入"结构调整、提质增效、品牌建设"的深度调整阶段。正如经济发展库兹涅茨曲线规律，展览业亦不可能无限度地膨胀上升发展，因此在2016年初现近五年展会数量首次减少"拐点"的情况下，进一步落实国务院《关于进一步促进展览业改革发展的若干意见》尤为重要。

　　2017年6月13日，李克强总理在全国深化简政放权放管结合优化服务改革电视电话会议上提出，"推动政府加快适应社会主义市场经济发展要求，最大限度减少审批，多措并举加强监管，不断创新优化服务，打造便利、公平的市场环境，更大激发市场活力和社会创造力，推动政府治理体系现代化"。[①] 在"放管服"改革的新常态下，作为全国展览业最发达的城市之一，广州市展览业既具有增速渐减缓、结构待优化、竞争尤加剧的全国展览业共性，也具有历史悠久、地域优势明显的独特个性，还面临着品牌化、国际化、信息化、全产业化等发展的局限性。在展览业进入深度调整阶段，

---

① 资料来源：中华人民共和国中央人民政府，《李克强在全国深化简政放权放管结合优化服务改革电视电话会议上发表重要讲话》。

广州市展览业要在经济浪潮和制约局限中脱颖而出，维持发展的上升态势，势必要励精图治、破茧成蝶，全面完成转型升级，才能在全国展览业第一梯队中保持领先优势，才能逆水行舟继续健康、稳定、可持续发展。

一　广州市展览业发展现状分析

（一）展览馆资源丰富

展览馆是举办展览的场所，是展览业发展的基础设施、硬件条件，展览馆的建设对展览业的发展具有促进和推动作用。

1. 展览馆数量

表1　2015年、2016年展览馆数量城市排名

2015年展览馆数量城市排名 数据采集截至日期:2015年11月30日			2016年展览馆数量城市排名 数据采集截至日期:2016年12月31日		
排名	城市	展览馆数量	排名	城市	展览馆数量
1	上海	10	1	上海	11
2	北京	7	2	北京	10
3	广州	5	3	杭州	6
3	杭州	5	4	广州	5
5	重庆	4	4	沈阳	5
	（略）		4	重庆	5

数据来源：根据《中国展览经济发展报告（2015）》和《中国展览经济发展报告（2016）》整理所得。

从展览馆数量上看，2016年全国共有6个城市拥有5个以上展览馆，广州市拥有5个展览馆，与沈阳市、重庆市并列第4位，较2015年下降1位。

广州市拥有的5个展览馆，分别是中国进出口商品交易会展馆、广州国际采购中心、广州保利世贸博览馆、中洲国际商务展示中心、南丰国际会展中心，均位于海珠区琶洲地块，形成集聚效应。

2. 展览馆室内可租用面积

表2　2012～2016年展览馆室内可租用面积城市排名

排名 ＼ 年份	2012年	2013年	2014年	2015年	2016年
1	广州	广州	广州	上海	上海
2	上海	上海	上海	广州	广州
3	北京	北京	北京	北京	北京
4	武汉	重庆	重庆	昆明	昆明
5	南京	武汉	武汉	重庆	重庆

资料来源：根据《中国展览经济发展报告（2012）》《中国展览经济发展报告（2013）》《中国展览经济发展报告（2014）》《中国展览经济发展报告（2015）》《中国展览经济发展报告（2016）》整理。

从城市展览馆可租用面积上看，2016年广州市展览馆室内可租用总面积约为66万平方米，占全国总量的7%。[①] 自2010年以来，展览馆投资热潮依然延续，每年均有一大批展览场馆建成投入使用或投入建设，国内的展览馆室内可租用面积排名面临着新一轮的洗牌。纵观近五年的展览馆面积排名变化，2014年以前广州市的展览馆室内可租用面积一直高居全国榜首，自2015年国家会展中心（上海）的投入使用，广州市展览馆室内可租用面积领先优势被打破。未来随着2016年9月奠基的展览馆规划可租用面积高达50万平方米、将成为全球最大会展中心的深圳国际会展中心建成投入使用，[②] 广州市的展览馆可租用面积或将退居全国第三位。

从展览馆个体面积上看，2016年全国室内可租面积10万平方米以上的展览馆共有22个，中国进出口商品交易会展馆、广州国际采购中心榜上有名，分别以33.8万平方米和20万平方米位列第二、第四位。[③] 至于广州市的另外三个展览馆的室内可租用面积，广州保利世贸博览馆为7.14万平方米，中洲国际商务展示中心为3万平方米，南丰国际会展中心为1.2万平方

---

①　数据来源：《中国展览经济发展报告（2016）》。

②　资料来源：《2016年广东省展览业发展白皮书》。

③　数据来源：《中国展览经济发展报告（2016）》。

米。广州市的五个展览馆面积分布合理，对举办 10 万平方米以上、5 万~10 万平方米、3 万~5 万平方米、1 万~3 万平方米以及 1 万平方米以下的五大规模类型的展览会均有竞争优势。

（二）展览业市场发展态势良好

从城市展览会规模上看，广州市 2016 年共举办 201 个展览会，占全国展览会总数的 8%，位居全国第三位；展览会总面积约为 986 万平方米，约占全国展览会总面积的 12%，居于全国第二位；展览会平均面积为 4.9 万平方米，高居全国首位。①

1. 展览业发展综合指数

近年来，广州市展览会数量占全国比重保持稳定，但是展览会总面积占全国比重呈逐年下滑的态势。由中国会展经济研究会统计工作专业委员会根据各城市的展览数量、展览面积、展览场馆数量、展览场馆室内面积、展览管理及相关机构、UFI②成员及认证项目、展览面积 TOP100 展览数量、细分行业 TOP3 展览数量以及会展经济与管理、会展策划与管理的数量分布情况各项指标加权得出的"中国城市展览业发展综合指数"，2016 年度广州市展览业发展综合指数为 224.49，居于全国第二位，远低于上海（423.94），略高于北京（220.44），③广州市展览业将长期处于竞争激烈的局面。

2. 超大型与大型展览会

在 2016 年中国十大展览会（以展会面积作为评价标准）中，广州市与上海市平均瓜分了十大展览会，其中前 4 位均花落广州。在中国 TOP100 展览项目中，广州市以 574 万平方米展出总面积排名第二，低于第一位的上海

---

① 数据来源：《中国展览经济发展报告（2016）》。
② UFI 是国际展览联盟（Union of International Fairs）的简称。在 2003 年 10 月 20 日开罗第 70 届会员大会上，该组织决定更名为全球展览业协会（The Global Association of the Exhibition Industry），仍简称 UFI。UFI 是世界展览业最重要的国际性组织。
③ 数据来源：《2016 年中国展览数据统计报告》。

（722 万平方米），远高于第三位的北京（107 万平方米）。① 从超大型展览会规模发展趋势上看，在短期内，广州市与上海市的竞争处于胶着状态，而相较于其他城市仍具有较大的领先优势。

3. 展览馆市场经营情况

表 3　2016 年广州市展览馆展会数量、展览会总面积

展览馆名称	展览会数量	展览会总面积（万平方米）	备注
中国进出口商品交易会展馆	88	679.5	
广州国际采购中心	22	65.5	
广州保利世贸博览馆	73	220.9	
中洲国际商务展示中心	1	3	2 万平方米以上商贸展览会统计数据
南丰国际会展中心	8	18.5	

资料来源：根据《中国展览经济发展报告（2016）》整理。

从展览馆市场经营情况上看，2016 年，除中国进出口商品交易会展馆和广州保利世贸博览馆运营较为顺畅，展览会数量和展览会总面积较多外，广州国际采购中心、中洲国际商务展示中心和南丰国际会展中心的展览会数量和展览会总面积均有很大的提升空间。

（三）展览业教育资源充足

正所谓"强业先强人"，2015 年全国 232 所开设会展专业的高等院校分布在 67 个城市。其中会展专业在校生人数居前 10 位的城市与各城市会展产业发展程度基本吻合。广州市在校会展专业学生 4772 人，占全国总数的10.87%，高居全国首位。

从开设会展专业的院校来看，广州市会展教育各层次均有院校涵盖，其中博士点 2 个（中山大学、华南理工大学），硕士点 4 个（中山大学、华南理工大学、广州大学、广东财经大学），本科院校 10 家，高职院校 10 家，

① 数据来源：根据《2016 年中国展览数据统计报告》整理。

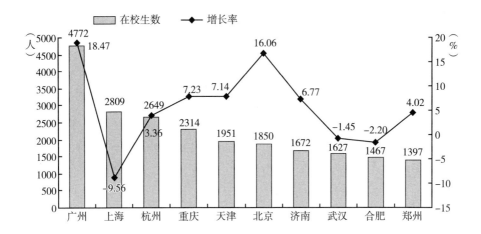

图 1 2015 年中国会展专业十强城市在校生规模及年增长率（2015 年秋）

数据来源：根据《2014 中国会展教育发展报告》和《2015 中国会展教育发展报告》整理。

中职学校 3 家。[①] 会展各层次的专业人才梯队建设情况良好，展览业人才和储备力量充足，从侧面反映了广州市展览业的教育资源雄厚。

（四）展览业发展环境条件优越

1. 政策支撑

无论是国家层面，还是地方政府，都十分重视展览业的发展。2015 年 3 月，国务院下发了《国务院关于进一步促进展览业改革发展的若干意见》，从管理体制、创新发展、市场环境和政策引导四个方面对展览业改革提出了意见。2016 年 4 月，广东省人民政府发布了《广东省进一步促进展览业改革发展的实施方案》，制定了具体实施措施。2016 年 12 月，广州市商务发展第十三个五年规划（2016~2020 年）提出"打造国际会展中心城市"的发展目标和主要任务。在广州市政协十二届五次会议上，提案《聚集琶洲全产业链资源，以新机制打造新动力源》（以下简称"提案"），被评选为2016 年重点提案，由广州市市长督办，提案对展览业全产业链创新发展进

---

① 数据来源：根据《2015 中国会展教育发展报告》整理。

137

行分析并提出建议。作为展览业的集聚区，海珠区继 2009 年印发《广州市海珠区扶持会展业发展的若干意见》，2016 年又颁布了《广州市海珠区扶持会展业发展实施方案》，对符合条件的展览企业、展览会、琶洲会展产业孵化基地园区和会展核心人才提供扶持和激励措施，政策支撑优势明显。

2. 区位优势

广州市地处中国南部、濒临中国南海的优越地理位置，自古便成为中国古代海上丝绸之路的发祥地，是世界海上交通史上唯一的 2000 多年长盛不衰的大港。享誉全球的中国进出口商品交易会（"广交会"）从 20 世纪 50 年代至今一直在广州举办，以规模最大、时间最久、档次最高、成交量最多而荣膺"中国第一展"的称号。

如今广州市海陆空交通体系完善、产业分布合理，能够承接更多跨国展览企业因全球展览业发达国家与城市饱和或过剩而进行的全球化战略转移。

作为现今我国"一带一路"发展政策"南线"建设城市之一，优越的地理环境、优厚的国家政策、深厚的历史文化底蕴成为拉动广州市展览业蓬勃发展的"三驾马车"。

二 广州市展览业发展瓶颈与挑战

虽然目前广州市展览业具有一定的优势，处于国家级会展中心城市层级，但是逆水行舟，不进则退，广州市展览业不仅自身面临着发展的瓶颈，还遭遇着其他各城市的挑战，离洲际会展中心城市乃至国际会展中心城市仍存在较大差距。

（一）展览馆面临"内忧外患"

1. 展览馆自身经营的"内忧"

租馆率是衡量展览馆经营情况的重要指标，展览馆租馆率的计算公式为

$$租馆率 = \frac{\sum 展览会面积 \times 实际租用天数}{展览馆室内可租用面积 \times 365 天}$$

经贸类展览会是展览业经济的主要组成部分，也是对拉动地方经济贡献最大的展览会类型，2016 年广州市各展览馆的经贸类展览会租馆率持续低迷，排名全国第四位的广州保利世贸博览馆租馆率为 26.97%，排名第十位的中国进出口商品交易会展馆则为 21.80%，两馆均较 2015 年骤降 17 个百分点，另外三个展览馆的租馆率均低于 10%，[①] 广州市展览馆的运营效率和经营情况堪忧。

2. 各城市展览馆间竞争的"外患"

近年来，我国经济进入了去库存、去产能的新常态，展览馆建设亦踏上去库存、去产能的经济发展列车。随着房地产投资热趋缓，未来依靠房地产投资带动展览馆建设的模式将不复存在，展览会市场中心化趋势加速，展览业竞争将进入白热化阶段。

广州以外城市新建大型场馆的增加，对广州市展览业造成了巨大的压力和冲击，部分长期在广州市举办、已形成品牌效应的大型展览相继外迁，导致展览资源不断外流，展览业竞争力趋弱。例如，1989 年创办的在美容展览界雄踞亚洲第一、世界第二的广州美博会，于 2016 年起，在保留 3 月、9 月广州展的基础上，新增了 5 月的上海展。又如，一年两期的中国广州国际家具博览会一直以来都在广州举办，然而自 2015 年起，展会更名为中国（广州）国际家具博览会和中国（上海）国际家具博览会，分别在广州和上海举办。

（二）展览业国际化、品牌化程度不高

1. 国际化水平尚待提高

衡量一个城市的展览业国际化水平，业界一般以 UFI 会员数量和 UFI 认证的展会数量作为重要标志之一。截至 2016 年底，UFI 广州市会员有 10 个，占全国的 10%，排在北京（29 个）、上海、深圳之后；在广州市举办的获得 UFI 认证的展会数为 7 个，占全国的 8.75%，亦排在上海（20 个）、

---

① 数据来源：《中国展览经济发展报告（2016）》。

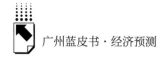

北京、深圳之后。①

广州市在北上广深展览业国际化竞争中处于末位劣势，主要表现在：一是外资专业展览企业较少。目前在广州设立分支机构的外资展览企业主要有法兰克福、杜塞尔多夫、科隆、亚洲博闻、塔苏斯、米兰展览和万耀企龙等，与上海存在较大差距。二是国际性展览会占比偏低。2012 年广州市冠以"国际"字样的展览会占展览会总数量的 44%，低于深圳的 62%，② 有很大的提升空间。三是境外参展商和观众比例不高。2012 年广州市展览会境外参展商占比为 11.45%，境外观众占比为 4.21%，③ 与国际会展中心城市水平相去甚远。

2. 品牌化程度仍需增强

衡量一个城市的展览业品牌化程度，业界仍未有权威的认定标准，笔者根据国务院商务部组织各地方、部门和行业中介组织推荐，专家委员会评审及网上公示，以确定的"引导支持展会"作为评价指标。采用该评价指标的原因为商务部确定名单的评选标准为"带动效应好、行业影响大、产业特色鲜明、区域特点显著"，与品牌的功能、质量、价值"内在三要素"和知名度、美誉度、普及度"外在三要素"特点相符。

在《2015 年商务部引导支持展会名单》的 190 个展览会中，在广州市举办的仅有 14 个，远低于上海的 45 个和北京的 36 个。④ 品牌的打造，除了历史积淀而成的"老字号"展览会外，还需要引进国际、国内知名会展企业和品牌，然而纵观广州市的展览会，上述两者均为数不多，主要以本土办展的会展企业居多，展会的规模小、品牌企业少、准入门槛低，质量参差不齐，造成展览会的口碑无法提升、知名度未能打响、品牌化程度停滞不前的尴尬局面。

---

① 数据来源：《2016 年中国展览数据统计报告》。
② 数据来源：《2013 年广东省展览业发展白皮书》。
③ 数据来源：《2013 年广东省展览业发展白皮书》。
④ 数据来源：中华人民共和国商务部：《商务部办公厅关于 2015 年引导支持展会名单的通知》。

（三）展览业信息化融合仍处于初级阶段

传统展览会受举办时间短、资源过多、参与者结构复杂等因素的制约，展览资源的有效利用率和深入开发度不高。随着以移动互联网、云计算、大数据为标志的信息技术新时代的来临，作为营销推广的重要手段之一，展览业与互联网技术加速融合，使传统的展览会打破了时间和空间的限制，展览信息的价值得到充分释放，主办方、参展商和专业观众三者之间建立较为顺畅的沟通机制，通过网络随时随地地获取信息成为展览业发展的必然趋势。

"网站"、"自媒体"和"APP软件"是展览业的三大宣传推广平台，亦是两者相融合的三个阶段。纵观展览业与信息化融合的阶段性成果，目前未发现广州市进化至"手机APP软件"阶段，仍处于"网站"建设尚未成功、"自媒体"设立刚刚起步的"互联网+展览业"初级阶段。目前广州市"展览业互联网+宣传推广平台"主要有以下三种运营模式：

1.由国家部门或各地区政府及其下属单位运营的展览信息平台

如由中国贸促会信息中心设立的"今日会展"网站及微信公众号，中国对外贸易中心等运营的"中国进出口商品交易会"网站及微信公众号、手机APP等。

由广州市会展业行业协会运营的"广州会展网"内容庞杂，"网上看展"对各展览进行网络预播和回放颇具特色，但是仍存在以如"百科全书"般单一的堆砌式介绍为主的困境，对参会和会员申请仅进行事前指引，未能充分发挥互联网互动式、智能化、自动化等的强大功能；部分板块存在"文不对题"的现象，如"协会资讯"实为协会简介、"服务指南"实为协会联系方式。同样由广州市会展业行业协会运营的"广州会展平台"微信公众号，内容设置协会公告、会展信息、配套服务、联系我们四个板块，各板块内容信息量少、更新不及时，缺乏系统性和逻辑性，未有与受众互动的功能，忽视了受众的需求和体验感受。

2.展馆企业或展览企业自主研发运营的企业信息平台

如中展集团信息部开发的"国展网"及微信公众号。

广州市的五大展览馆中有四个展览馆（中国进出口商品交易会展馆、广州国际采购中心、广州保利世贸博览馆、南丰国际会展中心）运用了互联网信息技术，开发了同名网站，网页版面设计精美，重点栏目醒目清晰，较为注重给予受众便利化服务体验，参展、参会均可在网上申请、接受反馈，初步融合了互联网互动式、智能化、自动化等功能，但是尚未发挥大数据、云计算等功能。

展览企业中"互联网＋"运用较为成功的是中国对外贸易广州展览总公司运营的同名网站，除可检索展览会信息外，还可对采购商、参展商、服务企业、特装企业进行区别式服务，逐渐趋于"一站式"服务平台。由广州市巴斯特会展有限公司运营的"巴斯特会展"网站别出心裁地推出了"展会常识"栏目，注重对参展商的服务和心理攻势。

3. 由网络技术企业开发的展会行业专门性信息平台

此类网站的开发和运营者搜集各城市的展览会信息，试图给予参展商和专业观众"一站式"获取展览会信息的服务，初衷是很好的。然而，企业的盈利目的性、功利化较重，无论是上海拜泉网络科技有限公司旗下的"E展网"，翔展科技（北京）有限公司开发的"好展会"网站及微博，还是广州百联信息科技有限公司运营的"琶洲网"等，在网站内发一些与展览业相关的甚至不相关的广告，有的广告喧宾夺主，占据网站的"头条"，受众所急需的信息则处于"后位"或"末位"，加大受众寻找有用信息的难度，不利于增加受众的好感和提高网站的重复使用率。

此类网站中运营较为有特色的是"中国会展门户"，该网站为会展主办方、参展企业、参会单位、个人、会展业周边服务商及会展从业者提供一个资源共享的平台，只要注册为会员即可发布和获取自身所需信息，是一个O2O尝试的良好开端，但是这对网站的审核工作提出了很高的要求，需要网站运营者在每天海量的信息中甄别虚假、诈骗等信息，维护各方的利益不受侵害，这对于仅仅一个平台来说是十分困难的，这个难题也有待"互联网＋"技术的提升而逐步解决。

综观上述三种运用"互联网＋"技术的运营模式，为参展商和专业观众服务的综合性平台匮乏，能给予受众以展会信息、展会服务、参展参会衣食住行指引三位一体的综合性网络平台有待政府部门或企业开发。

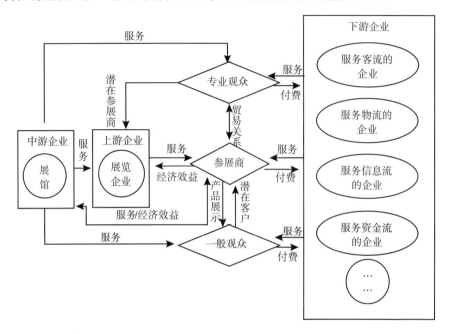

图2　展览业产业链

（四）展览业全产业链发展尚不健全

展览业不仅是高收入、高盈利的行业，并且具有强大的产业链带动效应。据专家测算，国际上展览业的带动系数在1:5～1:10，即展览场馆的收入如果是1，则相关的社会收入是5～10。因此，以展览产业作为支撑点，利用其产业链带动效应可以推动城市相关产业的全面发展，为城市带来直接和间接的经济效益和社会效应，2000年10月国务院发展研究中心市场研究所任兴洲所长首次明确提出了"会展经济"的概念。

展览业的上游企业和中游企业多会在字号名称上冠以"展览"二字。根据经济户口上的最新查询统计，截至2017年8月15日，广州市现有2240家冠有"展览"字号名称的业户，其中海珠区占22.8%，与广州市五大展

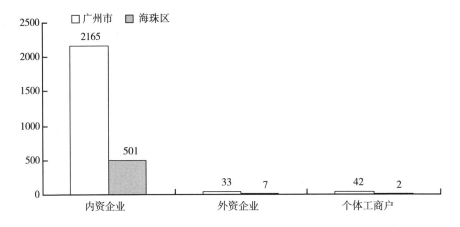

图3 广州市展览企业统计

数据来源：根据广州市工商行政管理局金信系统资料整理。

览馆均坐落于海珠区的展览馆辐射带动产业集聚规律严重不符。此外，展览业的下游企业供给不足，展览馆周边的功能区域配套不足，没有形成与超大型展览馆、展览馆集聚区、大型展览会相匹配的宾馆、商务楼、购物中心以及休闲娱乐业态集聚区；现有的各大银行、金融机构网点数量和服务供给不足，酒店、餐饮的数量和质量难以满足大型展览会的需求。上、中、下游企业均不能就近服务于展览业，亦未形成有效的配套服务区或产业集聚区，从长久来看不利于其全产业链的形成和充分发挥经济效益的带动作用。

展览馆周边综合配套的不足进一步加剧了交通疏散的压力，公共交通线路过长、线路偏少且间隔时间过长、地铁出入口设置离展览馆较远等公共交通配套设施问题更为凸显，逢展必堵、停车难问题亦亟待解决，这都是政府规划和城市管理必须正视的严峻问题。

三 广州市展览业转型升级的对策及建议

2017年6月13日，李克强总理提出"不断深化'放管服'改革，推动政府职能转变"，"放管服"改革进入攻坚期，各级政府都需要深入推进简政放权、放管结合、优化服务，不断提高政府效能。作为市场经济的护航者和服务经济发展的政府职能部门，以及长期以来参与监管和服务展览业繁荣的重要环节，市场监督管理部门更需要及时转变角色，适应经济新常态的发展，在各级政府大力支持、引导展览业转型升级之时，以简政放权为基础、以公正监管为关键、以优化服务为保障，切实履职尽责，积极发挥监督管理职能，为展览业的持续健康稳定发展开好路、服好务、站好岗。

（一）简政放权，理顺管理体制

1. 健全法律法规，坚持有法可依

与发达国家相比，我国展览业仍处于初级阶段，法律法规建设相对滞后，一些展览业管理的规范性文件形成于 20 世纪末 21 世纪初，如 1998 年制定的《在境内举办对外经济技术展览会管理暂行办法》；现阶段展览业行业管理与市场监管均运用一般法，如《公司法》《商标法》《合同法》《广告法》《消费者权益保护法》等，特别法少之又少，有的特别法因一般法的重新修订和国家政策的改变已不再适应市场发展的实际需求，处于失效或部分失效状态。

在国家层面展览业法律法规相对贫乏的形势下，广州市针对展览业制定的专门性法规是于 1998 年制定的全国首部关于展览会市场管理的地方性法规《广州市举办展销会管理条例》，以及 2009 年发布、2012 年修正的《广州市展会知识产权保护办法》。上述两部地方性法规实施以来，在加强展览会市场管理，促进广州市展览会健康发展上发挥了重要作用，有力地维护了展览业的繁荣和发展。但是随着国际形势的变幻、国内展览业市场的迅猛发展，展览业市场形势更为复杂，尤其在开展行政审批制度改革和商事登记制度改革后，广州市全面放宽了市场准入，充分激发了市场活力，沿用了近 20 年的《广州市举办展销会管理条例》的办展门槛、办展程序、展会名称使用、品牌展会保护等条文均亟待与时俱进和完善，针对电子商务展会、展会的广告发布等专门性法律法规亟须填补空白。

2.加强宏观指导，减少政府干预

从《国务院关于进一步促进展览业改革发展的若干意见》中可以看出，市场化是我国展览业发展的必然趋势，那么，加强对展览业的宏观指导势在必行，要着力从政府主导向政府引导转变，从微观干预向宏观调控转化，使政府及其职能部门从办展的"组织者"或"参与者"变为"协调者"和"监督者"，改变既是"裁判员"又是"运动员"的畸形局面，更好地发挥政府各职能部门在"放管服"中"公正监管"的作用。

在组织架构上，可借鉴成都、重庆等城市的做法，成立会展局或专门的主管部门，全面负责展览业的统筹协调、宏观规划、引导促进和综合管理等工作；建立商委牵头，发展改革、教育、科技、公安、财政、税务、市场监管、海关、质检、统计、贸促等部门的联席会议制度，明确展览业的工作目标，分解各项工作任务，纳入各部门的督办和考核体系，使各部门树立"主人翁"思想和本职工作的理念，共同积极投身展览业的宏观调控中去。

在政府行为上，严格规范各级政府的具体办展行为，逐步减少已有的政府主导型展览会的政府干预，通过向社会或中介购买服务的方式践行政府办展退出机制，积极引导其主办的展览会逐步走向市场化。继续以政策和资金扶持符合规定的展览企业和展览会逐步取代财政拨款的办展模式，发挥各协会和展览企业在市场调节下整合资源、升级产业以及规范自律方面的重要作用，充分激发市场调节下的展览业的活力，为市场主体释放更大的发展空间。

（二）公正监管，创新监管模式

近年来，行政审批改革的顶层设计从重数量向提高含金量转变，并明确提出"加强监管创新，促进社会公平正义"，"推进政府监管体制改革，加快构建事中事后监管体系"。[①]《广东省进一步促进展览业改革发展的实施方

---

① 资料来源：中华人民共和国中央人民政府，《国务院关于印发 2016 年推进简政放权放管结合优化服务改革工作要点的通知》。

案》中对转变政府职能、创新监管模式提出了更高、更新的要求，"进一步
简化展会审批环节，优化审批程序，取消省级商务主管部门负责的境内对外
经济技术展览会办展项目审批"。

在对展览业的"放管服"改革中，事前审批简化的必然趋势，使创新
监管模式、加强事中事后监管成为关键。监管的后移，对于市场监管部门来
说是严峻的挑战，要明晰监管职责、创新监管方式、善于总结提高，才能更
快、更好地适应加强事中事后监管的新常态、新要求。

1. 明晰职责，提高效能

展览业的监管涉及多个政府职能部门，要坚持"谁主管、谁负责"的
原则，结合权利清单的梳理，明晰各职能部门的监管职责，提高监管效能。
综观展览业的各项监管工作，市场监管部门主要肩负打击商标侵权、严打广
告违法、加强质量监管和维护消费者权益四个监管职责。

（1）打击商标侵权

商标权作为知识产权之一，在展览会中的商标权保护和打击侵权行为是
市场监管部门和参展企业的关注重点，亦是展览业投诉举报的"重灾区"。
根据第 121 届广交会官方数据，投诉接待站共受理知识产权投诉案件 476
宗，595 家参展企业被投诉，315 家企业最终被认定为涉嫌侵权。[①] 市场监
管部门在对展览业的监管中，要注重保护展览会的商标权、注重参展展品的
商标权监管、注重打击展会宣传的侵犯商标权行为、注重 2013 年新修订
《中华人民共和国商标法》对"驰名商标"在展会宣传上做出的特别规定以
及注重参展企业商标的服务宣传。

（2）严打广告违法

对展览业广告的监管，主要源于展览业与广告之间的密切关系，亦是展
览业广告效应较其他行业大的缘故。一方面，展览活动自身具有巨大的广告
效应，吸引众多企业参展，利用展览会平台做广告宣传；另一方面，展览活
动需要宣传与推广，其中涉及利用各种宣传媒介进行广告宣传。市场监管部

---

① 数据来源：中国进出口商品交易会，《第 121 届广交会召开闭幕新闻发布会》。

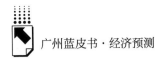

门作为广告宣传行为的专门监督机构，主要围绕广告内容的合法性、广告内容的真实性和特殊商品广告的发布准则进行监管。

（3）加强质量监管

机构改革后，重新整合的市场监管部门被赋予了领域更广的质量技术监管职能，除保持原有的参展商品质量监管外，还新增了对展馆内特种设备的监管。一是参展商品的质量保障。市场监管部门在现场驻点，采取"定向抽检"（针对消费者投诉较多的产品）和"随机抽检"相结合的方式对展品进行监督检查，对抽检不合格和未能提供合格证明的参展商品一律采取立即下架和已售出商品召回处理措施。二是展馆内特种设备的质量监管。展览馆设施的智能化和信息化是展览业发展的必然趋势，其中作为特种设备之一的电梯在场馆内的使用尤为频繁和广泛，市场监管部门要按照规定定期对展馆内的特种设备进行检查，尤其在展会举办期间要加强监管，对不合格的特种设备管理单位责令整改、严惩不贷。

（4）维护消费者权益

在展览会举办过程中，涉及消费者权益保护的主要是对展览会参展企业与观众之间合同关系以外消费关系的保护，即消费维权。市场监管部门在维护展览会消费者权益的过程中，首先，要不断强化和完善展览会举办期间举报投诉处理和维权援助工作，不但要对侵权企业"杀一儆百"，还要对展览平台的连带责任作一定的震慑，展览平台要严格审核、管理参展企业，从源头上杜绝侵权事件的发生。同时，对侵权较为集中的预付款问题、不提供消费凭证问题、消费凭证和告示中的格式条款问题等，要在检查巡查过程中主动消除，防患于未然，对情节严重者进行立案处理，并通过各种媒介向参会的消费者宣传普及相关知识，使其在利益受损时保有相关证据以维护自身的合法权益。最后，要畅通展览会后消费者维权的渠道，借助12345政府服务热线、12315消费者热线和各市场监管部门的消费投诉平台，为展览会消费者提供与展览会期间相同的消费维权援助。

2.创新方式，抓早抓小

长期以来，事前监管的模式主要体现在监管部门的静态式、被动式、运动式监管，无法防范"市场失灵"，亦没有依法主动履行日常监管职责。如今的"公正监管"则要求监管部门彻底颠覆之前的监管模式，创新方式方法，变静态监管为动态监管，化被动监管为主动监管，转运动式监管为日常监管。创新的监管模式主要包括信用监管、信息化监管和社会化监管。

（1）信用监管

信用经济是市场经济的本质，为实现更好的市场监管效果，应采取信用约束和行政处罚的联动。市场监管部门把对各展览会保护商标权、打击广告违法、开展质量监管和维护消费者权益等的监管和执法信息纳入信用监管整体体系中，完善覆盖展览场馆、办展机构和参展企业的诚信体系，建立办展和参展企业的电子档案，利用大数据分析筛查统计，形成系统的诚信评分标准，从而更好地保护诚信度高的企业，抬高曾有不诚信记录企业的办展、参展门槛，加强对其办展、参展期间的重点监督，对有多次不诚信记录的企业按照诚信评分的高低采取短期、长期或永久不得参展，甚至列入经营异常名录、吊销营业执照的惩罚性措施，以此作为"守合同重信用"企业评选的重要考量因素，并在企业信息公示平台、大众媒体上予以公示，以挤压不诚信企业的生存空间，形成"一时一事一处违法，处处受限"的联合惩戒机制，倒逼展览场馆、办展机构和参展企业诚信办展、诚信参展、诚信经营。

（2）信息化监管

展览业的发展离不开"互联网＋"，监管部门同样也要建立"互联网＋监管"的"以网管网"模式，实施信息化动态监管。积极利用大数据、云计算、物联网等信息化手段，降低监管成本，节省监管人力，提升监管效能，建立全覆盖、动态化、连续性的网络监管平台，提高监管的实效性、准确性、透明性。建立通过企业名称、营业执照注册号/统一社会信用代码、法定代表人或负责人、法定代表人身份证号码等信息，即可查询企业的注册基本信息、诚信信息、违法信息、警示信息和诚信综合评分等内容的网络信息监管平台，并尝试实现与商务部"展览业管理信息系统"的互联互通或数据共享，以达到资源共享、各职能部门联合监管之效。

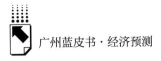

（3）社会化监管

政府各职能部门碍于人力资源、物力资源等的局限性，监管不可避免地存在一定的疏漏，要充分调动社会的各方力量，变政府唱"独角戏"为汇聚社会合力的"大合唱"，畅通投诉举报渠道，发挥公众和舆论监督作用，织就监督的"天网"，使展览业中的违法违规行为无处遁形。

3. 善于总结，致力提高

每年对辖区内所举办的展览会，尤其是品牌效应较好的大型展览会的规模和效果进行调查、分析、总结，重点了解、统计展览会的数量和面积、参展商的数量和质量、专业观众的数量和评价、场馆的现场管理和服务工作、对配套服务的满意度、监管中发现的违法违规行为等数据，在必要时引入第三方评估，在分析总结的过程中致力提高，为来年提高办展质量、更好地公正监管、切实优化服务提供可操作性的改善建议，从而推动展览业的可持续健康发展。

（三）优化服务，助推跨越发展

2016 年以来，海珠区政府加大了对展览业的扶持力度和优惠政策的倾斜。无论是专门支持展览业蓬勃发展的《广州市海珠区扶持会展业发展实施方案》，还是《广州市海珠区科技企业孵化器和创新园区认定与扶持办法》中明确提出的"重点支持高新技术领域及数字会展、电子商务、互联网金融、移动互联网、大数据应用、数字新媒体、海洋生物医药等新业态的孵化器和创新园区建设"，对于展览业发展而言都是不可多得的契机。作为市场监管部门，已不能仅仅停留在监管执法的层面，更要致力于服务经济发展，积极主动地投身展览业发展变革，在遵循政策和法规的前提下把职责向繁荣展览业延伸。

1. 以"引进来＋本土培养"为突破口，推动展览业品牌升级再跨越

要实现展览业品牌升级的再跨越，离不开展览企业的发展壮大，市场监管部门在展览企业进驻和招商引资上，可施以"引进来＋本土培养"的措施。一方面，健全和完善市场准入机制，梳理筛选国内外知名会展集团及品

牌展会，建立招商目标库，借助各项优惠政策的落地实施和地域优势有计划、分步骤地招揽成熟的、大型的、国际性的展览企业来广州市设立区域总部或办展机构，同时加强与欧美等发达国家展览业界的交流合作，积极引进国际知名展览品牌和配套服务企业来穗办展或与本土企业合作经营，携以先进的技术和理念带动展览业的快速发展和品牌化、专业化的迅速提高；另一方面，按照政府规划，对现有的基础良好、与本地产业吻合、具有发展前景的展览会和企业，有意识地进行培育或扶持，引导其落户科技企业孵化器和创新园区、展览馆辐射区域，以展览企业集聚发展、优势互补、良性竞争的模式助推本土展览和企业快速成熟壮大。

2.以全产业链优化为重点，推动展览业综合配套再迈进

优化展览业全产业链，要强化辐射带动和综合服务功能。政府在场馆及周边用地规划上进行合理再配置，规划好展览馆、专业场馆功能和布局，推进展览产业链各要素优化升级。市场监管部门在招商引资和企业"落户"上有意识地引导提升展览业综合配套的档次和密度，大力补充餐饮、酒店、购物及交通服务、展前服务（展览研发、设计、广告、装修、轮候、报关、检验等）和展后服务（国际贸易及金融保险、结算和物流功能等）。

参考中大布匹市场管理委员会的设立和运营模式，探索设立琶洲展览业管理委员会，负责统筹协调琶洲辖内各展览场馆和展览企业的各项事宜，研究制定符合琶洲地区现实情况的展览业产业规划、发展策略和管理措施，及时有效协调解决展览业发展中遇到的困难和问题，并提供全方位、一站式服务，为政府减少行政干预、彻底简政放权夯实基础。

3.以"互联网+展览"为着力点，推动展览业信息化再升级

目前，琶洲互联网创新集聚区进入实质性建设阶段，复星、腾讯、阿里巴巴、唯品会、小米、欢聚时代、环球、科大讯飞、国美、康美药业、鹏润云端等11个项目已动工建设。2017年，海珠区将聚力琶洲开发建设，把琶洲互联网创新集聚区打造成为科技创新价值创造的引领区，成为"中国硅谷"，聚焦互联网服务、新兴信息技术、人工智能等产业，抢占产业链、价

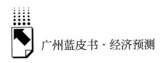
值链的核心环节。①

琶洲地区互联网创新集聚区的建设和互联网巨头的进驻，将为"互联网＋展览"注入无限的发展动力，是海珠区较于其他地区、城市得天独厚的优势。要充分利用此优势，由政府积极"牵线"，展览企业主动"出击"，互联网企业互利合作，大力推动移动互联网、大数据、云计算、物联网、众筹、工业智能等新兴技术和商业模式在展览业中的运用，开发垂直行业门户网站群和展览电子商务平台，做到"办好一个网站、开好一个微信公众号、建设好一个手机 APP"的精细化管理，取得线上"虚拟展会"和线下"面对面交易会"虚实互补的新展览业态、移动互联网在展览项目运营中的全面运用、智慧展览推动展览业硬件软件全面升级三个方面的突破，从而推动"互联网＋展览"的深度结合、高度融合再升级。

4. 以人才队伍建设为动力点，推动"人才强展"再发力

邓小平曾经提出"人才是第一生产力"；2013 年 10 月，习近平总书记也再次重申了人才的重要性，要"秉持科技是第一生产力，人才是第一资源理念"。展览业的发展，归根结底要以展览业人才作为动力点。"人才强展"不单要注重展览业人才的引培，还要积极建设专业化的监管队伍。

（1）多层次、多元化的人才引培

一方面，切实落实展览业优秀人才在入户、住房和子女随迁入学等方面的支持和鼓励政策，引入全国性乃至全球性的展览策划、管理、营销、服务方面的高端人才，使先进的展览业理念和技术"落地生根"；另一方面，建立与高校展览对口专业无缝对接的人才培养和培训体系，彻底扭转高校培养人才与展览业实际需求不相适应的"招工难"与"就业难"并存的畸形业态，构建展览业各层次的人才储备。

（2）建设专业化展览业市场监管队伍

随着展览业的信息化、智能化和全产业链的延伸、发展，展览业态的市

---

① 资料来源：中国广州政府：《海珠区 2017 年政府工作报告》。

场监管亦日益复杂化,对监管队伍提出了更高的要求。在"新常态"下,不断提升基层执法人员的知识水平和操作技能,建设一支知识型、专业型、技术型、服务型相结合的复合型市场监管队伍尤为迫切,从而逐步实现展览业监管的常态化和长效化,更好地、更迅速地应对"互联网+展览"和展览业全产业链发展的新挑战。

B.9
行业调速换挡背景下
广州快递业发展研究

李美景*

摘　要： 快递业作为现代服务业的重要组成部分，是广州的优势产业。2017年以来全国快递业呈现业务量增速放缓的调速换挡趋势。本文通过对广州市快递业重点企业和邮政管理部门进行调查研究，认为在行业整体减速背景下广州快递业业务量增速有所减缓，发展存在增长动能不足、行业发展粗放、"最后一公里"通行投递难以及业务收入和业务量不匹配等问题。本文提出发展跨境电子商务、培育快递业总部企业等促进快递业发展的建议。

关键词： 快递业　调速换挡　电子商务　总部经济　广州

在经济发展新常态下，快递业作为现代服务业的重要组成部分，已成为带动经济增长的重要助推器。2017年以来，全国快递业呈现业务量增速放缓趋势。为了解在此背景下广州快递服务业的发展情况，国家统计局广州调查队对邮政主管部门和5家快递业重点企业开展专项调研。调研结果显示：广州快递业业务量增速有所减缓，同时快递行业存在增长动能不足、行业发展粗放、"最后一公里"通行投递难以及业务收入和业务量不匹配等问题。

---

* 李美景，国家统计局广州调查队副主任科员，经济师，主要研究方向：小微企业调查、企业创新。

本文提出发展跨境电子商务、培育快递业总部企业、提升快递服务供给质量等促进快递业发展升级的建议。

一 快递业业务增长基本情况

（一）全国快递业发展调速换挡趋势明显

2017 年 1～5 月，全国快递服务企业业务量累计完成 139.1 亿件，[①] 同比增长 30.3%；业务收入累计完成 1761.3 亿元，同比增长 26.7%。业务量增速同比下降 26.4 个百分点，业务收入增速同比下降 16.8 个百分点。从近五年业务量增长情况来看，除了 2016 年同期增速出现回升外，2013～2017 年同期增速总体呈下滑趋势。

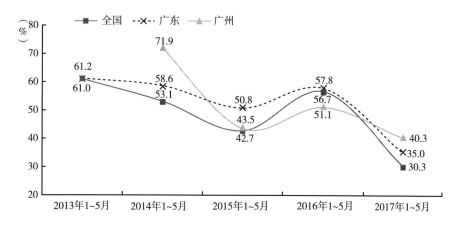

图1 全国、广东省、广州市快递业业务量增速变动情况

（二）广州快递业务量增速有所减缓

1. 增速减缓幅度相对较小

2017 年 1～5 月，广州快递业务量继续保持全国各城市第一，业务量累

---

① 快递业行业发展数据均来自各级邮政管理部门。

计完成13.7亿件，同比增长40.3%，增速同比下降10.8个百分点。从近年来看，2017年1~5月业务量增速最低。从2016年全国快递业务量排名前5名的城市（广州、上海、深圳、北京、杭州）来看，2017年1~5月这五大城市业务量增速比上年同期增速平均下降26.2个百分点，上海快递业务量增速降幅最大，降低37.3个百分点，广州下降幅度最小，降低10.8个百分点，且广州增速高于其他城市。在全国快递业增速明显放缓趋势下，广州快递业仍维持相对较快增势。

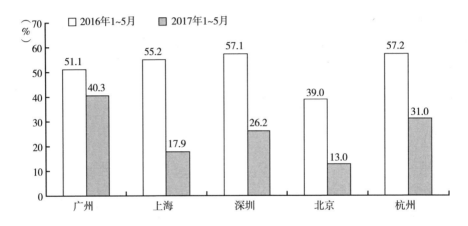

图2　全国主要城市快递业业务量增速变动情况

2. 同城快递业务量增势快

从业务结构来看，广州同城快递业务增速加快，而异地快递和国际/港澳台快递业务量增速均有所下降。快递业同城业务量累计完成3.2亿件，同比增长42.3%；异地业务量累计完成10.3亿件，同比增长40.2%；国际/港澳台业务量累计完成2510.6万件，同比增长20.7%。与上年同期增速比，同城业务增速上升33.3个百分点，异地业务下降31.7个百分点，国际/港澳台业务下降13.7个百分点。

3. 加盟制企业业务量增速降幅大

从调研企业来看，5家快递企业2017年1~5月业务量合计6.1亿件，占广州市快递业务总量的44.5%，业务量合计同比增长13.9%，增速同比下降30.8个百分点，降幅大于全市快递业。从运营模式分析，调研企业中3家加盟制快递企业的业务总量增速从2016年1~5月的50.0%放缓到2017年同期的14.1%，下降35.9个百分点，增速降幅大；而2家直营制快递企业的业务总量增速下降8.5个百分点。

二 广州快递业发展的问题分析

虽然广州快递业在全国行业调速换挡背景下仍保持较高增速，且减缓幅度较小，但快递业增长放缓的趋势性因素以及一些行业性问题也在广州存在，并且广州快递业发展存在一些自身的短板。

（一）高基数效应下支撑行业高速增长的动能不足

1. 高基数效应下高速增长难度加大

调研企业认为在快递业务规模已经非常巨大的情况下，快递业务再保持高速增长的困难不断加大。2011~2016年我国快递业务量从36.7亿件增长到312.8亿件，年均增长率超过50%。2016年我国快递业务量增量超过百亿件，业务量规模继续稳居世界首位，在全球占比已超过四成。以广州为例，2017年全年每增长1个百分点相当于增加近3000万件的业务量，是2016年的1.5倍，因而增长难度更大。

2. 上游行业增速下降的传导效应初显

电子商务是快递业的上游行业，快递业对电子商务的依赖度不断提高。广州快递业中，2015年电子商务类快递件占比就已经达52%，部分企业电子商务类快件占比更高达90%。近年来，我国电子商务增长速度呈减缓趋势：2016年全国网络零售交易额为51556亿元，同比增长26.2%，增速比上年下降14.2个百分点。2014~2016年，网络零售交易额增速呈连续下降趋势。从广州来看，2016年限额以上网上商店零售额增长20.7%，比上年下降41.4个百分点，2017年1~5月限额以上网上商店零售额增速仅为17.8%。调研企业认为电子商务发展趋缓、市场需求日益饱和导致快递业增速放缓。

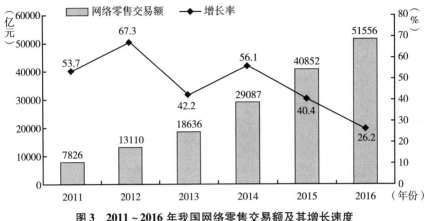

图3　2011~2016年我国网络零售交易额及其增长速度

（二）粗放的行业发展模式渐入瓶颈期

调研企业认为粗放的行业发展模式、低质的竞争模式妨碍企业和行业的健康、持续发展。首先，为了迅速占领市场，近年来以"三通一达"[①] 为代表的企业采用加盟制运营模式扩大业务，迅速增加了快递营业网点密度，提升了快递服务能力，但随着业务规模不断增大，管理缺乏规范、服务质量难以保证等问题不断凸显。在此背景下，加盟制快递企业业务量增速下降问题相对突出。其次，低价竞争策略的市场效应递减。快递企业的主要客户为协议客户，在激烈竞争下，快递企业议价能力较低，往往采取以低价换取业务量，快递平均单价不断降低。2016年全国快递平均单价为12.7元，比2012年的18.6元下降了近6.1元。但随着市场需求增长趋缓，低价策略已不能大幅提升业务量，且在成本增加的情况下，降价空间已经不大，而影响更为深远的是：低价竞争，服务质量无法提升，快递营业网点经营压力较大，甚至个别网点由于亏损而停业，导致快递件无法投递的现象时有发生。

（三）"最后一公里"通行、投递难掣肘行业发展

影响快递业务量的因素除了市场需求之外，还有运输和投递环节的效

---

①　"三通一达"是指申通、圆通、中通与韵达快递公司。

率，其中快递"最后一公里"的末端投递是占快递成本最大的环节。末端通行难、投递难掣肘快递业务增长。一方面是快递电动用车使用的合法性现在仍处于"灰色"状态，缺乏制度保障，调研企业反映快递电动三轮车仍归于"五类车"管理范围，使企业在业务投入上有所疑虑，影响快件投递效率和服务质量；另一方面是"最后100米"投递难的问题，由于快递投递和居民上班的时间错位，末端重复投递的比重偏高，此外随着实行封闭式管理的大型社区越来越多，禁止快递车辆进入，使上门投递效率降低。

（四）业务收入和业务量不匹配，总部经济待加强

从2014年起，广州快递业务量一直位列全国各城市第一，但快递业务收入不到上海的一半，与深圳基本持平，业务量和业务收入不相匹配。究其原因，首先，广州在业务量结构上，国际/港澳台业务增速较低、占比较小。由于国际/港澳台快递件单价高，对整个快递收入具有拉高作用。2017年1~5月，广州快递业国际/港澳台业务量增速约只有同城业务量和异地业务量增速的一半，同时国际/港澳台快递业务量仅占总量的1.8%，占比低于上海和深圳。其次，在快递业总部经济上，广州本地企业较弱。总部企业收入是各主要城市快递业务收入的重要来源。全国快递业10个主要品牌中，上海聚集了"三通一达"等4家企业总部，深圳、杭州和北京各2家企业总部。与以上城市相比，广州还需努力培育快递业本土企业。

此外，广州快递发展存在区域不均衡，中心城区的快递网点密集程度明显高于外围城区。中心城区基本已达到快递网点全覆盖水平，但外围城区尚有较大面积区域为快递网点的空白地区。

三 促进广州市快递业转型发展的建议

综合供需两端来看，相对饱和的市场需求端同粗放发展的供给端之间的矛盾使快递业高速增长已难以为继。调研企业对快递业经营的展望均反映出谨慎乐观的态度，一方面认为随着"双十一"等网络销售高潮的到来，业

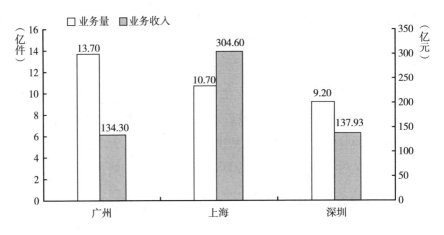

图4　2017年1～5月广州、上海、深圳业务量和业务收入

务量将呈不断上升趋势；另一方面，增速将不会超过前几年，且多数企业认为即使业务量提升，企业经营压力仍然很大。因此，快递业发展亟须从规模速度型向质量效益型转变，行业转型升级成为必然选择。

（一）政府引导，市场主导，解决"最后一公里"难题

1.解决快递用车通行问题

根据《国务院关于促进快递业发展的若干意见》（国发〔2015〕61号）文件精神，要求通过多项措施和办法鼓励和支持快递业的发展，其中一项是衔接综合交通体系，制定快递专用车辆系列标准，解决"最后一公里"通行难问题。2017年3月，《广州市非机动车和摩托车管理规定》已经由市人大表决通过，规定"邮政快递行业可以使用符合快递专用电动三轮车国家标准的电动三轮车在规定区域内从事社区配送服务"，但政策尚需落地实施。调研企业建议出台专门管理办法，对快递电动三轮车实行统一标识管理，统一到相关管理部门备案，发放特定牌照；快递员信息采集备案，统一标志服，持证上岗上路。

2.提升末端投递效率

引导企业以智能快递柜等形式提供平台化快递收寄交互业务，鼓励企业

通过适宜的商业模式实现末端投递资源开放、共享，降低重复投递率，让企业和居民受惠。鼓励企业在大型小区、学校等封闭式社区中试点建立共同配送点（中心），降低企业投递成本，提升末端投递的效率。

（二）促进电子商务发展，为快递业发展注入持续动能

（1）推动跨境电子商务发展。国际/港澳台快递业务量增速低，占比小，是广州快递业务增长的短板，但也是增长潜力所在。广州快递业发展应该抓住"一带一路"建设和南沙自贸区建设两大机遇，推进中国（广州）跨境电子商务综合试验区建设，培育发展垂直跨境电商平台，建设跨境电子商务聚集区；鼓励快递企业积极拓展国际快递网络，探索建立配送海外仓，加强国际运力能力，促进跨境电子商务与快递服务的联动发展。

（2）推进"电商下乡"和"快递下乡"。"快递下乡"已经连续两年被写入中央一号文件，备受国家关注。推进"快递下乡"与"电商下乡"紧密合作、互动发展。调研企业建议推动城乡快递末端公共服务平台体系建设，在农村地区依托邮政普服网点，构建覆盖城乡的快递服务体系，提升农村快递末端服务水平。

（3）加强快递业企业总部经济建设。吸引民营快递全国总部、区域性总部、功能总部在广州集聚落地。在现有总部经济引进政策基础上，在用地保障、人才政策、总部集聚区基础设施、配套产业等方面出台适应快递企业总部的针对性扶持政策。

（三）加强行业规范和管理，促进行业良性发展

快递企业发展水平参差不齐，企业对各种事故发生的防范力度较弱，某些快递企业违法违规经营、不正当竞争现象时有发生，严重扰乱市场秩序。同时，快递行业涉及多头管理，监管不到位，难以对其服务质量和安全生产进行有效管理。调研企业希望邮政行政主管部门、市场监督管理部门不断完善管理体制和行业管理政策，加大监管执法力度，及时有效处理业务投诉，引导企业守法诚信经营，营造规范有序的市场环境，解决快递业企业服务意

识差、法律意识弱、收费标准随意等问题；积极引导辖区快递经营户加强行业自律，引导快递企业坚持以诚信为经营宗旨，做到主动遵守服务承诺，避免快递企业间的恶性竞争。

（四）提升快递服务供给质量，丰富服务种类和层次

随着快递业发展呈现的新趋势，一些快递业企业已经意识到粗放发展带来的问题。2017年5月，申通、中通等民营快递企业发布《关于全网派费调整的通知》，将派件费用上调0.15元/单，这将有利于稳定快递网点的经营，提高基层快递员收入，提升服务质量。政府也应鼓励快递企业着眼于做大做强做优寄递服务供给，注重延伸服务链条，在保持与电子商务紧密联动的基础上，努力从单纯业务承接向服务上游业务和提供增值服务的方向升级，拓展个性化、专业化、差异化、一站式寄递服务，加速电商快递化、物流快递化等趋势的形成；快递企业应拓宽服务领域，拓展与政务、民生、社区、传媒、金融、信息、保险、教育等产业的协同空间，实现服务品种多元化；提升服务能力，推进快递业与交通运输在信息、标准、设施、业务等领域的有效衔接和深度融合，加强与配送、零担运输、快运等产业的互动互融，进一步提升运营效能。促使企业在竞争中加速学习成长，使企业逐步从单一的价格竞争向服务质量、服务内涵竞争发展。

B.10
广州市住宿餐饮业转型升级的对策研究

广州市统计局贸易外经处课题组*

摘　要： 本文分析了近三年广州市住宿餐饮业发展现状与特点，以及稳步发展的因素，指出目前所存在的问题，并提出相应的对策建议。

关键词： 住宿餐饮业　企业经营　竞争力　广州

2013 年以来，在错综复杂的国内外经济形势和经济下行压力下，广州市深入贯彻落实中央稳增长、促消费的政策措施，积极推进供给侧结构性改革，住宿餐饮业在扩大内需、繁荣市场、增加就业、改善民生、增强城市竞争力等方面不断发挥积极作用。本文根据第三次全国经济普查以及有关年度统计资料，分析 2013 ~ 2016 年广州市住宿餐饮业的发展现状、存在问题，并提出对策建议。

一　广州市住宿餐饮业的发展现状与特点

（一）单位数量、企业资产增长近三成，私营企业个数占七成以上

近年来，在广州市经济稳定发展以及市民消费能力增强、旅游业发展、

---

* 课题组成员：钟炳基，广州市统计局贸易外经统计处副处长；梁树佳，广州市统计局贸易外经统计处科长。执笔：梁树佳。

商事登记制度改革等因素的带动下，2016 年广州市住宿餐饮业单位数量、企业资产比 2013 年增长近三成。2016 年末，广州市住宿餐饮业法人和产业活动单位数达 1.47 万个，比 2013 年增加 3339 个，增长 29.4%。其中，法人单位数 6501 个，增加 1613 个，增长 33.0%；产业活动单位数 8235 个，增加 1726 个，增长 26.5%。

2016 年，广州市住宿餐饮业法人单位数中，内资企业 6215 个，外资企业 286 个，分别比 2013 年增长 33.2% 和 29.4%，占比分别为 95.6% 和 4.4%，与 2013 年基本持平。其中，私营企业法人单位数达 4940 个，比 2013 年增加 1316 个，增长 36.3%，所占比重由 2013 年的 74.2% 提高至 76.0%，上升 1.8 个百分点（见表1）。上述数据表明，广州市住宿餐饮业的内资企业在行业中继续居主体地位，私营企业单位数占最大比重。

表 1　2016 年广州市住宿餐饮业法人单位数情况

项　目	法人单位数（个）	比2013年增长（%）	比重（%）	比重比2013年增减（百分点）
合　计	6501	33.0	100.0	—
内资	6215	33.2	95.6	0.1
国有	158	−3.1	2.4	−0.9
集体	75	2.7	1.2	−0.3
股份合作	226	−8.1	3.5	−1.6
联营企业	12	−36.8	0.2	−0.2
有限责任公司	608	56.3	9.4	1.4
股份有限公司	47	30.6	0.7	0
私营企业	4940	36.3	76.0	1.8
其他	149	27.4	2.3	−0.1
外资	286	29.4	4.4	−0.1
中国港、澳、台商投资企业	168	23.5	2.6	−0.2
外商投资企业	118	38.8	1.8	0.1

2016 年，广州市限额以上住宿餐饮业企业资产总计 637.43 亿元，比 2013 年增长 28.6%。其中，住宿业企业 440.56 亿元，餐饮业企业 196.86 亿元，分别比 2013 年增长 24.2% 和 39.9%。

（二）从业人员以私营、个体和其他人员为主体，年均工资增长较快

2016 年末，广州市住宿餐饮业全社会从业人员 51.09 万人，比 2013 年增长 13.3%，年均增长 4.3%，占全市全社会从业人员的 6.1%，比 2013 年（占比 5.9%）提高 0.2 个百分点。其中，私营、个体和其他从业人员 40.53 万人，比 2013 年增长 18.5%；城镇非私营单位从业人员 10.56 万人，比 2013 年下降 3.0%。

2016 年，广州市住宿餐饮业城镇非私营单位在岗职工年平均工资为 5.51 万元，其中住宿业为 6.01 万元，餐饮业为 5.16 万元，分别比 2013 年增长 33.7%、29.3% 和 40.6%，增速比全市城镇非私营单位在岗职工年平均工资（增长 27.8%）分别高出 5.9 个、1.5 个和 12.8 个百分点。

（三）营业额稳定增长和企业税负明显降低，但经营效益喜忧参半

2016 年，广州市住宿餐饮业营业额 1352.65 亿元，比 2013 年增长 13.9%。其中，住宿业 239.74 亿元，餐饮业 1112.91 亿元，分别比 2013 年增长 10.3% 和 14.7%。

由于实施"营改增"改革，进一步降低企业税负，广州市住宿餐饮业税收收入下降。根据广州市税务部门税收收入统计，2016 年，广州住宿餐饮业税收收入 27.68 亿元，其中住宿业税收收入 10.89 亿元，餐饮业税收收入 16.79 亿元，分别比 2013 年下降 18.0%、17.2% 和 18.5%。2016 年广州住宿餐饮业的营业税和国内增值税合计为 14.84 亿元，与 2013 年相比下降 32.9%。

近年来，广州市餐饮业效益良好，住宿业效益下降，住宿餐饮业总体经营效益喜忧参半。2016 年，全市限额以上餐饮业营业收入 279.96 亿元，营业利润 11.49 亿元，利润总额 11.63 亿元，分别比 2013 年增长 15.7%、40.8% 和 42.2%；利润率由 2013 年的 3.38% 上升至 4.15%，提高 0.77

个百分点。2016 年，全市限额以上住宿业营业收入 150.07 亿元，营业利润 4.93 亿元，利润总额 5.60 亿元，分别比 2013 年下降 0.8%、48.0% 和 48.8%；利润率由 2013 年的 7.23% 降至 3.73%，减少 3.50 个百分点。住宿业效益下降，致使近年来广州市住宿餐饮业总体经营效益出现下降（见表 2）。

表 2　2016 年广州市限额以上住宿和餐饮业法人企业财务状况

项　　目	营业收入（万元）	主营业务收入（万元）	主营业务税金及附加（万元）	利润总额（万元）	利润率（%）
2016 年实绩					
住宿和餐饮业	4300262	4277333	100912	172240	4.01
住宿业	1500709	1485233	38817	55976	3.73
餐饮业	2799553	2792100	62095	116264	4.15
比 2013 年增减					
住宿和餐饮业（%）	9.4	9.6	-50.8	-9.9	-0.85
住宿业（个百分点）	-0.8	-0.3	-49.3	-48.8	-3.5
餐饮业（个百分点）	15.7	15.7	-51.8	42.2	0.77

（四）宾馆（酒店）客户开房率六成以上，旅游饭店占限额以上住宿业企业五成以上

近年来，广州市宾馆（酒店）接待能力稳定提高，为全市商务服务繁荣发展提供有力保障。2016 年，广州市有宾馆（酒店）3001 家，合计客房数 20.71 万间、床位数 30.88 万张，分别比 2013 年增长 4.0% 和 1.3%。客户开房率从 2013 年的 64.0% 上升至 65.7%，提高了 1.7 个百分点。

根据广州市限额以上住宿业法人企业统计，2016 年，广州市旅游饭店法人企业数、营业额占全部限额以上住宿业法人企业比重分别为 52.4% 和 79.2%，分别比一般旅馆所占比重高出 9.1 个、59.7 个百分点，这表明，旅游饭店仍是人们公务、旅游中的首选，在住宿业中继续占有重要地位；其

他住宿服务业法人企业数、营业额分别比 2013 年增长 47.1% 和 35.4%，增速较快（见表3）。

表3 2016 年广州市限额以上住宿业法人企业基本情况

项 目	法人企业数				营业额			
	个数（个）	比 2013 年增减（%）	比重（%）	比重比 2013 年增减（百分点）	金额（万元）	比 2013 年增减（%）	比重（%）	比重比 2013 年增减（百分点）
住宿业合计	571	6.5	100.0	—	1531478	-0.8	100.0	—
旅游饭店	299	-1.6	52.4	-4.4	1212553	-0.1	79.2	0.6
一般旅馆	247	14.9	43.3	3.1	297995	-5.4	19.5	-0.9
其他住宿服务业	25	47.1	4.4	1.2	20930	35.4	1.4	0.4

（五）快捷便利的餐饮消费增长较快，市场份额超过正餐

近年来，都市人生活节奏加快，餐饮消费追求快捷便利、个性化发展。据限额以上餐饮业法人企业统计，2016 年，全市正餐服务法人企业 851 个，营业额 138.98 亿元，分别比 2013 年下降 1.0% 和 1.4%，占限额以上餐饮业法人企业比重分别为 89.1% 和 48.1%；快餐服务法人企业 54 个，营业额 121.36 亿元，分别比 2013 年增长 14.9% 和 31.0%；饮料及冷饮服务法人企业 21 个，营业额 20.92 亿元，分别比 2013 年增长 10.5% 和 107%；其他餐饮服务法人企业 29 个，营业额 7.57 亿元，分别比 2013 年增长 38.1% 和 88.9%。快餐服务、饮料及冷饮服务、其他餐饮服务三类营业额合计占全市限上餐饮业法人企业营业额比重为 51.9%，超过正餐份额（占48.1%）。快餐服务、饮料及冷饮服务、其他餐饮服务的快速发展，得益于人们生活水平的不断提高和休闲意识的增强，由此带动了快餐店、茶馆、咖啡馆、酒吧等的餐饮服务增长。

（六）连锁直营店扩张快，加盟店持续萎缩

连锁经营是现代商贸经济极具活力的经营方式。近几年，广州市连

锁住宿餐饮业直营店扩张快，加盟店持续萎缩。2016 年，广州市限额以上住宿餐饮业连锁总店 30 个，比 2013 年下降 3.2%；连锁门店数 2248 个，比 2013 年增长 25.2%，其中，直营店数增长 36.3%，加盟店数下降 96.7%；从业人员 4.68 万人，比 2013 年下降 37.4%；实现营业额 162.65 亿元，零售额 150.32 亿元，分别比 2013 年增长 27.1% 和 32.2%（见表 4）。

表 4　2016 年限额以上住宿餐饮业连锁店（公司）基本情况

项目	连锁总店（个）	连锁门店（个）	直营店（个）	加盟店（个）	营业面积（平方米）	从业人数（人）	营业总收入（万元）	其中:零售额（万元）
2016 年实绩								
住宿餐饮业	30	2248	2243	5	609599	46751	1626536	1503191
住宿业	7	151	151	0	2482	2067	123618	1017
餐饮业	23	2097	2092	5	607117	44684	1502918	1502174
比 2013 年增减(%)								
住宿餐饮业	-3.2	25.2	36.3	-96.7	22.5	-37.4	27.1	32.2
住宿业	40	-41.9	-16.6	-100	-61.6	-57.5	-14.3	-59.8
餐饮业	-11.5	36.5	42.8	-93	23.6	-36	32.3	32.4

（七）住宿餐饮业网上订单服务飞速发展，市场份额不断提高

随着"互联网＋"应用深入各行各业，住宿餐饮业使用网上订单渐成趋势。从表 5 来看，2016 年，广州市限额以上住宿餐饮业客房收入、餐费收入分别比 2014 年增长 2.6%、14.3%，其中，通过公共网络实现的客房收入、餐费收入分别猛增 60.7% 和 122.3%；广州市限额以上住宿餐饮业通过公共网络实现的客房收入占限额以上住宿餐饮业客房收入比重由 2014 年的 2.97% 上升至 2016 年 5.22%，提高了 2.25 个百分点；限额以上住宿餐饮业通过公共网络实现的餐费收入占限额以上住宿餐饮业餐费收入比重由 2014 年的 0.69% 上升至 2016 年 1.36%，提高了 0.67 个百分点（见表 5）。

表5　2016年广州市限额以上住宿餐饮业营业收入情况

项　　目	2016年实绩(万元)	比2014年增速(%)
营业额	4984394	11.2
客房收入	1059432	2.6
其中:通过公共网络实现的客房收入	55301	60.7
其中:限额以上法人通过公共网络实现的客房收入	55297	60.7
餐费收入	3599865	14.3
其中:通过公共网络实现的餐费收入	48968	122.3
其中:限额以上法人通过公共网络实现的客房收入	47486	129.3

（八）新城区住宿餐饮业法人单位数发展迅速

近年来，随着新城区经济持续发展、经济总量不断增强以及城市化进程加快，增城、黄埔、番禺、天河等地区的住宿餐饮业法人单位数2016年比2013年增长均超过五成，花都、白云、南沙区增长超过三成（见表6）。2016年，番禺、海珠、天河、白云、越秀和荔湾6个区的住宿餐饮业营业额占全市比重居前6位，分别为17.8%、14.0%、13.5%、13.4%、11.7%和6.2%。

表6　2016年广州市住宿餐饮业分地区情况

项　　目	法人单位数				营业额			
	个数(个)	比2013年增减(%)	比重(%)	比重比2013年增减(个百分点)	金额(万元)	比2013年增减(%)	比重(%)	比重比2013年增减(个百分点)
全　市	6501	33.3	100.0	—	13526503	13.9	100.0	—
荔湾区	514	15.2	7.9	-1.2	842814	59.3	6.2	1.8
越秀区	1275	19.7	19.6	-2.2	1579815	-30.1	11.7	-7.4
海珠区	891	11.2	13.7	-2.7	1893142	30.3	14.0	1.8
天河区	1010	51.7	15.5	1.9	1831987	3.9	13.5	-1.3
白云区	800	39.1	12.3	0.5	1818032	25.3	13.4	1.2
黄埔区	249	54.7	3.8	0.5	453020	5.5	3.3	-0.3
番禺区	1037	54.5	16.0	2.2	2411177	23.4	17.8	1.4
花都区	309	33.8	4.8	0	833884	11.3	6.2	-0.1
南沙区	105	43.8	1.6	0.1	657348	72.2	4.9	1.6
从化区	106	-8.6	1.6	-0.7	401285	39.4	3.0	0.5
增城区	205	180.8	3.2	1.7	803999	29.9	5.9	0.7

二 广州市住宿餐饮业稳步发展的原因分析

(一)常住人口和居民收入的增长,提高了市民消费能力

近几年,广州市常住人口增速继续加快,2016 年末,广州市常住人口突破 1400 万人,达 1404.35 万人,比 2013 年增加 111.67 万人,增长 8.6%。另外,伴随着广州市经济增长,居民收入和消费水平稳步提高。2016 年,城市和农村居民人均全年可支配收入分别为 5.09 万元和 2.15 万元,比 2013 年分别增长 29.1% 和 33.9%。城市和农村居民人均全年消费支出分别为 3.84 万元和 1.76 万元,比 2013 年分别增长 25.0% 和 33.2%。广州市常住人口增加,居民收入和消费水平提高,直接对餐饮业形成强劲的消费能力,为广州市餐饮业的发展提供了基础条件。

(二)消费观念的更新,提高了居民饮食服务的消费支出

近几年,居民随着收入水平不断提高,生活节奏加快和消费观念更新,外出就餐、电话订餐送餐的现象不断增多,居民饮食消费逐步走向社会化和多样化。加之春节、"五一"、"十一"黄金周和其他节假日消费对住宿和餐饮业市场的拉动作用,广州市居民餐饮服务消费不断增加。2016 年,广州城市居民家庭人均饮食服务消费支出达到 4191.0 元,比 2014 年(3786.4元)、2015 年(3920.9 元)分别增加 404.6 元和 270.1 元,比 2013 年(4063.4 元)增加 127.6 元、增长 3.1%。

(三)旅游市场持续发展,拉动了住宿和餐饮市场

近年来,随着居民可支配收入的不断增加和假日经济兴旺,我国居民外出旅游的次数和消费额与日俱增,加之入境旅游人数增加,使广州市旅游市场呈现持续发展之势。2016 年,广州市城市接待国内外过夜旅游者人数5940.56 万人次,其中入境旅游者 861.87 万人次,境内旅游者 5078.69 万人

次，与 2013 年比分别增长 17.8%、12.2% 和 18.8%。全市旅游业总收入由 2013 年的 2202.39 亿元增加到 2016 年的 3217.05 亿元，增长 46.1%。其中餐饮收入 565.88 亿元，住宿收入 656.28 亿元，分别比 2013 年增长 67.7% 和 26.9%。旅游业的不断发展，有力地推动了住宿、餐饮业的发展。

（四）商事登记制度和"营改增"改革，促进住宿餐饮业稳步发展

自 2014 年 1 月 1 日起，广州市开展商事登记制度改革（广州市是全国首个全面实施这项改革的国家中心城市），实行"宽进严管"等政策，办理工商登记十分便利，工商登记的住宿和餐饮业企业及个体户快速增长。据工商局统计：2016 年，广州市住宿和餐饮业企业及个体户年末户数 11.10 万户，比 2013 年（5.79 万户）增长 91.7%。其中，住宿和餐饮业个体户年末户数 9.73 万户，比 2013 年增长 93.7%。2017 年 1~9 月，全市新登记住宿和餐饮业企业及个体户达 2.67 万户。

从 2016 年 5 月 1 日起，我国所有行业实施营业税改征增值税，实行"营改增"最大特点是减少重复征税，有利于企业降低税负。2017 年 1~9 月，广州市住宿和餐饮业营业额 1049.19 亿元，同比增长 6.2%，而住宿和餐饮业的营业税和增值税合计为 7.50 亿元，同比减少 5.06 亿元，下降 40.3%。"营改增"改革使企业降低税负，有利于住宿和餐饮业持续发展。

三　广州市住宿餐饮业存在的问题

（一）主要指标增速回落

主要表现在：一是住宿餐饮业营业额增速不断回落。近年来，广州市住宿餐饮业营业额的增速如下：2014 年为 6.1%，2015 年为 9.8%，2016 年为 8.3%；2017 年 1~11 月累计全市住宿餐饮业营业额 1305.23 亿元，同比增长 6.2%，增速呈现不断回落之势。二是住宿餐饮业零售额增速低于社会消

费品零售总额。2016 年，广州市住宿餐饮业零售额比 2013 年增长 20.5%，增速比全市社会消费品零售总额（增长 26.5%）低 6.0 个百分点。2016 年住宿餐饮业零售额占全市社会消费品零售总额比重为 12.4%，比 2013 年的比重（13.0%）低 0.6 个百分点，比重呈逐年下降之势。三是住宿餐饮业增加值增速慢于全市地区生产总值增长，所占比重有所下降。2016 年，广州市住宿餐饮业增加值占全市地区生产总值的比重，由 2013 年的 2.70% 下降至 2.18%，减少 0.52 个百分点。

（二）民营住宿餐饮业增速不断放缓

2016 年，广州市民营住宿餐饮业法人单位数 5713 个，比 2013 年增加 1252 个，增长 28.1%，增速比全市住宿餐饮业法人单位数增长率（33.0%）低 4.9 个百分点。2016 年全市民营住宿餐饮业零售额 926.63 亿元，2013～2016 年年平均增速为 10.7%。2016 年增速比 2013 年低 5.3 个百分点，增速呈不断放缓之势（见表 7）。

表 7　2013～2016 年广州市民营住宿餐饮企业零售额情况

年　份	零售额（亿元）	增速（%）
2013 年	735.16	13.6
2014 年	779.76	6.1
2015 年	855.96	9.8
2016 年	926.63	8.3
2013～2016 年平均增速	—	10.7

（三）住宿餐饮业固定资产投资额、新增固定资产、实际使用外资金额下降，发展后劲减弱

2016 年，广州市住宿餐饮业外商直接投资实际使用外资金额 2328 万美元，比 2013 年下降 46.4%。全市住宿餐饮业固定资产投资额 35.37 亿元，新增固定资产 21.99 亿元，比 2013 年分别下降 58.1% 和 65.9%，与全市固

定资产投资额、新增固定资产增速比较分别降低了86.1个和36.2个百分点。住宿餐饮业固定资产投资额占全市的比例由2013年的1.89%下降为0.62%，下降1.27个百分点；住宿餐饮业新增固定资产占全市的比例由2013年的2.10%下降为1.02%，下降1.08个百分点。

（四）住宿餐饮业人工偏低，不利于服务水平稳定提高

住宿餐饮企业作为传统的劳动密集型行业，近年来年平均工资偏低，人员流动性大，用工荒愈演愈烈，招人难，难招人，直接影响企业经营发展，也极不利于住宿餐饮业整体服务水准的稳定提高。2016年，广州市住宿餐饮业城镇非私营单位在岗职工年平均工资为5.51万元，在国民经济各行业中，比"垫底"的居民服务、修理和其他服务业（5.42万元）仅高出0.09万元，比全市城镇非私营单位在岗职工年平均工资（8.91万元）和批发零售业（7.53万元）分别少3.40万元和2.02万元，仅为全市和批发零售业的61.8%和73.2%。

（五）连锁住宿餐饮业企业数量仍不多、规模偏小

近年来，广州市连锁住宿餐饮业企业数量仍不多、规模偏小，在更加激烈的市场竞争中，连锁加盟店大幅减少，本地连锁企业对外拓展意愿不足、能力不强，连锁住宿业发展出现萎缩，广州市连锁企业经营规模偏小。2016年，广州市住宿餐饮业连锁公司营业额超亿元的企业只有13家，最大连锁公司营业额少于52亿元，规模偏小。

（六）新设立的住餐小微企业存活率偏低

据国家统计局广州调查队最近公布的，对抽取部分在2014年3~7月登记设立的小微企业（含个体经营户）开展为期三年跟踪调查的调查结果，受制于租金和人力成本上升，广州市新设立的住宿餐饮业小微企业一年存活率为92.9%，两年、三年存活率分别降至64.3%和54.8%，比全市各行业小微企业合计平均之两年、三年存活率（73.9%和63.2%）分别低9.6个

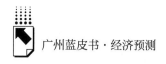
和8.4个百分点；住宿餐饮业小微企业第三年存活率，排各行业中"倒数第二位"，仅高于科学研究和技术服务业。

（七）地区分布不平衡，新区所占比重偏低

2016年，花都、增城、南沙、黄埔、从化5个区住宿餐饮业营业额依次列第7~11位。这5个区住宿餐饮业合计的法人单位数为974个，营业额为314.95亿元，比2013年分别增长48.9%和27.7%；占全市比重分别为15.0%和23.3%，比2013年分别上升了1.6个和2.5个百分点，但比重仍偏低。其中，花都住宿餐饮业营业额占全市比重仅为6.2%，南沙占4.9%，增城占5.9%，黄埔占3.3%，从化占3.0%。黄埔、花都区住宿餐饮业营业额2016年比2013年分别仅增长5.5%和11.3%（增速比全市平均增速分别慢8.4个和2.6个百分点），营业额占全市比重出现了下降。

（八）住宿业经营效益不理想

近几年，受国内外宏观经济形势影响，公务消费、商务消费、集团消费减少，影响了全市住宿业经营情况和企业效益。2016年与2013年比较，广州市接待国内外过夜旅游者人数增长17.8%，增速较全省（增长31.7%）慢了13.9个百分点；全市限额以上住宿业营业收入下降0.8%，营业利润下降48.0%，利润总额下降48.8%，营业利润率由2013年的6.37%降至3.32%（下降3.05个百分点），利润率由2013年的7.23%降至3.73%（下降3.50个百分点）。

四　进一步推进广州市住宿餐饮业转型升级的对策建议

（一）加强宏观规划和市场监管，优化行业发展环境

1. 加强宏观规划，引导行业有序发展

广州市应尽快制定完善科学合理的住宿业、餐饮业网点发展规则，为行

业科学发展做好规划指引和政策指引。制定住宿、餐饮业发展规划，要紧紧围绕广州作为国家重要中心城市、致力于构建枢纽型网络城市的新要求，充分发挥广州作为"千年商都"、全国重点旅游城市、第三大"中国最具竞争力会展城市"及处于粤港澳大湾区区位优势，擦亮"食在广州""住在广州"的名片，创造可持续发展的良好环境，促进住宿、餐饮网点布局和结构的优化，精心规划、打造各具岭南（广州）文化特色与现代商业特质的美食街（区），大力弘扬粤菜、研究粤菜、宣传粤菜，做大做优做强粤菜，把"食在广州"的品牌优势转化为产业发展优势，引导广州住宿、餐饮业健康有序地发展。

2. 依法加强监管，着力净化住宿餐饮市场环境

针对目前住宿餐饮市场秩序有待进一步改善的情况，广州市应在制定完善市场法规、行业管理规则、标准规范体系的同时，建立政府、行业协会齐抓共管和强化企业自律的监管机制，不断治理与改善市场秩序，以净化住宿餐饮业发展环境。

（二）创造独特品牌和企业文化，大力提高企业核心竞争力

1. 积极实施品牌竞争战略

品牌是企业经营的支柱。品牌竞争是住宿餐饮市场竞争的最高层次，广州住宿餐饮企业要想在激烈的市场竞争中获得持续的比较竞争优势，必须大力实施品牌竞争战略，打造企业核心竞争力。为此，广州市有关部门要积极推进住宿餐饮企业品牌竞争发展战略，引导企业大力提高住宿餐饮产品与服务的质量，积极树品牌、创品牌，培育一批大品牌、大企业，更好地带动行业整体水平的提高，做大做优做强广州住宿餐饮企业。

2. 创造独特的企业文化

广州住宿餐饮企业要做大做优做强，就应该重视创造独特的企业文化。目前，住宿餐饮企业文化已经越来越受到客人欢迎，创建独具特色的企业文化成为塑造企业形象与品牌的一个重要内容。"利润的一半是文化，文化也是生产力。"21世纪住宿餐饮企业的竞争日益体现在文化竞争上，

文化竞争是一种更高层次的竞争。一方面，要求赋予住宿餐饮企业的产品和服务一定的文化内涵、氛围；另一方面，在员工中构建一种共同的价值观，创造学习型组织，使强有力的组织文化全面渗透到企业的各项经营管理活动中。为此，广州市住宿餐饮企业要结合广州的城市形象与企业的历史传承，探索、创造自己独具特色的企业文化，以促进企业的经营管理实现质的飞跃。

（三）扶持培养发展一批"大、优、强"连锁企业

连锁经营是市场经济国家和地区普遍采用的一种科学、现代、成熟的商业经营方式，也是现代住宿餐饮业的发展方向。发展连锁住宿餐饮业必须实施规模化、集团化、股份化战略，要有重点地扶持、培养发展一批有实力的、可持续发展的"大、优、强"连锁企业，大力培育拥有自主知识产权、主业突出、品牌著名、核心竞争力强，初步具有国际竞争力的跨所有制、跨行业、跨地区乃至跨国经营的广州大型连锁企业集团。要鼓励本地连锁企业在继续发展直营连锁的同时，积极发展特许经营，走出广州积极开拓国内外市场。要引导企业加强管理和依靠科技进步，提高创新能力，大力提高连锁企业经营标准化、专业化、规范化水平。引导企业实施"科技兴商"，应用现代科学技术手段，特别是计算机信息管理系统、网络信息化技术和电子商务等，为客户服务。引导连锁企业重视学习国内外先进的经营管理经验、经营模式和管理技术，苦练内功，大力提升经营规范化水平和企业竞争力。

（四）加强人才队伍建设，提高从业人员素质，全面提升经营管理和服务技术水平

人才是住宿餐饮业发展的第一资源。广州住宿餐饮业要持续快速发展，就政府层面而言，必须采取切实有效的政策、措施，加大人才队伍建设力度，抓紧引进、培养和造就一大批熟悉现代市场规则、方式、管理及技术的高素质经营人才和专业人才，尤其是高素质的企业家。就企业层面而言，优

质人才资源是企业建立竞争优势，抢占市场份额，确保持续发展的重要因素。为此，广州住宿餐饮企业要强化人才意识，做好员工的培训工作，全面提高管理者管理水平和员工服务意识、服务水平，并针对目前广州住宿餐饮从业人员薪酬相对较低情况而适当提高员工薪酬水平，以留住人才、招来人才，为住宿餐饮企业持续健康发展奠定基础和增强发展后劲。

财政税收篇

Fiscal Revenue and Tax

B.11

风险导向下"营改增"后的建筑服务
行业税收管理模式研究

广州市国家税务局课题组*

摘　要：　建筑行业跨地区提供建筑服务如何开展有效征收管理一直
　　　　　是税务机关关注的难点，由于建筑行业本身特点（如周期
　　　　　较长导致进度难以监控，挂靠或者层层转包、分包的运作
　　　　　方式）、政策设计以及现行征收管理体制的问题，建筑行
　　　　　业管理带来了一系列的税收风险。本文以剖析建筑行业风
　　　　　险为切入点，以广州市大数据信息为基础，深入分析存在

* 课题组成员：邓安超，广州市番禺区国家税务局局长，经济师；黎晓斌，广州市番禺区国家
税务局副局长，助理会计师；马骏，广州市国家税务局副主任科员；曹日，广州市番禺区国
家税务局分局局长，经济师；陈麒宇，广州市番禺区国家税务局副科长；郭志胜，广州市番
禺区国家税务局副科长；陈丽丹，广州市番禺区国家税务局；练思思，广州市番禺区国家税
务局。执笔：郭志胜、陈丽丹。

的风险并提出解决思路，以求进一步提高征管水平和质效。

关键词： 营改增 建筑服务 风险管理 广州

随着建筑行业施工资质管理越来越规范以及建筑行业的活跃发展，跨县（市、区）提供建筑服务的情况越来越多。但目前挂靠、分包、转包普遍存在，小施工队管理难度大，建筑项目生产周期长且内部管理规范程度不一，政策设计上的变化都使得建筑行业存在着较大的管理风险，值得做深入的研究剖析。本文以大数据分析为基础、以风险为导向深入分析"营改增"后建筑服务行业税收管理模式，并从政策制定、征收管理、税企共建三个层次阐述解决的方向和思路。

一 "大数据"分析建筑行业发展态势

（一）纳税人户数变化

广州市作为广东省省会城市，建筑服务行业较为活跃，其数据的变动具有一定的代表意义。截至 2017 年 8 月，广州市共有 29678 户建筑业企业（不包含报验户企业），从 2016 年 5 月"营改增"全面扩围至今，全市建筑行业净增长户数超 9800 户，净增长率为 33.02%。从 2016 年 5 月至今，全市建筑行业以每月 2.71% 的增速稳步增长。

目前全市建筑行业报验户企业高达 69970 户次，并以月平均 4.34% 的增长率呈现上涨趋势，近两个月由于新政策的贯彻落实［同一地级行政区域内跨县（市、区）提供建筑服务无需预缴］，平均月增长率下降至 1.91%，证明建筑服务报验户中同市跨区的情况较多，新政的实行确实大幅减少了报验户的涉税工作量。但建筑行业活跃的生态环境（特指跨地区提供建筑服务行为）仍是服务发生地税务机关如何开展征收管理的一大难题。

（二）税收规模变化

从2016年5月"营改增"全面扩围以来，建筑服务行业入库税款呈现持续上涨，所属期2017年1月至所属期2017年7月入库税款15.12亿元，所属期2016年5月至所属期2016年12月入库税款13.96亿元。以所属期2017年7月为例，建筑业申报入库税款达2.31亿元，与上年同期相比上涨66.81%。如前文所述，建筑行业活跃的生态环境以及涉及巨大的税收贡献（特指跨地区提供建筑服务行为）仍是服务发生地税务机关如何开展征收管理的一大难题。

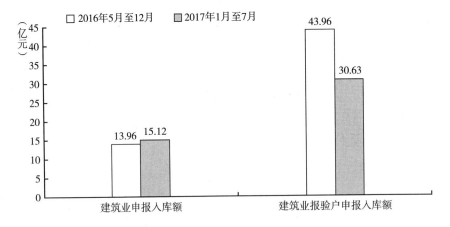

图1　建筑行业税款征收规模

（三）发票代开情况

由于新政落实，符合条件的建筑业小规模纳税人自2017年6月1日起可以自开专票，因而自2017年6月起报验户代开专票份数呈现大幅下降的态势。从图2可以看到，报验户代开专票份数在2016年11月至2017年1月出现一个"高峰"，与建筑服务周期性结算的性质比较契合。

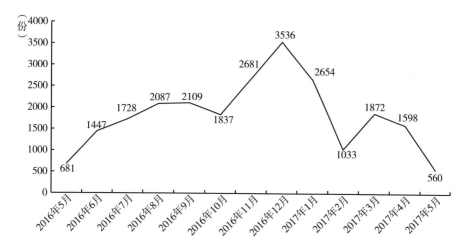

图2　2016年至今报验户代开专票份数

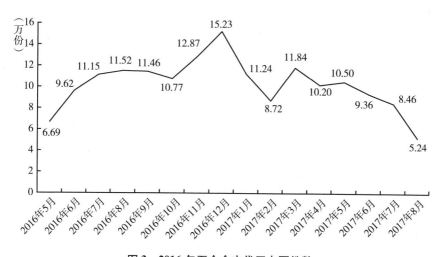

图3　2016年至今全市代开专票份数

（四）预缴数情况

从表1可见，建筑行业纳税人在选择跨地区预缴方法时有83.63%的纳税人选择简易计税方法。但同样地，随着企业增值税链条的不断完善以及上下游发票数据的完善，已经逐步由简易计税方法过渡到一般计税方法，整个增值税链条不断完善。

表1 所属期自2016年5月至今建筑服务预缴申报时选择
简易计税预缴和一般计税方式预缴比例

月份 （所属期）	一般计税 方法	涉及 预征税额	简易计税 方法	涉及 预征税额	简易计税 方法占比（%）
2016年5月	276	0.03	5472	1.51	95.20
2016年6月	997	0.10	12650	4.41	92.69
2016年7月	1584	0.12	13476	4.30	89.48
2016年8月	2384	0.25	14366	5.37	85.77
2016年9月	3173	0.30	14849	5.01	82.39
2016年10月	3305	0.46	12985	4.90	79.71
2016年11月	5144	0.62	16953	6.15	76.72
2016年12月	7437	1.25	21813	9.19	74.57
2017年1月	5075	0.94	18383	8.30	78.37
2017年2月	2072	0.22	6495	2.26	75.81
2017年3月	3936	0.57	11245	3.52	74.07
2017年4月	3875	0.60	9675	3.27	71.40
2017年5月	2143	0.49	5616	3.39	72.38
2017年6月	2330	0.60	5586	2.46	70.57
2017年7月	2400	0.62	5462	3.40	69.47

二 "营改增"后建筑行业政策变化

（一）纳税人申报地点的变化

《营业税暂行条例》第十四条第一款规定"纳税人提供的建筑业劳务以及国务院财政、税务主管部门规定的其他应税劳务，应当向应税劳务发生地的主管税务机关申报纳税"，而财税〔2016〕36号文附件一第四十六条规定"固定业户应当向其机构所在地或者居住地主管税务机关申报纳税。总机构和分支机构不在同一县（市）的，应当分别向各自所在地的主管税务机关申报纳税；非固定业户应当向应税行为发生地主管税务机关申报纳税；其他个人提供建筑服务，向建筑服务发生地主管税务机关申报纳税"。通过前后政策对比即知，在纳税申报地点上，原营业税规定只有一种就是应税劳务发生地，而"营改增"后则分为固定业户、非固定业务和其他个人，分别适用不同纳税申报地点。其中对占纳税主体最大比例的固定业户来说，纳税申报地点由应税劳务发生地改为机构所在地或者居住地。

（二）纳税申报方法的变化

基于"营改增"后纳税申报地点规定的变化，纳税申报方法也随之有了相应改变，对提供建筑服务的固定业户来说，需先在应税劳务发生地进行预缴，预缴后还需向机构所在地进行纳税申报。而预缴的预征率大致分为两种：一种是按照一般计税方法计税的增值税一般纳税人按照2%的预征率在建筑服务发生地预缴税款；另一种是按照简易计税的增值税一般纳税人和小规模纳税人按照3%的征收率计算应纳税额，并在建筑服务发生地预缴税款。

（三）追缴机关的变化

同样基于"营改增"后纳税申报地点和预缴方式的变化，按照原营业税暂行条例规定，如纳税人未及时足额申报缴纳税款，自然由服务发生地税务机关进行追缴。而"营改增"后按照总局2016年第17号公告第十二条规定，纳税人自应预缴之月起超过6个月未预缴的税款由机构所在地税务机关进行追缴。即意味着超过6个月，服务发生地主管税务机关将没有追缴的权力。

（四）开票方式的变化

"营改增"前，建筑企业跨县（市）提供建筑服务的，在收到工程款的当天，需在建筑服务发生地地税机关申请代开建筑业统一发票，并以收取的全部价款和价外费用扣除支付的分包款后的余额，按3%的税率计算缴纳营业税。而"营改增"后，除按照总局2016年第17号公告第九条规定对跨县（市、区）提供建筑服务的小规模纳税人不能自行开具增值税发票的，可向建筑服务发生地主管国税机关申请代开增值税发票，其他均在机构所在地自行开具发票。

三 "营改增"后建筑业后续管理面临的税收风险及问题

（一）建筑服务行业自身行业特点导致的风险

1. 建筑业务周期较长导致纳税义务发生时间难于把控

由于建筑周期往往较长，管理员在日常管理过程中，很难对建筑企业经营状况、工程项目进度等进行实时监控和准确掌握，加之工程项目一般都实行围蔽施工，没有特别许可很难进入场地内进行检查，因此部分工程项目的税收管理不到位，存在较大的税源流失风险。

2. 异地提供建筑服务的普遍性带来的外来施工企业管理难题

除去少数规模较大的建筑企业可以在建筑服务发生地成立架构相对完善的分公司外，很多中小型建筑企业的异地项目部往往只有工程施工相关人员，没有专门的财会人员进行税务事项处理（企业基于成本考虑也很难派驻或派出专职财务人员），财务核算机制也不健全，建筑服务所在地税务机关想管但难以找到相关财务人员对接或者无账可查，而机构所在地税务机关则未必对下辖企业的异地工程项目有足够关注，因此易造成两头都在管但两头都管不到位的情况。

3. 挂靠以及层层转包、分包的运作方式存在漏征漏管隐患

现实生活中部分不具备施工资质或施工资质等级较低的建筑企业、个体施工队往往通过挂靠有资质或资质较高的企业名下承包工程，被挂靠企业向挂靠企业收取一定的管理费用，这样的运作模式中，企业是否足额预缴以及成本费用的真实性和准确性均较难把握，造成税收征管难点。另外不少工程均存在层层分包和转包，很多最终实际承担工程施工任务的是没有固定经营地址的"游击队"，存在较大的税源流失风险。此外部分中间分包商因可选择简易计税方式或兼企业所得税实行核定征收，对取得进项发票抵扣或入账无强烈需求，间接导致以票控税的监管链条存在漏洞，容易造成税款流失。

4.进项发票获取难与业主方要求按一般税率开票导致部分建筑企业税负上升以及由此产生的偷漏税风险

在日常征管过程中常有建筑企业反映由于应业主方要求，在本可选择简易计税方式的情况下被动选择按一般计税方法进行开票及申报，同时因大量供货方属于不规范企业或个人，难以取得足够的进项发票，从而造成企业税负上升。在这种情况下，部分建筑企业为了平衡或降低税负，可能就会通过隐瞒收入、未按规定抵扣或取得虚开的专用发票抵扣等手段来偷逃税款。

（二）税收政策设计因素引发的风险

1. 由于"营改增"后政策调整带来的风险

（1）错用预征率的风险。前文所述"营改增"后一般计税方法采用2%预征率、简易计税方法采用3%预征率，个别建筑业企业在实际操作过程中，因对政策不够熟悉或疏忽存在选择错误的风险。

（2）未按规定在服务发生地预缴的风险。由于"营改增"后一般纳税人自行开具发票，而小规模纳税人在未能自行开具发票的情况下才向建筑服务发生地主管国税机关申请代开发票，因此容易发生纳税人图省事未按照要求先在服务发生地预缴税款，而直接选择在机构所在地开票并申报缴税。

（3）一般计税方法下滥用进项抵扣的风险。一是在"营改增"后抵扣链条日趋完善，部分纳税人为了降低税负存在取得虚开专票的风险；二是部分纳税人因存在不同业务项目同时适用一般计税方法和简易计税方法，为少缴税将属于简易计税范畴的进项划入一般计税项目进行抵扣。

（4）预缴数额抵减错误的风险。由于建筑业企业跨地区提供服务的行为甚为常见，按照目前文件规定，除同一地级市提供建筑服务外，皆应在服务发生地税务机关预缴税款，而作为机构所在地税务机关如何监管企业预缴金额目前缺乏有效的手段。同时在现实操作中，存在相当部分纳税人未按规定核销到期外经证，且目前征管系统并未对到期未核销外经证的企业设置监控，导致企业在服务发生地税务机关报验及预缴税款均较难及时掌握。

（5）申报表设计缺陷隐藏的风险。对于建筑业小规模纳税人而言，较一般纳税人的申报表，缺少预缴税款表和预缴表格填报规范，因此对这部分纳税人来说，是否准确进行预缴和申报留下了一个隐患。

（6）自开专票后隐藏的风险。对于服务发生地主管税务机关来说，允许符合条件的建筑业小规模纳税人自开专票后，将对原先"以票控税"的征管模式产生挑战。纳税人有可能在发生应税行为后自行开具发票，不履行或漏履行其预缴申报的义务。

2. 政策平移带来的历史遗留风险

（1）扣除分包款计算是否准确的风险。对于跨县（市、区）提供建筑服务的预缴和申报，按规定一直以来都是以取得的全部价款和价外费用扣除支付的分包款后的余额作为销售额来计算缴纳。但主管税务机关如何确定纳税人有无虚大分包款（包括数字、范围等），目前尚缺乏可操作性的办法，导致纳税人申报的分包款扣除额是否准确存在较大风险。

（2）未按期预缴情况缺乏配套的政策法规。目前对于"营改增"后跨县（市、区）提供建筑服务未按期预缴能够依据的只有总局 2016 年第 17 号公告第十二条规定，即自应预缴之月起超过 6 个月未预缴的，由机构所在地税务机关进行追缴，而对未超过 6 个月期限机构所在地税务机关发现未按期预缴如何处理，以及超过 6 个月后怎样追缴（是否应加收滞纳金、追缴的税款是否应考虑到服务发生地利益分成等），均无具体明确的操作规范。

（三）现行征收管理机制存在的问题

1. 建筑服务发生地税务机关和机构所在地税务机关因缺乏有效沟通交流渠道以及税收利益分配问题可能对形成税收管理合力产生负面影响

目前相对突出的问题有二：一是按照总局 2016 年第 17 号公告第八条规定，纳税人跨县（市、区）提供建筑服务向建筑服务发生地主管国税机关预缴的增值税税款在当期增值税应纳税额中抵减，抵减不完的结转下期继续抵减。但在实际操作层面，部分纳税人反映取得的进项较多且存在亏本经营情况（有开拓市场考量），导致抵减不完的预缴税款需长期挂账，给纳税人的资金周转带来一定压力。二是按照总局 2016 年第 17 号公告第十二条规定，纳税人跨县（市、区）提供建筑服务，自应预缴之月起超过 6 个月未预缴税款的，由机构所在地主管国税机关按照《中华人民共和国税收征收管理法》及相关规定进行处理。目前来说除了"相关规定"较为含糊，可操作性欠缺外，还有两个问题亟待明确：其一是机构所在地税务机关在 6 个月内发现企业未预缴是否应督促其向建筑服务发生地税务机关预缴；其二是超过 6 个月由机构所在地主管国税机关按照征管法和相关规定进行处理，是直接补税还是通知企业去建筑服务发生地税务机关补税，以及直接补税是否需要考虑到建筑服务发生地税收利益而进行内部划拨。

2. 地方各职能部门间尚未建立协作机制

属地预缴对于建筑服务发生地的地方财政收入有着直接的影响，因此地方政府对于加强跨县（市、区）提供建筑服务的税收管理较为关切。但建筑工程一般要经过发包、招投标、施工、竣工验收等程序，涉及发改、国土、建设、政府采购办、金融机构、税务机关等。在实际操作过程中各职能部门没有建立协作网络，无法做到信息共享，单凭税务机关很难及时掌握工程进度及结算等情况，造成工作被动、监管滞后等问题。

3. 税务人员尚缺乏必要的建筑业相关专业知识

"营改增"后，国税部门人员对建筑业纳税人新接手，对其管理模式和运作方式等均不甚了解，这就造成在日常征管过程中，国税部门人员基本处于被动应对状态，在开票、计税方式选择和预缴等事项上对建筑业纳税人的监管力度很有限。

四　加强建筑业"营改增"后续管理的意见及建议

（一）优化税收政策设计，减少风险监控点

1. 自由选择计税方法

按照目前的制度设计，"营改增"后提供建筑服务如属于甲供材、清包工的形式仍可以选择简易计税方法，且甲供材比例并无明显划分，这都体现

了实际操作或政策设计上对于建筑服务行业的倾斜。但如前文所述，由于受业主方的影响，部分建筑业企业被动放弃简易征收而选择一般计税方法，部分建筑业企业出于安全考虑（煤气、安保）等因素需采用包工包料的形式，无法选择简易计税方法，实质上与政策设计初衷相悖，鉴于上述实操现状，建议政策设计层面可调整为不论何种情形的建筑服务均可由纳税人自行选择计税方法。

2. 统一预征率

从预缴申报错误率来看，从"营改增"全面扩围至今，全市加强日常征管和宣传辅导，大大降低了预征率选择错误带来的更正申报问题。目前全市有271户建筑业纳税人由于预缴申报有误进行了更正申报，其中部分原因在于选择预征率错误，而统一预征率将全面解决上述预征率选择错误问题，大大减轻基层工作人员辅导工作压力。

从预缴申报入库税款来看，以广州市数据为例，若将预征率统一确认为3%，全市预计将增加税款0.24亿元/月；若将预征率统一确认为2%，全市预计将减少税款达1.50亿元/月。从短期来看，由于建筑服务纳税人过渡的需求，有83.63%建筑行业纳税人在选择跨地区预缴方法时选择了简易计税方法，因而短期内将预征率统一为3%对于各地区的影响较小；从长期趋势来看，随着企业增值税链条的不断完善以及上下游发票数据的完善，预缴方式开始逐步呈现由简易计税方法过渡到一般计税方法，届时将预征率统一在2%可能更为符合需求。

3. 完善申报表设计

（1）完善小规模纳税人的增值税申报表，具体来说就是增加预缴税款抵减表，以此确保对跨县（市、区）提供建筑服务的小规模纳税人申报数据的准确性并强化预缴数据监控。

（2）增设差额扣除、预缴税款明细清单采集，要求纳税人申报时如涉及差额扣除、预缴税款等项目应详细填报涉及的税收凭证，可参考广东省增设的两份申报表并向基层征管局全面开放这两份表格的提取权限，方便征管局开展后续管理。

4. 增设未按期预缴的配套政策法规

重点是建议总局对 2016 年第 17 号公告第十二条规定进行补充说明，除了理清两地税务机关在预缴问题上的关系外，需对未超过 6 个月期限机构所在地税务机关发现未按期预缴如何处理以及超过 6 个月后怎样追缴等问题予以明确，尽快解决追缴的操作流程以及税款归属和分配问题。

5. 规范外经证管理

针对目前较普遍存在的外经证未报验又未作废或到期未核销的问题，有必要采取相应措施进行监管，行之有效的手段之一就是在金三系统或 RED 辅助系统内设置监控提示，对存在到期未核销外经证的纳税人在开具新证或办理其他涉税事项时进行干预，确保外经证的规范流转。由此可带来两个好处：一是对建筑服务发生地税务机关来说，可从外经证注明的"合同金额"入手，监控纳税人是否已足额预缴；二是对机构所在地税务机关来说，可及时掌握纳税人预缴税款情况，并与其纳税申报表进行对碰，以便及时发现问题。

（二）完善征管制度扩充风险监控维度

1. 内部数据共享和信息监控

内部数据共享是指机构所在地税务机关和建筑服务发生地税务机关相互间的信息交换，主要包括以下三种：

（1）外经证信息传递。目前对建筑劳务发生地税务机关来说，金三系统仅能查询到有办理报验户登记的纳税人信息，建议完善系统功能，在机构所在地税务机关开出外经证时将信息及时交换至建筑服务发生地主管税务机关以便进行流程监控。

（2）预缴/分包信息传递。建议在金三系统添加专门模块，对预缴信息或分包信息进行交换共享，并设置重复数据校验功能，排除纳税人进行重复抵减的风险。

（3）开票信息传递。具体来说就是建筑服务发生地的税务机关可查询到该纳税人在机构所在地的发票开具和纳税申报明细情况，以便通过数据对

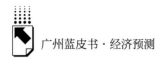

碰确定外埠纳税人是否已及时足额预缴税款。

2. 外部数据共享和信息监控

（1）与相关职能部门协作及时获取建筑业信息，进行提前监控

由地方政府牵头建立部门协作网络形成管理合力。因建筑业的所在地预缴关系到地方财政收入，因此建议由地方政府牵头召开国税、地税、城建等相关职能部门建立联席会议，争取相关部门的主动配合，建立健全第三方涉税信息联席会议制度和共享机制（可作为"互联网＋税务"项目的一部分进行推进）。一方面让税务机关及时掌握工程的项目审批立项、工程招标、资金概算及工程决算等有关涉税信息，便于进行外经证报验登记、开票和预缴等事项管理；另一方面也可借助其他部门力量加强征管合力，譬如建设行政主管部门可将建筑项目的报验登记作为颁发施工许可证的前置条件，防止漏征漏管，另外还可争取工程发包方（尤其是需通过财政支付的公共工程）或建设行政主管部门的配合（长远来看可考虑通过立法的方式予以明确要求），对跨县（市、区）提供建筑服务的纳税人可将外经证、预缴税款作为工程招标、费用结算或竣工验收环节的必备条件，对不按规定登记和预缴的纳税人不予投标、支付或办理竣工验收手续。通过这个协作网络最终实现信息资源共享，形成齐抓共管的良好局面。

（2）开辟建筑行业模块专门管理，跟踪工程项目完税情况

一是建立工程合同备案机制。明确要求工程合同（包括分包、转包合同）在签订后须向税务机关备案，以便税务机关可以第一时间掌握到工程的开工时间（对于老项目可选择简易计税方式也有监管作用）、合同金额、结算方式和支付时间等关键信息，为税务机关采取相应的税收征管措施夯实基础。

二是依托金三系统建立工程台账，加强实时监控。首先是利用金三系统中的"外埠纳税人管理台账"模块，及时收集外埠纳税人的数量、项目名称和合同金额等情况；其次是通过金三系统预缴税款模块查询外埠纳税人的完税情况，掌握项目的完税进度，通过与对项目实地调查的完工进度情况进行对碰以便及时发现是否存在问题。

三是建立工程项目定期或不定期实地调查机制。工程项目的实地调查，一方面可以抽查外埠建筑企业的款项结转、发票开具、纳税申报以及预缴税款台账（依据总局 2016 年第 17 号公告第十条规定应当设立）等情况；另一方面也可实地了解工程进度，以便和台账数据进行实时比对。

3. 报验户注销流程规范和监控

目前的工作规程对于报验户的注销并无特别规定，因此有必要增加相关办法或条文以明确报验户注销的工作流程和要求，重点要解决以下两个问题：一是关注外埠报验户是否足额申报；二是关注分包扣除额计算是否正确。

（三）税企共建风险防范体系

要建立集纳税服务、风险提示、纳税评估、税务稽查"四位一体"的多层次、全方位风险防范体系，以提高建筑业纳税人自主管理风险的意识和能力，强化其良性税收遵从度。

1. 纳税服务和风险提示作为柔性手段，也是最基础的事前防范手段

重点是做好两方面工作：一是将纳税服务工作做细做透，可通过组织建筑业纳税人专场税宣、专题座谈会和送税法上门等方式，及时将最新的税收政策传达给纳税人，并相应地帮纳税人解决相关涉税问题；二是建立建筑业纳税人风险分析模型，经过数据筛选、对碰和分析，对可能存在问题的纳税人经由金三系统的风险应对模块下发任务，由管理员制发税务风险提示通知书，通过辅导自查等方式，将问题解决在萌芽状态。

2. 纳税评估和税务稽查作为刚性手段，也是最有力的事后监督手段

对建筑业属地管理的查漏补缺可通过两个渠道发起：一是定期或不定期按一定比例抽取外埠建筑业纳税人作为稽查或评估对象；二是由基层征管分局定期或不定期将日常管理过程中发现的疑点较大的外埠建筑业纳税人作为线索移交评估或稽查。这种以评促收、以查促管的方式，一方面可以严厉惩戒行业内存在的税收违法行为，规范行业税收秩序；另一方面也可以发挥辅导教育作用，不断提高建筑业纳税人的诚信纳税意识和税法遵从度。

B.12
税收政策助推广东自贸区
南沙片区金融业发展研究

广州市国家税务局课题组*

摘　要： 加快实施自由贸易区战略、稳妥推进金融体制机制创新是我国适应经济全球化新趋势、构建开放型经济新体制的必然选择，也是各自由贸易试验片区的重要责任。本文以南沙新区片区为样本，通过对发展要素分析、政策差异对比等方式，对南沙金融业现状进行研究，并提出相关政策、管理等建议。力求通过发挥政策的外溢效应，营造良好的金融环境，构建与自贸试验区跨境贸易和投资便利化相适应的金融服务体系。

关键词： 自贸区　金融　税收政策　广东

金融业，泛指经营货币信用业务的行业，主要包括银行业、信托业、证券业、租赁业和保险业等。由于该行业自身的产业特质，有着较强的经济效益依赖性和产业政策依赖性。从批准设立上海自贸区以来，国家也一直尝试通过政策引导等方式，鼓励各个自贸区（片区）有序地探索金融创新，并为全国金融产业改革升级积累经验。

---

* 课题组组长：王峰，广州市国家税务局副局长。课题组成员：陈杰，广州市国家税务局政策法规处处长；詹亮，广州市国家税务局政策法规处副主任科员。

一　南沙金融业发展现状

在南沙新区及南沙自贸区申报的过程中，省、市两级政府就将金融业作为带动南沙发展的重要引擎，不仅为区域金融发展积极争取政策支持，还通过提供专项补贴、优化营商环境等系列措施，吸引金融资源进驻南沙新区片区，使南沙地区的金融业有了长足的发展。

（一）南沙片区金融业发展定位

2012 年 9 月，国务院正式批复实施的《广州南沙新区发展规划》中明确，支持南沙新区发展特色金融服务，包括大力发展科技金融、航运金融等特色金融业；推进科技产业与金融行业结合，探索科技与金融结合新模式，不断完善创新创业投融资服务体系，促进开发条件下的金融、科技和产业融合创新。同时，在该份新区规划中，国务院给予了南沙新区 5 条金融创新政策支持，包括加强粤港澳金融合作，开展金融业综合经营、外汇管理等金融改革创新试点，金融业在逐步扩大对港澳开放的过程中先行先试；支持港澳金融机构在南沙新区设立机构和开展业务；鼓励和支持在新区内新设金融机构，开办信用保险、期货交易、信托投资、融资租赁等业务；允许符合条件的港澳机构在南沙新区设立合资证券公司、合资证券投资咨询公司和合资基金管理公司；鼓励港澳保险经纪公司在南沙新区设立独资保险代理公司。①

（二）南沙片区金融业发展现状

在自贸区金融创新政策的利好吸引下，银行、证券、保险等各类金融机构及金融中介服务企业纷纷落户南沙。截至 2017 年 8 月底，累计落户金融

---

① 参见国务院新闻办公室网站《广州南沙新区发展规划》，http：//www. scio. gov. cn/xwfbh/xwbfbh/wqfbh/2012/1010/xgzc/Document/1418953/1418953_ 1. htm，2017 年 10 月 12 日。

（类金融）企业 2377 家，比自贸区挂牌前增加了 18 倍。① 同时，港资银行、金融租赁、消费金融、公募基金、航运交易所等各类金融机构逐渐集聚，开始形成传统金融机构和新兴金融机构协同发展的多元化现代金融服务体系。尤其值得一提的是，以融资租赁为代表的现代高端金融服务在该区域迅速聚集，据统计，截至 2017 年 11 月，南沙租赁企业达 367 家，合同余额超过 1500 亿元人民币，引进租赁飞机 32 架，合同金额超过 20 万亿美元，并先后实现了全国首单美元结算的跨境船舶租赁资产交易、广东自贸区首单飞机离岸租赁交易等创新业务试点。②

同时，围绕企业"走出去"业务需求，区内金融机构运用资产管理、跨境并购、财富管理、衍生品等金融创新工具，陆续推出在资产负债管理、投融资工具、套期保值等多个方面的创新金融服务，并推出了全国首个"跨境资产代客衍生品综合交易"业务，通过为企业提供"利率互换＋期权组合＋差额清算业务"衍生工具综合服务，为"走出去"企业境外融资提供头寸管理，满足企业差异化的套期保值需求。

（三）南沙片区金融业发展不足

尽管从国家到省市，都对南沙片区金融业发展寄予厚望，部分金融业龙头企业陆续入驻，一些新的金融产品和新的金融服务相继推出，但无论从先天体量，还是区域定位，乃至政策环境等方面看，南沙片区金融发展还存在一定的短板。第一，基础薄弱，现有体量不足。南沙片区金融业起步晚，基础偏弱，仅以 2016 年底金融业统计数据分析，南沙片区区内注册金融企业 910 家，区内注册持牌金融机构仅 9 家，且本外币存贷款额占全市总量较小，行业规模明显不足。③ 而比较同期相近两个自贸片区发现，横琴片区内

---

① 参见《南沙自贸片区 打造大湾区产业金融新枢纽》，南方网，http://economy.southcn.com/e/2017-08/26/content_176780879.htm，2017 年 10 月 12 日。
② 参见陈彦蓉《千亿元级产业集群已形成 南沙融资租赁业驶入快车道》，http://www.financialnews.com.cn/jigou/rzzl/201712/t20171217_129777.html，2017 年 12 月 18 日。
③ 参见广州金融工作局《广州金融发展形势与展望（2017）》，广州出版社，2017，第 172 页。

注册金融企业有 3716 千家，注册资本达 5415 亿元，区内注册持牌金融机构已有 81 家；① 前海片区区内注册金融企业逾 5.11 万家，注册资本更达 4.41 万亿元，区内注册持牌金融机构已有 204 家，且该片区内商业保理企业占全国 3/4，融资租赁企业占全国 1/4。② 此外，由于金融业具有与区域经济发展的高度依赖性，鉴于南沙新区多数行业、多个项目尚处于起步建设阶段，南沙片区金融业在短期内较难出现飞速增长。第二，定位交叉，区位优势不显著。尽管全省金融业发展质量在全国居于前列，但省内的金融资源较为分散，不像上海集中于浦东、天津集中于滨海。在周边省市、区域纷纷将金融作为发展重点的背景下，广州市的金融平台、亮点、抓手不够突出。广州《关于加快建设广州区域金融中心的实施意见》提出，建设包括民间金融街（越秀）、国际金融城区域（天河）、南沙新区、风险投资、创业投资平台（萝岗科学城）等在内的多个区域金融中心，而实际运作过程中，在整体行政区域内金融市场有限的情况下，各区域间不仅有可能难以形成合力，而且也有可能难于充分体现错位发展的规划设计初衷。这使南沙片区不仅需要面对其他自贸区的竞争，还需面对同一行政划内，各区地方政府对金融资源的争夺。第三，扶持不足，发展环境欠缺。近年来，国务院先后批准了《广东省建设珠江三角洲金融改革创新综合试验区总体方案》，以及广东自由贸易试验区南沙片区发展规划，给予一些先行先试的政策空间。但地方政府提出政策诉求，多数尚处于论证、呈报等阶段，还未能落地施行。而与南沙相比，诸如对从事国际航运保险业务免征增值税、上海期交所保税交割免征增值税、区内鼓励类产业企业减按 15% 计征企业所得税等税收优惠政策，经国家批准，已先后在上海、深圳、前海等自贸（片）区实施多年，这些区域优惠政策对相关地区金融产业的聚集和发展，起到较强的推动作用。上述政策差异的存在，也势必扩大了各个自贸（片）区间金融产业发展水平的差异。

---

① 参见横琴新区政府信息公开系统《横琴金融工作月报》，http：//zwgk.hengqin.gov.cn/caizj/zwdt/201712/e2f10b1d983643679d089918b321f4eb.shtml，2017 年 10 月 12 日。

② 参见《前海蛇口自贸片区构建开发开放新格局》，前海传媒，http：//www.szqh.gov.cn/sygnan/qhzx/xwrd/201704/t20170426_9378655.htm，2017 年 10 月 12 日。

二 金融行业税收政策及扶持措施比较

通过对国内外以及各省市扶持金融业发展措施、政策的比较，我们可以发现政策扶持对金融行业的集聚发展有着非常重要的作用，尤其是对金融高端人才、专项资金补贴等支持措施更为金融行业开放创新提供有力支撑。

（一）国内外税收政策对比

按照常见税收政策分类方式，我们从国外金融业的直接税和间接税两个维度，对金融业税收政策进行比较、审视。其中，直接税主要以企业所得税为主，间接税包括增值税（或称销售税）、印花税、证券交易税等。

1. 部分国家（地区）直接税政策对比

从全球范围看，金融业直接税的税率从15%到40%不等，我国金融业所得税税率为25%，在国际属于中等偏下水平。而从税收政策和金融发展地位分析，各国金融业直接税税率的设置，基本体现了各国对金融行业的扶持政策取向。如美国作为"世界金融之都"，拥有世界上最大的货币市场和最活跃的交投市场，对金融业征收较高直接税税负，符合其国家经济发展需要；由于汲取金融泡沫破灭的教训，日本对金融企业税前扣除项目进行了严格的规定，希望通过有关税收政策，引导、敦促国内金融机构能够更加审慎经营，主动规避风险；新加坡和中国香港地区出于吸引国际资本关注的目的，都选择采取较低税负的政策，以及较为宽松的反避税措施，[①] 这使得新加坡和中国香港地区能够较早确立亚洲金融中心的优势发展地位。

我国金融业直接税政策体系中，包括一定比例的税收优惠政策内容，如通用优惠政策，诸如允许对损失准备金、保障基金按一定比例在计缴所得税时扣除；对部分从金融市场取得的收入，暂不征收企业所得税等。然而国家

---

① 参见闫肃《中国金融业税收政策研究》，财政部财政科学研究所硕士论文，2012，第114～116页。

表1　部分国家（地区）金融业直接税基本税率

国家/地区	基本政策
中　　国	基本税率25%
美　　国	一般金融企业公司所得税税率为35%
日　　本	法人税基本税率30%
英　　国	金融机构税率28%
德　　国	分配收益按32%征收，未分配收益按48%征收
新 加 坡	适用17%税率
中 国 香 港	利得税税率15%～17.5%

对允许税前扣除项目及其比例予以细致规定，旨在通过加强对金融企业的税收监管，引导金融企业更加谨慎从事经营。除此以外，国家还通过给予贷款给"三农""中小企业"金融企业特殊的税前扣除政策，引导金融资源向急需资金的经济实体流动，以达到金融产业与其他产业融合发展的目的。

综上可见，金融业直接税政策对一国金融业与经济发展有着十分巨大的影响，各国在政策制定时，往往综合考虑了该国的经济发展战略、经济发展阶段、社会融资结构、金融市场发育状况、在全球金融市场所处地位等一系列的因素。盲目地借鉴，尤其是一味强调低税率，不仅可能影响金融资产在各产业间的有序配置，还有可能影响金融秩序，加大金融市场运行的风险。

2. 部分国家（地区）间接税政策对比

从公开资料研究看，世界上大部分国家一般仅对非核心金融中间业务课税，对同业往来、存贷款业务等核心金融业务则采取免税的政策。以OECD国家的银行业税收政策为例，首先，对包括存贷款业务、贴现、投资管理以及外汇业务等在内的核心金融业务，采取了不征收增值税，也不允许抵扣固定资产进项增值税额的税收政策。其次，对包括财务咨询、债务托收、证券存管等在内的金融居间业务，则按照法定税率予以征收增值税。各国对金融业的法定征收率在3%～25%，平均征收率大约为17%。不少国家对主要金融业务给予免征增值税的政策，究其原因，既有无论是在理论上，还是在操作上难于确认金融服务增值额的因素外,也有避免因税收政策造成对金融资本流动阻碍等方面的现实考量。[①]

表2　部分国家(地区)金融业间接税基本税率

国家/地区	基本政策
中　　国	主要流转税为增值税。基本税率6%
美　　国	(无增值税)
日　　本	主要流转税为消费税。基本税率5%
新　加　坡	主要流转税为增值税。基本税率7%
中国香港	(无增值税)

但金融危机以来,越来越多的国家意识到对金融业征收较低或不征间接税固然能够促进一国金融业发展,但在客观上也降低了政府对金融行业监管的力度,削弱了宏观调控资本流动的能力。因此,近年来英国等西方国家提出金融交易税、金融活动税等一系列税收政策构想。

2016年5月1日,我国将金融业纳入营业税改征增值税试点范围,明确对贷款服务、直接收费金融服务、保险服务和金融商品转让所得,按照6%的税率计征增值税,并规定了主要的通用税收优惠:如对存款利息、保险赔付不征收增值税;对部分利息收入(如国债、地方政府债等)免征增值税;金融同业往来利息收入免征增值税;经人民银行、银监会或者商务部批准从事融资租赁业务的试点纳税人中的一般纳税人,提供有形动产融资租赁服务和有形动产融资性售后回租服务,对其增值税实际税负超过3%的部分实行增值税即征即退政策。金融业纳税营改增试点范围,有利于形成完整的抵扣链条。而且,营业税中金融业的多项税收优惠政策被平移到增值税政策体系中,有利于建设税制转换对金融企业的影响。针对金融行业的管理要求和征管实际,国家在短短一年多的时间内,累计出台《关于进一步明确全面推开营改增试点金融业有关政策的通知》(财税〔2016〕46号)、《关

---

① 参见《前海蛇口自贸片区构建开发开放新格局》,前海传媒,http://www.szqh.gov.cn/sygnan/qhzx/xwrd/201704/t20170426_9378655.htm,2017年10月12日,第118~119页。

于金融机构同业往来等增值税政策的补充通知》（财税〔2016〕70 号）、《关于资管产品增值税政策有关问题的补充通知》（财税〔2017〕2 号）、《关于资管产品增值税有关问题的通知》（财税〔2017〕56 号）等 7 个"补丁"文件，进一步降低了金融业税收计征成本，进一步减轻了金融企业的税收负担。

（二）国内主要省市（区）扶持金融业发展政策比较

近几年，各省市均十分看重金融总部对区域经济发展的资本聚集、辐射效应，争相提出打造金融中心的目标，希望通过建设跨区域金融机构总部，实现外地金融资源向本行政区域的聚集。为此纷纷采取财政补贴、人才激励等措施吸引金融机构总部入驻，并以地方立法、文件规划等方式，对相关行政措施予以确认、固化。这些措施的实施直接影响了金融企业的选址、经营策略的布局，间接影响了税源的流动。

1. 财政扶持措施方面[①]

北京市，设立创业投资引导基金；给予创新金融企业房租价格补贴；依据企业对区域贡献情况给予资金奖励；根据互联网金融企业业务量规模给予其风险补贴和业务增量补贴，补贴上限 400 万元。

上海市，设立金融创新奖；对形成的地方收益，三年内给予留存部分全额奖励，其后三年给予 50% 的奖励。

深圳市，对金融机构经营绩效的利润达到一定规模的给予奖励，最高可达到 500 万元，对参与本地风险性金融机构重组及其后续资金注入的金融机构给予一次性奖励，给予最高奖励达 2000 万元。

2. 人才激励机制方面

各地方政府也通过税收优惠和财政补贴等手段，以降低金融机构高级管理人才等人才入驻的成本，提升金融机构的竞争优势，主要措施包括人才引进和培养的资助、个人所得税优惠、住房补贴、优先安排子女教育等。

---

① 相关情况根据各市公开文件及向南沙金融工作局收集整理。

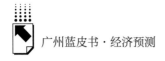

北京市，对金融高管人员给予个人奖励；为高层次、紧缺型金融人才提供财税扶持、人才培养、社会保险、医疗服务、子女教育、住房购置、出入境等方面的优惠政策措施；引进国际著名金融培训机构，推动建立国内培养与国际交流合作衔接的开放培养体制。

上海市，搭建金融人才公共服务平台；加强海外高层次金融人才引进；鼓励开展股权、期权激励。

深圳市，创造条件加强深港金融人才合作；鼓励金融机构在深圳设立全国性的人才培训基地；由财政支付金融机构总部或地区总部高管人员的住房补贴。

尽管广东省、广州市也先后出台类似规定，在沿海经济发展的带动下，广东省金融机构总资产、金融业增加值连年累创新高，但总部银行机构数量较少，且其规模小、税收贡献度不高，产业聚集的效应尚未能够全面形成，与北京、上海、深圳相比仍有一定差距，这其中也存在地方对金融机构和人才管理引进的激励措施相对不足的情况。但是，我们也应承认一个地区金融行业的发展是一个系统演进的过程，仅仅给予单一的奖励或补贴并不能有效促进金融机构集聚，加之各地促进政策趋于雷同，缺乏本地特色，不仅会加速同质化竞争，还会在一定程度上降低相关政策的施行效果。

三 完善税收管理支持南沙金融发展的建议

金融业因其天然高风险的特征，在国家推动金融业创新的同时，不可能采取一味放松管制、持续刺激等措施。因此，我们不能期待在金融业税收政策方面有较大幅度的突破，应在持续优化税收管理的基础上，积极做好区域优惠政策研究。

（一）完善自贸区金融行业税收管理

为适应金融企业跨地域、网点多、管理链条长的经营特点，强化税收征收管理，国家对多数金融企业采取汇总缴纳的管理模式。第一，所得税方面，实行"统一计算、分级管理、就地预缴、汇总清算、财政调库"。该模式下，以企业经营收入、职工工资和资产总额三因素作为二级分支机构税款分配比例，计算就地预缴所得税款。第二，增值税方面，多采取分支机构按应税销售额占全部应税销售额的比重，计算确定应纳税额并就地申报的方式（邮储银行分支机构按4%预征率预缴）。国家规定对金融企业形成的财政收入，按一定比例在省市财政中予以分配。虽然相关规定能在一定程度上缓解金融行业税收与税源背离的问题，但在对于急切发展金融行业的南沙片区来说，该种模式未能充分凸显金融业对地方经济的带动作用。尽管地方政府有提高金融业财政分成比例的诉求，但在财政管理体制下，相关诉求达成的可能性极低。

而作为税务部门，应注意明确金融企业汇总纳税的分支机构经营地税务机关的税收管辖权，确定后续管理和风险监控的具体方式和内容，如建立总分支机构所在地税务机关协调机制，强化双方之间的信息交流和数据共享，明确双方的工作职责，以利于对金融业开展日常的征管工作和后续风险管理工作。同时，也应当积极争取政府支持，共同做好金融行业的税源管理，及时监控税款、分摊比例、分库收入等变化情况，监督纳税人合理确定留在广州市的税源比例，努力控制总机构税源流出。同时，加强金融企业监管信息共享，建立有效的跨部门协调联系机制，如加强对银行业总、分机构各项呆账损失税前扣除、对保险企业佣金支出等涉税事项监控，堵塞和避免可能出现的征管漏洞，保障金融税源的有效征收管理，并从利于纳税人、利于税收征管和利于财政管理的角度，寻找有利于三方的平衡点，进一步简化金融业税收入库的层级。

（二）争取弥补南沙片区政策短板

正如前文所诉，相比其他自贸（片）区，南沙片区尚未获批特殊税收优惠政策，在吸引金融企业（项目）入驻方面，难免处于劣势。迫切需要以更加适合的切入点，补强南沙片区政策短板，提振意向投资者的发展信心。

1. 争取复制间接税政策

《财政部　国家税务总局关于营业税改征增值税试点若干政策的通知》（财税〔2016〕39 号）第十一条规定，"对下列国际航运保险业务免征增值税：①注册在上海、天津的保险企业从事国际航运保险业务；②注册在深圳市的保险企业向注册在前海深港现代服务业合作区的企业提供国际航运保险业务；③注册在平潭的保险企业向注册在平潭的企业提供国际航运保险业务的"。该政策自 2011 年起，对营业税免征，在 2017 年 5 月营改增后，该项优惠政策得以延续，并调整为对增值税免征。这也说明该项政策对保险企业开展国际航运保险业务扶持的有效性。南沙自贸片区定位于建设国际航运中心，打造高效优质的国际航运保险业态，此项政策对于其巩固航运地位，确立航运金融中心属性有着重要的意义。接下来，应该争取国家参照前海政策，给予南沙自贸片区内企业相应的税收政策扶持，即对注册在广州市的保险企业向注册在南沙自贸片区的企业提供国际航运保险业务免征增值税。

2. 争取复制直接税政策

自 2008 年实行新企业所得税法后，国家对所得税税收优惠进行了重新调整，税收优惠主要以产业优惠为主，如高新技术企业或技术先进型服务企业等，区域性 15% 企业所得税优惠税率政策在一段时间内仅给予西部地区、老少边穷地区。但自 2011 年起，国务院通过制发《国务院关于横琴开发有关政策的批复》（国函〔2011〕85 号）、《国务院关于支持深圳前海深港现代服务业合作区开发开放有关政策的批复》（国函〔2012〕58 号）等文件，明确给予珠海横琴、深圳前海、福建平潭三个自贸片区企业所得税优惠政策。这其中既有优化地缘政治环境的考量，也有扩大自贸区辐射效应的考虑。通观三个自贸片区所得税优惠目录，其优惠政策诸如银行后台服务、金融信息化软件开发等行业企业可以享受减按 15% 的税率征收企业所得税的政策扶持。该政策对于吸引金融辅助行业入驻有着较强的正向激励作用，有利于金融行业的聚集。

而与同属广东自由贸易试验区的深圳前海、珠海横琴两个片区相比，南沙片区迟迟未能复制该政策。这不仅在一定程度上削弱了对经济资源的吸引力，也不利于充分体现自贸区税收政策先行先试的"外溢效应"。下阶段，还应考虑结合南沙自贸片区发展定位，尽快拟定相关产业目录，争取复制所得税优惠税率政策。

（三）争取金融业结构性减税政策试点

自贸区是创新政策的试验田，旨在加快形成可复制、可推广的经验，为此在设计、争取支持自贸区发展的涉税政策时，不应再考虑争取国家给予区域性优惠税率等减税政策，而是应该围绕促进税制改革、实施结构性减税等政策制定大势，研究提出既能促进区域产业发展，又符合税制改革方向的政策，并争取在南沙自贸片区内先行先试。

相比前海和横琴，广州南沙新区的占地面积最大，规划有约 220 平方公里的区域发展高端商贸、特色金融等产业。目前，南沙地区生产主要依赖于交通运输设备制造业、港口物流业等，几乎没有金融服务行业基础，若想在 3 ~ 5 年内实现建成金融中心区域板块的设想，难度较大。因此更应该围绕南沙发展定位，研究围绕区域优势产业推进金融创新，并使其做强做大。

1. 研究航运金融税收扶持政策

配合国际航运中心、物流中心、贸易中心的建设，南沙区正积极引导各种社会资本参与投资航运业。截至 2017 年 9 月，广州航交所累计完成船舶交易 2400 艘，交易总额 86.35 亿元，成为华南地区规模最大、服务功能最完善的船舶交易服务平台。[①] 此外，南沙区成立了南沙航运产业基金，正式发布了"珠江航运运价指数"，借助这一系列举措，有望不断增强南沙在航运市场的话语权，打造航运"广州价格"。

但是要做大做强航运金融，南沙区作为国际航运产业和国际金融产业的中间纽带，仅仅依靠上文所述国际航运保险免征增值税这一单一政策远远不足，还应围绕离岸金融、航运金融租赁、期货保税交割、运价指数衍生品、

---

① 参见《〈广州市人民代表大会常务委员会关于促进广州国际航运中心建设的决定〉全文发布》，搜狐网，http://www.sohu.com/a/194981311_99928086，2017 年 10 月 12 日。

航运产业基金等业务，积极研究并争取部分政策先行先试的授权，如对与国际贸易和国际结算相适应的离岸金融业务，优先给予减免所得税；试点适应大宗商品在试验区集聚特征的期货保税交易功能；为船舶、飞机等大型航运设备提供融资的融资租赁业务，通过设立项目公司，开展单船单机的融资租赁业务以及交通运输部实施"融资租赁船舶视为航运企业自有船舶"等优惠政策等。

以单机单船融资租赁政策为例，可以争取在南沙试行以下税收政策：第一，允许在广东自贸试验区的融资租赁企业实行15%的企业所得税率；第二，建议支持融资租赁企业项目子公司参照母公司资质享受增值税差额征税政策。

2. 研究汽车金融税收扶持政策

经过多年发展，南沙片区已经形成以广州丰田为龙头，以南沙国际汽车产业园为中心的产业集群。2015年，南沙片区又先后获批开展整车进口、汽车平行进口等试点，使南沙片区汽车产业优势愈加突出。

从2008年，上汽通用发起首份Auto ABS汽车金融产品以来，各地汽车金融业开始逐渐成长。据统计，近年来乘用汽车金融业产业渗透率为35%，二手车金融渗透率约为8%，这距离很多发达国家70%以上的渗透率还有较大的成长空间。作为有着成熟产业规模的南沙片区，围绕汽车产业及汽车金融，可以有较大政策探索空间。第一，科学设计相关税收政策。借鉴国外汽车金融资产证券化产品仅对投资人征收所得税，而在资产转让环节对发行人和SPV（特殊项目公司）免征所得税。尤其是随着我国汽车金融产业的成熟，可以预见汽车金融将不再局限于简单消费信贷产品，因此有必要结合相关市场发展趋势，结合国外经验，加快梳理汽车金融产品的征收环节、征收属性，确保相关金融产品的税负更加合理。① 第二，加快中转进口汽车保税政策落地。能够有效发挥广州港作为国内三大整车进口口岸的优势，充分利用其现有航线资源和港口条件，优化国际贸易汽车的物流链，降低汽车的物

① 参见魏汉超《汽车金融资产证券化初探》，《商情》2011年第28期。

流成本。第三，推动改革平行进口车购税计税机制。针对不采集平行进口车价格信息，导致平行进口车在纳税申报环节没有可适用的最低计税价格，加重税收负担的情况，推动适时放开最低计税价格的限制，使得各类汽车的税负与实际售价相符，为汽车市场发展创造可信赖的政策环境。

（四）升级产业税收服务措施

除了财税政策，地区综合配套、营商环境等因素在区域经济发展中也至关重要，甚至更为关键。近年来，南沙自贸片区围绕促进投资贸易便利化，积极对接国际通行规则，加强对 TPP、TTIP 等国际投资贸易新协定的研究，累计形成了逾百项创新成果。广州国家税务局的"互联网＋税务""代开专用发票邮寄配送服务""开票易电子发票""免费推行 CA 证书""出口退税无纸化"5 项创新成果被纳入广东自贸试验区首批可在全省复制推广的改革创新经验。

下阶段，应进一步发掘税收服务、管理创新的潜力，按照流程最简、效率最优、保障有力的原则，探索推出新的税收服务措施。第一，争取实施"有税申报"。《国家税务总局关于纳税人首次办理涉税事项有关问题的批复》（税总函〔2015〕419 号），允许深圳纳税人仅在申报或领票时，再对纳税人进行税种核定。采取该种办税方式，能够有效缓解"影子企业"对税收管理带来的压力。此外，争取在确保税收风险可控的基础上，依托信息化办税渠道，实现新办纳税人法定义务事项和首次领用发票相关办税事项一并办理，建立集中处理涉税事项的"套餐式"服务模式。第二，加快实现出口退（免）税全流程无纸化。继续完善出口退（免）税无纸化网上办税平台，全面推广税控数字证书签名和 CA 数字证书签名。重点与海关、外管等部门建立出口数据、收（结）汇数据实时传递与共享机制，并尽快实现无纸化退库。第三，健全涉税风险信息取得和情报交换机制。健全国际税收管理与服务分国别（地区）对接机制，由自贸区税务机关根据区域功能定位制定分国别（地区）涉税风险提示并逐级报税务总局确认后发布，帮助纳税人减少在国际贸易往来、跨国兼并重组和资本运作中的涉税风险。第四，建设税企智能交互平台。针对金融业业务复杂、涉及范围广、政策把握难度大等情况，以税务企业号等平台为载体，建设税务信息智能推送系统，充分应用大数据管理平台，为金融业纳税人的行为特征和属性特征"画像"，为纳税人推送精准化、向导式、个性化的税收政策和办税指引，快速响应企业涉税诉求和办税疑难；加强引导金融业细化梳理业务差距，准确判定业务的税法适用原则，引导企业健全涉税风险内控体系，从源头降低税务风险，帮助企业健康发展。

（五）把握经济税源主动性

南沙片区高度重视金融行业发展，积极争取在片区内设立"创新型期货交易所"、创新型金融机构，新税源的加入也为税源管理和服务提出了新的要求。同时，伴随南沙片区基础建设提速，诸如PPP（公共基础设施建设项目融资）、BOT（特许权融资）等新型融资方式也将对税源管理带来新课题。作为税务部门，可以继续向片区各经济主管部门灌输"以税源经济建设统揽全区经济工作"的理念，强化协同组织，将税源经济作为片区经济工作的生命线来抓。积极推动完善税源评估机制，提高招商引资和土地利用的税收贡献率。对于重大金融项目或金融创新模式，由税务机关会同政府经济管理部门根据企业的投资规模、预估产值、政策适用等因素，全面分析项目消耗的社会资源与企业预期实现的社会经济效益的配比情况以及对相关产业链的辐射带动作用等，为地方政府引进优质项目、培育壮大税源提供有益参考，营造良好投资氛围，助力地区长期发展。

B.13
"营改增"后广州
财产行为税税种管理研究

广州市地方税务局税政一处课题组*

摘　要： 本文主要基于财产行为税在征管中遇到的实际问题，侧重于构建财产行为税管理体系、完善政策口径、发挥税种联动、加大部门协调、推进数据管税和风险管理等方面讨论，注重在现有的政策框架下，为基层主管税务机关的财产行为税征管提供参考。

关键词： 财产行为税　营改增　税种管理　广州

一　广州市财产行为税的收入情况

全面营改增后，财产行为税成为地方税收收入的重要来源，广州地税征管的财产行为税共 9 个税种（环保税于 2018 年开征）：房产税、土地使用税、契税、印花税、资源税、土地增值税、耕地占用税、车船税、城市维护建设税。收入情况①呈现以下特点：

---

* 课题组成员：李健强，经济学硕士，广州市地方税务局副局长；邓长学，经济学硕士，广州市地方税务局处长；黄良凯，经济学学士，广州市地方税务局副处长；黎明良，经济学学士，广州市地方税务局副处长；王宇，经济学博士，广州市地方税务局主任科员；徐名裕，工学学士，广州市地方税务局主任科员；伍劭聪，管理学硕士，广州市地税局副主任科员；王波，经济学硕士，广州市地税局副主任科员。

① 广州市财产行为税的收入数据来源于实际税收收入入库数据。

（一）收入总量逐年攀升

近年来，随着广州市房地产市场的较快发展，财产行为税收入不断增长。2012～2016年每年完成财产行为税（不含费金收入，下同）收入分别为383.86亿元、408.73亿元、469.92亿元、480.47亿元、528.04亿元，2016年比2012年增长37.56%，2017年1～9月财产行为税收入完成428.35亿元。近年来广州市财产行为税收入持续快速增长，为地税收入增长做出了重要贡献。

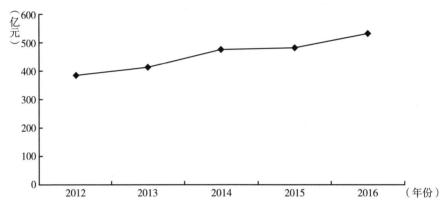

图1 2012～2016年财产行为税收入增长

（二）占比水平稳定在高位

2012～2016年，广州地税每年税收总收入完成情况为1150.18亿元、1256.75亿元、1350.36亿元、1468.5亿元、1381.38亿元，每年财产行为税占总地税收入总量比重为33.37%、32.52%、34.8%、32.72%、38.23%。可见，财产行为税一直以来都是广州地税收入的重要组成部分，"营改增"后地位更加突出，2016年5～12月底共完成财产行为税357.7亿元，占同期总收入759.1亿元的47.1%；2017年1～9月底共完成财产行为税428.35亿元，占同期总收入990.83亿元的43.23%。

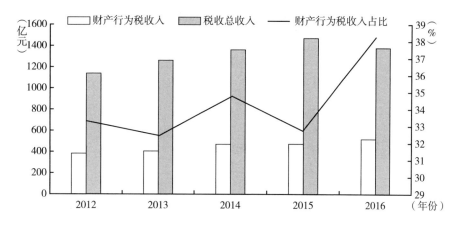

图2 2012~2016年财产行为税收入占比水平

（三）税源主要来自房地产交易

2012~2016年，与房地产交易密切相关的契税和土地增值税共完成税收收入1010.78亿元，占同期财产行为税收入的44.51%。且各年比例基本保持在44%左右；2017年1~9月受全市房地产交易市场活跃的影响，契税和土地增值税比例上升至52%，占比首次过半。

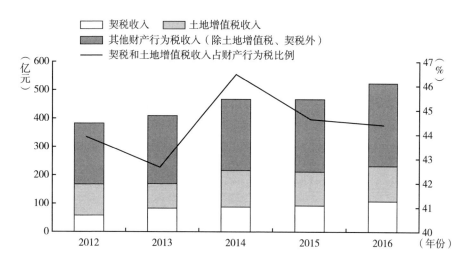

图3 2012~2016年财产行为税收入构成情况

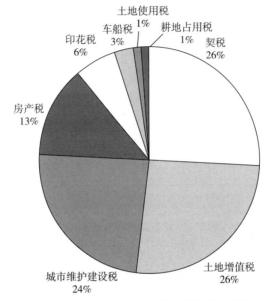

图 4　2017 年 1～9 月财产行为税各税种收入占比情况

二　财产行为税税种管理存在的问题

（一）税制设计不完善，影响征管效能

1. 部分税种政策老化，规定不合理

财产行为税中除了车船税法属于法律层级以外，其余均属国务院制定的有关暂行条例规定征收，集中于 20 世纪 90 年代改革开放初期颁布（见表 1），多数法规近年来也未修订，很大程度上落后于经济社会发展。如印花税对列举税目征税，但随着经济社会的发展，新兴经济业态层出不穷，企业生产模式、会计核算模式、融资模式、销售模式等发生了很大变化，导致印花税列举的应税合同与《合同法》列举的合同，从名称到内涵都有一定区别，使税务机关难以准确界定征免范围。再如土地增值税税制复杂、扣除项目繁杂，过分强调调节经济的作用，导致管理难度大、执法风险大。其中，利息费用据实扣除要求提供金融机构证明且能按照房地产项目分摊，严重不符合经济实际情况。

表1　财产行为税各税种开征时间

序号	税种	开征及最后修订时间
1	城市维护建设税暂行条例	1985年颁布
2	房产税暂行条例	1986年颁布
3	印花税暂行条例	1988年颁布
4	土地增值税暂行条例	1993年颁布
5	契税暂行条例	1997年颁布
6	烟叶税暂行条例	2006年颁布
7	城镇土地使用税	1989年颁布，2006年修订
8	耕地占用税暂行条例	1987年颁布，2007年修订
9	资源税暂行条例	2011年修订
10	车船税法	2011年颁布

注：其中契税为20世纪50年代已经开征，后进行修订；烟叶税历经工商统一税、工商税、产品税、农业特产税的变迁后修订；资源税的历史更为悠久，从盐业税演变而来。

表2　广州市房地产开发项目资金来源情况

	国内贷款	利用外资	自筹资金	其他资金	总资金	国内贷款占比（%）
2014年	501.99	6.91	753.86	1172.05	2434.80	20.62
2015年	459.76	10.57	843.88	1505.95	2820.17	16.30

数据来源：《广州统计年鉴》（2015年、2016年）。

2. 部分税种税率高、政策口径不一致

一是土地增值税（超率累进30%～60%）、出租房屋房产税税率（12%）过高。二是改制重组环节对土地增值税、契税、印花税、增值税、企业所得税等税种的规定不统一（见表3），特别是投资入股行为，土地增值税为不征税，其他税种需征，导致管理难度较大。三是"营改增"后房产税、土地增值税、契税计税依据虽明确为不含增值税收入，但增值税纳税人、纳税方式的不同，导致各个税种计税依据的不含税口径不够清晰。四是集体土地的承租行为，房产税纳税人与城镇土地使用税纳税人不一致。①

---

① 根据《财政部　国家税务总局关于承租集体土地城镇土地使用税有关政策的通知》（财税〔2017〕29号）规定，承租集体土地建造房屋的土地使用税纳税人为承租人，而房产税的纳税人为产权人村集体，不一致。

表3 改制重组的各税种税收优惠规定对比

重组形式	增值税	土地增值税	契税	印花税	企业所得税
整体改制	不征。需关联债权、负债和劳动力一并转让	不征。需投资主体不变；非房地产企业	免税。需原投资主体存续比例超过75%	只对新启用资金账簿贴花。需政府或企业主管部门批准	有关纳税事项(亏损结转、税收优惠等权益和义务)由变更后企业承继
合并	不征。需关联债权、负债和劳动力一并转让	不征。需投资主体存续；非房地产企业	免税。需投资主体存续	只对新启用资金账簿贴花。需政府或企业主管部门批准	特殊性税务处理。需股权支付比例不低于85%或同一控制不需支付对价
分立	不征。需关联债权、负债和劳动力一并转让	不征。需投资主体相同；非房地产企业	免税。需投资主体相同	只对新启用资金账簿贴花。需政府或企业主管部门批准	特殊性税务处理。需股权支付比例不低于85%
不动产投资	征税	不征。需非房地产企业	征税	征税	5年内均匀计入应纳税所得。5年内转让或投资收回的,停止递延

注：参考财税〔2015〕5号、财税〔2015〕37号、财税〔2014〕116号、财税〔2014〕109号、财税〔2009〕59号、财税〔2003〕183号等文件。

3. 部分税种征税对象重叠、重复征税

一是房产税与土地使用税，如房产原值均应包含地价，包括为取得土地使用权支付的价款、开发土地发生的成本费用等。征收房产税时已包含地价，但根据土地使用税的规定，还要另行征收房屋占用土地的土地使用税，造成重复征税。二是土地增值税与增值税、企业所得税。对房地产企业销售房屋的行为，同时征收土地增值税、增值税、企业所得税，征税范围均为收入扣除成本，征收方式均为先预缴后申报（清算），重复征税严重（见表4）。三是契税与土地增值税、印花税。契税税源较为单一，只有土地房屋权属转移，而其税基又与增值税、土地增值税重复，从行为的角度，均与土地房屋权属转移合同密切相关，与印花税类似。

表4 房地产行业税收征管的相关规定

	收入确认	扣除成本	税率	征税方法
土地增值税	转让房地产所取得的收入,包括货币收入、实物收入和其他收入	土地成本、开发土地的成本、费用;新建房及配套设施的成本、费用,或者旧房及建筑物的评估价格;与转让房地产有关的税金	30%、40%、50%、60%	先预征、后清算
增值税	销售取得的全部价款和价外费用	纳税人购进货物或者接受应税劳务支付或者负担的费用。土地成本可以在销项税额中扣除	11%	先预缴、后申报
企业所得税	房地产开发企业:为售开发产品过程中取得的全部价款	企业实际发生的与取得收入有关的、合理的支出,包括成本、费用、税金、损失和其他支出	25%	先预缴、后汇缴

(二)税种联动不够,重点领域统筹不足

财产行为税大部分税种为房地产行业涉及的税种(见表5),税收收入占比高,"营改增"之前,地税部门按照有关要求借助营业税发票以及契税的把手作用进行房地产税收一体化的征管,但税种之间统筹不足:一是未针对房地产行业的财产行为税征管出台综合指引,未充分考虑城镇土地使用税、房产税、土地增值税、契税之间的税种共性管理。二是房地产项目管理不到位,对取地、施工、预售、竣工等阶段的房地产项目管理信息整合不到位,税源采集存在重复,如土地增值税项目登记、不动产项目登记分属土地增值税、契税的税源采集,登记信息重复。三是房地产一体化征管仍停留在纳税人对不同税种的自行申报,特别是城镇土地使用税、房产税等税种未有效建立源泉控管,税收风险自动识别功能较弱。

表5 房地产行业涉及的财产行为税税种及涉税环节

环节	涉及税种
土地取得环节	耕地占用税、契税、印花税
房地产开发环节	城建税教育费附加、城镇土地使用税、印花税
房地产销售环节	契税、土地增值税(预征)、城建税教育费附加、印花税
房地产清算环节	土地增值税
房地产保有环节	房产税、城镇土地使用税
存量房交易环节	土地增值税、契税、印花税

（三）税款申报复杂，后续管理不完善

财产行为税征管普遍存在重申报征收，轻后续管理的现象，与国家"放管服"的政策导向尚有一定的差距：一是财行税税款申报程序复杂。首先，财产行为税纳税申报表、扣缴报告表、减免税申请表设置复杂，缺乏统一的制度设计（见表6），且税源采集重复，如房产税、土地增值税、契税申报时均需采集房源，未进行统一考虑；其次，金三系统设置的采集、申报界面过于严格和复杂，如房产税申报中，大量房产用于出租，而承租人、租金经常变动，而信息采集界面不支持改动，纳税人申报带来很大的困难；最后，财产行为税的数据统计功能薄弱，主要依赖于基层税务机关、纳税人报送的数据，数据准确性、完备性不高，且为基层税务机关、纳税人增加困难，金税三期上线未能有效解决该问题。二是减免税优惠办理不完善。根据现有规定，① 财产行为税的税收优惠以备案制为主，但实际征管过程中存在以下困难。首先，文件依据未同步更新，如契税、土地增值税根据暂行条例和相关房地产税收一体化管理办法规定，减免税应由税务机关出具减免税证明，否则国土房管部门不予办理过户手续，该规定未进行调整，增加税务机关执法风险。其次，部分税种的不征税管理未明确，根据财税〔2015〕37号、财税〔2015〕5号文，对部分企业改制重组行为不征契税、不征土地增值税，但是对于不征税的办理程序、收取资料没有相应的管理规程明确，各地处理意见不一致。最后，"营改增"后国、地税的衔接不够顺畅，增值税为国税主管，而"两代"② 业务为地税代征，增值税的政策口径、已经增值税优惠办理程序、增值税漏征信息交换上衔接不够顺畅。三是后续管理制度未有效建立。随着征管思路的转变、还责于纳税人的要求，后续管理不到位。首先，后续管理制度不健全，包括后续管理的流程、文书、管理部门均没有明确规定。其次，减免税的信息利用不充分，减免税备案表是以纳税人

---

① 参考国家税务总局公布的最新的征管规范和纳税服务规范。
② "两代"业务指的是"营改增"后由地税机关代征的纳税人销售取得的不动产和其他个人出租不动产的增值税。

为单位填写，录入的土地、房产等信息不完善，后续管理时缺乏信息支撑，导致后续管理发现问题难。最后，对后续管理发现纳税人逃税、漏税等情况缺乏有力方式惩治，尤其是契税、土地增值税等税种，纳税人完成过户后，且涉及的是自然纳税人的情况时，税务机关很难进行追缴和处罚。

表6　财产行为税申报征收涉及的表证单书

税种	信息采集	税款申报	税收优惠
契税	不动产项目登记报告	契税申报表	契税减免税备案、契税不征税界定表
土地增值税	土地增值税项目登记报告	土地增值税预征、清算、尾盘、存量房等7张申报表	土地增值税减免税核准表、减免税备案表
房产税	从价计征房产税税源明细表、从租计征房产税税源明细表	房产税纳税申报表及汇总版	纳税人减免税申请核准表、纳税人减免税备案登记表
城镇土地使用税	城镇土地使用税税源明细表	城镇土地使用税纳税申报表及汇总版	城镇土地使用税减免税明细申报表、纳税人减免税申请核准表、纳税人减免税备案登记表

资料来源：广东省地方税务局公布的办税指南。

（四）数据管税刚刚起步，风险管理机制薄弱

现代化税收征管的要求是以转变征管方式为主线，以风险管理为导向，以数据管税为手段，以推进信息化为支撑，实现税收征管的规范化、专业化、精细化管理。在财产行为税的征管中对于数据管税、风险管理的要求更为突出，地税机关税务机关更应该从财产行为税征管为突破口，构建现代化的税收征管体系。

1. 数据管税刚刚起步，数据利用效率不高

一是数据采集不充分。以广州市为例，虽然建立了综合治税平台，但是在文件层级上不够高[1]，导致信息共享范围窄，市、区一级信息交换不畅。部

---

① 《广州市综合治税工作管理规定》为广州市政府规章，效力层级较低。

分涉税信息关键部门如法院、公证处、人民银行广州分行、海关、外汇管理、证监、银监、保监尚未纳入信息共享范畴，而且综合治税更多落在信息共享层面，在执法协作上缺乏税收保障。广州市综合治税更多体现在信息共享方面，在组织涉税联合执法、协助进行税收保全和强制执行、协助办理纳税担保等方面还有提升的空间。二是数据质量不够高。由于我国统一的社会信用代码制度刚刚起步，一个纳税人在国土、房管、税务部门和其他部门之间的编码不一致，涉税信息彼此孤立，而金三征管系统目前无法与政府相关部门实现信息共享，信息比对功能欠缺，不能有效发挥税源监控作用。三是数据分析不到位。目前，绝大多数的数据分析仍停留在简单的查询和比对层面，缺乏行之有效的数据分析工具，使大量沉积在业务操作层的数据尚未有效转换为管理决策层所需要的信息。涉税数据分析未能与税收政策法规、企业财务数据等充分结合，数据分析孤立化；涉税数据分析过多依靠人工分析，离散分析、回归分析等数据分析方法在行业数据、宏观数据等分析工作上的应用较少。

2. 风险导向不充分，风险管理不完善

一是任务多头布置不集中。基层税务部门同时承接来自本级税务机关征管、税政、纳服等不同职能部门发起推送的任务，缺乏统一管理，风险任务布置源头繁多，导致部分风险任务重复推送，或涉及同一户纳税人的风险任务由不同部门、处室、单位分次推送，由此造成风险应对效率不高。二是任务分级应对不畅顺。基层征收单位、纳税评估单位、稽查单位、机关处室皆不断生成涉税风险事项，按照涉税风险分类分级应对的思路，部分风险事项需在上述不同单位之间进行协调，协调关系存在征收—评估、征收—稽查、评估—稽查等多种形式，在目前缺乏统一风险任务推送机制的现状下，涉税风险任务难以集中推送，分级应对的思路仍难以实现。三是风险管理缺乏评价体系。首先，风险识别及推送缺乏监督评价，风险指标的有效性、完整性及风险推送的合理性等难以实现有针对性的修正与完善；其次，风险应对过程缺乏监督评价，风险应对的方式方法、时效性等难以实现有效的完善与提升；再次，风险应对结果缺乏监督评价，应对结果质量的高低、风险疑点是否完全消除等难以实现透明的跟踪反馈。

（五）人力资源不完善，部门协调力度不够

财产行为税征管涉及自然纳税人较多，如契税、车船税，以及存量房税收征管、个人出租屋税收等专项工作，在整合人力资源、充分利用部门之间的协作力度不够。一是地税机关内部协调需要加强。首先，以广州为例，财产行为税由市局税政一处税种管理，总局、部分省市局财产行为税分属不同处室管理，税种统筹性有所欠缺。[①] 其次，税政部门负责政策管理、征管部门负责征管流程设置、信息部门负责信息支撑，但是财产行为税的管理离不开各个部门之间的配合，而由于专业分工的需要，专业性增强的同时却带来合力有所下降，如信息部门取得相关涉税数据后，无法归集、利用；税政部门对政策熟悉，却对信息技术的掌握较薄弱。最后，专业性人才和团队未建立。财产行为税征管人员需要熟悉政策、信息等专业知识，但这部分人才欠缺，岗位匹配不足，且部分专项工作，如土地增值税清算，缺乏专业团队统一应对，征管质量和效率较低。二是国、地税合作的针对性需要加强。按照总局落实房地产税收一体化管理的要求，[②] 国税、地税应依托金税三期工程，建立国地税共享的房地产项目登记台账，推进分项目归集增值税发票等信息有关工作，实现房地产项目涉税信息共享和各税种联动管理。但由于在金三系统中，国税并未将地税开发项目的项目编号融入国税的销售房地产发票信息、增值税预缴信息，不动产和建筑安装发票开具信息中去，所以目前还难以将增值税的申报数据和发票开票数据与项目的土地增值税对应起来，也就难以达到管理效果。三是政府等第三方部门配合力度需要加强。尽管《税收征管法》对政府部门及社会职能部门向税务部门提供的涉税信息作了原则上的规定，但缺少明确的职责划分和法律责任等关键性的规定，使税务机关在协调相关部门提供数据的过程中，处于十分被动的局面。如房地产行业征管过程中，需要国土、房管、住建等部门的协调配

---

① 财产行为税虽然属于总局财产行为税司管理，但不同税种属不同处室分管，导致税种之间配合力度不足。

② 参考税总办发〔2017〕48号。

合，不仅仅是数据的提供，由于各个部门管理的侧重点不同，在涉税环节的房地产项目管理、项目编码统一方面难以利用。再如车船税、个人出租屋、存量房征管等，涉及街道、公安、海事、民政等部门，在探索委托代征、提高征管效率方面需要拓展。

三　完善财产行为税税种管理的措施和建议

完善财产行为税税种管理，需要配合管理思路的整体转变、借鉴国际先进征管经验，构建财产行为税管理体系：一是工作理念上，由税种分治向税种共治转变。目前税种管理的模式更侧重于各个税种的精细化管理，这对于专业化分工而言是必要的，但是财产行为税各个税种之间的关联性较高，垂直性、平行性的税收征管不利于提高税收征管的质量和效率。应加强财产行为税税种之间及其与其他税种之间的协调，保持税种之间的内在一致性，把握重点领域的税收征管，加快向税收共治的理念转变。二是管理手段上，由以票控税向数据管税转变。"营改增"后，地税部门"以票控税"手段缺失，管理对象逐步由以法人为主向法人与自然人并重的方向转变，在财产行为税征管方面，除了不断要加强国税、地税之间纳税人信息共享共用，积极推动与相关部门合作、扩大第三方信息来源，加强数据分析，深化数据运用，使数据信息真正成为财产行为税管理的有效手段。三是征管方式上，由经验管理向风险管理转变。现代社会的快速发展，以互联网为代表的新技术的兴起，带来行业的跨界融合、要素的跨域流动，税源的复杂性、流动性和隐蔽性不断增强，传统的保姆式税收征管模式，在专业性、管理效率方面均难以胜任，需要税务机关充分利用现代信息技术，深度挖掘涉税信息数据，精准扫描各类风险，实施分级分类差异化管理，加快向以"风险管理"为导向的征管模式转换。四是合作模式上，由单打独斗向部门协作转变。财产行为税征税范围广，涉及各个不同的部门，推动部门深度融合、执法适度整合、信息高度聚合，是解决现行税收征管体制深层次问题的有效途径，也是破解当前财产行为税征收管理难题的有效举措。这就要求我们深化国地税合作，协调第三方部门，共享共用涉税信息资源和征管的软硬件资源，推动财产行为税征管向"合作征税"转变。

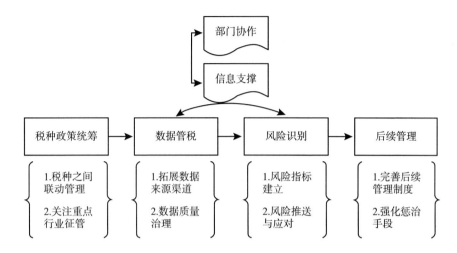

图5 财产行为税税种管理

（一）完善税收政策，统一政策执行口径

财产行为税税收政策不仅仅是某个部门的事情，需要各级税务部门共同努力，如表7所示。

表7 完善财产行为税政策的分工

财政部、总局	完善税制体系，推进税收立法
省局	加强税种之间的统筹、统一政策执行口径
市局	政策反馈，重点领域税种联动征管
区县局	理解、贯彻税收政策要求

1. 完善税制体系

财产行为税部分税收政策陈旧、规定不合理，与现行经济发展脱节，中央层面应调整、优化部分问题突出的税种政策。一是大幅降低土地增值税税率、规范扣除项目，或结合房地产税立法进行简并。二是合并房产税与城镇土地使用税，合并车船税和车辆购置税，尽量减少重复征税的发生。三是修订印花税征税范围，使其适应现有的经济行为，扩大资源税征税范围，实行从价计征。

2. 加强税种统筹

省级、市级层面应在各自的管辖范围内，加强税种之间的统筹及重点领域的税收管理。一是统筹改制重组的政策把握。如统筹考虑土地增值税、契税以及企业所得税对于改制重组、资产划转、投资主体、不征税或免税等概念口径，按照同一原则处理。二是统一税收优惠办理的流程。梳理财产行为税各税种税收优惠的不征税或免税界定、办理流程、收取资料等，特别契税的减免税备案、土地增值税的不征税办理等上级未明确的问题。

3. 统一和明确政策口径

一是区分重点行业、重点事项下发操作指引。如调研存量房征管、土地增值税清算、房产税、土地使用税等政策问题的执行情况。印花税核定征收等。二是减少不同税种对同一征税行为的政策口径差异。如统一存量房交易过程中不同税种（如增值税、契税、土地增值税、个人所得税等）对于住房持有时间、家庭成员、赠予、扣税凭证等问题的把握。同时加强税收政策的解读和学习。对上级制定的政策文件和规定，[①] 加强学习和研讨，了解和熟悉政策的出发点和具体内容，提高其对政策执行和解释的准确性，统一执行口径。三是上级暂未明确的政策问题，增强原理性、规律性的方式处理。如参考物权法的规定处理地下车库可售面积界定、视同销售的税收处理；参考财务会计规定处理土地增值税的利息扣除；参考企业所得税的规定处理土地增值税扣除项目。另外，从服务供给侧改革和有利于纳税人的政策导向。如解决国有企业、事业单位的改制重组涉及的契税、土地增值税、房产税、土地使用税的问题。合理解决纳税人一次性取得大额房产租金的房产税纳税义务发生时间、分期申报等问题。

---

① 如《财政部　税务总局关于承租集体土地城镇土地使用税有关政策的通知》（财税〔2017〕29 号）、《财政部　税务总局关于支持农村集体产权制度改革有关税收政策的通知》（财税〔2017〕55 号）。

（二）发挥税种联动，加强房地产税收一体化

房地产行业涉及的财产行为税税种多、税源大，加强房地产税收一体化管理是财产行为税征管的重点领域。

1. 建立政策指引和征管流程

一是制定具体的政策指引，对房地产一体化过程中涉及的税种，结合征管、信息、纳服等部门制定统一的政策执行口径。二是规范征管流程。侧重于税种之间的协调，区分持有环节、转让环节制定房产税、城镇土地使用税、土地增值税、契税的税收风险、纳税评估、风险应对流程。三是加大后续管理力度。办理税收优惠事项流程和跟踪管理事项，房地产一体化过程中涉及的土地增值税、契税数额较大，应加强对减免税、不征税的管理，特别是纳税人办理税收优惠后的后续跟踪要到位。

2. 加强房地产项目管理

一是首先结合"以地控税"专项工作，从土地取得环节，建立土地税源登记；其次在土地税源登记的基础上，结合土地增值税项目登记、房地产项目登记，统一房地产项目登记，建立唯一的项目登记编码，归集各项税收信息；最后借助契税把关信息，建立从土地到房地产项目再到房源登记的链条式管理。二是以金税三期为依托，共享国地税征管信息，建立房地产项目从取地、建设、竣工、销售等各个环节的征税信息。三是利用广州市综合治税平台，动态掌握国土、住建、规划等部门的项目管理信息，补充到房地产项目台账，及时监控房地产项目的开发进度，在预售、竣工等关键节点排查税收征管风险。

3. 加强税种之间联动

一是土地增值税与增值税的结合，借助国地税的房地产项目登记工作，归集销售不动产、建安的增值税申报、开票信息，来加强土地增值税预征、清算和尾盘的管理。二是结合地税部门的"两代"业务（二手房交易和个人出租屋），关注房源的产权变动情况，确定房源的最新产权，排查房产税等税种的征收。三是借助契税的把手作用，排查增值税的缴纳情况，进而关注城建税等附加税费的征收情况。

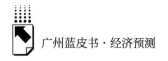

（三）简化申报手续，完善后续管理

税收管理制度具体是通过税收征管要素实现的，尤其是类似财产和行为税这种对纳税人存在直接负担的税种，如果税收征收的过程被设计得复杂而烦琐，则其征管会变得更加困难。一是简化财产行为税申报，优化税源信息采集和金税三期申报功能，简并财产行为税申报表，合并不动产项目报告表与土地增值税项目报告表，整合优化房产税纳税申报表与土地增值税纳税申报表。二是推进减免税备案管理，完善契税、土地增值税、房产税等财产行为税的减免税备案，明确不征税事项的办理，规范办理流程、收取资料，协调与房管部门的先税后证的具体要求。三是提升纳税服务水平，财产行为税的涉及情况复杂、涉及自然人纳税较多，对于房地产交易环节的税收管理，需注重建立畅通的纳税人反馈渠道，特别注重政策口径的解释、金三系统申报问题的及时处理。四是完善后续管理制度，制定后续管理办法，明确部门之间的责任、后续管理方式、流程、文书等，建议征管部门牵头，业务部门配合，对财产行为税风险较大的事项，如契税的减免税备案、房产税、城镇土地使用税的虚假申报等，进行后续管理。五是加大稽查和惩治力度，后续管理发现纳税人偷逃税的，联合税务稽查、公安、检察部门加大惩治力度，做到宽严相济。如广州市第二稽查局通过核实房地产企业的拆迁补偿支出发现纳税人少征契税的问题，广州市稽查局通过比对出口退税的数据发现纳税人少缴城建税的问题等。

（四）强化数据管税，完善风险管理

1. 强化数据管税

一是设立专门的数据管理部门，由专门数据管理机构统一实施涉税数据信息的采集和整备，堵塞因信息不全面造成的征管漏洞，发挥分工的专业性和效率性，消除各部门职责不清，配合不畅的问题。二是多渠道、多方式采集数据。通过强化综合治税沟通机制、拓宽数据采集渠道、优化信息反馈相关流程、关注相关涉税舆情等方式，统一建立常态化的信息交换机制，如力

争把经济关键部门如人民银行、海关、法院等纳入涉税信息共享范围。三是规范涉税信息的上报标准。制定科学合理的数据标准，确保共享信息有效性、数据传递准确性，加大对有关单位的技术指导和技术支持，将共享信息交换全面纳入交换平台，提高数据传递效率。四是丰富数据分析方法。整体规划指标模型结构，并根据不同模型的风险管理特点灵活运用数据挖掘方法，建立在概率分析、回归分析、方差分析、正态分布等数理统计方法基础上的宏观数据挖掘分析。

2. 风险管理

一是分层次建立财产行为税风险管理指标。优先利用税务部门的征税数据、税种之间的关联关系，依次建立指标模型，如利用契税征税数据排查房产税、土地使用税的申报情况，国税部门的增值税征税数据排查土地增值税缴纳情况。二是建立重点税种的风险指标模型。"营改增"后土地增值税、契税、房产税、城镇土地使用税是地税机关的重点征管税种，应着重抓好重点税种的监控，如利用已清算项目土地增值税数据、建安工程造价指标数据，建立土地增值税清算的风险预警模型，加强土地增值税清算管理。三是注重财产行为税风险指标库的完善。由风险管理部门牵头，统筹税政、征管、数据、信息等部门建立风险指标库，并征集基层征收部门的意见，引入高校或第三方，联合开展风险指标模型建模比赛，集思广益，充实和完善风险指标模型库。四是风险指标推送应充分考虑基层税务机关的应对能力，细化风险应对工作内容，科学合理确定推送的任务量和时间节点，并建立基层税务部门的应对结果和效果反馈机制，对风险指标模型进行动态修正和维护。

（五）提升部门协作，形成治税整体合力

一是建立税务机关内部协调工作机制。成立财产行为税工作领导小组，加大税政部门的统筹协调作用，协调税政、征管、纳服、信息、评估等各个部门解决财产行为税重点工作，如房地产行业一体化的税收征管、存量房税收征管等。同时，建立财产行为税专业人才库，选拔熟悉税政、征管、信息等知识的人才，充实到税政岗位上，并加大跨岗位轮岗力度，便于统筹推进

税种管理。对土地增值税清算等专项工作，组建专业团队应对。二是深入推进国、地税合作。共同推进房地产项目管理，以土地增值税项目登记编号为国地税项目管理的唯一识别号，及时共享国税部门的不动产销售、建安工程的增值税申报、开票数据，共享地税部门的土地增值税、契税、土地使用税等信息。充分发挥国、地税各自征管优势，完善零散税源的互相委托代征机制。三是完善部门联动协作机制。强化与国土、房管、建设等部门联动管理制度，形成部门联动协作的长效工作机制，加强房地产相关的土地增值税、契税、房产税、城镇土地使用税等财产行为税重点税种的征管；积极开拓与街道、交警、海事、保险公司、环保等部门的沟通渠道，加强出租屋税收、车船税、印花税等涉及范围广的税种的税收征管，以及环保税开征的准备工作；借助专业机构、行业协会等部门的专业力量，提升税收征管的质量和效率，如聘请税务事务所、造价审核、资产评估等部门加强土地增值税清算审核。

广州企业微观税负水平分析

广州市税务学会课题组 *

摘　要：　"十二五"期间，广州市宏观税负总体呈现下降趋势，小口径宏观税负从2011年的28.64%，下降到2016年的23.51%，2016年的宏观税负水平比2015年下降5%，下降效果显著；大口径宏观税负水平从2011年的32.33%下降到26.38%，2016年比2015年下降6.66%，年均水平与全国税负水平看齐。从48家样本企业来看，广州市企业税负水平年均6.6%，社保费用水平年均3.36%，其他费用占比年均1.23%，不同行业、不同企业上述水平存在显著差异。"营改增"政策在零售行业、物流行业、银行业、科技行业企业取得较为明显的成效，样本企业税负水平下降。

关键词：　税负水平　微观税负　宏观税负　营改增　广州

一　企业税负水平分析的现实意义

（一）分析问题的提出

2016年民营企业家福耀玻璃董事长曹德旺在接受媒体采访时宣称计划

---

* 课题组成员：俞富林，广州市税务学会会长；王朝晖，广州市地税局处长；黄锦珍，广州市国税局处长；罗海，广州市地税局科长；王经胜，广州市国税局科长；夏明会，广州大学经济与统计学院教授。执笔：夏明会。

在美国投资 10 亿美元建厂，同时表示自己"出走"美国的原因是地价、能源、劳动力等实体经济的成本差异，"中国制造业的税负比美国高 35%"。这一言论随即引发了各界对国内企业税负的热议。2016 年底，世界银行公布了《世界纳税指数 2017》，其中计算了 190 个经济体反映企业税费负担指标的总税率，中国总税率为 68%，全球排名第 12 位，这更加激发了社会各界关注企业税负水平的热情（韩洁，2016）。

2017 年 1 月在国务院第一次常务会议上，李克强总理提到，"最近有声音认为企业税负过高，其实仔细掰开来算细账，主要是企业的非税负担过重。企业成本高在哪儿，还不是制度性交易成本太高"，我国企业非税负担也引起人们关注。我国企业除了缴纳税收之外，还需要缴纳行政收费、基金、社保等各种税以外的收费。

（二）研究分析的目的

衡量企业税负，一般可以从微观税负和宏观税负两大维度来观察。本研究的主要目的是通过广州 48 家企业的微观税费水平变化、广州宏观税负水平近六年的变化，观察广州企业税负水平变动趋势，并从一个侧面了解"营改增"减税的效果。

二 广州地区宏观税负水平分析

（一）税收收入占比 GDP（HLS）

从小口径分析，地区宏观税负水平 LHS = 地区税收 ÷ 地区 GDP，地区税收为地区国税部门和地税部门收税之和。2011 ~ 2016 年广州市 GDP 和税收情况见表 1。

从表 1 中可以知道，随着国民生产总值的增加，广州地区的税收总额是逐年增加的，但税收总额增速是下降的。特别是从 2015 年的 5.24% 下降到 2016 年的 2.92%。小口径宏观税负从 2011 年的 28.64%，下降到 2016 年的

表 1　2011～2016 年广州市 GDP 和税收

项目	2011 年	2012 年	2013 年	2014 年	2015 年	2016 年
GDP(亿元)	12303.12	13551.21	15420.14	16706.87	18100.41	19610.94
GDP 年增速(%)		10.14	13.79	8.34	8.34	8.35
税收之和(亿元)	3523	3752	3918	4256	4479	4610
税收增速(%)		6.50	4.42	8.63	5.24	2.92
HLS(%)	28.64	27.69	25.41	25.47	24.75	23.51
HLS 增速(%)		-3.31	-8.23	0.26	-2.86	-5.00

资料来源：广州市统计公报。

23.51%。2016 年的宏观税负水平比 2015 年下降 5%，体现出近年来国家不断出台减税政策加大减税力度成效显著（见图 1）。

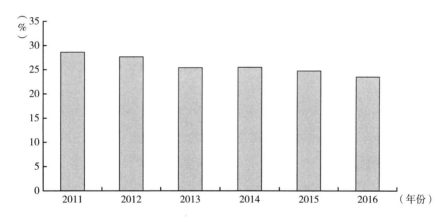

图 1　广州市宏观税负（小口径）

（二）财政收入占比 GDP（HLL）

从大口径分析，宏观税负水平 HLL = 地方财政收入 ÷ 地区 GDP。但是，IMF 定义的政府财政收入统计是以国家为单位的，当从税负的角度讨论地方政府财政收入时，因为我国财政收入分割的实际情况，来源地方的税收不仅要留给地方，同时也要按比例上缴到上一层政府（池乃珠，2013）。因此，大口径宏观税负中的财政收入应该是来源于广州地区的财政收入，才能真实反映宏观税负水平。具体数据见表2。

表2 2011~2016年广州GDP和财政收入

项目	2011年	2012年	2013年	2014年	2015年	2016年
GDP(亿元)	12303.12	13551.21	15420.14	16706.87	18100.41	19610.94
GDP年增速(%)		10.14	13.79	8.34	8.34	8.35
来源于广州的财政收入(亿元)	3978	4300	4430	4834	5116	5174
财政收入增速(%)		8.09	3.02	9.12	5.83	1.13
HLL(%)	32.33	31.73	28.73	28.93	28.26	26.38
HLL增速(%)		-1.86	-9.46	0.72	-2.31	-6.66

资料来源：广州市统计公报。

从表2中可以知道，来源于广州的财政收入随地区国民生产总值的增加而增加，但增速放缓，从2015年的5.83%下降到2016年的1.13%。广州市宏观税负水平从2011年的32.33%下降到2016年的26.38%。特别是，HLL增速总体保持下降态势，2016年比2015年下降了6.66%，下降明显（见图2）。

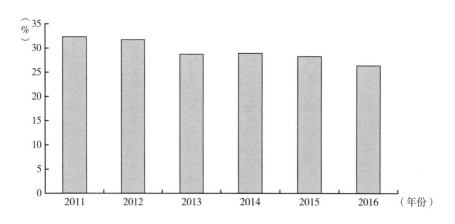

图2 广州市宏观税负（大口径）

根据国家税务总局与财政部的测算，我国小口径宏观税负水平，2012~2015年分别为18.6%、18.6%、18.5%和18.2%（韩洁，2016）。根据国际货币基金组织（IMF）数据测算，2013年税收收入占GDP比重各国平均水平为23.3%，其中发达国家和发展中国家分别为25.9%和20.4%。我国2015年小口径宏观税负比世界平均水平低5.1个百分点，比发达国家、发展中国家分别低7.7个和2.2个百分点。而从大口径计算方面，2012～2015年我国宏观税负分别为28.2%、28.6%、28.8%和29%。从小口径宏观税负来看，广州市宏观税负水平高于全国同期水平，反映广州市经济发展水平高于全国，总部经济辐射效应凸显。从大口径宏观税负来看，广州市税负水平与全国同期水平基本持平。

三 广州地区企业税负案例分析

为了解广州地区企业税负情况，本次研究通过税务机关直接发放数据调查表了解广州市总部企业48家，数据内容包括企业直接税负支出（不包括属于企业个人部分）、企业社保费用支出、其他政府性收费支出。

（一）小口径企业税负水平（BSL）

小口径企业税负 BSL＝企业税收支出÷企业营业收入，税收支出为企业缴纳的各类税负，包括增值税、所得税等，且为当年实际支付金额。48家企业年平均税负水平 BSL 见图3、图4。从图3可以知道，2011～2015年，

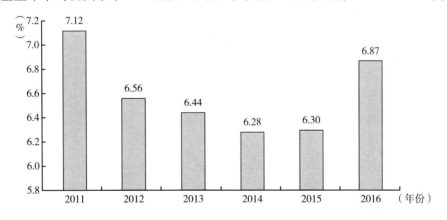

图3 48家企业2011～2016年年均税负水平

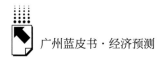

企业税负水平总体呈现下降趋势,从 2011 年的 7.12%,下降到 2015 年的 6.30%。但从图 4 可以知道,个体之间税负差异显著。

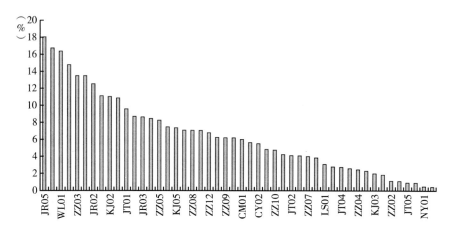

图 4 不同企业年均税负水平分布

1. 制造业企业税负水平

本次样本企业调查中有制造业企业 13 家,年平均税负水平见图 5。制造业总体税负水平平均数为 5.61%,2011～2013 年为上升期,2014～2015 年为下降区间,2016 年有回升。

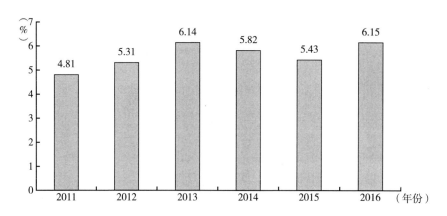

图 5 制造业年均税负

2. 零售业企业税负

从图 6 中可以知道，零售行业企业年平均税负从 2011 年的 4.52% 下降到 2016 年的 2.91%，且 2016 年税负水平比"十二五"期间平均年税负水平有较为显著下降，显示出了"营改增"税改在零售行业的效果。

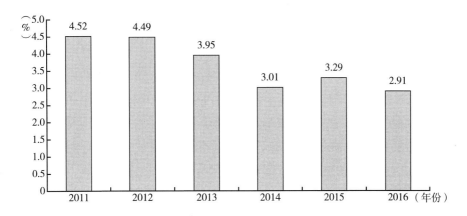

图6　零售企业年均税负

3. 科技企业税负

在大力推动创新驱动发展战略下，科技企业相关税收优惠政策较多，企业享受面较广，从高新技术企业优惠、软件企业优惠，再到研发费用加计扣除等，为科技企业减压增劲效果明显。从图 7 可以看到，科技企业年均税负

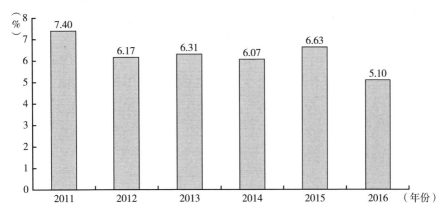

图7　科技企业年均税负

水平呈现下降趋势，从2011年的7.40%下降到2016年的5.10%。

4. 金融业企业税负

金融企业年均税负水平表现与其他行业不同，分为先下降、后上升两个阶段。2011~2013年为下降阶段，2014~2016年为上升阶段。金融行业企业税负水平较高同近年在宽松货币政策环境下金融企业保持较高的盈利水平有相关性。

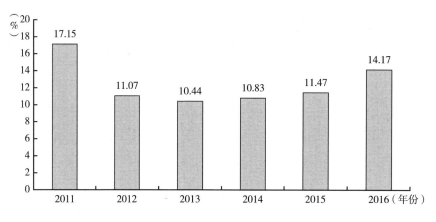

图8　金融业企业年均税负

5. 物流交通企业税负

物流交通企业年均税负为6.57%，总体水平相对稳定。在"营改增"税改背景下，广州市德邦物流服务有限公司、广州顺丰速运有限公司、广州港集团有限公司、广州地铁集团有限公司、广州市一汽巴士有限公司2016年税负水平比"十二期"平均税负水平有较为显著的下降，"营改增"效果良好。而广东林安物流发展有限公司、广东南方物流集团有限公司、广州市白云出租汽车集团有限公司却有上升的态势。物流交通企业税负变化差异较大，这与企业购置车辆设备抵扣时点相关。

（二）中口径企业税负水平（BML）

中口径企业税负BML =（企业税收支出 + 社保费用支出）÷企业营业收入，

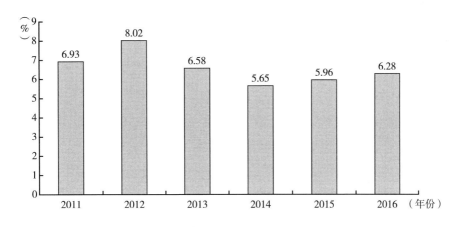

图9 物流交通企业年均税负

相对于小口径企业税负水平，增加一项企业负担的社保费用支出，因为企业社保费用征收具备税收的特性。税收支出、社保费用支出均为当年实际支付金额。48家企业年平均中口径税负水平BML如图10所示。中口径企业税负年平均水平保持在9.34%～10.69%，但不同企业之间水平差距还很明显（见图12）。

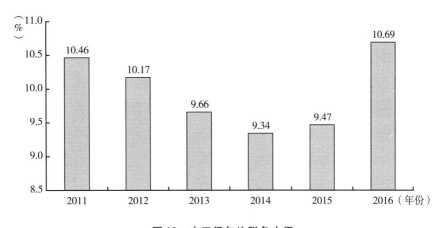

图10 中口径年均税负水平

（三）大口径企业税负水平（BLL）

大口径企业税负BLL =（企业税收支出 + 社保费用支出 + 其他政府性收

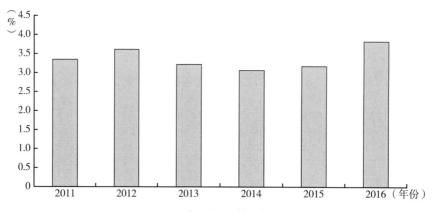

图 11　年均社保费用水平

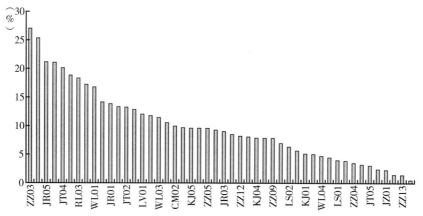

图 12　不同企业年均中口径税负水平分布

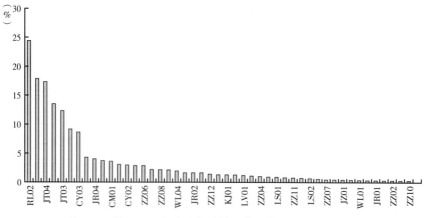

图 13　不同企业年均社保费用水平分布

费）÷企业营业收入，相对于小口径企业税负水平，增加了企业负担的社保费用支出和其他政府性收费。税收支出、社保费用支出、其他政府性收费均为当年实际支付金额。48 家企业年平均大口径税负水平如图 14 所示。从图 14 可知，企业大口径税负从 2011 年的 11.59% 下降到 2015 年的 10.58%，2016 年回升到 11.79%，但平均差距不大。

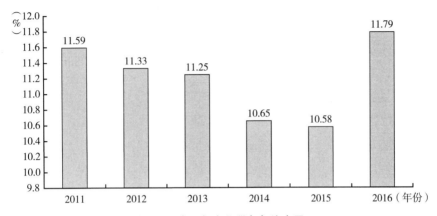

图 14　大口径企业税负年均水平

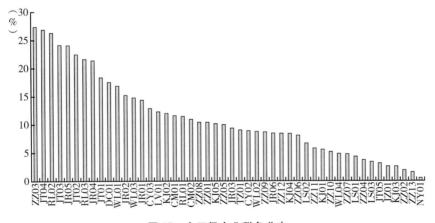

图 15　大口径企业税负分布

由图 16 可知，样本企业平均年政府性费用率为 1.23%，处在 1.10% ~ 1.59%。但是，从图 17 可以看出，不同企业面临的政府性费用率水平是有差距的。

235

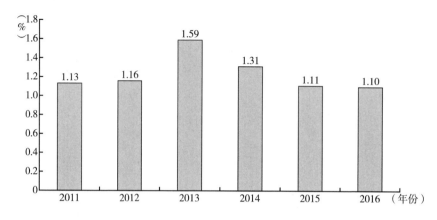

图16　企业年均费用率

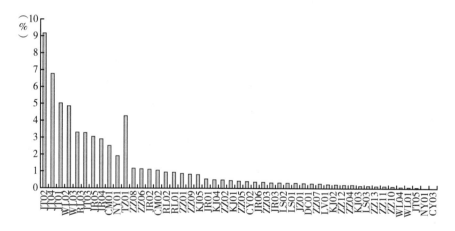

图17　企业年均费用率分布

四　研究结论与对策建议

（一）研究结论

1. 广州市宏观税负水平适中

从小口径宏观税负来看，2011～2016年广州宏观税负分别为28.64%、

27.69%、25.41%、25.47%、24.75%和23.51%，总体呈现下降趋势。特别是2016年，比2015年有较为明显的下降，体现了供给侧结构性改革以来，税收优惠政策发挥了较好的降成本作用。从大口径宏观税负来看，2011～2016年广州宏观税负分别为32.33%、31.73%、28.73%、28.93%、28.26%和26.38%，保持下降态势，广州市宏观税负水平与全国同期水平基本持平。

2. 广州企业微观税负水平个体差异明显

从小口径微观税收水平来看，48家样本企业2011～2016年平均税负水平为6.87%，范围在6.30%～7.12%，表现稳定；但个体企业之间差距显著，最高值为18.08%，最小值为0.44%。从中口径微观税负水平来看，48家样本企业2011～2016年平均税负水平为9.97%，范围在9.34%～10.69%；但个体企业之间差异明显，最大值为27.04%，最小值为0.51%。从大口径微观税负来看，48家样本企业2011～2016年平均税负水平11.20%，范围在10.58%～11.79%；但个体企业之间差异明显，最大值为27.37%，最小值为0.54%。

3. 不同行业企业税负水平存在差异

从小口径微观税收水平来看，不同行业之间企业微观税负水平也是不同的。附加值较高的服务业税负相对较高，金融企业平均12.52%，科技类企业平均6.28%。面临成本上升、汇率波动、内需不振等诸多经营困难的传统经济产品附加值较低，税负也较低。制造业企业年均税负为5.61%，零售企业年均税负3.69%。

4. "营改增"呈现初步效果

从零售行业来看，2016年平均税负水平比"十二五"期间水平降低，凸显"营改增"在该行业取得成效。同样，科技企业的2016年税负水平比2015年水平低。样本银行企业2016年的税负水平比"十二五"期间有较为明显的下降。从样本企业来看，在制造行业企业中，传统制造企业如家具制造、一般用品制造业企业"营改增"效果较为显著，而科技投入多的制造企业，"营改增"效果则需要较长时间才能显露出了。以人力成本为主的人

力资源企业由于用来抵扣的项目较少，"营改增"效果不是十分明显。

5. 社保费用与其他政府费用总体水平不高

从社保费用水平来看，48 家样本企业 2011～2016 年社保费用水平为 3.37%，范围在 3.06%～3.82%；但不同企业差异较大，最大值为 24.43%，最小值为 0.01%。从费用水平来看（剔除税、社保费用的其他政府性收费），48 家样本企业 2011～2016 年平均费用水平为 1.23%，范围在 1.10%～1.59%，但最大值为 9.16%，最小值为 0.01%。从平均值来看，企业费用水平与媒体上报道的存在一定差别。

（二）对策建议

1. 精准降低税费

从上述分析可知，同时期不同企业、不同行业企业的税负水平、费用水平是存在差异的。政府需要针对不同行业采取适当的减税措施，既要保持社会整体的税收公平性，又能实现降低税费促进产业发展、企业发展的战略目标。例如，对房地产企业，可以降低土地使用税适用税额标准；对物流企业，可以将车辆车船税适用税额降低到法定税率最低水平；对总部企业，允许总部企业和分支机构实行汇总缴纳增值税，分支机构就地入库。加大对中小企业扶持力度，令企业在创业期减轻税负，针对企业创新过程制定"间接优惠为主、直接优惠为辅"的税收政策，通过间接优惠侧重对研发过程的鼓励，与企业共担研发风险。

2. 加大降成本力度

虽然当前微观企业平均税负并不高，但社会普遍反映税收痛苦指数高，主要是由于企业盈利水平较弱，刚性税收挤占利润的心理感觉比较强烈。建议进一步出台相关降低成本措施，加快产业转型升级，改善企业盈利水平。一是降低企业社会保险成本。在国家社保规定的基础上，可以允许企业单位设保费率按最低水平执行。二是降低企业用地成本。充分保障工业用地供给，对广州市制造业项目给予重点建设项目待遇，土地出让价可以按工业用地最低价标准的一定折扣给予。三是采取措施，降低企业制度性交易成本。

减少投资审批事项和审批时限，降低投资项目立项、报建、验收阶段涉及的行政许可费用。四是支持企业开展技术改造。采取适当措施对企业技术改造给予"一个项目一个政策"支持，扩大技术改造普惠性事后奖补政策享受范围。对以高端智能装备、新能源及节能环保、新材料、新一代信息技术、生物医药为方向的制造业企业培育予以重点支持；对上述制造企业的标志性重大项目落地、关键核心技术攻关、重大兼并重组、创新成果转化等给予特别支持。

3. 构建良好营商秩序环境

一是增强企业减税政策获得感。为了让纳税人实实在在增加政府减税政策的获得感，税务部门应加大减免税的宣传力度，加大政策辅导和后续管理力度，引导企业加强财务核算；优化办理流程，打消纳税人顾虑，用足抵扣政策，保证符合政策的企业能够足额享受相应优惠，确保"营改增"改革红利持续释放。二是持续深化落实"放管服"改革。针对纳税人反映的办税"痛点""难点""堵点"，在行政审批上做"减法"，在纳税服务和后续管理上做"加法"，着力破解机制障碍，持续激发市场活力，增强招商引资吸引力。三是营造税负公平的良好纳税信用社会。借力"营改增"全面扩围，倒逼企业优化升级经营模式，规范健全财务核算，加大打击涉税违法犯罪的力度，消除偷税行为造成的税负差异，增强纳税人公平感。

B.15

基于免税资格认定的广州市
非营利组织税收待遇问题研究

广州市越秀区地方税务局课题组*

摘　要： 本研究主要通过对广州市越秀区非营利组织获得免税资格认定的现状进行分析，对其存在的问题给出对策和建议，提出主要观点：非营利组织发展壮大过程中离不开税收优惠政策的落实，也离不开税务部门对其纳税意识的培养和辅导，同时也需要非营利组织自身提升纳税遵从度和财税管理水平，从而形成非营利组织和税务部门之间的良性互动，实现依法享受待遇、依法履行纳税义务。

关键词： 非营利组织　免税资格　纳税遵从度　广州

　　作为对政府和企业的有益补充，我国非营利组织经历了改革开放以来多年的发展，规模日益壮大，逐步成为公共领域一股重要的力量。根据民政部统计，截至2015年底，全国共有非营利组织（包括社会团体、基金会、民办非企业）66.2万个，比2014年增长9.2%；吸纳社会各类人员就业734.8万人，比2014年增长7.7%；全年累计收入2929.0亿元，支出

* 课题组成员：瞿毅，广州市越秀区地方税务局党组成员，总经济师；吴晓慧，广州市越秀区地方税务局收入规划核算科科长；李丹，广州市越秀区地方税务局收入规划核算科副科长；王颖，数学和经济学双学士，公共管理硕士研究生在读，目前为广州市越秀区地方税务局收入规划核算科科员，中级质量工程师、中级经济师，主要研究方向为税收经济、社会影响。

2383.8 亿元，形成固定资产 2311.1 亿元。接收各类社会捐赠 610.3 亿元。从组织数量上看，2015 年非营利组织规模比 2008 年的 41.3 万个增长了 60.29%，比 1998 年的 16.6 万个增长了近 3 倍。①

在非营利组织不断发展的过程中，政府管理部门如何有效引导其健康发展壮大，始终是一个值得重视的问题，从近年来爆出来的种种现象来看，无论是多年以前"红十字会郭美美事件"，还是近期的"携程亲子幼儿园虐童事件"，背后都透露了非营利组织自身存在的不足以及政府监管方面的缺失。除了监管以外，对非营利组织税收待遇的问题也是一个值得关注的重要因素。部分学者认为，我国的相关税收政策不利于非营利组织发展，例如一些非营利组织兼有营业性收入，对此部分如何征税并没有相关规定等。不可否认，税收政策的不完善在一定程度上影响着非营利组织的发展。

广东省广州市作为我国最早一批改革开放的城市，经济发展水平和税收规模、综合治税能力一直位居全国前列。其非营利组织的规模和社会影响力也在全国范围内具有典型性、代表性意义（以 2015 年民政部门数据为例，广东省的非营利组织规模和从业人员数量均为全国的 6.5% 左右）。越秀区作为广州市的政治、经济、文化中心区域，其非营利组织的发展也是广州市非营利组织发展的一个缩影。因此，研究广州市越秀区的非营利组织税收待遇现状，对广州市、广东省乃至全国都有一定的借鉴意义和参考价值。

一 非营利组织税收待遇问题研究现状

"公益慈善机构的营利性收入是否能减免税收，已经成为当下制约中国公益慈善事业进一步发展的主要因素"，并有不少学者和非营利组织呼吁对非营利组织的免税范围从目前的非营业性收入全面扩大到营业性收入。但从

---

① 民政部门官方网站：《2015 年社会服务发展统计公报》。

我国现实来看，扩大非营利组织免税收入范围促进其健康发展还是一个存疑的问题。类似于对非营利组织发展的政策扶持，我国对部分产业也有政策支持。著名经济学家张维迎就曾指出，政府的产业扶持政策并不能真正促进一个产业的健康发展，没有一个产业是在政府扶持的情况下发展壮大的，"企业家精神"对于产业的发展更为重要。我国的煤炭行业、光伏行业、新能源汽车行业都有过"越扶持越没有盈利能力、越补贴越没有竞争力"的"怪现象"，也从一定程度印证了"扶持无用"这一观点的合理性。我们国家的非营利组织在不断要求税收优惠待遇的过程中，是否承担了相应的纳税责任和义务，提升了纳税遵从度和纳税意识，是否健全了内部财务税收管理，都值得进一步探讨。

此外，以往学者的研究多从税收制度设计以及非营利组织双重领导的角度来进行阐述，多认为由于制度不完善而对非营利组织发展形成制约，且在梳理税法的过程中从各个税种的优惠、减免、抵免条款中梳理。事实上，除了非营利组织免税资格认定外，其余优惠政策的出发点和落脚点基本都是针对企业向公益组织捐赠的以及企业开展生产活动过程中的部分行为，并非特定针对非营利组织而制定。目前税法体系下只针对非营利组织税收政策的，就是《中华人民共和国企业所得税法》中对非营利组织免税资格管理办法。从该《管理办法》进行研究，更有针对性和现实意义。非营利组织发展过程中，资金问题始终是一个极为重要的问题，而要解决资金问题，无非开源和节流。要节流，就需要对成本进行控制，这就离不开对非营利组织税收待遇的了解和改善。本文的研究试图从非营利组织作为纳税人的角度和税务部门作为政府管理机关的角度，对非营利组织免税资格认定政策及现状进行梳理，能给非营利组织提供借鉴，提升其纳税主体责任意识，从而促进其纳税待遇的提升，更健康地发展壮大，同时能给税务部门一定的参考意义。

本文主要采用文献法，即通过查阅税收法律法规和广东省、广州市、越秀区的具体税收规章、民政部门的统计数据以及越秀区地方税务部门核心征管系统提取的纳税人登记信息和税收申报入库数据，同时还有广州市越秀区国地税、财政部门公开的 2011~2015 年的《免税资格非营利组织认定名单》等文献资料进行分析研究。

二 非营利组织免税资格认定现状

（一）非营利组织免税资格认定的法律地位

我们国家现阶段正处在法制化建设日趋完善的过程中，而税制改革最主要的方向之一就是改善现有的税法的法律地位偏弱的状况。目前我国税收法律法规中，仅有《中华人民共和国企业所得税法》和《中华人民共和国个人所得税法》是由全国人大通过的法律，《中华人民共和国车船税法》《中华人民共和国税收征收管理法》是经全国人大常委通过的法律，其余均为授权法规和部门规章，如《增值税暂行条例》《中华人民共和国个人所得税法实施细则》等，税收法律体系建设有待完善。

而对非营利组织免税资格认定的相关法律法规渊源，可以追溯到具有税收法律地位的《中华人民共和国企业所得税法》第二十六条的规定。除此之外还有《中华人民共和国企业所得税法实施条例》第八十四条的规定，以及《财政部、国家税务总局关于非营利组织免税资格认定管理有关问题的通知》（财税〔2014〕13 号文，该文是对财税〔2009〕123 号文的修订）。对企业所得税免税范围的规定还有《财政部、国家税务总局关于非营利组织企业所得税免税收入问题的通知》（财税〔2009〕122 号文）。

2018 年 2 月，财政部、国家税务总局联合下发了《关于非营利组织免税资格认定管理有关问题的通知》（财税〔2018〕13 号文），再次对〔2014〕13 号文做出修订，进一步完善了相关法律法规。

由此来看，我国对非营利组织免税资格认定已经形成了较为完备的法律法规体系，同时对免税范围也有明确的界定。在我国税收法制本就不完善的大背景下，对非营利组织税收政策不断修订，能够基本做到"与时俱进"，由此可见，我国对非营利组织的重视和支持。

（二）非营利组织资格认定的发展趋势

目前越秀区对非营利组织免税资格认定办法依据广东省、广州市等上级部门的具体文件要求，[①] 由财政部门和税务部门联合审查、联合公布的方式，公布通过审核的名单。免税资格有效期为 5 年，满 5 年后需进行复审，复审合格后，续期 5 年。具体流程如下：

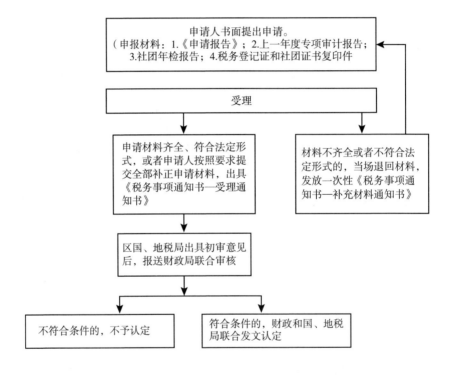

从公开数据可以了解到，广州市越秀区财政部门和税务部门 2013～2017 年通过联合发文（Y 财〔201×〕××号文）的方式公布该区具有 20××年度免税资格的非营利组织复审合格名单的通知。

---

① 详见《财政部　国家税务总局关于非营利组织免税资格认定管理有关问题的通知》（财税〔2014〕13 号），流程图中具体资料以财税部门公告为准。

2012 年越秀区一共有 98 家非营利组织通过了复审，且当年新增具有 2012 年免税资格的非营利组织 16 家；2013 年，有 14 家具有 2009 年度免税资格的非营利组织通过了复审，当年新增具有 2013 年免税资格的 14 家；2014 年，新增具有 2014 年免税资格的 8 家；2015 年，新增具有 2015 年免税资格的 15 家，详见表 1。

表 1 越秀区 2008~2015 年具有免税资格的非营利组织

单位：个

年份	2008	2009	2010	2011	2012	2013	2014	2015	当前合计
合计	98	14	0	0	16	14	8	15	165
商会、协会类	7	11	—	—	3	4	2	1	28
医院	6	—	—	—		1	1	—	8
学校	79	—	—	—	3	—	1	—	83
社区卫生服务中心	3	—	—	—	2		—	—	5
其他公益组织	3	3			8	9	4	14	41

2012~2015 年，越秀区新增了具有免税资格的非营利组织共 53 家，加上 2008、2009 年具有免税资格的复审通过的，当前合计有 165 家非营利组织具有 2015 年度免税资格。[①] 这一数据比 2008 年时的 112 家[②]增长了 47.3%，这一数字低于广东省及全国 2008~2015 年非营利组织规模增长的趋势。从这 165 家非营利组织分布来看，"官方""民间"比例约为 58∶42。其中学校占比 50%，其他带有官方色彩的如医院、社区卫生服务中心合计占 8%，民间色彩浓厚的商会、协会以及其他公益组织占比 42%，构成占比如图 1 所示。

---

① 2015~2016 年未公布 2010~2011 年复审结果，也未查阅到 2010~2011 年当年新增结果。原因不详，根据查阅到的媒体信息推测为当年未进行认定，但未获相关部门证实。
② 此处 112 家为具有 2008 年、2009 年资格复审通过的合计。

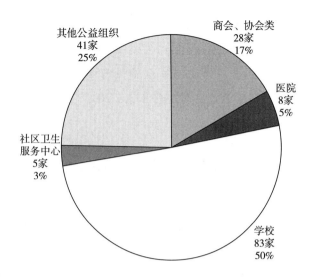

图1 2015年越秀区具有免税资格的非营利组织结构

（三）获得免税资格认定后的非营利组织纳税意识现状

一方面是获得免税资格认定的"艰难"，另一方面在获得了免税资格之后，非营利组织尤其是民间色彩浓厚的非营利组织，却又普遍存在着依法纳税意识的薄弱。

笔者统计了越秀区2015年获得了免税资格认定的15家非营利组织在地税部门纳税申报情况，同时从具有2008年免税资格认定的98家中按类型比例随机抽取32家（2家协会、2家医院，26家学校、1家社区卫生服务，1家其他公益组织）进行对比。

2015年的15家中有9家（均来自公益组织）在过去3年的纳税申报中存在申报错误的情况，占比高达60%；而2008年名单抽样的32家中，只有3家近3年来出现过申报错误的情况，占比接近10%。同期地税部门所有纳税人的申报中，出现申报错误的比例不超过0.1%。①

---

① 此处口径略有差异，采取随机从系统抽取近三年某月的方法计算平均。

三　非营利组织免税资格认定中存在的问题

综合非营利组织免税资格认定现状中所描述的现象，目前在越秀区非营利组织免税资格认定过程中，主要存在以下几个方面的问题。

（一）相关法律地位足够，但仍存改善空间

正如前文所述，我国目前对非营利组织的免税资格认定是在企业所得税法的具体条款中予以定义和解释的，并且能够根据实际不断调整更新。这在我国目前的税收相关法律地位本身就比较羸弱的现状下，实际上是凸显了我国对于非营利组织的税收待遇的极为重视。

当然这也不意味着就没有改善空间。不同于其他国家对非营利组织的管理，我国采取的是双重管理体制，这客观上制约着非营利组织在税收领域的优惠政策相对被限制在一定范围内，无论是从组织本身的界定范围还是税收优惠限定于部分税种，都有更多的可探讨空间。如果能从纳税主体的角度对非营利组织登记时进行明确而不是成立以后再进行由非营利组织自身发起申请、财税部门联合审批的方式，应该能从源头上明确非营利组织的税收地位，扩大政策的普及面。此外，由于历史原因，国税和地税出现过分治局面，不同企业可能由于分别在国税、地税部门缴纳企业所得税而在免税资格认定审批中由于审批主体的差异而被差异化对待。

而就现行法律法规而言，税法中更多是从对非营利组织的规范性角度进行要求和限制，就具体涉及免税收入和非免税收入部分是否存在比例要求，则没有明确。这一点与国外一些国家（如美国）的做法存在差异，这可能会与非营利组织成立的初衷存在偏差，尤其在现阶段资格获得率偏低的情形下，更应该对此比例进行明确，以体现政策的"权益与义务对等"的公平性和促进非营利组织健康发展的政策初衷。

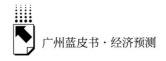

（二）资格认定通过率偏低，与非营利组织发展规模不匹配

根据《中华人民共和国企业所得税法》（以下简称《企业所得税法》）的相关规定，我国对非营利组织免税资格实施认定管理，从具体的申请条件和操作过程以及需要提交的资料来看，这一资格认定并不苛刻，符合免税资格认定的非营利组织应该可以占据相当大一部分比例，然而在实际操作过程中我们发现，在越秀区进行了税务登记的非营利组织数量为3734家，免税资格认定管辖范围为越秀区的非营利组织数量为2408家，而从2015年越秀区具有免税资格认定的户数为165家计算，获得免税资格认定的比例仅有6.9%，这一数字显然偏低。从该项政策的实施意图来看，免税资格（其实主要是免企业所得税）应该是一项普惠性的措施，但是从实际效果来看，能享受到这一政策的企业不超过10%，与政策意图相去甚远。而且从非营利组织的数量增速与通过免税资格认定的企业数量增长的速度对比，也可以发现，通过率的增长跟不上非营利组织规模的扩大。

因此，如何有效宣传非营利组织免税政策，让非营利组织提升"获得感"和参与、通过认定的"存在感"，是值得财税部门思考的一个问题。

（三）非营利组织免税资格认定过程中存在一定的政策倾向性，民间非营利组织获得免税资格需要耐心和时间

从2008～2015年通过资格认定的情况来看，资格认定存在较为明显的倾向性，每一年都出现了某一类组织的占比超过50%的现象。且从这几年的趋势来看，呈现出"逐步向民间（草根型）非营利组织倾斜"的特点。但从总体来看，民间（草根型）非营利组织通过免税资格认定的比例相对还是偏低的。这与目前庞大的民间（草根型）非营利组织的规模不完全匹配。

除此之外，从媒体报道的情况来看，民间非营利组织对免税资格认定颇

有微词，认为税务部门存在有意"刁难"的现象，如2011年广东省某日报就曾报道广东省广州市某特殊儿童家长互助中心申请免税资格连续两年遭遇失败。

（四）非营利组织自身的纳税意识有待提升

按照相关规定，目前越秀区的国税、地税部门联合财政部门对非营利组织的免税资格做联合审查。从具体的条款来看，税务部门基本上只能按照财税〔2014〕13号文所明确的对非营利组织本身的要求和材料来进行审查，而且多数情形下是形式审查，这一工作主要在税源管理部门和税政部门以及纳税服务部门间进行，最终由税政部门把关。

从越秀区的实例来看，只要非营利组织本身能按照章程开展活动，能按照条款的要求提供证据和材料，基本都能通过审核。不通过审核的原因更多是在非营利组织本身的章程和活动开展过程中不能提供证据证明其符合章程要求所致。

常见的问题是，非营利组织财务管理相对薄弱，难以满足第一条第（九）款的要求：对取得应税收入及其有关的成本、费用、损失应与免税收入及其有关的成本、费用、损失分别核算。如果说这是非营利组织在资格认定前存在的"先天不足"，那么获得了免税资格认定的非营利组织还存在着"后天缺陷"。

如前文所分析的，即便是通过认定的非营利组织，其纳税表现仅从"正确申报"一项就比企业纳税人的表现相去甚远，其对于纳税人主体的意识尚未有效建立：无论是否获得免税资格，纳税申报是进行了税务登记的纳税主体应尽的义务，这是税法对纳税主体最基本的要求之一，免税不等于不用进行纳税申报。从其他税种的减免税情况来看，如车船税、房产税以及土地使用税的减免情况，享受到减免的纳税人纳税表现也明显强于获得企业所得税免税资格的非营利组织，这也印证了非营利组织的纳税意识并没有随着其获得免税资格认定而有效提升。

四 非营利组织免税资格认定中问题的
分析及对策建议

针对前文所述的非营利组织免税资格认定过程中主要问题，本文分析了其可能存在的原因及可以改进的方向。

（一）法律法规政策短期内难以突破，应当推动税务部门改革以提升非营利组织免税资格认定的效率

由于整个税制设计及税收立法等多方面因素的影响，对非营利组织的税收政策短期内难以有更大的突破和变化，这与我们国家所处的大环境相关。但在今后的发展过程中，应该把非营利组织营业收入和非营业性收入的比重作为一个重要的因素，体现出享受了税收优惠政策就更应该遵循税法要求的权利和义务，敦促非营利组织"不忘初心"，避免非营利组织向盈利性企业的质变。

国、地税部门的机构改革事实上已经开始并将迅速发挥作用，这客观上降低了非营利组织免税资格认定的多源头问题，毫无疑问，统一税务部门内部规范，将有效提升非营利组织免税资格认定的效率。

另一个可供进一步研究的方向是对现行法律进行调整，即调整事后申请、认定的办法，改从源头对非营利组织进行设立登记时即进行免税资格认定，然后从过程中予以资格的复审。这样虽然增加了税务部门的工作复杂程度，但对于政策本身的意图是能够得到有效贯彻的。而且由于非营利组织的"非盈利"特点，其受影响的税收规模相对于整个企业所得税的规模而言，几乎可以忽略不计。该政策几乎不会对财政收入带来负面影响，但是对税收的社会影响较大。当然，这一理念还需要更多的充分必要性论证和实际调研，并进入到学界以及政策制定者的视野之中形成有效的决策议案。

（二）非营利组织免税资格认定通过率偏低，应当优化内部人员结构并加大政策的普适性辅导和宣传

非营利组织本身处在快速发展的过程中，难免会出现内部管理上的不足，而不以盈利为目的，也可能导致其管理者难以像企业家那样注重经济效益，无论其财务还是税务专业化管理水平都与企业存在较大的差距，目前的企业所得税法中免税资格的要求，对非营利组织来说，依然是一个不小的挑战。这是来自非营利组织自身的不足。

针对其自身建设能力水平偏低，可以从内部人员结构角度进行优化，比如招募具备一定专业水平的人员负责财税工作，提升自身财税管理水平。此外，也可以借助第三方力量，类似于部分企业外包财务管理，非营利组织也可以向第三方专业团体外包此项工作，既有利于通过第三方的专业管理规范其内部管理，也能为财税部门降低审批的复杂度。

另一个可能的原因是大多数非营利组织对该项政策的理解度偏低甚至"不知情"。我国税法复杂程度从注册税务师的考试通过率就可见一斑，事实上，无论哪个国家，税收法律都是相对复杂的。总体而言，企业或组织对税法的了解程度总是跟不上税法发展的速度，非营利组织就更是如此了。这对税务部门的涉税宣传提出了较高的要求。事实证明，税务部门的纳税辅导和税宣工作是能够有效提升公众对税法的理解和纳税遵从度的。近年来，从广东省、广州市以及越秀区的税收工作实际来看，其税收政策宣讲和纳税辅导既具有极强的针对性，同时也有较广的普适性。其宣传的方式与时俱进，不断创新，如税务服务热线12366、移动客户端、门户网站、公众媒体广告投放、公众号、现场宣讲等多种方式的有效运用，有效提升了受众数量和频次，也能通过良性互动提升公众对税收工作的参与感和理解度，越秀地税部门连年在政务部门的满意度中位居前列即是有力证明。而在这些税宣活动中，针对非营利组织免税资格认定的宣传还是相对较少的，如果适当投放资源，一定能有效改善目前现状，从长远来看，肯定可以提升该资格认定的通过率。

（三）政府管理目标导致免税资格认定的政策倾向性，应当为非营利组织营造更好更健康的发展环境

免税资格认定过程中具有政策倾向性的问题可能跟政府管理目标有关，从越秀区近年来的数据来看，已经把重心从官方色彩浓厚的非营利组织转移到草根色彩的非营利组织上来。这一政策的倾向性或许有一定的历史原因，但可以预见，政府管理日益重视政策的社会效应。而不断提升公众对政策实施的参与度和扩大政策本身的惠及面，是提升政策公众满意度的有效途径，也是对非营利组织健康发展的有效促进办法。就税务部门而言，近年来无论是"营改增"还是对小微企业、高新技术企业的税收优惠政策都得到了有效的贯彻执行，让更多的纳税人享受到了实实在在的减负，也促进了经济的健康发展和经济政策的落实。我们有理由相信在日益重视提升政府治理能力、不断满足人民群众对美好生活向往的今天，政府政策制定和实施的方向一定会落实到最能代表广泛群众的利益上来，对于非营利组织而言，税收政策的大环境和大方向一定是会越来越好，免税政策的落实也一定会更加有效。

B.16
广州市农村金融服务发展现状及需求分析

摘　要：　本文对全市1000户农村居民进行入户问卷调查，调查数据显示，广州市农村居民对借贷款资金的需求较低，主要呈现金额大、期限长的特点。借贷款需求主要集中在生活性消费方面，借贷款主要来源于民间借贷。金融业务及政策在农村知晓率低，投资意识较为薄弱，投保意愿不强，资金和专业知识是制约其开展金融投资的最主要因素。针对以上调查结论，建议完善农村金融服务组织体系，积极开展融资方式创新健全农村保险发展机制，完善农村保险市场建设，发挥其对农村经济和农民财产的补偿作用；大力培养农村居民金融意识，提升金融知识普及率。

关键词：　农村　金融服务　金融政策　广州

提升农村金融服务能力和水平，对于建设现代农业、服务农村居民、推动农民增收和农村经济可持续发展、缩小城乡差距，具有重要意义。为了解当前广州市农村金融服务发展的现状以及农村居民对其评价、需求和建议，我们通过入户访问的方式，对全市1000户农村居民进行了问卷调查，[①] 旨

---

* 课题组成员：肖穗华，广州市统计局处长；倪静，广州市统计局副处长；卢志霞，广州市统计局主任科员；谭艳璐，广州市统计咨询中心。执笔：卢志霞、谭艳璐。

① 本次调查涉及白云、番禺、花都、南沙、黄埔、增城、从化7个区，调查对象为年龄在18~65周岁的农村居民，样本量为1000人。

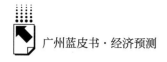

在发现广州市农村居民对金融服务的需求情况，金融业务及政策、金融投资、农业保险等在农村的普及情况等，并从当前农村实际情况出发，探寻培养农村居民金融意识，提升农村金融服务水平的方法。本报告在问卷调查基础上而形成。

一 广州市农村居民金融服务发展基本情况

调查显示，当前广州市农村居民在金融服务方面的认知、需求和解决手段上较为单一，对借贷资金的需求主要集中在生活性消费方面，生活消费性借贷款需求突出，借款需求呈现金额大、期限长的特点，借款主要来源于亲戚朋友。对金融机构的资金依赖较小，受访者认为在金融机构办理贷款手续复杂，表示从政府获得的金融支持不足；农村居民金融知识有限，投资意识较为薄弱，投保意愿不强，资金和专业知识是制约其开展金融投资的最主要因素；50%受访者认为目前最需要的金融综合服务仍是储蓄，希望通过简化办理手续等措施不断改善农村金融服务。

二 广州市农村居民借贷款需求情况

在本次调查中，有71.6%的受访者表示近年来没有贷款或借钱需求，有借贷款需求的占样本数的28.4%。在此基础上进一步询问有借款需求的受访者，结果如下。

（一）借贷款需求呈现金额大、期限长的特点

在有借款需求的受访者中，需求最多的为借贷款额度10万元以上，占比为45.5%；其次是需求额度为5万~10万元，占比为22.3%；受访者对小额贷款的需求不大，需要贷款金额为1万元以内的仅占6.4%。同时，调查发现，受访者的贷款需求期限较长，其中5年以上的占到37.8%，1~5年的合计有55.8%，1年以下的仅6.4%。

（二）生活消费性借贷款需求突出，建房购房为最重要借款动因

随着农村经济的发展和农民生活水平的提高，建房、买车、创业等方面日益成为农村居民最主要的经济支出。农村居民在既定收入约束下，难以完成这些大额支出，因而需要寻求外部借贷支持。在近年来有过借贷款需求的受访者中，借贷款用于"建房买房"的占67.7%，置业需求是其借贷款的最主要动因。借贷款用于"买车"的占27.7%，用于"创业"的有24.5%，用于"医疗""子女教育"的分别占19.9%和18.4%，仅有11.0%的借贷款是用于"农业生产经营的相关投资"。借贷款用于"人情往来""手机、大宗家电等日常用品消费"的受访者不多，分别仅占3.9%和2.8%，还有18.1%的用于其他方面。可见，农村家庭借贷款主要用于买房买车等生活性消费支出，因生产性支出而产生的借贷款相对较少。

（三）民间借贷为借贷款主要来源

在近年来有过借贷款需求的受访者中，借贷款的主要来源仍然是民间借贷（包括亲戚、朋友），有63.8%的表示曾经向"民间借贷"借过钱。农村借贷款的另一主要渠道是"农村信用社、农村合作银行、农村商业银行"等农村金融机构，占比为36.9%，向"其他银行（包括政策性银行）"借贷款的有27.0%（在银行申请过且成功贷款的有39.3%，申请过但没有贷到款的有11.8%）；通过"小贷公司担保公司"借贷款的占比极少，为0.4%；另有19.1%的受访者通过以上途径以外的其他方式借款；仅有2.1%的受访者表示从未借过钱。

在与诸如亲戚朋友等所发生的民间借贷中，超过六成半（66.1%）的为"无息借款"，30.6%的为"低息借款"，仅有3.3%的为"高息借款"。可见，在农村向亲戚朋友借款一般不需要承担利息或承担利息较少，此种借贷款方式较为"便宜"，这也是农村"人情贷款"的主要特点。

三 近年来农村借贷款服务情况

（一）农村居民从政府获得的金融支持不多

调查结果显示，农村居民对借贷款等金融需求并不强烈，相应地从政府处实际获得过的资金支持亦不多。全部受访者中，从政府获得过"小额担保贷款"的有3.0%，享受过"财政贴息贷款"的有1.4%，享受过"扶贫贴息贷款"的有1.1%，得到过政府其他形式资金支持的为4.9%。超过九成（91.5%）被访者表示没有获得过任何来自政府的资金支持。

（二）金融机构办理贷款手续复杂

调查中，有31.6%的农村居民认为当前在金融机构办理贷款业务方便，其中认为"很方便"的有6.4%，"比较方便"的占25.2%；认为"不太方便"和"很不方便"的分别有30.0%和2.5%；另有35.9%选择"不清楚"。在认为贷款业务办理不便的受访者中，有47.4%认为最主要的困难在于"手续复杂"，其次是"贷款利息高"，中选率为40.5%。此外，"没有抵押财产"（38.3%）、"审批慢"（26.8%）和"不了解贷款流程"（21.8%）等也是受访者在金融机构办理贷款业务时遇到的主要困难。

（三）因盈利目的参与民间借贷的农村居民不多

从调查结果来看，13.0%的受访农村居民明确表示周围有人把钱存入或贷给（法定之外的）非银行公司或个人，有42.8%明确表示周围没有人参与过这样的民间借贷，还有44.2%的受访者表示不清楚周围人是否有这样的行为。与农村居民之间的互助性借款盛行不同，因盈利目的而将钱存入或贷给非银行公司或个人的情况并不多，参与率不高。

四 金融业务及政策、金融投资、
农业保险等在农村的普及

（一）金融业务及政策在农村知晓率低

由于经济发展水平、文化程度和观念意识等限制，农村居民普遍对相关金融业务知识不熟悉，对国家支持创业的惠农政策不了解。调查发现，农村居民对农村金融业务了解的占12.2%，其中表示"比较了解"的为11.6%，"非常了解"的仅为0.6%；表示"不怎么了解"和"完全不了解"的分别占57.4%和24.9%。而对农村小额担保贷款政策了解的农村居民比例也不高，仅占11.6%，其中"比较了解"为11.3%，"非常了解"为0.3%；表示"不怎么了解"和"完全不了解"的分别占53.6%和29.0%。

（二）农村居民投资意识较为薄弱，五成以上受访者家庭未参与任何金融投资

除5.6%的农村居民不清楚家庭所持有的投资性金融资产情况外，调查中有56.2%的农村居民明确表示家庭没有持有任何投资性金融资产。有投资金融资产的受访者，投资方向也是以低收益、低风险为主，高收益、高风险的金融资产占比较低。具体来看，受访者所持有的投资性金融资产中，占比最高的前两项是"保险"和"银行理财产品"，比重分别为22.2%和12.3%，而拥有"股票""基金""债券""信托"的受访者占比分别仅为8.0%、6.7%、0.8%和0.5%，另有9.1%持有其他类型的投资性金融资产。

（三）资金和专业知识是制约农村居民开展金融投资的最主要因素

虽然持有投资性金融资产的受访者占比不多，但他们参与金融投资的意

识逐渐增强。调查显示，6.6%的受访者有在未来持有投资性金融产品的意愿；49.5%的受访者表示可能会持有，明确表示未来不打算持有的占43.9%。不打算持有投资性金融产品的主要原因在于"资金不足，没有剩余资金进行投资"和"了解很少，缺乏投资相关知识"，占比分别为61.8%和61.1%，"对投资前景不看好"的受访者占9.4%，也有17.5%因为其他原因而不打算投资。

（四）农村居民保险意识不强，六成以上未购农业保险

与参与金融投资的情况类似，农村居民的保险需求和意识同样不强。受访者中购买了农业保险的仅占30.2%，其中22.9%购买了"农作物保险"，2.7%购买了"畜禽养殖保险"，2.1%购买了"林木保险"，0.8%购买了"水产养殖保险"，13.7%购买其他类型的农业保险。没有购买农业保险的占比高达61.3%，另有8.5%不清楚家里农业保险的购买情况。调查发现，农业保险普及率低，在农业生产风险管理中的作用没有得到有效发挥。

在购买了农业保险的受访者中，有6.0%对农业保险"非常满意"，36.8%表示"比较满意"，认为"一般"的有41.2%，表示"较不满意"与"非常不满"的合计仅为5.3%，另有10.7%表示不太好评价。

在未购保险的受访者中，有相当多是因为家里"没有迫切的需要"而不参保，占比为57.4%；也有19.8%的主要是担心"理赔太麻烦"而未购买农业保险；18.0%的受访者由于根本"不知道已经有农业保险业务"而没有购买；"知道但不知如何办理农业保险"的有8.4%；有5.1%是由于"不信任保险公司"而未参保。这反映出保险公司对农村保险业务的宣传和推广力度不够，在一定程度上影响了农村居民购买农业保险的积极性。

五　农村居民对加强农村金融综合服务的需求和看法

（一）半数农村居民认为目前最需要的金融综合服务仍是储蓄

本次调查中，农村居民表示目前最需要的金融综合服务仍然是"存

款"，占比为 50.1%；其次是"人寿保险"，占比为 38.7%；需要"融资投资、理财"的占比为 22.4%；也有部分受访者表示需要"农业保险"（17.4%）、"贷款"（16.9%）、"金融信息咨询"（16.6%）、"财产保险"（14.2%）等金融综合服务；农村居民对"证券买卖"（4.3%）、"结算"（1.8%）等业务服务的需求不高，中选率不足一成。

（二）简化服务办理手续被视为加强农村金融服务的首要工作

为加强农村金融服务，村民首盼"简化服务办理手续"，占比为51.9%，希望"做好宣传，让更多人了解金融政策和业务"以及"降低贷款利率"的受访者分别占 44.9% 和 40.5%；此外，也有两成以上受访者盼望能够"设立更多基层金融机构，如村镇银行、资金互助社等"（29.2%）、"完善创业扶持"（26.5%）、"建立困难户结对帮扶"（23.8%）、"开辟绿色贷款通道"（22.6%）、"允许灵活抵押"（21.9%）等。

六　有关建议

针对上文提出的农村居民金融意识不强，借贷款资金的需求较低，对金融机构的资金依赖较小，认为在金融机构办理贷款手续复杂等问题，本报告提出以下有关建议。

（一）完善农村金融服务组织体系，积极开展融资方式创新

对农村金融体制进行统筹兼顾，整体推进，建立适应新农村建设的农村金融服务组织体系。科学合理规划调整基层网点布局，努力构建以农业银行和农村信用社商业性经营为主体，以农业发展银行政策性金融为支撑，以邮储银行等其他法人金融机构为辅，以村镇银行、小额贷款公司、农村资金互助社等新型金融机构和民间融资为补充的商业性与政策性并存、功能互补、合作竞争、充满活力的农村金融组织体系。通过不断完善农村金融服务组织体系，切实解决农村金融服务缺位问题。

（二）健全农村保险发展机制，完善农村保险市场建设，发挥其对农村经济和农民财产的补偿作用

农业是风险相对较高的行业，农村金融体系的重要内容之一就是农业保险，快速发展农村金融，必须加快农业保险的发展。由地方财政出资，在地方财力允许的情况下，尝试设立政策性农业保险公司；在经营农业保险较好的地区，设立专业性农业保险公司；与地方政府签订协议，由商业保险公司代办农业险；继续引进经营农业险的外资或合资保险公司。在积极试点的基础上，全面推广农业政策性、专业性保险业务，建立覆盖农村的政策性保险和商业性保险相辅相成的农村保险体系。

（三）大力培养农村居民金融意识，提升金融知识普及率

由于金融知识短缺所造成的"短板"效应已成为制约农村经济发展的瓶颈，各级政府和金融机构理应担负更多的责任和使命，通过多角度多途径的宣传着力培养农村居民金融意识，提升金融知识普及率。应着力打造区、镇、村三级金融知识宣传培训机制，按照分级负责原则，培养一批掌握金融改革、熟悉金融知识、了解群众金融需求的"土专家"，方便为农村居民提供"点对点、面对面"的金融服务。利用手机与网络等新型通信工具，与手机、网络运营商进行合作，向手机用户以短信、手机报等形式发送金融知识，或建立网络平台进行金融知识宣传，随时随地宣传，宣传方式在时间和内容上更加灵活，提高农村居民对金融知识的兴趣，挖掘金融服务需求，扩大受众面。

产业发展篇

Industrial Development

B.17

当前广东会展业发展存在的
主要问题与改进建议[*]

广州大学广州发展研究院课题组　执笔：周　雨　粟华英[**]

摘　要：　广东会展业在蓬勃发展的同时，也出现一系列问题。如办展
　　　　　理念错位，展会类目重复雷同，重量不重质，无视价值导向
　　　　　与社会影响，政府监管时有缺位，法律法规供给不足等，严
　　　　　重影响了会展业的可持续发展，这些问题在广州会展业中同

---

* 本研究报告系广东省普通高校人文社会科学重点研究基地广州大学广州发展研究院、广东省教育厅广州学协同创新发展中心、广东省高校广州城市综合发展决策咨询创新团队、广州市首批新型智库建设试点单位研究成果。

** 课题组组长：涂成林，广州大学广州发展研究院院长，二级研究员，博士生导师。成员：周雨，广州大学广州发展研究院助理研究员、政府绩效评价中心主任，博士；粟华英，广州大学广州发展研究院社会调查中心主任、经济师；李春，东莞市企业研究院院长助理，特聘研究员；彭晓刚，广州大学广东发展研究院研究员；欧阳知，广州大学特聘教授、政府预算专家；魏高强，广州市城市学研究会副秘书长；李佳曦，广州大学广州发展研究院科研助理。执笔：周雨、粟华英。

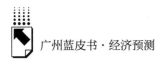
样存在。本文就广东会展业存在的问题及原因提出对策建议。

关键词： "山寨会展" 政府监管 东莞

改革开放以来，广东凭借区域、产业和对外开放优势，会展业得到迅猛发展，不仅成为广东省现代服务业的支柱，而且跻身我国会展业三大集聚地之一。广东会展业的快速发展，不仅促进广东及华南地区的经济转型和产业升级，产生巨大的拉动效应，而且对宣传社会主义核心价值，传播城市、区域形象，提升区域国际影响力产生了积极影响。

然而，也应该看到，广东会展业在蓬勃发展的同时，也存在着一些值得重视的问题。一些会展活动及办展企业理念错位，只追求经济利益，无视价值导向与社会影响；办展求量不求质，导致会展题材雷同、重复办展，甚至出现"山寨会展"现象；政府监管时有缺位，推诿责任，存在懒政、怠政、乱政行为；会展的法律法规供给不足，影响会展业可持续发展，凡此种种，严重影响了广东会展业的形象和可持续发展的能力，理应引起高度重视。最近广州大学广州发展研究院组成联合课题组，现场观摩了在东莞、广州举办的部分展会，并走访了部分会展主办机构、组展商及媒体人士，形成了本研究报告，供有关部门决策时参考。

一 目前广东会展业存在的主要问题

（一）一些会展主题杂乱、庸俗，忽视了会展的宣传传播功能

最近，中央十二部门联合发出《关于进一步治理佛教道教商业化问题的若干意见》（以下简称《若干意见》），明确规定"严禁商业资本介入佛教道教"，"各级党政干部要严守政策法规红线，不得支持参与'宗教搭台、经济唱戏'，不得以发展经济、促进旅游和繁荣文化名义助长'宗教热'"。

然而广东省仍有一些办展机构借宗教之名办商业性展会，谋取利益。这些展会的主要问题：一是利益驱动，外行办展，搞成"四不像"。二是展品与主题明显不符，存在售假售禁行为。三是拉大旗作虎皮，借专家、论坛作秀造势。

值得指出的是，在我国，会展业不仅仅是一种现代产业形态，而且也是一种重要的传播媒介。每个会展都要面对着众多专业观众和社会公众，它不仅要交流技术，引领消费，还要承担一定的宣传、教育功能；不仅要宣传某个产业、行业，还要宣传地区文化和城市形象。目前一些会展主题之所以杂乱、庸俗，就是因为某些展会机构只看到会展的经济效能，而忽视了会展的宣传传播功能。

（二）"山寨会展""展假售假"事件时有发生，不仅严重坑害消费者，也影响政府公信力和城市形象

近年来，广东省会展业在繁荣发展的同时，不仅存在着不良公司与机构傍政府展、品牌展举办山寨展、假冒展的乱象，也存在着个别会展随意使用行业标签、国际名头的不良行为，严重损害了消费者利益、行业信誉和政府形象。具体表现在：一是傍政府展会、品牌展会的"光环"开办山寨会展，以假乱真，搞乱市场，借机牟利。据初步统计，近几年广东会展行业发生的"山寨展"事件达 10 余起，给消费者造成了巨大的损失，也损害了政府的形象。如《羊城晚报》曝光的由东莞汇盟展览有限公司举办的"2016 东莞'一带一路'海博会工艺展"欺诈坑害消费者的案例，就是个别不良展览公司利用政府主办的"21 世纪海上丝绸之路博览会"的品牌影响力，大打"擦边球"，结果使不明真相的消费者和参展商上当受骗，造成多个消费者近百万元损失的恶性案例。二是滥用"国际"标签，拉大旗当虎皮，以欺骗参展商和消费者。个别展会为吸引更多参展商和消费者参与，不顾招展实力和展会规模，强性冠以"国际"标签，欺骗参展商和消费者。2016 年，广东省举办的带有"国际"标签的展会就达 262 个，占全年展会总数的42.19%；2017 年 1～10 月，广东省冠以"国际"标签的展会达 238 个，占

展会总数的 59.65%，较 2016 年又上升了 17.46 个百分点（见图 1），说明使用"国际"标签愈演愈烈。三是企业性质办展机构滥用"国际"标签。据广东会展之窗发布的展会信息统计，2017 年 1~10 月有 238 个展会使用了"国际"标签欺骗参展商和消费者，其中展会主办机构性质为企业的比例高达 70.59%；政府（含事业单位）的比例仅为 11.34%，较 2016 年略有下降；行业商（协）会的比例为 18.07%，较 2016 年上升了 7 个百分点（见表 1）。四是在展会上肆意出售假冒伪劣产品甚至违禁物品，坑害消费者。个别不良展览机构和一些小型展会为招徕参展商随意降低门槛，甚至公然"人不够、假来凑"，默许一些"展虫"在展会上展假售假，坑害消费者，一些小型展会甚至沦为出售假冒伪劣商品的"小集市"。

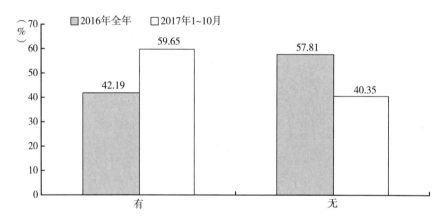

图 1　近两年广东省展会名称有无"国际"标签的比例

资料来源：2016 年数据来源于《2016 年广东省展览业发展白皮书》，2017 年数据根据广东会展之窗发布的展会信息统计，下同。

表 1　近两年广东省展会名称使用"国际"标签的办展单位分布

年份	总体数量（个）	政府部门(含事业单位)		行业商(协)会		企业	
		展会数量（个）	占比（%）	展会数量（个）	占比（%）	展会数量（个）	占比（%）
2017 年 1~10 月	238	27	11.34	43	18.07	168	70.59
2016 年全年	262	32	12.21	29	11.07	201	76.72

（三）会展业缺乏整体规划，存在发展不平衡、重复办展等问题，会展业创新发展能力受影响

近年来，广东会展业虽然发展态势较好，但各地发展极不均衡。统计数据显示，2016 年广东展会数量达到 621 个，2017 年 1～10 月仅为 399 个，与 2016 年同期相比下降了 12.88%。会展资源向广州、深圳两市高度集中，2017 年 1～10 月广州和深圳的展会分别为 214 个、102 个，占广东全省的 79.20%，分别较上年同期上升了 20.22%、24.39%；相反，原来会展业发展较好的中山市、东莞市却出现了严重萎缩，分别较上年同期下降了 71.15% 和 33.33%；佛山、惠州、珠海等市都较上年同期下降了 62.38%（见表 2）。

表 2　2016～2017 年广东省展会数量及占比

单位：个

城市	2016 年			2017 年		同期增幅（%）
	全年	1～10 月	占比（%）	1～10 月	占比（%）	
广　州	245	178	38.86	214	53.37	20.22
深　圳	107	82	17.90	102	25.44	24.39
东　莞	61	45	9.83	30	7.48	-33.33
中　山	73	52	11.35	15	3.74	-71.15
其　他	135	101	22.05	38	9.48	-62.38
合　计	621	458		399		-12.88

与会展业发展不平衡相对应的是，各地办展题材雷同、重复办展的现象比较严重。一是同一主题不同地区重复举办。如车展、动漫展，全省有 6 个城市共举办了 14 场；同一时间内在相邻城市举办 4 场相似展览会，2 个月内举办 8 场。二是同一地区重复办展，且办展时间相近。如展会主题为 3D 打印的，1 个月内在同一城市举办 3 场（见表 3）。这种在国际会展业中鲜有发生，在广东却屡屡上演，直接造成展会规模小、效益差。

表3　2017年广东省内部分题材雷同的展会情况

展会主题	城市	序号	展会名称	办展时间
车展	惠州	1	2017 广电传媒·惠州春季车展	2017. 3. 17 ~ 3. 19
	惠州	2	2017 广电传媒·惠州五一车展	2017. 4. 29 ~ 2017. 5. 1
	中山	3	2017 第四届中山车展	2017. 4. 29 ~ 2017. 5. 1
	东莞	4	2017 第十七届春季广东国际汽车展示交易会	2017. 4. 29 ~ 2017. 5. 2
	惠州	5	2017 广电传媒·惠州夏季车展	2017. 6. 9 ~ 2017. 6. 11
	广州	6	2017 第十五届广州国际采购车展	2017. 7. 15 ~ 2017. 7. 16
	中山	7	2017 夏季中山国际车展	2017. 8. 18 ~ 2017. 8. 20
	广州	8	2017 第十六届广州国际采购车展	2017. 8. 19 ~ 2017. 8. 20
	惠州	9	2017 广电传媒·惠州秋季车展	2017. 8. 25 ~ 2017. 8. 27
	东莞	10	第十七届广东国际汽车展示交易会	2017. 9. 30 ~ 2017. 10. 5
	广州	11	2017 "十一"南方国际汽车展	2017. 10. 1 ~ 2017. 10. 4
	中山	12	2017 中山"十一"国际车展	2017. 10. 1 ~ 2017. 10. 4
	广州	13	2017 第十七届广州国际采购车展	2017. 10. 1 ~ 2017. 10. 5
	深圳	14	2017(第九届)深圳国际汽车展览会暨汽车嘉年华 & 首届新能源及智能汽车博览会	2017. 10. 1 ~ 2017. 10. 6
动漫	广州	1	萤火虫动漫游戏嘉年华	2017. 1. 1 ~ 2017. 1. 2
	广州	2	YACA 2017 第 52 届"五一"动漫画展	2017. 4. 29 ~ 4. 30
	惠州	3	HD 动漫展	2017. 4. 29 ~ 2017. 5. 1
	广州	4	AC – Joy 动漫游戏嘉年华	2017. 4. 30 ~ 5. 1
	中山	5	2017 中山"五一"动漫嘉年华	2017. 4. 30 ~ 2017. 5. 1
	中山	6	2017 中山"十一"动漫嘉年华	2017. 10. 1 ~ 2017. 10. 2
	广州	7	2017 广州国际动漫授权及衍生品展览会	2017. 3. 18 ~ 2017. 3. 20
	广州	8	第十六届萤火虫动漫游戏嘉年华	2017. 7. 15 ~ 2017. 7. 18
	深圳	9	第九届深圳动漫节	2017. 7. 20 ~ 2017. 7. 24
	惠州	10	惠州动漫协会动漫展	2017. 7. 22 ~ 2017. 7. 24
	珠海	11	2017 珠海第四届 AS 动漫游戏展	2017. 7. 22 ~ 2017. 7. 23
	东莞	12	2017 第九届中国国际影视动漫版权保护和贸易博览会(东莞漫博会)	2017. 8. 17 ~ 2017. 8. 21
	广州	13	YACA2017 第 53 届夏季动漫展	2017. 8. 5 ~ 2017. 8. 6
	广州	14	中国国际漫画节动漫游戏展	2017. 9. 30 ~ 2017. 10. 5

展会主题	城市	序号	展会名称	办展时间
茶	东莞	1	2017 东莞迎春茶业博览会	2017.1.1～2017.1.4
	东莞	2	第十届东莞国际茶业博览会	2017.5.19～2017.5.22
	广州	3	2017 春季中国(广州)国际茶业博览会	2017.5.25～2017.5.29
	深圳	4	第十四届深圳茶产业博览会	2017.6.29～2017.7.2
	深圳	5	第四届深圳茶器美学创作展	2017.6.29～2017.7.2
	中山	6	2017 中山春季茶博会	2017.7.7～2017.7.9
	广州	7	2017 广州紫砂陶瓷艺术博览会暨茶文化艺术精品展	2017.8.25～2017.8.28
	惠州	8	2017 惠州茶叶博览会	2017.9.8～2017.9.11
3D 打印	广州	1	2017 第四届亚太国际3D打印产业及模具展览会	2017.4.15～4.17
	广州	2	广州国际3D打印展览会	2017.3.1～2017.3.3
	广州	3	2017 华南国际3D打印产业展览会	2017.3.18～2017.3.20
	东莞	4	2017 东莞国际3D打印展览会	2017.6.8～2017.6.10

资料来源：广东会展之窗发布的展会信息整理所得。

此外，一些展会主题庸俗、展品低端、"展虫"泛滥，损害了会展业的创新能力。个别展会以牟利为取向，不仅展会主题庸俗，而且参展门槛极低，不顾参展商品是否符合展会主题，只求能把展位租出去即可。目前各类"职业参展商"或"专业展虫"已成会展业公害，这些"展虫"以展会销售为生，为了获取利益，不论大小、不论主题，逢展必参，甚至形成了完整的"山寨展会"产业链，令展会沦为专门倾销劣质、低价商品的小集市，严重扰乱了展会形象和展会秩序。

（四）会展业准入门槛过低，办展机构参差不齐，行业自律机制欠缺，对会展业可持续发展不利

一是办展机构缺乏资质审查和认证，导致一些不良公司堂而皇之地入市。当前推行商事制度改革，取消"商品展销会登记"，实施备案制，对于促进市场发展、改善投资环境起到积极作用。但会展业是一个相对特殊的行

业，需要一定的资金门槛、技术积累、市场口碑和文化实力来保障，否则就会放任自流，扰乱市场。当前广东会展业出现的利益至上、低俗展览、山寨会展、题材重复、"展虫"泛滥等问题，都与会展业准入门槛低、政府市场监管不力等大有关系。

二是办展机构过度依赖政府的推动，企业自主性欠缺。展会的效果和品牌取决于办展机构的综合实力。目前广东省的办展机构数量多，实力弱，品牌展会较少。所办展会要么与政府机构联合举办，依靠政府部门推动，要么克隆政府举办的展会，举办"山寨会展"。有一组数据能说明问题：据 UFI 官网统计，截至 2017 年 10 月，中国会员总数为 135 个，广东省会员数为 25 个，仅占中国会员的 18.5%，主要集中在广州和深圳（见图2）。这从一个角度说明，广东的办展机构总体实力较弱，品牌展会较少。

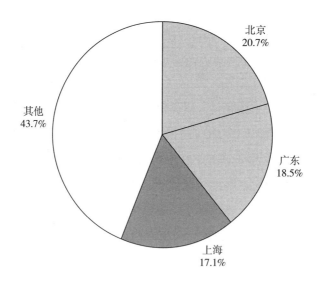

图2　办展单位获得 UFI 认证会员情况

（五）会展业制度供给明显不足，法律法规建设相对滞后，影响会展业的可持续发展

政府制定的会展业法律法规明显滞后，缺乏整体布局与规划。目前广

东省制定的会展业的政策法规只有《广东省展会专利保护办法》（2012年）、《广东省进一步促进展览业改革实施方案》（2015年）、《广东省会展业"十三五"发展规划》（2016年），针对全省会展业市场监管和行业规范的法律法规严重缺乏（见表4）。各地则根据自身情况，各自为战，相比较而言，深圳市引导、扶持、管理会展业的相关制度建设相对要完善一些。

展会信息的披露明显不足，市场监督机制不完善。广东虽是会展大省，但在展会信息披露、参展商信用体系建设方面尚有欠缺。目前仅有广交会、中博会能做到相对完善的信息披露机制，其他绝大部分展会均未公布参展企业背景信息、展位信息、企业参展历史信息、企业参展信用信息等（其中包括海博会、海丝博览会等大型国际展会）。此外，会展信息化处于发展初期，

表4 广东省及各城市会展相关政策汇总

城市	名称	内容	时间
广东省	《广东会展专利保护办法》	对展会知识产权的保护	2012
	《广东省进一步促进展览业改革实施方案》	从展览业管理体制改革、创新发展、优化市场环境、政策支持、公共服务体系等六个方面提出发展措施	2015
	《广东省会展业"十三五"发展规划》	明确广东展览业十大发展方向	2016
广州	《广州市举办展销会管理条例》	对展览会的市场管理	1998
	《关于广州市会展业营业税征收管理的通知》	参照旅游等以代理单位的差额征税	2008
	《广州市展会知识产权保护办法》	对展会知识产权的保护	2009
	《广州市海珠区扶持会展业发展的若干意见》	对在琶洲地区举办的展会、落户的展览企业给予资金鼓励以及办展优惠	2009
	《广州市会展业发展专项资金管理试行办法》	每年1000万元专项资金支持会展业发展	2010
	《关于加快广州会展业发展的若干意见》	从产业集聚、培育品牌、交流合作、产业链条、支撑体系、扶持服务6大方面提出22条发展措施	2010
	《广州建设国际会展中心城市发展规划(2013~2020)》	明确广州"国际展都"的定位，对广州市的会展产业空间布局优化提出进一步规划	2013

续表

城市	名称	内容	时间
深圳	《关于发展深圳会展业的意见》	提出创建"知名会展城市"目标	2004
	《关于实行品牌展会排期保护的通知》	对高交会等16个2万平方米以上的品牌进行展会保护	2005
	《深圳市会展业及国内参展财政资助资金管理暂行办法》	2005~2007年每年市财政2000万元专项资金	2005
	《深圳市会展业发展的"十一五"规划》	明确深圳市会展业的发展重点与发展目标	2007
	2007年深圳特区1号文件	将会展业列入高端服务业	2007
	展会实行应急性财政专项资助	专项资金达5000万元,所有展会每天2元/平方米补贴,受金融危机冲击大的展会场租每天给5元/平方米补贴,3年政策	2009
	修订会展资助管理办法	增加了对品牌展会、国际会议和展会数据第三方认证的资助,加强了对会展业的扶持力度	2009
	《关于进一步优化办展环境促进深圳会展业发展的若干措施》	包括减免"商品展销登记证"办理手续,实行一站式展会治安消防报批等一系列新举措得到了落实	2010
	深圳会展税收改革	会展业务按"服务业—代理业"税目征收营业税,实行差额征收	2010
	《深圳市会展业财政资助资金管理办法》	原创会展资助可达200万元,重要国际会议资助可达100万元	2010
	《展会评估指标体系和品牌展会评定办法》	对品牌展会宣传的扶持	2011
东莞	《关于促进东莞市会展业发展的意见》	实现会展业"六个转变",以及会展业发展措施	2006
	《东莞市商贸流通业发展专项资金管理暂行办法》	确定会展业为六个使用专项资金的行业之一	2007
	《促进东莞市会展业发展工作方案》	明确提出会展专项资金不少于2000万元	2011
珠海	《珠海市会展业发展规划（2011~2020）》	对珠海市会展业的近期及中远期做出明确规划	2013
中山	《促进中山市会展业发展的意见》	明确会展业发展方向,提出发展建议	2007
佛山	《关于加快佛山市会展业发展的若干意见》	会展业发展的指导思想、原则、目标和发展措施	2008
惠州	《惠州市关于扶持广州市现代会展业发展的若干意见》	会展业发展指导思想、发展目标、发展原则;明确任务,落实责任,切实有效推动广州市会展业发展	2010

资料来源:经网络搜索汇总。

一些会展管理信息系统的运行存在质量偏低、实用性差、信息更新不及时、操作流程不流畅、披露内容不全面等问题。缺乏有效的信息披露机制和行业规范,信息不对称给一些"山寨展会""虚假展会""走鬼商贩"有了可乘之机,最终导致会展声誉和地方政府形象受损。

政府对会展业监管不足,处罚不足,难以产生"杀一儆百"的效果。主要表现在,一是对问题会展和举办机构处罚过轻,往往罚款了事,没有启动禁入机制,导致这些被处罚机构换个"马甲"又重新上场。二是对问题会展和展览机构处理较为片面,往往只是处理了办展机构,没有对提供办展场地的机构和有关政府监管部门进行相应的处罚,从而直接影响了政府监管和处罚的效果。

二 广东会展业存在问题的原因分析

(一)思想观念存在误区——会展业不仅是经济产业,更是城市形象与舆论阵地

会展业是现代服务业的一个重要分支,是随着某个国家或某个区域的工业和服务业发展到一定阶段所形成的综合收益高、拉动性强、能推动城市综合发展的服务业形态,拥有"经济助推器"和"城市面包"的美誉。因此,举办展会不能单从经济着眼,纯粹以利益为驱动,还应该强化其产业综合效应和城市文化标签的功能。

(二)政府退出太慢——"运动员"与"裁判员"双重身份影响有效监管

广东省在 2015 年出台《广东省进一步促进展览业改革发展的实施方案》,提出建立政府办展退出机制,推进市场化进程,鼓励企业和专业机构按需办展。但《2016 年广东省展览业发展白皮书》显示,由政府(含事业单位)和行业商(协)会主办的会展均占 16.75%,企业主办的占

66.50%；而据广东会展之窗发布的 2017 年 1～10 月各城市展会信息统计，由政府主办的展会占 14%，较上年下降了 2.75 个百分点，特别是许多大型展会仍是政府唱主角；而由企业举办展会数量较上年仅上升了 3.25 个百分点（见表 5）。可见，政府参与办展的比例虽有下降，但速度还是太慢，"运动员""裁判员"的双重身份不利于建立市场经济的公平机制，也不利于作为"运动员"的政府有效地行使"裁判员"的监管功能。

表5 2016～2017 年广东省举办展会的办展单位性质分布情况

办展单位性质	2016 年（全年）		2017 年（1～10 月）		增幅（%）
	数量（个）	占比（%）	数量（个）	占比（%）	
政　　府	66	16.75	56	14	- 2.75
协　　会	66	16.75	65	16.25	- 0.50
企　　业	262	66.50	279	69.75	3.25
合　　计	394		400		

（三）行政监管政策支持不足——针对会展业的专门性法规暂付阙如

在国外，一般会成立民办或者是官民合一的展览业专家委员会以便统一行使审批和管理职能，形成可持续发展机制。广东会展业管理机构目前仍由广东省商务厅服务贸易与商贸服务业处负责，机构小、人员少，根本承担不了监管职能。广东省商务厅官方公开的 496 个政策文件中，目前还没有一个是专门针对会展业管理的政策文件，这在很大程度上制约了会展业的健康发展。

（四）缺乏市场监管，政府取消会展机构及会展项目的审批登记不等于"撒手不管"

自《商品展销会管理办法》废止后，对会展业的行政监管成了九龙治水——多头监管，最后就没人监管，出现严重的"政府缺位"。在一些大型的展会上虽有专利、版权方面的官员进驻，但也只是流于形式，没有真正履行监督的职责；而在一些小型展会上连这种形式都没有，很难见到政府人员的踪影，导致监管缺失，展会上出现假冒商品、违禁物品公开销售的现象就不足为奇了。

（五）缺乏信息披露平台——会展业信息不对称成为广东会展问题的"死结"

广东省虽是会展大省，但一直没有建立一个官方的会展业的信息服务平台，不同机构建立的信息平台不仅内容不完整，而且难以操作。这种信息不对称不仅导致参展商和观众难以了解会展业的法律法规、政策规划，也难以获取各地会展的准确信息。

三　推进广东会展业健康发展的若干建议

（一）引导和建立正确的"大会展"办展理念

树立"大会展"理念，推动行业转型升级，树立城市形象。一是要树立"综合化发展"的会展理念，把会展活动与产业转型、城市文明结合起来，建立以品牌、创新与服务驱动的新会展经济增长模式；二是要树立"专业化发展"的会展理念，明确会展业是具有专业理念、专业技术、专业精神的行业，鼓励培植会展专业精神，用专业化打造会展品牌，将一切不专业的会展机构拒之于门外；三是要树立"价值化发展"的会展理念，明确会展不仅是一种经济活动，更是一种价值传播媒介，对城市文明、城市形象甚至城市市民的生活，都具有重要的影响。

着力查处和纠正急功近利的办展行为，净化会展业风气。会展的主办方、场地提供方及政府主管部门要摒弃目前的"重招商、轻服务"的急功近利的做法，做好参展商、专业买家、社会公众的服务工作。同时，要采取有力措施，运用铁腕手段，打击各种违法违规的办展行为，为会展业可持续发展提供保障。

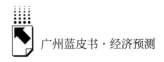

（二）加大监管执法力度，净化会展业发展环境

按照《广东省进一步促进展览业改革发展的实施方案》要求，由省知识产权局、省文化广电新闻出版局、省国税局、省地税局、省工商局等有关部门，建立会展监管机制，切实履行职责。

对在展会中出现的侵盗用、假冒、仿制他人企业自主研发的具有知识产权的品牌商品以及制假、售假、未经授权出售等不法行为及举办机构，予以坚决查处和严厉打击。

建立完善的信息披露和通报制度，及时向业界和社会披露举办"山寨展""假冒展"的办展机构和销售假冒商品、违禁物品的参展商信息，降低其继续违规违法的风险。

规范会展名称的使用机制。建议制定会展名称核准使用标准和名称降级机制，让行业监管部门对展会名称进行核定，对打擦边球的办展单位进行信用减分或降级，以杜绝"名"不符实的现象。

对批准、默许甚至纵容不法办展机构和违法参展商的政府主管部门，追查其连带责任。

（三）加强行业规划和引导，建构会展业可持续发展机制

完善省级会展业管理法规和行业标准。要积极探索会展业立法工作，把会展业发展和监管纳入法制化轨道。

科学布局展会项目。由政府管理部门牵头，联合行业协会成立专门的会展管理机构，避免同城或不同城重复办展、主题雷同等现象，以规范市场行为，提升展会质量和水平。

建立广东省会展业公共信息平台。一是公开与会展业相关的政策法规、会展活动等信息；二是建立不良信息披露机制，对"山寨"展会、不良办展商、不良参展商的信息及时披露。

建立广东省会展业信用体系，加强行业自律。对行业协会、办展单位、展馆、参展商的信用体系档案，建立信用评分标准和等级，实施资质评定，进一步加强行业自律，规范市场环境。

B.18
2017年广州市规模以上服务业运行分析

广州市统计局服务业处课题组*

摘　要： 本文总结了2017年1～11月广州市规模以上服务业（不含金融、房地产开发、批零、住宿餐饮等行业）运行情况和特征，分析了2017年以来广州市规模以上服务业发展趋势，从内部结构分析服务业行业主要增长点，主导行业增长情况。在总体平稳向好增长基本面上，深入剖析大、中、小型企业发展过程中存在的差异，提示"亮眼成绩单"背后部分行业毛利率下降、可持续发展动力不足等隐忧，并结合广州市服务业发展短板，提出促进广州市规模以上服务业平稳健康发展的对策建议。

关键词： 服务业　经济增长　广州

2017年1～11月，广州市规模以上服务业延续平稳向好运行态势，主要指标增长良好，营业收入增速保持两位数较快增长，质量和效益稳步提升。其他盈利性服务业①增长较快，交通运输、仓储和邮政业行业稳步回升，互联网新兴业态发展迅猛，引领拉动作用显著。但在"亮眼成绩单"的背后，广州市规模以上服务业的发展也面临支柱性行业增长乏力，部分高增速行业过度依赖个别龙头企业和新增企业拉动等风险和挑战。

---

* 课题组成员：罗奕洋，服务业处处长；莫广礼，服务业处主任科员。执笔：莫广礼。

① 其他盈利性服务业是指规模以上服务业中互联网和相关服务、软件和信息技术服务业，租赁和商务服务业，居民服务、修理和其他服务业，文化、体育和娱乐业，是目前国家纳入核算行业的两个大类和三个门类。

一 广州市规模以上服务业总体运行情况

据统计，2017 年 1～11 月，广州市规模以上服务业企业增速保持平稳较快增长，实现营业收入 8218.91 亿元，同比增长 14.5%，比 1～8 月增速提高 0.5 个百分点；营业利润 901.27 亿元，同比增长 29.4%；营业税金及附加和应交增值税两项合计 247.0 亿元，同比增长 12.5%。企业应付职工薪酬保持稳步增长，同比增长 11.0%。规模以上服务业企业创造的就业岗位平稳增加，从业人员平均数 151.47 万人，同比增长 2.0%。

二 广州市规模以上服务业发展呈现的主要亮点

（一）各行业实现全面增长，总体呈现稳中有升的态势

2017 年 1～11 月，十大行业（不含房地产开发）营业收入同比增速均实现不同程度增长。增长最快的为信息传输、软件和信息技术服务业（23.7%），其次为环境和公共设施管理业（20.4%）。另外，交通运输、仓储和邮政业先导性行业稳步回升，航空、铁路、水路和邮政业等行业均保持稳中向好的增长态势，在中国南方航空股份有限公司和广州铁路（集团）公司两大交通运输龙头企业增速走高的带领下，规模以上服务业增速呈现稳中有升的态势。仅科学研究和技术服务业，文化、体育和娱乐业，居民服务、修理和其他服务业这 3 个行业营业收入是个位数增长。

（二）其他盈利性服务业保持较快增长，互联网和相关服务、软件和信息技术服务业表现抢眼

2017 年 1～11 月，广州市规模以上其他盈利性服务业企业保持较快增

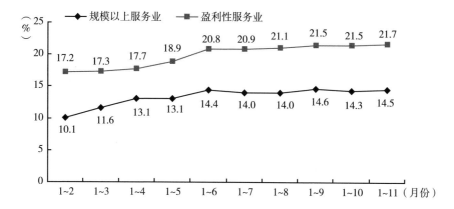

图1　2017年1~11月广州市规模以上服务业和其他盈利性服务业营业收入走势

长，实现营业收入3377.31亿元，同比增长21.7%，比1~8月累计增速提高0.6个百分点，拉动全市规模以上服务业增长8.4个百分点。

随着云计算、大数据、移动互联网等新一代信息技术开发的企业不断涌现，互联网和相关服务、软件和信息技术服务业发展动力强劲。1~11月，全市规模以上互联网和相关服务、软件和信息技术服务业实现营业收入1402.16亿元，同比增长33.8%，对全市其他盈利性服务业增长的贡献率为58.7%，拉动全市其他盈利性服务业增长12.7个百分点。其中互联网和相关服务实现营业收入177.68亿元，同比增长50.7%，是广州市其他盈利性服务业各大类行业中增长最快的行业。软件和信息技术服务业实现营业收入1224.48亿元，同比增长31.6%。

租赁和商务服务业维持平稳较快增长。1~11月租赁和商务服务业实现营业收入1731.85亿元，占全市规模以上其他盈利性服务业的51.3%，同比增长15.9%，对全市规模以上其他盈利性服务业的增长贡献率为39.4%，拉动全市其他盈利性服务业增长8.6个百分点。

居民服务、修理和其他服务业，文化、体育和娱乐业占比较小，两者合计不到8%，分别占1.9%和5.3%，且增长较为缓慢。1~11月，两个行业营业收入同比分别增长7.9%和3.9%，分别低于其他盈利性服务业增速13.8个和17.8个百分点。

表1 广州市2017年规模以上服务业分行业营业收入增长情况

行业分类	1~11月		1~8月		增减（个百分点）
	营业收入（亿元）	同比增速（%）	营业收入（亿元）	同比增速（%）	
规模以上服务业	8218.91	14.5	5727.20	14.0	0.5
其他盈利性服务业	3377.31	21.7	2265.80	21.1	0.6
互联网和相关服务、软件和信息技术服务业	1402.16	33.8	917.78	35.7	-1.9
租赁和商务服务业	1731.85	15.9	1176.57	14.0	1.9
居民服务、修理和其他服务业	64.69	7.9	44.37	6.2	1.7
文化、体育和娱乐业	178.61	3.9	127.08	5.2	-1.3
其他行业	4841.60	9.9	3461.40	9.8	0.1

（三）百强企业支撑和拉动作用突出，是主要增长点

2017年1~11月，规模以上服务业营业收入排名前100企业合计营业收入4553.43亿元，同比增长20.2%，高于规模以上服务业5.7个百分点。而全市其他盈利性服务业营业收入排名前100企业累计实现营业收入1843.12亿元，同比增长39.5%，比全市其他盈利性服务业增速高17.8个百分点，对全市其他盈利性服务业贡献率为86.6%，拉动其他盈利性服务业增长18.8个百分点，增长点呈现高度集中的态势。其中，网易计算机系统、博冠信息科技、唯品会数据科技和优视科技（中国）等互联网软件龙头企业保持高速增长，新增企业小米、虎牙等软件信息公司业绩增长迅速，带动广州市其他盈利性服务业的发展。

（四）新中轴线至琶洲经济圈发展迅速，集聚辐射能力强

广州市其他盈利性服务业企业呈现高度集中，主要聚集在天河、越秀和海珠等中心城区，3个行政区其他盈利性服务业合计实现营业收入占全市比重近七成，合计拉动全市其他盈利性服务业增长14个百分点。其中，天河区和海珠区增速较快，1~11月其他盈利性服务业分别增长25.6%和

31.6%，分别拉动全市其他盈利性服务业增长8.4个和2.8个百分点。主要由于新中轴线至琶洲经济圈规划初见成效，特别是琶洲经济圈，近年来先后引进唯品会数据科技、广州腾讯科技和小米通讯等知名企业，受益于这两个区域快速发展，逐步形成总部企业集聚和互联网集聚高端产业区，且对上下游相关产业的辐射效应较强，对全市服务业发展有较强的促进作用。"总部经济""互联网集聚"及其辐射效益，引导广州驶入经济增长的"快车道"。

（五）营商环境改善，吸引外资能力提升

2017年1~11月，全市6700家规模以上服务业企业中，内资企业实现营业收入7116.78亿元，同比增长13.6%，占全市规模以上服务业比重为86.6%，比上年同期下降了0.6个百分点。中国港、澳、台商投资企业和外商投资企业均表现不俗，分别实现营业收入691.08亿元和411.04亿元，同比分别增长19.6%和21.6%，高于同期全市规模以上服务业5.1个和6.1个百分点，占全市规模以上服务业比重分别为8.4%和5.0%，比上年同期均提高了0.3个百分点。表明广州市营商环境有所改善，对外资吸引力提高。

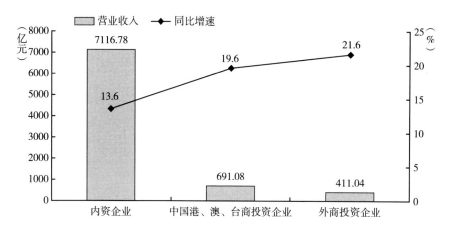

图2　广州市规模以上服务业按经济类型划分情况

三 广州市规模以上服务业需要关注的问题

(一)部分行业高速增长主要依赖个别龙头企业和新增企业,行业整体景气程度不佳

广州市规模以上服务业之所以继续保持稳中向好的发展态势,从各行业体量和增速看,主要是受互联网和相关服务、软件和信息技术服务业,租赁和商务服务业较快增长拉动。2017 年 1~11 月,互联网和相关服务、软件和信息技术服务业,租赁和商务服务业分别增长 33.8% 和 15.9%,分别拉动规模以上服务业增长 4.9 个和 3.3 个百分点,是对规模以上服务业增速拉动作用最为显著的两个行业。然而,从支撑两个行业高增速的内在动力来看,主要依赖的是行业内个别龙头企业和新增企业,而行业整体运行远不如数据表现得那么"靓丽"。

互联网和相关服务、软件和信息技术服务业主要受益网易、博冠新的游戏上线引领业务快速增长,优视科技(中国)业务快速拓展,以及新增企业聚耀信息科技、小米信息服务和虎牙信息科技拉动,上述 6 家企业合计拉动全市互联网和相关服务、软件和信息技术服务业增长 11.9 个百分点。而该行业中营业收入 5000 万元以下的企业共有 581 家,占行业单位数量 65.4%,合计营业收入 103.90 亿元,同比下降 14.4%。

租赁和商务服务业主要依靠几家企业管理服务业龙头拉动,中交城投、中铁隧道局和广东粤合 3 家投资控股企业合计拉动租赁和商务服务业 6.1 个百分点,若剔除这 3 家龙头企业的拉动,租赁和商务服务业是个位数增长,仅增长 9.8%。

上述两个行业龙头企业受新增业务或项目结算周期的影响,增速较快;新增企业由于没有基数或基数较小,增长迅猛。然而这两种情况增速均不具备可持续性,2018 年随着"基数效应"的呈现,营业收入增速大幅回落、转入小幅平稳增长的概率较大。

（二）新增小型企业居多，可持续增长动力不足

从2017年年度企业入库情况来看，全市达规模新增入库企业1428家。其中，年主营业务收入处于1000万元至2000万元的企业739家，占比超五成；年主营业务收入小于1000万元的企业100家；新增企业以小型企业为主。年主营业务收入超亿元的企业虽然有95家，除1家当年新开业的企业外，其他新增入库亿元以上的企业都是带有基数的，2018年企业发展情况和增速具有不确定性。此外，新开业企业数量较往年明显减少，缺少注入的"新鲜血液"，也反映出广州市规模以上服务业发展后劲不足，可持续发展存隐忧。

（三）科研创新投入不足，传统性服务业增长放缓

近年来，规模以上工业企业总产值增速出现明显下滑，使得规模以上服务业中与之高度相关的行业——科技研究和技术服务业增速一直在低位徘徊。2017年1~2月、1~4月和1~5月，科学研究和技术服务业增速甚至出现下降，反映出广州市规模以上服务业企业科研投入不足，科研创新发展水平有待提高，与北京、上海、深圳等国内主要城市差距较大。另外，居民服务、修理和其他服务业，文化、体育和娱乐业2017年以来也仅维持个位数增长，这两个传统性服务业行业企业规模小，中小企业居多，受"互联网＋"新兴业态经营模板的冲击大，抵御风险能力差，行业加强创新和转型升级的压力迫在眉睫。

（四）营业成本大幅抬升，部分行业毛利率有所下降

规模以上服务业企业营业成本出现了较为明显的抬升。数据显示，1~11月规模以上服务业企业共发生营业成本6253.41亿元，同比增长15.3%，高于同期营业收入增速0.8个百分点。

分行业来看，软件和信息技术服务业、人力资源服务、企业管理服务和体育等营业收入增速较高的行业营业成本增长较快：一是软件和信息技术服

务业等发展较快的行业，市场竞争较为激烈，前期资金投入较大，产品或服务价格持续受压，收入增长不及成本攀升，行业毛利率持续下滑；二是法律服务业、专业技术服务业等知识密集型行业在快速发展过程中通常需要高薪吸引人才，随着公司业绩的增长，这些高知识人才的涨薪意愿更为强烈，导致营业成本中的人力成本支出不断提高；三是娱乐业中的一些大体量企业，如广州长隆集团由于受珠海长隆等周边游乐园分流影响，为吸引顾客，企业加大投入和营运开支，进行大规模升级改造，新建熊猫酒店等项目，施工期间影响了入园人数，导致营业成本增长较快，利润下降，受这些大企业的影响，行业整体营业成本上升较快。

四　加快广州市规模以上服务业发展的对策建议

（一）大力培育新动能，加快新兴服务业发展

认真谋划，构建特色鲜明、相对集聚的新兴服务业体系。一是聚焦重点行业和区域，布局一批重点项目，着力在总部经济、科技研发、服务贸易等领域培育发展一批特色集聚区和产业集群。二是以互联网、大数据技术为基础，对接"中国制造2025""互联网＋"等国家战略，积极发展以电子商务、数字内容、大数据和云计算为主的信息平台，促进软件和信息技术服务业与各个行业领域更加深入融合。三是利用高技术，引导企业向价值链高端发展，推动信息化与新兴服务业深度融合发展。

（二）政策倾斜，扶持龙头企业做大做强

近年来，随着广州市服务业的发展，在互联网、软件和信息技术服务业、商务服务业、旅行社及相关服务、娱乐业等多个行业涌现出一批创新能力强、带动能力强的行业龙头，为本市规模以上服务业保持平稳发展提供了有力的支撑。在经济新常态下，政府应加大对龙头企业的政策支持力度，进一步发挥龙头企业稳定经济增长和示范引领作用。一是立足本市服务业不同

行业的实际特点，系统梳理龙头企业名单，给予相应的财税优惠政策，加大财政、金融创新支持力度，疏通人才引进渠道，强化龙头企业发展要素保障。二是支持龙头企业积极利用资本市场工具，通过同业兼并、重组和上市等方式，推动产业转型升级。通过壮大龙头企业，充分发挥集聚效应，推进相关产业发展。三是加强对行业龙头企业招商引资，吸引相关企业或重点项目落户广州并纳入广州市法人进行统计，更客观地体现企业在广州市发展情况，增加服务业发展后劲。

（三）鼓励创新发展，引导企业转型升级

从全市各类规模企业发展来看，服务业小微企业数量较多，多数小微企业科技创新能力不足、信息化建设落后，导致其在市场竞争中处于劣势地位，自身运营处于低效率、低收益、高风险的起步阶段。但小微企业在稳增长、调结构、促进就业、改善民生等方面有不可替代作用，需要政府及社会机构从各个层面给予关心和帮助。为此建议，一是政府应通过推广应用现代经营理念、管理经验和先进技术，引导和鼓励企业转变经营方式，加速创新发展；二是联合科研机构、行业协会等相关机构组织搭建技术支持和服务平台，加快科研成果转化应用步伐，帮助企业加快产业转型升级，提高市场竞争力。

B.19
2017年广州市房地产市场运行分析

广州市统计局投资处课题组*

摘　要： 2017年广州市房地产开发投资平稳运行，住宅投资快速增长；新建商品房网签销售面积继续下降，但年底降幅有所收窄；新建商品住宅价格指数高开低走，后市比较平稳，但也需关注新建商品房库存大幅减少，市场供应结构有待进一步优化；开发企业到位资金增速回落明显以及新开工项目投资回落，但仍存在开发投资后劲不足等问题，本文对此有针对性地提出对策建议。

关键词： 房地产　开发投资　销售市场　广州

2017年，广州市委市政府进一步加强对房地产市场的监测和管理，房地产市场总体健康平稳运行。房地产开发投资增速平稳波动；新建商品房网签销售面积继续下降，但年底降幅有所收窄；新建商品住宅价格指数高开低走，后市比较平稳；商品房施工面积增速放缓，新开工面积同比下降；房地产开发企业到位资金逐步回落。

一　房地产开发投资运行情况

（一）房地产开发投资平稳运行

2017年，全市完成房地产开发投资2702.89亿元，同比增长6.4%，增

---

* 课题组成员：郑振威，广州市统计局投资处处长；黄健芳，广州市统计局投资处副处长；王方东，广州市统计局投资处科员。执笔：王方东。

速较1~9月回落1.5个百分点，较1~6月和1~3月分别回落3.6个和4.2个百分点（见图1）。从房地产开发投资增速全年走势情况看，增速在一季度冲高后不断回落，年中有所反弹，下半年趋势开始平稳。2017年，房地产开发投资占全市固定资产投资额比重45.66%，较1~6月减少2.37个百分点；拉动全社会固定资产投资增长2.9个百分点，较1~6月减少1.8个百分点。

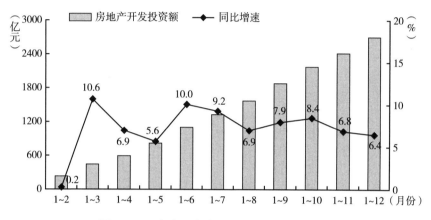

图1　2017年广州市房地产开发投资完成情况

（二）住宅投资快速增长，商业营业用房投资同比回落

从房地产开发投资用途看，2017年，广州市住宅投资继续保持较好的增长态势，共完成投资1769.49亿元，同比增长11.0%，增速高于全市房地产开发投资4.6个百分点。住宅投资占全市房地产开发投资比重65.46%，拉动全市房地产开发投资增长6.9个百分点，是全市投资保持正增长的主要拉动力量。由于年初广州相继出台了"317新政"和"330新政"等房地产调控措施，商业营业用房销售受到限制，其后市也不被开发商所看好，商业营业用房项目开发进度有所放缓，本年完成投资同比呈下降趋势。2017年，全市商业营业用房完成投资298.50亿元，同比大幅下降20.6%。办公楼和其他商品房分别完成投资330.23亿元和304.67亿元，同比分别增长8.6%和14.4%（见表1）。

表1 2017年广州市各建设类型房地产开发投资情况

	1~12月		1~6月	
	完成投资(亿元)	同比增速(%)	完成投资(亿元)	同比增速(%)
房地产开发投资	2702.89	6.4	1102.04	10.0
1. 住宅	1769.49	11.0	707.89	20.6
2. 办公楼	330.23	8.6	133.12	7.2
3. 商业营业用房	298.50	−20.6	140.07	−8.9
4. 其他房屋	304.67	14.4	120.96	−11.8

（三）住宅需求由"刚需"向"改善型需求"转移

从住宅投资户型看，在二胎政策放宽的影响之下，全市住房需求发生了巨大变化，市场主导由上年的"刚需"向2017年的"改善型需求"转移，三房和小四房日益受到购房者青睐，90~144平方米住宅投资保持了快速增长趋势。2017年，广州市90~144平方米住宅完成投资810.50亿元，同比大幅增长51.7%，增速高于全市住宅投资增速40.7个百分点，拉动全市住宅投资增长17.3个百分点，是全市住宅投资增长最重要的拉动力量。而90平方米以下和144平方米以上的住宅投资同比则呈回落趋势，分别完成投资599.67亿元和359.32亿元，同比下降11.9%和5.3%。

（四）建安投资增速逐步回落，土地购置费增速由负转正

从投资构成情况看，建安工程投资增速逐步回落，土地购置费增速由负转正。2017年，广州市房地产开发建安工程合计完成投资1599.59亿元，同比增长5.7%，增速较1~6月回落12.5个百分点。其他费用完成投资1086.60亿元，同比增长7.8%。其中，占比达八成的土地购置费完成投资871.27亿元，同比增长6.9%，扭转了1~3月（−26.3%）和1~6月（−13.1%）增速下降的趋势。设备购置完成投资16.71亿元，同比下降13.7%（见表2）。

表2　2017年广州市房地产开发投资构成情况

	1~12月		1~6月	
	投资额(亿元)	同比增速(%)	投资额(亿元)	同比增速(%)
本年完成投资	2702.89	6.4	1102.04	10.0
1. 建安工程	1599.59	5.7	770.55	18.2
建筑工程	1416.75	9.2	692.41	22.8
安装工程	182.83	-15.4	78.14	-11.5
2. 设备购置				
设备购置	16.71	-13.7	6.12	-25.3
3. 其他费用	1086.60	7.8	325.37	-4.8
土地购置费	871.27	6.9	235.03	-13.1

（五）大型房地产开发项目动工建设是广州市房地产开发投资增长主要动力

从房地产开发项目构成情况看，大项目动工建设为广州市房地产开发投资注入新的活力，2017年，广州市在建计划总投资超30亿元的房地产项目共169个，比上年增加30个。其中，本年新增计划总投资超百亿元的项目4个，比上年增加1个。计划总投资超30亿元的项目合计完成投资1373.91亿元，同比增长13.5%，增速高于全市房地产开发投资7.1个百分点，拉动全市房地产开发投资增长6.4个百分点，是全市房地产开发投资的重要拉动力量。

二　新建商品房施工和新开工面积情况

（一）新建商品房施工面积增速逐步回落

2017年，全市新建商品房施工面积10658.49万平方米，同比增长5.9%，增速较1~6月回落3.1个百分点，较1~2月回落5.4个百分点。

从施工面积构成情况看，四类房屋施工面积均有不同程度增长：住宅施工面积为6399.47万平方米，同比增长4.8%，增速较1~6月回落2.4个百分点；办公楼施工面积为1121.67万平方米，同比增长4.2%，增速较1~6月回落3.6个百分点；商业营业用房施工面积为1259.11万平方米，同比增长2.7%，增速较1~6月回落8.8个百分点；其他房屋施工面积为1878.24万平方米，同比增长13.6%，增速较1~6月回落1.6个百分点。

（二）新建商品房新开工面积同比下降

2017年，全市新建商品房新开工面积1853.88万平方米，同比下降13.1%，降幅较1~6月扩大12.1个百分点，而1~2月为同比增长19.9%。从新开工面积构成看，住宅新开工面积为1118.95万平方米，同比下降11.1%，降幅较1~6月扩大10.8个百分点；办公楼新开工面积为163.44万平方米，同比下降37.5%，降幅较1~6月回落14.5个百分点；商业营业用房新开工面积为207.33万平方米，同比下降22.7%，而1~6月为同比增长61.1%；其他商品房新开工面积为364.16万平方米，同比增长5.8%，增速较1~6月回落18.2个百分点。

三 房地产销售市场运行情况

（一）新建商品房销售面积继续回落

受限购政策收紧以及"限价"、"限签"、"限贷"和"限售"等一系列房地产调控政策因素影响，广州市新建商品房销售面积继续呈现回落趋势。据广州市住建委网签数据，2017年，广州市新建商品房网签面积1313.50万平方米，同比下降25.9%，降幅较1~6月扩大22.4个百分点。从全年网签销售面积增速走势情况看，销售面积年初保持了较快增长态势，同比增速在1~3月到达全年峰值（25.3%）之后开始逐步回落，1～6月增速由正转负，1～12月逐步回落至全年最低点（-25.9%）（见图2）。

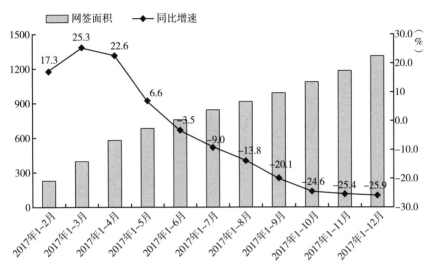

图2　广州市新建商品房网签销售面积情况

注：数据来源于广州市住房和城乡建设委员会。

从销售面积构成看，住宅、办公楼和商业营业用房销售面积增速较上半年均有不同程度的回落。其中，住宅网签销售面积大幅下降是广州市网签销售面积回落的最主要原因。2017年，广州市新建商品住宅网签销售面积为981.79万平方米，同比下降30.7%，降幅较1～6月大幅扩大19.9个百分点；办公楼销售面积为155.66万平方米，同比下降23.7%，而1～6月同比增长5.8%；商业营业用房销售面积为78.53万平方米，同比下降14.8%，而1～6月同比增长21.6%。

从各区新建商品房网签销售数据情况看，2017年，全市各区新建商品房网签销售面积同比均有不同程度的下降。其中，海珠区（-61.9%）、白云区（-60.4%）、荔湾区（-51.5%）、越秀区（-43.2%）和天河区（-36.7%）同比降幅都超过三成。从与1～6月增速变动情况看，除荔湾区（提高16.8个百分点）外，其他10区增速较1～6月均有不同程度的回落，其中从化区（回落44.7个百分点）、番禺区（回落39.4个百分点）和黄埔区（回落 32.1 个百分点）回落幅度较大。从各区销售面积对全市的拉动情况看，黄埔区（-4.9%）、海珠区（-3.8%）和花都区（-3.3%）对全市销售面积数据影响较大（见表3）。

表3　2017 年广州市各区新建商品房网签销售面积情况

区域	网签销售面积（万平方米）	同比增速（%）	与1~6月比较（个百分点）	拉动率（个百分点）
全市合计	1313.50	-25.9	-22.4	—
荔 湾 区	13.76	-51.5	16.8	-0.8
越 秀 区	29.05	-43.2	-11.3	-1.2
海 珠 区	41.23	-61.9	-2.6	-3.8
天 河 区	77.68	-36.7	-3.9	-2.5
白 云 区	31.04	-60.4	-15.5	-2.7
黄 埔 区	212.64	-28.9	-32.1	-4.9
番 禺 区	164.54	-21.6	-39.4	-2.6
花 都 区	153.41	-27.8	-20.8	-3.3
南 沙 区	186.77	-3.2	-12.5	-0.4
从 化 区	70.23	-18.0	-44.7	-0.9
增 城 区	333.15	-13.1	-27.9	-2.8

注：数据来源于广州市住房和城乡建设委员会。

（二）新建商品住宅销售价格高开低走

2017 年，广州市新建商品房销售市场实现了开门红，成交量在年初持续走高推动商品住宅价格高涨，前 4 个月，新建商品住宅价格指数同比都达到了两成以上的增长幅度。为遏止房价过快增长，广州市委市政府加强了对房地产销售市场的监管力度，并在 2017 年 3 月相继出台了"317 新政"和"330 新政"等房地产调控政策，采取严格限购、差别化信贷等一系列举措，使新建商品住宅价格指数开始逐步走低，5 月份同比价格指数跌破 20%，9 月份跌破 10%，12 月逐步降至 5.5%（见图3）。

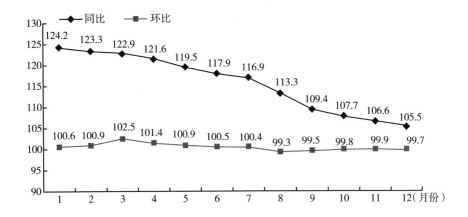

图3 广州市新建商品住宅价格指数变动情况

注：数据来源于国家统计信息网。

四 房地产开发企业资金到位情况

　　受年底银行信贷政策收紧以及销售市场不景气导致定金及预付款、个人按揭贷款到位资金大幅回落因素影响，2017年，全市房地产开发企业本年到位资金3786.75亿元，同比增长7.8%，增速较1~6月回落14.8个百分点，较1~2月大幅回落33.1个百分点。从资金构成看，国内贷款保持了较快的增长态势，但是增速较1~6月有所回落，国内贷款到位资金765.93亿元，同比增长39.7%，增速较1~6月回落8.6个百分点。自筹资金到位1191.65亿元，同比增长1.7%，增速较1~6月回落16.5个百分点；利用外资到位9.06亿元，同比下降51.9%，降幅较1~6月收窄17.8个百分点；受销售面积大幅回落因素影响，企业其他资金增速出现大幅回落，其他资金来源到位1820.11亿元，同比增长2.7%，增速较1~6月回落15.0个百分点。其中，定金及预付款到位1324.44亿元，同比增长2.4%，个人按揭贷款到位402.57亿元，同比下降1.3%（见表4）。

表4　2017年广州市房地产开发资金到位情况

	1~12月		1~6月	
	资金（亿元）	同比增速（%）	资金（亿元）	同比增速（%）
本年到位资金来源	3786.75	7.8	1805.25	22.6
1. 国内贷款	765.93	39.7	379.38	48.3
银行贷款	729.15	48.8	365.40	59.6
2. 利用外资	9.06	-51.9	3.15	-69.7
3. 自筹资金	1191.65	1.7	513.85	18.2
4. 其他资金来源	1820.11	2.7	908.87	17.7
定金及预付款	1324.44	2.4	656.95	17.4
个人按揭贷款	402.57	-1.3	233.48	27.1

五　需要关注的问题和对策建议

（一）主要问题

1. 新建商品房库存大幅减少，市场供应结构有待进一步优化

从广州市住房和城乡建设委员会发布的商品房可售和销售面积情况看，2017年末，广州市新建商品房可售面积1412.53万平方米，比上年大幅减少593.58万平方米。经测算，广州市2017年底新建商品房库存去化周期①为12.9个月，比上年缩短0.6个月，比2017年6月底缩短2.9个月，已逼近15个月的警戒线。从各类型商品房库存去化周期看，住宅库存去化周期仅为9.1个月，已低于15个月警戒线；商业营业用房库存去化周期为33.4个月，面临较大的去库存压力；办公楼库存去化周期为15.0个月，处于正常区间值（见表5）。分区域看，库存去化周期超过20个月的有海珠区

---

① 新建商品房库存去化周期数是利用年末新建商品房可售面积与本年月平均新建商品房网签数的比值计算获得。

（21.1 个月）和荔湾区（20.1 个月），库存去化周期低于 10 个月有增城区
（8.7 个月）和黄埔区（7.1 个月）。

表5　2017 年广州市各类型商品房库存及去化周期情况

类　型	可售面积(万平方米)	去化周期(月)	上年去化周期(月)
全市	1412.53	12.9	13.5
住宅	745.65	9.1	6.3
商业营业用房	217.07	33.4	25.6
办公楼	195.49	15.0	9.6

注：数据来源于广州市住房和城乡建设委员会。

2. 开发企业到位资金增速回落明显

2017 年，广州市房地产开发企业共到位资金 3786.75 亿元，同比增速
为 7.8%，增速较年初和上半年分别大幅回落 33.1 个和 14.8 个百分点。资
金投资比也从年初的 2.64：1 逐渐降至年末的 1.40：1。主要原因有以下几
点：首先是因为年底银行银根收紧，房地产开发贷款数据增速有所回落；其
次是因为销售市场持续回落，而房地产开发企业资金来源又比较依赖销售资
金回笼，因而销售市场不景气直接导致企业到位资金的大幅度回落。房地产开
发企业到位资金快速回落对广州市房地产市场健康平稳运行将产生不利影响。

3. 新开工项目投资回落，开发投资后劲不足

2017 年，广州市共新开工房地产项目 122 个，比上年减少 14 个，新开
工项目合计完成投资 936.17 亿元，同比下降 4.9%。新建商品房新开工面
积 1853.88 万平方米，同比下降 13.1%，本年全市新开工面积已连续多个
月下降，同比增速由 1～2 月的 19.9% 降至上半年的 1.0%，1～12 月降幅扩
大至 13.1%。2017 年，全市续建项目共 1114 个，比上年增加 18 个，续建
项目合计完成投资 1766.72 亿元，同比增长 13.5%，续建项目是广州市投
资保持正增长的主要推动力量。然而，房地产项目的建设周期一般为 2 年左
右，所以新增项目是房地产开发投资可持续增长的活力所在。新开工项目回
落，对广州市房地产开发投资后劲产生较大影响。

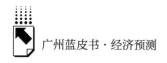
（二）对策建议

1. 优化市场供应结构，稳定商品房销售市场价格

首先，应该继续加快居住用地市场供应，进一步优化市场结构。对于市场库存压力较小的住宅类房屋，应继续严格限购政策，维持市场平稳。并且，应继续加强对新建商品住房预销售管理，严格落实商品房明码标价、一房一价制度，禁止擅自提价、捆绑销售、附加条件等行为，加强对新建商品住房预售价格和现房销售价格的指导工作。

2. 构建多元化融资体系，优化企业资金结构，鼓励合作开发，降低企业风险

资金是房地产开发企业的命脉，其对企业的可持续发展起着至关重要的作用，进一步优化企业资金结构、保持企业资金流的稳定，是广州市房地产市场健康运行的重要保障。首先，应加强对房地产贷款账户的管理，提高房地产企业自有资金的比重。其次，在符合金融监管政策的前提下，鼓励开发企业利用多种渠道筹集开发资金，缓解企业资金紧张，利用上市、房地产信托、房地产投资信托基金、房地产债券、基金等方式筹集资金作为补充，摆脱单一化融资方式，构建多元化融资体系。同时，也可以通过合作开发的方式联合多家企业共同开发，降低开发成本和投资风险，保障企业资金流稳定。

3. 加强对房地产市场监测和管理，加快项目开发进度

鼓励房地产开发企业加快开发进度，继续加强对房地产开发市场监管力度，坚决打击供而不建等违规行为。在项目审批流程上，应积极寻求合理优化审批流程的方式，加强房地产开发项目前期审批和资本金管理，统筹安排，实时监管，加快推进房地产开发企业开工和建设进程。

B.20

2017年广州市规模以上
工业经济运行情况

广州市统计局工交处课题组*

摘　要：　2017年，在国内外经济形势复杂的大环境下，广州市工业积极面对新旧动能转换、产业结构调整的压力，降速换挡，提质增效；同时，随着供给侧结构性改革和创新驱动发展战略的深入推进，广州工业领域去产能、去杠杆、降税减费效果显现，发展新动力持续增强、企业效益明显提升。工业新常态下增速放缓、质量提高的运行特征趋于明显。

关键词：　工业　经济运行　新动力　广州

一　规模以上工业增速趋稳，新动能释放增长潜力

（一）汽车产业实现两位数增长，支撑广州市工业增速企稳

2017年，三大支柱产业工业总产值增速对比上年呈"一快两慢"态势，全年走势总体平稳，实现工业总产值同比增长9.2%。其中，汽车制造业保持两位数增长，实现工业总产值同比增长17.4%，比2016年增速高4.8个百分点，对广州市工业增长的支撑作用进一步增强。

* 课题组成员：肖兴文，广州市统计局工业交通处处长；黄燕玲，广州市统计局工业交通处副处长；肖鹏，广州市统计局工业交通处主任科员。执笔：黄燕玲、肖鹏。

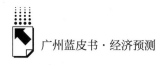

电子产品和石油化工制造业工业总产值增速不理想。电子产品制造业未能延续上年的增长势头，同比仅增长3.9%，增速较2016年回落4.0个百分点；石油化工制造业同比下降4.2%，连续两年负增长，动能持续减弱。

（二）主要工业行业增长稳定

广州市35个工业大类行业中有23个行业总产值实现同比增长。4个千亿元级行业"三升一降"，汽车制造、计算机电子通信和电力生产供应3个千亿元级行业增长平稳，同比分别增长17.4%、4.0%和3.3%，而化学原料和化学制品业生产下滑，同比下降5.7%。产值超百亿元级的主要行业中，顺应自主创新、智能生产、市场需求升级等转型方向的电气机械器材、有色金属冶炼压延、燃气生产供应、家具、专用设备等行业均实现两位数增长。传统制造行业增长出现分化，农副食品加工、酒饮料、食品制造、烟草、印刷行业率先回暖，同比均实现2%以上增长；纺织、服装、皮革制鞋、造纸、钢铁等行业未能走出低迷，同比均为负增长；石油加工行业低位运行，同比增长0.3%。

（三）新兴产业带动工业迈向中高端

2017年，广州市规模以上先进制造业和高技术制造业增加值占广州市规模以上工业增加值比重分别为58.1%和12.2%，同比分别提升1.8个和0.2个百分点。高新技术产品产值同比增长9.3%，占广州市规模以上工业总产值的比重为47.0%，占比较上年同期扩大1.0个百分点。工业产业结构进一步优化调整。

（四）产业内部新动能展现活力

装备制造业增势良好，在工业中的比重明显提升，2017年实现工业总产值同比增长10.9%，占广州市规模以上工业总产值的47.7%，增速和占比较上年分别提高2.2个百分点和3.8个百分点，带动作用进一步增强。其中，铁路运输、城市轨道交通设备制造业分别增长9.1%和32.2%，医疗仪器设备、环保专用设备制造业分别增长 13.8% 和 33.7%。另外，率先升级的时尚类消费品制造业增势良好，保健食品、化妆品、木质家具制造业分别增长 28.7%、10.3% 和 22.5%。这反映了在创新驱动发展战略下，广州市工业发展新动力加快成长。

（五）新产品释放增长潜力

符合产业结构和消费需求升级方向的产品增势良好，其中，运动型多用途乘用车（SUV）全年产量 147.33 万辆，占汽车产量的 47.4%，同比增长 31.2%；健康食品中的营养保健食品、果汁和蔬菜汁饮料产量分别增长 24.8% 和 63.7%；家电产品中的家用电热烘烤器具产量增长 7.6%；医药产品中的化学药品原药和兽用药品产量分别增长 7.0% 和 31.5%。与此同时，随着智能、绿色、高端产业的加快发展，新能源汽车、光电子器件、液晶显示屏、工业自动调节仪表与控制系统、工业机器人等新兴产品产量均保持较快增长，全年产量同比分别增长 55.0%、58.3%、13.7%、37.6% 和 21.0%。民用无人机、环保、医疗设备等一批成长中的高新技术产品逐步加大规模产出，发展新动能积极孕育。

（六）小微型企业发展态势良好

2017 年，广州市大、中、小微型工业企业实现工业总产值占广州市规模以上工业的比重分别为 57.3%、17.5% 和 25.2%，其中，小微型企业占比比上年同期扩大了 2.9 个百分点，同比增长 6.6%，合计实现产值规模超过中型企业。在近两年广州市工业经济下行压力较大的背景下，广州市小微型工业企业产值增速一直高于大、中型工业企业，也高于广州市规模以上工业平均增速。可见，广州市小微型工业企业总体成长性较好，产值占比逐步扩大，发展态势良好。关注高成长型企业，加快推动广州市工业发展新旧动能接续和转换。

（七）民营企业较弱，外资和港澳台资企业贡献大

2017 年，广州市民营工业企业数量 3038 户，占 64.9%。从数量上看，

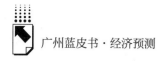

民营工业企业已成为广州市工业经济的重要组成部分，但从实现工业总产值总量上看，民营工业仍缺乏规模效应。2017年广州市民营工业企业实现工业总产值占广州市的比重仅为21.6%，比上年减少0.3个百分点。

外资和中国港澳台资企业数量为1491户，占31.9%，但工业总产值规模占广州市的58.6%，是广州市规模以上工业经济的主力军。从外资和中国港澳台资企业的行业分布来看，主要集中在汽车、电子、石化等行业中，对广州市工业经济的支撑作用明显。

二 供给侧改革成效显现，企业效益情况稳步提升

（一）工业结构稳中有调

2017年，广州市高新技术产品产值同比增长9.3%，比上年增速提高2.0个百分点，两年增速均高于广州市规模以上工业增速。汽车、电子、仪器仪表、电气机械、通用设备、专用设备、铁路船舶航空航天设备、医药8个先进制造行业合计实现工业总产值占广州市规模以上工业的比重为54.2%，占比与上年同期相比扩大3.0个百分点，不断推动广州市工业结构调整优化。

（二）企业盈利能力增强，亏损面逐季减小

在工业品价格回升的助推下，2017年广州市规模以上工业企业实现主营业务收入在2016年低速增长（4.5%）的基础上实现提速增长，同比增长8.5%；实现利润总额同比增长11.8%，比上年增速提升3.3个百分点；实现应交增值税同比增长6.8%，比上年提升9.8个百分点。

2017年，广州市有731户规模以上工业企业亏损，亏损面为15.6%，较上年略有扩大，但2017年以来亏损企业数量逐季减少，亏损企业数量较1~3月、1~6月和1~9月分别减少605户、322户和190户。

（三）企业经营效率提高，六成行业实现利润同比增长

2017年，广州市规模以上工业企业资产负债率为50.6%，同比下降0.6个百分点；产成品存货周转天数为14.3天，同比减少0.5天；产品销售率为99.0%，同比提高0.7个百分点。主营业务利润率为7.3%，比上年提升0.2个百分点。每百元主营业务收入中的三项费用为9.54元，比上年减少0.49元；由于原材料价格、用工成本等因素影响，企业每百元主营业务收入中的成本为82.34元，比上年增加0.47元。

广州市35个大类行业中，仅有1个行业未能实现盈利，有23个行业利润总额实现不同程度的增长，17个行业同比增速超10%。其中，专用设备制造和医药制造业两个先进制造业行业实现利润总额保持两位数增长，同比分别增长30.2%和14.0%。铁路船舶航空航天设备制造业受大企业收到土地补偿款的影响，在12月扭转前11个月亏损的局面，实现同比增长135.1%。

三　规模以上工业增长需要关注的问题

（一）新旧动能转换不充分

占广州市规模以上工业总产值比重近五成的汽车、电子、石化三大支柱产业，除汽车制造业仍继续保持快速增长外，电子产品制造业陷入低速增长，石油化工制造业持续负增长，广州市工业增长的支撑减弱。传统制造业持续低迷，动能由强变弱，行业总产值超百亿元的钢铁、金属制品、服装、文体娱乐产品、纺织、皮革制鞋、造纸7个行业全年累计实现产值同比均为负增长，影响广州市工业经济增速提升。另外，新兴产业尚未能挑起工业发展的大梁，接续作用有限。其中，总量规模居各行业第六位的通用设备制造业低位增长，全年累计实现产值同比增长3.9%。先进制造业中，电气机械器材、专用设备、仪器仪表制造三个行业虽然增势较好，但合计实现产值仅占广州

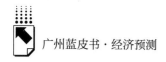

市规模以上工业的 6.5%，拉动作用有限；医药制造业同比仅增长 2.3%，铁路船舶航空航天设备制造业实现工业总产值持续负增长（-16.6%），更是难以发挥带动增长的作用。

（二）存量企业低位运行，增量企业动能有限

2017 年末，广州市规模以上工业中，存量企业（自 2014 年年报以来连续在库）3793 户，数量占比为 81.1%，实现工业总产值占广州市规模以上工业的 81.3%，同比增长 4.1%。总量占比大的存量企业进入平稳增长期，动能由强变弱，亟待加快结构优化调整，培育增长新动力。但从新投产企业情况看，存在"数量不多且大多数企业规模偏小"的问题。2015 年以来，广州市新投产的规模以上工业企业共有 68 户，合计实现工业总产值仅占广州市规模以上工业的 2.6%，虽同比增长 340%，但占比小，拉动作用有限。另外，2015~2016 年因主营业务收入达规模的企业共有 840 户，但同一时段因主营业务收入不达规模、主营业务活动转变等原因退库的企业有 743 户，实际增加的规模以上工业企业仅 97 户。并且，这些新达规模企业对广州市工业经济的补充作用有限，2017 合计实现工业总产值占广州市规模以上工业总产值的 4.1%，虽同比增长 32.5%，但也因数量多而不强，拉动能力有限。

（三）工业固定资产投资额相对较低，且集中于传统支柱产业

多年以来，广州市工业鲜有大项目、大企业，特别是能带动整个产业链的龙头企业落地投产。工业固定资产投资总量与国内其他主要城市相比，始终排名较后。2017 年工业固定资产投资额仅有 736.26 亿元，比 2016 年增长 3.1%。

分行业（产业）看，广州工业固定资产投资主要集中在汽车制造业、电子信息制造业以及电力、热力生产和供应，这 3 个行业（产业）工业固定资产投资额均超过 100 亿元，分别为 116.45 亿元、264.76 亿元和 157.39 亿元，分别占广州市工业固定资产投资总额的 15.8%、36.0% 和 21.4%。说明未来几年广州市工业发展仍将主要依靠汽车、电

子等传统支柱产业的带动，新兴产业短期内难以形成规模，产业发展新动能不足。

（四）工业品出口增速持续走低

受国际市场低迷影响，广州市规模以上工业品出口增速常年处于低位，2012年以来，广州市规模以上工业出口交货值增速均在5.0%以下。2017年，广州市涉及产品出口的规模以上工业企业有1626家，占34.8%，该1626家企业合计实现工业总产值占广州市规模以上工业总产值的44.9%；实现出口交货值同比仅增长0.9%，比上年增速回落1.5个百分点，6年来增速首次低于1.0%。"外向型"是广州市工业的特征之一，近年来，涉及出口的规模以上工业企业实现工业总产值占广州市比重均超过四成，在国际市场受阻的同时须加快转型，有效地开辟国内市场，否则将影响广州市工业经济增长的后劲。

四 进一步推进广州市规模以上工业
经济发展的对策建议

（一）"内外兼修"，营造降低企业成本的外部环境

尽管广州市规模以上工业企业实现效益总体在好转，但仍存在成本上涨压力增大、账款回收速度较慢等问题，须进一步采取措施"内外兼修"：营造好降低工业企业成本的外部环境，加大在减税、降费、降低要素成本上的优惠力度，减少审批环节，进一步降低能源价格、物流成本和社保费率等；同时进一步引导和支持企业加强内部管理和技术上的创新，推动企业参与降杠杆，降本增效。

（二）切实做好存量企业服务和政策引导工作

相关职能部门要重视扶持和引进的工业项目的质量，进一步强化服务，

完善重点企业生产运行情况和已投产项目达产情况的监测制度，及时了解存量企业生产面临的主要困难，及时摸清增量企业实际产出达不到预期的原因，认真梳理并针对企业生产过程中出现的问题，在政策上加强引导和扶持，促进企业优化资源配置、拓宽发展空间。同时，引进或鼓励具有研发技术、项目的新兴企业自主培育上游产业，实现研发、生产环节的衔接，切实增强广州市工业增长的后劲。

（三）推进高端高质高新产业体系建设，增强发展后劲

从广州市工业可持续发展的角度看，亟须扩充项目储备，加快培育新增长点，形成多点支撑的工业发展格局。

一是继续加大引资力度，加快储备一批延长产业链条、扩大产业规模、带动性强的项目，增强工业经济发展后劲；鼓励具有硬件研发技术的新兴企业和高校产学研结合，设立生产线，实现研发、生产环节的衔接，较快地实现新增工业项目落户。

二是在优化现有的汽车、日用化学品、食品饮料制造及能源生产和供应等优势产业之外，积极推进高端高质高新产业体系建设，优先推动已具备一定基础的IAB、NEM产业加快发展，培育具有核心竞争力的高新技术型企业。

（四）进一步加快现代服务业发展，夯实工业扩张基础

结合国际工业经济发展经验，加快发展现代服务业，拓展生产性服务领域，是提升工业技术水平、降低生产成本的重要途径和有力支撑。在推进广州市制造业转型升级，向高技术、高附加值方向发展的进程中，应着力开拓发展服务业的新思路，立足基础，充分发挥国家级自贸区、大湾区等政策优势，大力发展金融、保险、物流、信息和法律服务等现代服务业，形成与广州市工业发展战略相适应、相促进的生产性服务体系，为加快工业发展提供服务支撑保障。

（五）加强工业经济运行监测，夯实企业统计基础

1. 确保新投产企业及时入统

各相关政府部门应进一步转变职能，淡化管理，强化服务理念，建立健全新项目引进、推进机制，在资金、土地、行政手续、人才、技术、税收等方面积极支持新项目，加大招商引资力度，保障已引进的项目落地、开工建设、按计划实现量产目标，增强工业发展后劲。

2. 夯实小微企业统计基础

小微企业多数统计基础工作薄弱，没有专职统计人员且人员流动较大，对统计制度、指标理解不清，导致报表填报差错较多。各级部门应制定针对小微企业尤其是规模以下转规模以上的企业数据监测、巡查方案，对于指标理解模糊的，及时纠正，确保上报数据能准确反映企业实际生产状况。

B.21
2017年广州市固定资产
投资运行情况分析

广州市统计局投资处课题组*

摘　要：　2017年广州市固定投资结构持续优化，基础设施投资提速发展，工业投资提质增效，大项目投资带动有力，黄埔、增城投资增长较快，全年完成固定资产投资近6000亿元。同时也要关注到民间投资、港澳台商投资低迷，工业技改投资持续负增长，到位资金偏紧和投资增长后劲等问题，并提出对策建议。

关键词：　固定资产投资　增长后劲　广州

2017年，广州市坚持稳中求进工作总基调，坚持新发展理念，全力推进重点项目建设，城市枢纽功能不断强化，基础设施投资提速增长，工业投资提质增效，全年完成固定资产投资接近6000亿元。同时，受房地产开发投资增速回落，民间投资、港澳台商投资低迷的影响，全市固定资产投资增长稳中趋缓。

一　广州市固定资产投资运行特点

2017年，全市完成固定资产投资5919.83亿元，同比增长5.7%，增速

* 课题组成员：郑振威，广州市统计局投资处处长；黄健芳，广州市统计局投资处副处长；杨晓峰，广州市统计局投资处主任科员。执笔：杨晓峰。

比上年回落2.3个百分点，比一季度、上半年、前三季度分别回落4.6个、2.9个和1.7个百分点，呈逐步回落的态势（见图1）。

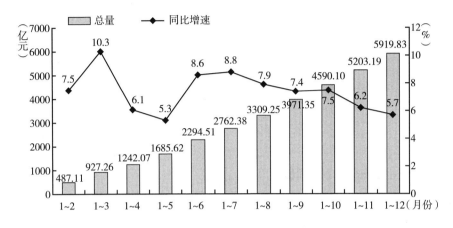

图1　2017年广州市固定资产投资完成情况

从投资的两大构成看，建设改造投资、房地产开发投资增速全年小幅震荡回落（见图2）。2017年，全市完成建设改造投资3216.94亿元，同比增长5.1%，增速比上年提高8.3个百分点，比一季度、上半年、前三季度分别回落5.0个、2.2个和1.8个百分点，占全市投资的54.34%，拉动全市投资增长2.8个百分点。

受房地产市场调控政策的持续影响，广州市房地产开发投资由较快增长

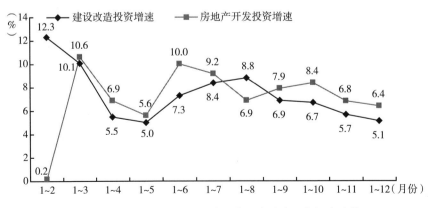

图2　2017年广州市建设改造投资、房地产开发投资趋势

回归理性的稳健增长。全年完成房地产开发投资2702.89亿元，同比增长6.4%，增速比上年回落12.5个百分点，比一季度、上半年、前三季度分别回落4.2个、3.6个和1.5个百分点，拉动全市投资增长2.9个百分点。从比重看，广州市房地产开发投资比重进一步提升。房地产开发投资占全市投资的45.66%，比上年提升0.30个百分点。从投资用途看，住宅投资是房地产开发投资的重心。全市商品房住宅投资1769.49亿元，同比增长11.0%，快于全市房地产开发投资4.6个百分点，占全市房地产开发投资的65.47%，比上年提升2.71个百分点。

（一）投资结构持续优化

2017年，广州市第一产业投资10.51亿元，同比下降50.3%，降幅比上年扩大12.9个百分点；第二产业投资751.51亿元，同比增长2.7%，比上年提升8.8个百分点；第三产业投资5157.81亿元，同比增长6.4%，增速比上年回落4.4个百分点，快于全市投资平均水平0.7个百分点，拉动全市投资增长5.5个百分点，对全市投资增长的贡献率达97.2%，是广州市投资增长的重要支持。

从产业介入程度看，第三产业投资占比进一步提升。三次产业投资占全市固定资产投资总额的比重分别是0.18%、12.69%和87.13%，第一产业和第二产业投资占比分别比上年下降0.20个和0.38个百分点，第三产业投资占比则比上年提升了0.58个百分点。

从投资行业看，卫生和社会工作，信息传输软件和信息技术服务业，金融业，交通运输、仓储和邮政业等第三产业行业投资增长较快。其中，卫生和社会工作在广州市积极推进卫生强市建设、优化基本公共卫生服务的背景下，完成投资80.47亿元，同比增长71.7%；信息传输软件和信息技术服务业得益于琶洲互联网创新集聚区内的欢聚大厦、腾讯广州总部大楼、广东小米互联网产业园等多个项目不断推进，完成投资217.59亿元，同比增长23.3%；金融业投资5.17亿元，同比增长21.3%；交通运输、仓储和邮政业投资906.71亿元，同比增长20.7%。

（二）基础设施投资提速发展

2017年，广州市不断强化城市枢纽网络功能，加快综合交通建设，优化人居环境，机场、轨道交通、公共设施等建设取得新进展。全市基础设施投资1684.30亿元，同比增长15.3%，比上年提升2.1个百分点，快于全市平均水平9.6个百分点，自下半年以来连续6个月增速快于全市平均水平（见图3），占全市投资的28.45%，较上年提升2.38个百分点。

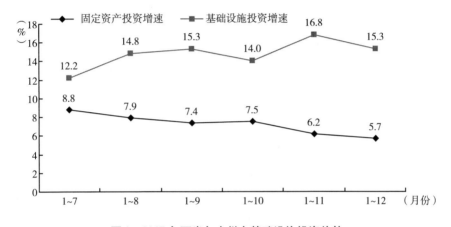

图3　2017年下半年广州市基础设施投资趋势

从内部结构看，交通运输、仓储和邮政业的基础设施投资增长最快，占比最大（见表1）。2017年，中国南方航空股份有限公司飞机购置项目完成投资超百亿元，新塘经白云机场至广州北站城际轨道交通工程、广州铁路枢纽东北货车外绕线工程、白云国际机场扩建工程等一批交通基础设施项目推进情况良好，带动广州市交通运输、仓储和邮政业基础设施投资同比增长20.0%，拉动全市基础设施投资增长10.1个百分点。同时，随着广州北站综合交通枢纽配套基础设施项目、九龙工业园凤凰五路东延线道路工程、知识城起步区人工湖雨洪调蓄工程等市政项目的持续推进，全市水利、环境和公共设施管理业投资537.66亿元，同比增长18.8%，拉动全市基础设施投资增长5.8个百分点。

表1 2017年广州市基础设施投资完成情况

按行业分	固定资产投资（亿元）	同比增速（％）	比重（％）	拉动率（个百分点）
基础设施	1684.30	15.3	100.00	15.3
交通运输、仓储和邮政业	883.23	20.0	52.44	10.1
水利、环境和公共设施管理业	537.66	18.8	31.92	5.8
电力、热力、燃气及水生产和供应业	157.39	-1.9	9.34	-0.2
信息传输、软件和信息技术服务业	106.02	-4.5	6.30	-0.4

注：基础设施不含交通运输、仓储和邮政业中的仓储业，不含信息传输、软件和信息技术服务业中的软件和信息技术服务业。

（三）工业投资提质增效

2017年，广州市继续深化供给侧结构性改革，推动先进制造业集聚发展，促进新动能快速成长。全市工业投资736.26亿元，同比增长3.1％，扭转了2017年上半年、前三季度负增长的态势，增幅分别比上半年、前三季度提升13.2个和11.5个百分点，比上年提升8.5个百分点，出现向好势头。其中，在乐金第8.5代薄膜晶体管液晶显示器件项目、富士康10.5代显示器件生产线等项目的带动下，广州市高技术制造业投资298.49亿元，同比增长110％。

工业投资大项目引领效果显著。从投资项目看，2017年全市完成投资超十亿元工业项目有7个，比上年增加2个，合计完成投资294.68亿元，同比增长76.9％，增幅较大，高于全市工业投资73.8个百分点，占全市工业投资的40.02％，比上年提升16.69个百分点。

（四）大项目投资带动有力

广州市积极引进大项目，充分发挥大项目推动投资增长的引擎作用。大项目引领大投资，2017年，富士康10.5代显示器件生产线项目、广佛环线广州南站至白云机场段项目、万顷沙保税港加工制造业区块综合开发项目等多个计划总投资超百亿元项目相继动工，全市计划总投资超百亿元项目（不含房地产开发项目）共有 29 个，比上年增加 5 个，合计计划总投资 5990.51 亿元，同比增长 33.6%；完成投资 865.73 亿元，同比增长 44.5%。全市计划总投资 5000 万元以上项目（不含房地产开发项目）完成投资 3010.09 亿元，同比增长 14.7%，高于全市投资平均水平 9.0 个百分点，占全市投资的 50.85%，比上年提升 3.99 个百分点。

（五）黄埔、增城投资增长较快

广州市各区投资发展差异较大。从总量看，黄埔区投资规模最大，完成投资 1101.19 亿元，占全市投资的 18.60%，是唯一投资总量突破千亿元的区域；荔湾区投资规模最小，总量不足 200 亿元，规模不足黄埔区的 1/6（见表 2）。从增速看，增城区和黄埔区投资增长较快，同比分别增长 31.1% 和 28.6%；荔湾区、越秀区、从化区和天河区 4 个区呈负增长，同比分别下降 47.3%、20.4%、9.1% 和 2.2%。

表 2　2017 年广州市固定资产投资按法人所在地分布情况

按法人所在地分	固定资产投资（亿元）	同比增速（%）	比重（%）
全市合计	5919.83	5.7	100.00
荔 湾 区	179.38	−47.3	3.03
越 秀 区	268.88	−20.4	4.54
海 珠 区	655.87	2.3	11.08
天 河 区	534.49	−2.2	9.03
白 云 区	549.33	12.2	9.28
黄 埔 区	1101.19	28.6	18.60
番 禺 区	636.18	5.3	10.75
花 都 区	350.80	10.3	5.93
南 沙 区	744.93	4.8	12.58
从 化 区	209.05	−9.1	3.53
增 城 区	689.73	31.1	11.65

二 投资运行中需要关注的问题

（一）民间投资表现低迷

2017 年，全市民间投资 2495.73 亿元，同比下降 1.0%，比上年回落 6.3 个百分点，全年增速均低于全市投资平均水平，三季度以来持续负增长，表现低迷（见图 4）。从比重看，民间投资占全市投资的比重为 42.16%，比上年减少 2.82 个百分点。

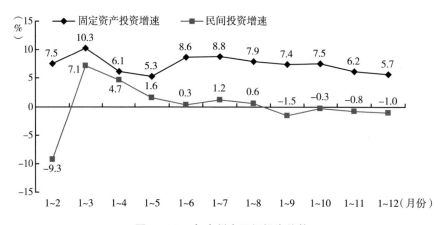

图 4　2017 年广州市民间投资趋势

建设改造民间投资涉猎的 18 个行业中，13 个行业投资同比负增长。其中，水利环境和公共设施管理业、租赁和商务服务业、制造业、批发和零售业的民间投资分别下降 66.1%、53.3%、41.1% 和 35.4%，共拉低全市民间投资增速 11.3 个百分点。房地产开发民间投资 1754.45 亿元，占全市民间投资的比重超过七成，增速比上年回落 5.0 个百分点，也是广州市民间投资增长动力不足的因素之一。

（二）港澳台商投资增长乏力

2017 年，广州市港澳台商投资 390.60 亿元，同比下降 37.2%，比上年回落56.8个百分点，2017年以来一直呈现负增长的态势；占全市投资的6.60%，比上年减少4.51个百分点。主要原因是大项目支撑力度不足。2017年，全市完成投资超10亿元的港澳台商投资项目仅有4个，比上年减少8个，合计完成投资53.48亿元，同比下降76.8%。

（三）工业投资发展欠均衡

从投资行业看，广州市工业投资的增长主要依赖计算机、通信和其他电子设备制造业。全年计算机、通信和其他电子设备制造业投资255.78亿元，占全市工业投资的34.74%，比上年提升21.55个百分点，同比增长170%，拉动全市工业投资增长22.6个百分点，拉动作用明显大于其他行业（见表3）。工业投资涉猎的34个行业中，24个行业同比负增长。其中，受广汽菲亚特广州分厂、广汽乘用车产能15万辆扩建项目已于上年投产影响，本年汽车制造业完成投资116.45亿元，同比下降31.3%，拉低全市工业投资7.4个百分点。

表3　2017年广州市工业投资分行业完成情况

按行业分	固定资产投资（亿元）	同比增速（%）	比重（%）	拉动率（个百分点）
工业	736.26	3.1	100.00	100.0
农副食品加工业	2.73	−57.7	0.37	−0.5
食品制造业	12.93	−31.9	1.76	−0.9
酒、饮料和精制茶制造业	2.19	−84.8	0.30	−1.7
烟草制品业	0.16	−56.7	0.02	0.0
纺织业	3.38	−41.0	0.46	−0.3
纺织服装、服饰业	3.40	−57.7	0.46	−0.6
皮革、毛皮、羽毛及其制品和制鞋业	0.82	−87.3	0.11	−0.8
木材加工和木、竹、藤、棕、草制品业	0.60	242.8	0.08	0.1
家具制造业	5.97	−45.9	0.81	−0.7
造纸和纸制品业	2.60	−64.0	0.35	−0.6
印刷和记录媒介复制业	2.73	−40.0	0.37	−0.3
文教、工美、体育和娱乐用品制造业	3.88	−58.5	0.53	−0.8
石油加工、炼焦和核燃料加工业	7.15	66.8	0.97	0.4

续表

按行业分	固定资产投资（亿元）	同比增速（%）	比重（%）	拉动率（个百分点）
化学原料和化学制品制造业	9.73	−55.1	1.32	−1.7
医药制造业	24.41	23.1	3.32	0.6
化学纤维制造业	0.10		0.01	0.0
橡胶和塑料制品业	12.01	−24.8	1.63	−0.6
非金属矿物制品业	7.35	−19.9	1.00	−0.3
黑色金属冶炼和压延加工业	0.06	−92.7	0.01	−0.1
有色金属冶炼和压延加工业	4.24	96.0	0.58	0.3
金属制品业	4.65	−70.8	0.63	−1.6
通用设备制造业	28.08	−3.3	3.81	−0.1
专用设备制造业	21.53	1.8	2.92	0.1
汽车制造业	116.45	−31.3	15.82	−7.4
铁路、船舶、航空航天和其他运输设备制造业	13.66	−28.0	1.86	−0.7
电气机械和器材制造业	25.41	0.5	3.45	0.0
计算机、通信和其他电子设备制造业	255.78	171.7	34.74	22.6
仪器仪表制造业	4.25	−35.7	0.58	−0.3
其他制造业	0.87	−56.6	0.12	−0.2
废弃资源综合利用业	0.62	−81.0	0.08	−0.4
金属制品、机械和设备修理业	1.13	1.8	0.15	0.0
电力、热力生产和供应业	79.70	−16.6	10.82	−2.2
燃气生产和供应业	2.70	−42.5	0.37	−0.3
水的生产和供应业	74.99	24.8	10.19	2.1

（四）工业技改投资持续负增长

工业企业在加大研发技改等方面的投资意愿不强，工业技改投资持续下降。2017年，全市工业技改投资247.67亿元，同比下降8.3%，比上年回落36.5个百分点，一季度后持续负增长。分区域看，从化区、番禺区工业技改投资下降较快，同比分别下降49.2%和44.9%，分别拉低全市工业技改投资6.2个和14.7个百分点。

（五）投资增长后劲有待加强

新开工项目是衡量投资动力的重要标志，新开工项目不足，会制约投资持续发展。2017年，全市新增投资项目1988个，比上年减少1045个；计划总投资7164.14亿元，同比下降4.5%；完成投资2463.94亿元，同比下降17.5%；本年完成投资占计划总投资的34.39%，建设进度与上年新增项目建设进度相比慢5.45个百分点。

（六）投资到位资金偏紧

2017年，投资到位资金6715.08亿元，同比增长1.8%，比上年回落6.7个百分点，比全市投资增长慢3.9个百分点，投资资金充足率为113.43%，比上年减少4.28个百分点，显示投资到位资金相对偏紧。其中，建设改造项目的投资资金充足率只有91.03%，比上年减少9.66个百分点，到位资金少于完成投资，为后续投资稳定增长增加了不确定因素。从资金渠道看，自筹资金到位2722.35亿元，同比下降4.1%，占全市到位资金的40.54%，是广州市项目资金的主要来源；国内贷款到位1414.82亿元，同比增长31.8%，比上年加快4.8个百分点，反映了投资项目的贷款需求比较旺盛，国内贷款对投资项目的支持力度进一步加大（见表4）。

表4　2017年广州市固定资产投资到位资金情况

按资金来源分	到位资金 （亿元）	同比增速 （%）	比上年增减 （百分点）	比重 （%）
本年实际到位资金小计	6715.08	1.8	-6.7	100.00
国家预算资金	537.47	-18.2	-83.7	8.00
国内贷款	1414.82	31.8	4.8	21.07
债　券	15.49	-41.5	-224.2	0.23
利用外资	31.65	-14.5	-125.2	0.47
自筹资金	2722.35	-4.1	4.6	40.54
其他资金	1993.30	1.7	-13.7	29.69

三 推动广州市固定资产投资发展的对策建议

（一）进一步激发民间投资活力

鼓励和引导民间投资健康发展，充分激发民间投资活力。放宽民间资本市场准入，支持民间企业发展，落实促进民营经济发展20条，畅通民间资本进入渠道。营造政府与民间资本权利平等、机会平等、规则平等的投资环境，支持社会资本参与基础设施建设，推广PPP模式，有效激发和扩大民间资本对公共服务的投资。

（二）进一步推动工业投资发展

加快推进工业结构调整，推动先进制造业集聚发展，构建高端高质高新现代产业新体系和高水平开放型经济体系，推动工业投资上规模、优结构、增效能。支持鼓励企业增资扩产、技术改造，通过技术创新、商业模式创新和产业业态创新，实现工业的供给侧结构性改革。做好企业服务，扩大政策宣传，强化财政资金的引导和放大功能，增强政策供给的针对性和有效性，激活社会资本参与工业技术改造投资。

（三）进一步拓宽投融资渠道

积极搭建产融对接平台，建立产业融资对接机制引导信贷资源投入实体产业，助力经济结构调整和转型升级。创新金融产品和服务，加大对重点项目、城市基础设施建设、高端设备制造、汽车、城市轨道交通等重大项目和重点产业领域的金融支持力度，为重点建设项目提供中长期资金支持，推动实体产业健康发展。

（四）进一步推进重大项目建设

加大重大项目建设力度，以项目引领投资，以投资带动发展，稳增长增后劲。一是建立项目促进机制。充分发挥重大项目引领效应,进一步增强企业投资发展意愿,提振市场投资信心,为促进经济发展形成重要支撑。二是完善重点项目协调推进机制。制定重点项目供地指标、建设资金、配套设施等保障政策,及时采取针对性措施,精准发力,重点突破,促进有效投资尽快落地见效。三是建立项目储备机制。高度重视项目储备工作,切实加强谋划论证,形成"建设一批、推进一批、储备一批、谋划一批"的格局,为全市投资持续健康发展提供有力支撑。

B.22
2017年广州市建筑业发展情况分析

熊慧清*

摘　要：　2017年，全市建筑业企业总体实力不断增强，呈现出高资质企业占比提高，建筑企业生产快速增长，大型企业盈利能力强、贡献大等特征。但由于销售费用和财务费用支出较大，营业利润仅微幅上涨，产值利润率走低。

关键词：　建筑业　生产经营　盈利能力　广州

2017年，广州市建筑业企业紧紧把握广州全力推进重点项目建设和城市品质提升的市场机遇，新签合同额大幅增长、本年新开工规模增势良好，有力保障了建筑企业生产的快速增长，全年保持了两位数的增长态势；行业总体盈利水平稳定增长，企业资产负债率缓慢下跌。但与此同时，广州市建筑企业出省承接工程减少，在省外完成产值下降，也为建筑企业生产的持续增长埋下隐患。

一　建筑业企业规模和从业人员队伍稳步壮大

（一）高资质建筑企业规模扩大，非国有建筑企业占据主要地位

截至2017年底，全市建筑业企业880家，比2016年增加56家；总承

---

　　* 熊慧清，广州市统计局投资处高级统计师。

包企业和专业承包企业分别有 468 家和 412 家，构成比例为 53：47。其中，技术力量雄厚、生产能力强、市场占有率大、年产值超 10 亿元的企业有 59 家，年产值在 50 亿～100 亿元的企业有 8 家，年产值超 100 亿元以上的企业有 4 家。

按资质等级分，高级资质企业占比提高。2017 年，在施工总承包和专业承包建筑企业中，特级企业 12 家，比 2016 年增加 3 家，占 1.4%，占比较上年提高 0.3 个百分点；一级企业 246 家（其中，施工总承包企业 131 家，专业承包企业 115 家），比 2016 年增加 13 家，占 28.0%，占比较上年提高 0.2 个百分点；二级企业 252 家，占 28.6%，占比较上年提高 1.7 个百分点；三级企业 357 家，占 40.6%，占比较上年下降 1.4 个百分点。

按登记注册类型分，2017 年末，全市拥有国有及国有控股建筑业企业 159 家，比 2016 年增加 4 家，占全市建筑业企业总数的份额从 2016 年的 18.8% 下降为 18.1%；国有企业 38 家，占比 4.3%；非国有建筑企业 842 家，占比 95.7%，占据广州市主要地位。

（二）从业人员队伍稳步增长

观察近几年的建筑业从业人数变化，发现 2011～2016 年呈现出小幅增长态势，至 2017 年开始加速增长。2011 年年末从业人数为 33.50 万人，从 2012 年开始稳步上升，2017 年达到 54.79 万人，比 2016 年增加 14.30 万人。近 5 年建筑业从业人数占全社会从业人员总数保持在 3.0%～3.3%，在促进农村富余劳动力就业、推进新型城镇化建设等方面发挥了重要作用。

二　建筑业生产情况分析

（一）建筑业企业生产特点

1.建筑业总产值突破3000亿元，增速稳中趋缓

2017 年，全市完成建筑业总产值突破 3000 亿元，达 3187.93 亿元，比

上年增长 15.3%，增速比上年提高 4.2 个百分点。全市建筑业企业产值增速由 1 季度的 19.0% 提升到 2 季度 20.7%，达到全年最高点，3 季度略微放缓至 19.5%，4 季度继续放缓至 15.3%（见图 1）。

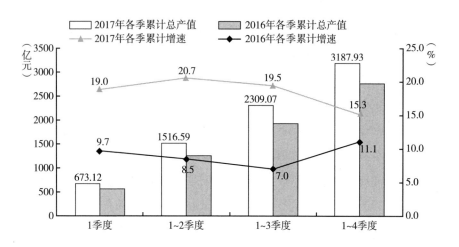

图1　2016～2017 年广州市建筑业各季度总产值及累计增速对比

与全省增速对比，2017 年，广州市建筑业总产值增速前三季度均高于全省平均水平，四季度则低于全省平均水平。1 季度，广州市建筑业总产值增速高于全省平均水平 2.6 个百分点；2 季度增速高于全省平均水平 5.4 个百分点；3 季度增速高于全省平均水平 3.9 个百分点；4 季度增速较全省平均水平低 2.5 个百分点（见图 2）。

2. 建筑工程产值份额稳定提升

2017 年，全市建筑业总产值三大构成中，建筑工程产值增速呈现小幅加速上涨之势，安装工程产值增速由升转降变为负增长，其他产值增速则由降转升变为正增长。全年完成建筑工程产值 2764.98 亿元，同比增长 17.8%，高于上年增速 5.3 个百分点；安装工程产值 331.20 亿元，增速由上年增长 5.2% 转为同比下降 1.5%；其他产值 91.75 亿元，同比增长 10.7%，扭转上年下降 2.5% 的局面。

从三大产值的构成看，建筑工程产值占建筑业总产值比重为 86.7%，

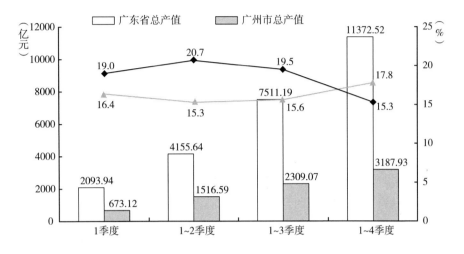

图2　2016～2017年广州市建筑业各季度总产值及累计增速对比

比上年提高1.9个百分点；安装工程产值和其他产值占建筑业总产值比重
分别为10.4%和2.9%，分别比上年下降1.8个和0.1个百分点（见图3
和图4）。

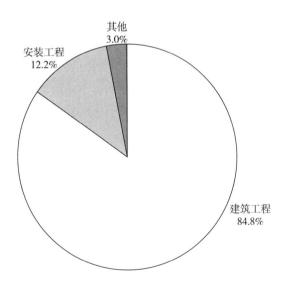

图3　2016年广州市建筑业总产值构成

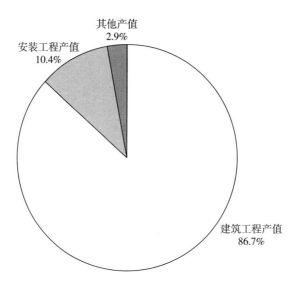

图4　2017年广州市建筑业总产值构成

3. 有限责任公司占比近七成，国有企业增速较快

2017年，从登记注册类型来看，有限责任公司、股份有限公司、私营企业完成建筑业总产值占比高达92.1%。具体来看，有限责任公司完成建筑业总产值占比66.7%，保持了较好的增长势头；其次是私营企业建筑业总产值占比近15.4%，增长稳定；股份有限公司完成建筑业总产值占比10.0%；国有企业完成建筑业总产值占比6.4%。2017年，全市289家有限责任公司完成建筑业总产值2127.25亿元，同比增长14.0%，低于全市建筑业总产值增速1.3个百分点。38家国有企业完成建筑业总产值203.70亿元，同比增长22.3%，高于全市建筑业总产值增速7.0个百分点。490家私营企业完成建筑业总产值490.84亿元，同比增长17.3%，高于全市建筑业总产值增速2.0个百分点。24家股份有限公司完成建筑业总产值318.54亿元，同比增长17.0%，高于全市建筑业总产值增速1.7个百分点。

4. 天河区完成建筑业总产值超过千亿元，增速大幅回落；南沙区领涨全市

从区域分布看（按法人所在地分），天河区完成建筑业总产值1103.62亿元，成为全市唯一一个超过千亿元的地区，居十一区之首，总量规模超过

第二位海珠区与第三位越秀区之和；同比仅增长 3.3%，较上年回落 16.0 个百分点。占全市建筑业总产值比重高达 34.6%，较上年回落 4.9 个百分点；拉动全市建筑业增长 1.3 个百分点，较上年回落 5.8 个百分点。从建筑业总产值增速来看，南沙区以 141.3% 的增速领涨全市；上年下降的越秀区（上年下降 6.6%）、增城区（上年下降 7.4%）出现了不同程度的上涨，只有荔湾区延续上年的下降态势，继续保持负增长（见表 1）。

表 1　2017 年各区建筑业总产值完成情况（按法人单位所在地分）

单位：亿元

行政区划	2017 年		
	建筑业总产值	同比增速（±%）	比重（%）
广 州 市	3187.93	15.3	100.0
荔 湾 区	112.16	−1.4	3.5
越 秀 区	504.85	16.7	15.9
海 珠 区	554.54	8.0	17.4
天 河 区	1103.62	3.3	34.6
白 云 区	44.05	10.9	1.4
黄 埔 区	157.49	−8.1	4.9
番 禺 区	89.57	5.8	2.8
花 都 区	60.18	−0.5	1.9
南 沙 区	431.8	141.3	13.5
增 城 区	91.82	35.2	2.9
从 化 区	37.85	11.5	1.2

5. 出省承接工程企业增加而大企业减少，导致在省外完成产值转增为降

截至 2017 年底，广州市共有 186 家建筑企业在外省承揽工程，比上年增加 28 家，占企业总数的 21.0%，较上年提高 1.8 个百分点；在外省完成的产值为 594.36 亿元，增速从上年增长 8.1% 转为下降 4.0%；占全市建筑业总产值比重 18.6%，占比较上年回落 3.8 个百分点。其中，在外省完成的产值超 10 亿元的企业有 11 家，比上年减少 4 家，共完成产值 403.16 亿元，占省外完成产值的 67.8%。

从省份分布来看，在外省完成产值超 10 亿元的有贵州、福建、广西、海

南、江苏、云南、江西、湖南、湖北、四川、浙江，十一个省共完成产值467.69亿元，占外省完成产值的比重高达78.7%；贵州产值高达143.69亿元，占省外完成产值的比重最大达24.2%，比上年提高4.7个百分点（见图5）。

图5　2017年在外省市完成产值地区分布情况

6. 竣工产值和竣工房屋面积均大幅上涨

2017年，全市建筑业企业完成竣工产值1584.29亿元，增速由降转升，同比增长30.4%（上年同比下降3.2%）。

房屋建筑竣工面积3167.27万平方米，增速由上年的同比下降2.0%转为增长12.9%。竣工房屋面积增长的主要原因是占比70%的住宅房屋竣工面积由2016年微涨1.2%上升到增长11.3%；其次商业及服务业用房和科学、教育、医疗用房竣工面积也大幅上涨。具体如下：竣工商业及服务业用房面积264.39万平方米，增速由上年的同比下降2.5%转为大幅增长43.5%；尤其是其中的商务会展用房竣工50.88万平方米，同比飙升至356.5%。另外竣工科学、教育、医疗用房面积185.41万平方米，同比增长55.6%。其中，竣工教育用房面积103.31万平方米，同比增长87.9%；竣工医疗用房面积56.75万平方米，同比增长160%。

（二）建筑业企业生产较快增长原因分析

1. 签订的合同迅猛增加

2017年，广州市建筑业企业签订合同额、上年结转合同额、本年新签合同额均大幅上涨，充足的施工任务为广州市建筑业后继发展提供了有力保障。2017年，广州市建筑业企业签订合同额为12118.35亿元、上年结转合同额6092.71亿元、本年新签合同额6025.64亿元，同比分别增长31.1%、31.9%和30.3%；分别较上年提高16.0个、22.6个和8.8个百分点。签订合同额总量相当于当年建筑业总产值的3.8倍，较上年提高50.0个百分点；本年新签合同额总量相当于当年建筑业总产值的1.9倍，较上年提高20.0个百分点，充足的施工任务为广州市建筑业后继发展提供了有力保障（见表2）。

表2 2017年建筑业签订合同情况

指标	2017年		2016年同比增速（%）
	数量（亿元）	同比增速（%）	
签订的合同额	12118.35	31.1	15.1
1. 上年结转合同额	6092.71	31.9	9.3
2. 本年新签合同额	6025.64	30.3	21.5

2. 本年新开工规模继续快速扩张

2017年，全市建筑业企业房屋建筑施工面积和新开工面积均快速扩张，是建筑业有效增长点。全市建筑业企业房屋建筑施工面积19192.84万平方米，同比增长17.8%，较上年提高10.3个百分点，由2016年一位数低速增长快速跨入两位数高速增长行列。其中，本年新开工房屋建筑施工面积5320.11万平方米，同比增长24.2%，较上年提高0.9个百分点，继续保持高增长态势；占全市房屋建筑施工面积的比重为27.8%，占比较上年提高1.5个百分点。

（三）国内八大城市建筑业生产情况对比分析

1. 广州建筑业总产值与其他城市差距缩小，增速列居第二

2017年，广州市实现建筑业总产值3187.93亿元，仅比深圳多390.55亿元；极度接近南京的3263.70亿元；远落后于北京、重庆、上

海、杭州和天津（见表3），但比重明显提高，相当于北京的32.7%（2016年31.3%），重庆的41.9%（2016年39.3%），上海的49.6%（2016年45.7%），杭州的73.7%（2016年67.4%），天津的74.8%（2016年56.5%）。从两年八大城市建筑业总产值数据来看，北京依然遥遥领先，位居八大城市之首，紧跟其后的还是重庆、上海、天津和杭州。

表3 2017年八大城市建筑业总产值完成情况对比

城市	建筑业总产值（亿元）				同比增速（%）			
	2016年	位次	2017年	位次	2016年	位次	2017年	位次
北京	8841.19	1	9736.71	1	4.8	6	10.1	4
天津	4891.81	4	4262.35	5	9.0	3	-12.9	8
上海	6046.19	3	6426.42	3	7.0	4	6.3	6
重庆	7035.81	2	7608.00	2	12.4	1	8.1	5
广州	2765.33	7	3187.93	7	11.1	2	15.3	2
深圳	2346.95	8	2797.38	8	4.9	5	19.2	1
南京	3094.65	6	3263.70	6	2.5	7	12.2	3
杭州	4105.30	5	4323.73	4	0.2	8	5.3	7

从2017年八大城市建筑业总产值增速来看，广州以15.3%的速度排位第二，也是唯一一个两年增速位次没变的城市。

2. 广州市在外省完成的产值总量和增速位居八大城市之末，比重排名第七

2017年，从外省完成产值总量情况来看，八大城市中只有广州在千亿元之下，北京在外省完成产值高达6781.91亿元，稳居首位；随后是上海、天津、重庆、杭州、南京、深圳，广州市居末位。从增长速度来看，广州是唯一一个负增长的城市。从占建筑业总产值比重来看，北京遥遥领先，高达69.7%，其次是天津、上海、深圳、南京和杭州，广州市占18.6%，仅高于重庆，居第七位。（见表4）。

表4 2017年八大城市在外省完成产值完成情况对比

城市	在外省完成的产值					
	2017年(亿元)	位次	增速(%)	位次	比重(%)	位次
北京	6781.91	1	13.0	5	69.7	1
天津	2303.06	3	14.3	3	54.0	2
上海	3426.94	2	16.4	2	53.3	3
重庆	1245.96	4	18.0	1	16.4	8
广州	594.36	8	-4.0	8	18.6	7
深圳	1040.39	7	13.6	4	37.2	4
南京	1064.08	6	12.6	6	32.6	5
杭州	1200.50	5	2.8	7	27.8	6

3. 房屋建筑施工规模排名第六，增速居首位

2017年，广州市建筑业企业房屋建筑施工面积19192.84万平方米，在八大城市中排名第六；同比增长17.8%，排名第一（见表5）。从施工规模来看，广州市房屋建筑施工面积除略高于天津和深圳外，与北京、上海、重庆和杭州这几大城市的施工规模相比，还有很大提升空间。

表5 2017年八大城市房屋建筑施工面积对比

城市	房屋建筑施工面积（万平方米）	位次	增速（%）	位次
北京	65290.12	1	6.9	5
天津	15231.23	7	-10.6	8
上海	41197.49	2	14.4	3
重庆	33210.82	3	3.5	6
广州	19192.84	6	17.8	1
深圳	9240.74	8	8.7	4
南京	22313.61	5	16.9	2
杭州	25617.42	4	-5.9	7

三 建筑业效益情况分析

（一）行业总体盈利水平稳定增长，大型企业是盈利主力军

2017年，广州市建筑业努力拓展经营渠道，提高管理水平，行业总体

盈利水平稳定增长。全年实现营业收入 3899.48 亿元，比上年增长 11.8%；营业利润 106.57 亿元，比上年增长 0.8%。

从企业规模来看，大型企业盈利能力远高于全市平均水平，是营业利润的主要支撑。2017 年，广州市建筑企业中营业利润过亿元的共有 18 家，实现营业利润 75.5 亿元，占全市建筑企业营业利润的七成以上；营业利润率高达 4.7%，高于全市营业利润率 2.0 个百分点。

（二）利润总额渐趋平稳，产值利润率在合理区间波动

2017 年，全市建筑业企业实现利润总额 106.74 亿元，同比增长 0.2%，较 2016 年回落 10.9 个百分点。广州市建筑业企业产值利润率为 3.34%，分别较 2015 年和 2016 年下降 0.63 个和 0.51 个百分点（见图 6），虽为近三年来新低，但还处在合理区间（3%~4%）。从影响利润的几个要素看，销售费用和财务费用增长较快挤压了企业的利润空间，导致利润总额增幅明显低于建筑业总产值，从而显现出产值利润率走低的局面。2017 年，广州市建筑企业销售费用为 8.24 亿元，同比增长 23.6%；财务费用为 28.73 亿元，同比增长 44.8%。

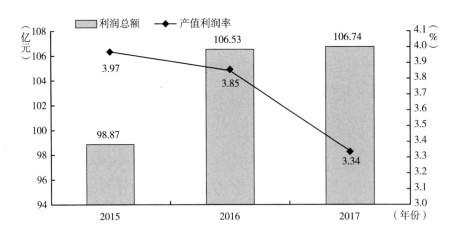

图 6 近三年广州市建筑业产值利润率增幅情况

（三）企业资产负债率缓慢下跌，企业偿债能力有所加强

2017 年，全市建筑业企业年末资产合计为 4689.28 亿元，同比增长 10.7%；年末负债合计为 3509.92 亿元，同比增长 9.7%。资产负债率为 74.8%，较上年回落 0.7 个百分点，表明广州市建筑企业偿债能力略有改善，但按照资产负债率在 40%～60% 为优良水平的标准，广州市建筑业企业的资产负债率与行业最佳的资本结构还有一定的距离，还有改善的空间。过高的资产负债率严重制约建筑业的发展，并将长期影响行业竞争力的提升，影响到企业的可持续发展。其一，严重影响企业经营投标工作的拓展；其二，过高的负债率降低了企业的资信度，导致融资能力的下降；其三，影响到其他会计信息使用者对企业的财务状况的评价；其四，影响企业经营利润。

2017 年，全市建筑业企业年末流动资产总计为 3551.47 亿元，流动负债合计为 3190.74 亿元；流动比率为 1.11，比上年略低，说明广州市建筑企业的短期偿债能力稍有加强。

四 建筑企业抓良机，促发展

（一）抓住发展良机奠定发展格局

建筑业企业应紧紧把握建筑工业化的发展大趋势，正确认识未来行业将呈现标准化设计、工厂化生产、装配化施工、一体化装修、信息化管理、智能化应用全方位融合的特点，找准自身发展路径，从战略性角度配置资源，合理调整协调各业务流程；更新建造理念，掌握装配式建筑技术和经营管理模式，拓展装配式建筑市场份额，构建"一体化"发展格局。

（二）提升项目管理专业化水平

建筑业企业要大胆探索通过项目标准化管理，逐步形成可复制的项目管理模式，提升现场管理专业化、规范化、精细化水平。实施整合产业链资

源,完善管理体系,稳步探索以自主经营为核心的实体化,集合合同、造价、劳务、技术、材料、资金管理职能,使项目始终运行在企业管理体系的有效管控中。亿元以上重大项目增多及经营规模逐步扩大,带来管理链条拉长、工作面加宽的问题,使有效管理难度加大,要不断创新管理模式,优化审批流程,提高人力资源使用效率,科学统筹资源配置,确保在质量安全前提下有效管控资金,从而实现项目全过程有效管控,实现项目管理效益。努力推进项目管理人员实名制及工人工资分账支付管理,加强项目管理资源配置,提升项目管控水平和管理效益。

(三)建立具有市场竞争力的人才体系

建立具有市场竞争力的人才体系,支撑企业升级发展;通过建设良好机制,激发人才创造力,使企业成为聚集行业优秀人才的沃土;人才的创造力与企业的吸引力实现良性循环,真正做到一流平台吸引一流人才,一流人才建设优质平台;使企业升级发展得益于"人才红利",人才共享企业的"发展红利"。

(四)紧抓本土市场,积极拓展外埠市场

2018年,第10.5代TFT-LCD显示器件生产线项目、轨道交通十八号线工程、新建广州(新塘)至汕尾铁路、轨道交通十一号线工程、新塘经白云机场至广州北站城际轨道交通白云机场段先期工程等一批重大项目将陆续开工建设,建筑业企业应紧紧抓住广州市持续开展的重大项目不断推进机遇,最大限度地抢占本地市场份额;同时建筑业企业应大胆"走出去",努力拓展外埠市场,积极投身"一带一路"建设,抓住美丽中国、交通强国建设,积极参与新型城镇化建设,地下综合管廊建设,京津冀协同发展、长江经济带和粤港澳大湾区建设等机遇,在国家发展中实现企业发展。

(五)加强经营能力建设

建筑业企业应充分认识面对的新形势、新变化、新机遇、新挑战,不断

提升经营能力，确保企业整体发展态势越来越好，企业前行之路越走越稳。首先，要大力培育敏锐的市场信息捕捉能力，通过广泛搜集招标信息，精准锁定目标，及时进行跟踪。其次，要大力培育强劲的项目滚动发展能力，树立"干一项工程、拓一方市场"的经营理念，通过干好在建，实现滚动开发。再次，要大力培育持久的区域市场深耕能力，盯紧核心客户，深耕优势区域，不断拓展市场开发的深度和广度，培育相对稳定的客户群。最后，要大力培育高质量的标书编制能力，通过自检、互检和专家把关，确保标书零失误。

附 录

Index

B.23
附表1 2017年广州市主要经济指标

指标	单位	绝对数	比上年增减（%）
年末户籍总人口	万人	897.87	3.15
年末常住人口	万人	1449.84	3.24
年末社会从业人员	万人		
地区生产总值	亿元	21503.15	7.0
第一产业	亿元	233.49	－1.0
第二产业	亿元	6015.29	4.7
#工业增加值	亿元	5459.69	5.2
第三产业	亿元	15254.37	8.2
固定资产投资额	亿元	5919.83	5.7
社会消费品零售总额	亿元	9402.59	8.0
外商直接投资实际使用外资	亿美元	62.89	10.3
商品进口总值	亿元	579.16	13.3
商品出口总值	亿元	853.16	9.1
地方财政一般公共预算收入	亿元	1533.06	10.9
地方财政一般公共预算支出	亿元	2185.99	12.5
货运量	亿吨	12.09	11.9

续表

指标	单位	绝对数	比上年增减(%)
客运量	亿人次	4.94	7.7
港口货物吞吐量	亿吨	5.89	8.2
邮电业务收入	亿元	751.19	18.3
金融机构人民币存款余额	亿元	49332.53	7.4
#人民币住户存款余额	亿元	14625.63	4.5
银行业机构外币存款余额	亿美元	311.67	35.7
城市居民消费价格总指数(上年=100)	%	102.3	2.3
城镇常住居民人均可支配收入	元	55400	8.8
农村常住居民人均可支配收入	元	23484	9.5

注：1. 地区生产总值、规模以上工业总产值增长速度按可比价格计算。

2. 金融机构存贷款余额增速为比年初增长速度。

3. 商品进口总值、出口总值自2014年起改用人民币计价。

B.24

附表2　2017年全国十大城市主要经济指标对比

指标	单位	广州	北京	天津	上海	重庆
规模以上工业总产值(当年价)	亿元		18453.93		33989.36	
比上年增减	%		4.5	8.0	6.8	
规模以上工业产品销售率	%		99.0	99.2	99.9	97.5
固定资产投资额	亿元	5919.83	8948.10	11274.69	7246.60	17440.57
比上年增减	%	5.7	5.7	0.5	7.3	9.5
社会消费品零售总额	亿元	9402.59	11575.44	5729.67	11830.27	8067.67
比上年增减	%	8.0	5.2	1.7	8.1	11.0
商品进口总值	亿元	3922.21	17961.40	4694.49	19117.51	1624.54
比上年增减	%	16.0	18.0	21.6	15.4	11.0
商品出口总值	亿元	5792.15	3962.50	2952.36	13120.31	2883.71
比上年增减	%	12.3	15.5	1.2	8.4	7.8
实际利用外资额(外商直接投资)	亿美元	62.89		106.08	170.08	22.20
比上年增减	%	10.3		5.0	8.1	-20.4
金融机构人民币存款余额	亿元	49332.53	137952.12	29746.16	105098.80	33718.98
金融机构人民币贷款余额	亿元	33312.73	63382.55	30103.05	61188.87	27871.89
人民币住户存款余额	亿元	14625.63	28962.16		25763.20	14367.38
城市居民消费价格总指数	%	102.3	101.9	102.1	101.7	101.0

指标	单位	沈阳	武汉	南京	哈尔滨	西安
规模以上工业总产值(当年价)	亿元					5685.54
比上年增减	%		13.2		0.4	5.4
规模以上工业产品销售率	%	98.5			99.4	95.0
全社会固定资产投资额	亿元	1484.00	7871.66	6215.20	5395.50	7556.47
比上年增减	%	-9.0	11.0	12.3	7.1	12.9
社会消费品零售总额	亿元	3989.80	6196.30	5604.66	4044.80	4329.51
比上年增减	%	0.1	10.4	10.2	8.0	10.5
商品进口总值	亿元	549.90	778.60	1810.00		993.03
比上年增减	%	17.4	17.0	32.8		12.5

续表

指标	单位	沈阳	武汉	南京	哈尔滨	西安
商品出口总值	亿元	317.70	1157.60	2333.00		1552.38
比上年增减	%	13.4	27.8	19.3		63.9
实际利用外资额(外商直接投资)	亿美元	10.10	96.50	36.73	34.40	53.07
比上年增减	%	24.1	13.2	5.6	7.3	17.8
金融机构人民币存款余额	亿元	15559.20	23967.69	29944.86	10512.60	20047.62
金融机构人民币贷款余额	亿元	12952.50	22558.03	24578.25	9968.30	16954.81
人民币住户存款余额	亿元	6495.30		6019.70	4938.40	7497.30
城市居民消费价格总指数	%	101.4	101.9	101.9	101.6	102.0

注：数据来源于城市对比月报（2017年12月）。工业总产值、工业产品销售率为年主营业收入2000万元以上工业企业，比上年增长按可比价格计算。商品进口总值、出口总值自2014年改用人民币计价。

B.25

附表3 2017年珠江三角洲主要城市主要经济指标对比

指标	单位	广州	深圳	珠海	佛山	惠州
规模以上工业总产值(当年价)	亿元		30702.65	4653.09	22350.65	8565.63
比上年增减	%		9.9	12.9	8.7	10.6
规模以上工业产品销售率	%		97.0	91.4	97.0	96.5
全社会固定资产投资额	亿元	5919.83	5147.32	1662.02	4265.79	2234.88
比上年增减	%	5.7	23.8	19.6	21.5	9.6
社会消费品零售总额	亿元	9402.59	6016.19	1128.18	3320.43	1363.46
比上年增减	%	8.0	9.1	11.0	10.0	11.0
商品进口总值	亿元	3922.21	11477.89	1107.13	1203.80	1182.86
比上年增减	%	16.0	7.9	16.4	19.7	10.3
商品出口总值	亿元	5792.15	16533.57	1882.98	3153.60	2233.13
比上年增减	%	12.3	5.5	4.4	1.7	13.2
实际利用外资额(外商直接投资)	亿美元	62.89	74.01	24.33	16.23	11.44
比上年增减	%	10.3	9.9	6.0	10.3	0.1
金融机构人民币存款余额	亿元	49332.53	64487.38	6505.57	13612.05	5076.00
金融机构人民币贷款余额	亿元	33312.73	41046.78	4700.83	9157.61	3818.64
人民币住户存款余额	亿元	14625.63	10837.59	1513.12		2153.04
城市居民消费价格总指数	%	102.3	101.4	100.8	101.9	101.8
指标	单位	肇庆	江门	东莞	中山	
规模以上工业总产值(当年价)	亿元	3763.43				
比上年增减	%	4.7				
规模以上工业产品销售率	%	97.00		98.6		
全社会固定资产投资额	亿元	1497.55	1774.83	1712.83	1248.48	
比上年增减	%	9.0	16.9	10.0	8.7	
社会消费品零售总额	亿元	809.93	1279.63	2687.88	1309.89	
比上年增减	%	10.6	10.4	8.8	8.6	
商品进口总值	亿元	125.92	1385.2	5237.00	525.90	
比上年增减	%	-8.0	9.8	7.6	10.9	

续表

指标	单位	肇庆	江门	东莞	中山	
商品出口总值	亿元	202.99	1075.6	7027.40	2055.60	
比上年增减	%	−29.5	8.3	7.4	16.6	
实际利用外资额(外商直接投资)	亿美元	1.81	5.11	17.20	5.09	
比上年增减	%	−51.1	7.3	−56.2	7.3	
金融机构人民币存款余额	亿元			11836.66		
金融机构人民币贷款余额	亿元			6855.44		
人民币住户存款余额	亿元			5103.42		
城市居民消费价格总指数	%	101.6	101.6	101.4	101.6	

注：1. 广州、深圳、珠海、佛山、东莞数据来源于城市对比月报（2017年12月），惠州、肇庆、江门、中山数据来源于各市统计局网站月报。

2. 工业总产值、工业产品销售率为年主营业收入2000万元以上工业企业，比上年增长按可比价格计算。商品进口总值、出口总值自2014年改用人民币计价。

Abstract

Analysis and Forecast on Economy of Guangzhou in China (2018) is co-edited by Guangzhou University, the Association of Guangzhou Blue Book Research, the Policy Research Office in Guangzhou Municipal Government, and Guangzhou Statistics Bureau. It is one of the Guangzhou Blue Book series included in the Social Sciences Academic Press (China) and for the national public offering. This report is composed of seven parts covering general report, reform and opening up, regional development, transformation and upgrading, fiscal revenue and tax, industrial development and appendix. It brings together the latest research achievements of many experts, scholars and related departments on social issues from research institutes, universities and government agents in Guangzhou. It provides important references on the Guangzhou economic operation and related analysis and prediction.

In 2017, with the leadership of the municipal Party committee and the municipal government, Guangzhou firmly established the new development concept and insisted on the general keynote of steady progress. Guangzhou took the supply-side structural reform as the main line and promoted the economic development with higher quality. In details, the economic structure had been optimized, the quality and the performance of economy had been improved steadily. Guangzhou economy realized the smooth development.

In 2018, in the face of the insufficient drivers of economic growth in the world, the intensification of the protectionism, the sudden deterioration of the global financial environment, the continuous accumulation of geopolitical risks and other international situations as well as the structural deep contradictions and uneven development of the economic and social development, Guangzhou will achieve smooth and rapid economic development by cultivating new drivers of economic growth, developing high-end, high-quality and high-tech industries, optimizing investment structure and promoting the private economy.

Contents

I General Report

Abstract: In 2017, Guangzhou took the supply-side structural reform as the main line and promoted the economic development with higher quality. In details, the economic structure had been optimized, the quality and the performance of economy had been improved steadily. Guangzhou economy realized the smooth development. In 2018, Guangzhou will achieve smooth and rapid economic development by cultivating new drivers of economic growth, developing high-end, high-quality and high-tech industries, optimizing investment structure and promoting the private economy.

Keywords: Economic Situation; New Drivers; High-quality and High-tech; Guangzhou

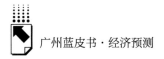
II Reform and Opening-up

B. 2 Research on the Countermeasures of Deepening the
Supply-side Structural Reform in Guangzhou   *Kang Dahua* / 025

Abstract: Deepening the supply-side structural reform needs to adjust measures to local conditions. As the core city of the Pearl River Delta, Guangzhou should provide theoretical support and experience support for promoting the supply-side structural reform in the whole country. According to the essential connotation of the supply-side structural reform, combined with the existing achievements and problems, the deepening of the supply-side structural reform in Guangzhou should be closely related to the theme of the dynamic transformation of economic growth and the substantial development of the real economy, and adhere to the people centered thought to satisfy the diverse demands. Besides, Guangzhou has to coordinate the relationship between the long-term and short-term, as well as the government and the market and find the right policy focus. Therefore, Guangzhou should build the innovative industrial system, improve the institutional mechanism of scientific and technological innovation, and ensure the efficient service of finance to the entity economy. In addition, Guangzhou also needs to help the government enterprises to form a joint force to reduce the cost, innovate the service mode of people's livelihood and provide demonstration for the whole country on deepening the supply-side structural reform.

Keywords: Supply-side; Structural Reform; Three to a Drop and a Supplement; Guangzhou

B. 3　Countermeasures and Suggestions for Constructing an Open
　　　Economic New System in Guangzhou

Research Group of Guangzhou Developmental

Academy, Guangzhou University / 038

Abstract: As the capital of Guangdong province and the important national central city, Guangzhou has been in the forefront of opening up for a long time and is an important benchmark for the external development of China's urban economy. Under the background of "The Belt and Road" initiative, the construction of a new open economy system in Guangzhou is facing an important opportunity for development. This report puts forward some suggestions on how to further expand the opening of the open economy and build a new open economy system so as to enhance the global resource allocation ability on the basis of Guangzhou's existing advantages and bases.

Keywords: The New System of Open Economy; New System; "The Belt and Road"; Network Hub City; Guangzhou

B. 4　The Study of Sharing Economy Development in Guangzhou
　　　under The Background of Supply-Side Structural Reform

Li Jitai, Li Meijing and Pan Xu / 053

Abstract: This paper analyzes the main feature of sharing economy and illustrates the important significance of sharing economy for promoting supply-side structural reform. Then, an indicator system of the development environment of sharing economy is constructed. With the comparative analysis of the strengths and weaknesses of sharing economy development environment between Guangzhou and other cities including Beijing, Shanghai, Shenzhen and Hangzhou, the development status of sharing economy and the satisfaction degree of citizens in Guangzhou by investigation of government sectors and typical enterprises and

questionnaire survey of citizens are summarized. Finally, the problems and countermeasure of sharing economy development are proposed.

Keywords: Supply-Side; Structural Reform; Sharing Economy; Guangzhou

B. 5　Research on the Path of Industrial Supply-side Structural

　　　Reform in Guangzhou　　　　　　　　　　*Chen Bei* / 076

Abstract: On the basis of the process of outdated elimination, cost reduction and innovation promotion and from the perspective of optimizing the supply-side structural reform, the paper took the elements of Guangzhou's industrial supply as the breakthrough point. With the Entropy method, Guangzhou compared to 7 other major industrial cities including Beijing and Shanghai in labor, capital, land resource, energy consumption, innovation investment and resource efficiency. The advantages and disadvantages of the elements required in the process of supply-side structural reform pushing forward in Guangzhou was identified. Then, some suggestions to improve the path of the supply-side structural reform in Guangzhou is proposed, combining the reality of the industrial development of Guangzhou.

Keywords: Supply-Side; Structural Reform; Industry; Elements of Supply Development; Guangzhou

Ⅲ　Regional Development Articles

B. 6　The Development of Nansha Area of Guangdong Free Trade

　　　Area in 2017 and Prospect in 2018

Research Group of Guangzhou Developmental Academy,

Guangzhou University / 099

Abstract: In 2017, Nansha Area of Guangdong Free Trade Area has achieved some stages in the construction of the international shipping center, the development of the characteristic financial industry, the establishment of the innovative industrial system, the optimization of the business environment and the improvement of opening-up levels. However, there are also some problems cannot be ignored. For example, the international business environment needs to be improved, the shipping system is still not smooth, the industrial homogenization is serious, state-owned enterprises still takes the dominant position and talent introduction cannot keep up with the actual demand. Finally, some suggestions on improving the construction level of Nansha Area of Guangdong Free Trade Area in the background of Guangdong-Hong Kong-Macao Greater Bay Area are put forward.

Keywords: Nansha Area of Guangdong Free Trade Area; Guangdong-Hong Kong-Macao Greater Bay Area; Internationalization

B. 7　Research on Development Strategy and Distribution of Industry in Huadu District in Guangzhou　　　*Liu Wei* / 112

Abstract: On the basis of analyzing the industrial development in Huadu District of Guangzhou, the current situation and trend of the production capacity conversion in Huadu District in recent years has been summarized. Then, the industrial development strategy of Huadu District is put forward and some suggestions on the distribution of the industrial space is proposed.

Keywords: Industrial Development; Spatial Distribution; Huadu District

Ⅳ Transformation and Upgrading

B. 8 Research on the Transformation and Upgrading of
Exhibition Industry by Streamlining Administration,
Delegating more Powers to Lower-level Government
and Society and Optimize Services in Guangzhou

Liu Junxin / 131

Abstract: Taking the exhibition industry in Guangzhou as the research object, this paper summarized and comparatively analyzed the data statistics and related information of the exhibition industry and found that the exhibition industry in Guangzhou had the advantage of abundant resources of exhibition halls, good market development, sufficient educational resources and superior environmental conditions. However, Guangzhou also faced the bottlenecks and challenges including low degree of internationalization and branding, the primary stage of information integration and the incomplete development of the whole industry chain. Therefore, the new ideas of the transformation and upgrading of the exhibition industry in Guangzhou from the perspective of market supervision and management are discussed. The countermeasures and suggestions of streamlining administration, delegating more powers to lower-level government and society, supervising fairly and optimizing services reform to promote the exhibition industry development are proposed.

Keywords: Exhibition Industry; Transformation and Upgrading; Guangzhou

B. 9   Research on the Development of Express Industry in

Guangzhou under the Background of Industry

Speed Shifting   *Li Meijing* / 154

Abstract: Express industry, as an important part of modern service industry, is the dominant industry in Guangzhou. Since 2017, the express delivery industry in China has shown the trend of speed shifting. Through the investigation and research on the key enterprises and postal administration departments of Guangzhou express industry, this paper points out that the growth of Guangzhou express industry has slowed down in the background of the overall deceleration of the industry. There are problems such as insufficient growth drivers, extensive industry development, difficult delivery of "last mile", and mismatch of business revenue and business volume. Therefore, the suggestions on developing cross border e-commerce, cultivating express industry headquarters enterprises to promote the development of express industry are proposed.

Keywords: Express Industry; Speed Shifting; E-commerce; Headquarters Economy; Guangzhou

B. 10   Research on the Transformation and Upgrading of

Accommodation and Catering Industry in Guangzhou

Research Group of Statistics Department of Trade and Foreign

Trade Economic Enterprises in Guangzhou Statistics Bureau / 163

Abstract: This paper analyzes the development status and characteristics of the accommodation and catering industry in Guangzhou in recent three years, as well as the steady development factors. Then, the existing problems are identified and the corresponding countermeasures and suggestions are put forward.

Keywords: Accommodation and Catering Industry; Enterprise Operation; Competitiveness; Guangzhou

V Fiscal Revenue and Tax

B. 11 Research on Risk Oriented Tax Management Mode of
Construction Service Industry after Replace Business Tax
with Value-added Tax

Research Group of Guangzhou National Tax Bureau / 178

Abstract: How to provide effective collection and management of building services across regions in the construction industry has always been a difficult point for the tax authorities. The characteristics of the construction industry, such as difficult to monitor the progress of the schedule due to long period, affiliation or subcontracting partly or wholly operation mode, the policy design and current collection management system might bring a series of tax risks to the construction industry management. This paper takes the analysis of the risk of construction industry as a breakthrough point, based on the large data information of Guangzhou, analyzes the existing risks and puts forward some solutions to further improve the level and quality of collection and management.

Keywords: Replace Business Tax with Value-added Tax; Construction Service; Risk Management; Guangzhou

B. 12 The Research on Tax policy Promotion the Financial
Industry Development in NanSha Area of Guangdong
Free Trade Area

Research Group of Guangzhou National Tax Bureau / 192

Abstract: To accelerate the implementation of the Free Trade Area strategy and to promote the innovation of the financial system and mechanism is the inevitable choice for China to adapt to the new trend of economic globalization and to build a new open economy system. It is also the important responsibility of the Free Trade Area. Taking the Nansha area as a sample, this paper studies the current situation of the financial industry in Nansha through the analysis of the development factors and the contrast of policy differences and puts forward some suggestions on relevant policies and management. Then, it concluded that Nansha area should strive to create a good financial environment by developing the spillover effect of the policy and build a financial service system adapted to cross-border trade and investment facilitation in the Free Trade Area.

Keywords: Free Trade Area; Finance; Tax Policy; Guangdong

B. 13　The Research on Management of Property and Action Tax after Replace Business Tax with Value-added Tax

Research Group of Tax Policy First Office in Guangzhou Local Tax Bureau / 207

Abstract: This paper is mainly based on the actual problems encountered in the collection and management of property and action tax, focusing on the construction of property action tax management system, improving policy caliber, developing the linkage of tax and species, increasing the coordination of departments and promoting data management and tax and risk management. Besides, it aims at providing reference for tax collection and management of property and action tax authorities at the grass-roots level under the existing policy framework.

Keywords: Property and Action Tax; Replace Business Tax with Value-added Tax; Tax Management; Guangzhou

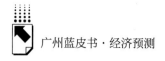
B. 14　The Analysis of the Micro Tax Burden of Guangzhou Enterprises

Research Group of Guangzhou Municipal Taxation Society / 225

Abstract: During the period of 12th Five-Year, the macro tax burden in Guangzhou showed a downward trend in general. The macro tax burden of small caliber decreased from 28. 64% in 2011 to 23. 51% in 2016. The macro tax burden in 2016 was 5% lower than that in 2015, and the decrease effect was significant. The macro tax level dropped from 32. 33% in 2011 to 26. 38% in 2011. In 2016, it was 6. 66% lower than that in 2015, and the average annual level is in line with the national tax burden level. From 48 sample enterprises, the tax burden level of Guangzhou enterprises is 6. 6% , the annual social security cost is 3. 36% , and the other costs are 1. 23% . There are significant differences in the above level in different industries and enterprises. The "BT－VAT" policy has achieved notable results in the retail industry, logistics industry, banking industry and technology industry, and the tax burden level of the sample enterprises has decreased.

Keywords: Tax Burden Level; Micro Tax Burden; Macro Tax Burden; BT－VAT; Guangzhou

B. 15　Study on the Tax Treatment of Guangzhou's Non-profit
　　　　Organizations based on the Recognition of Tax
　　　　Exemption Qualifications

Research Group of Yuexiu Local Tax Bureau in Guangzhou / 240

Abstract: This study is mainly through the analysis of the status of the non-profit organization in Yuexiu District in Guangzhou to obtain the tax exemption qualification and gives the countermeasures and suggestions on the existing problems. The main points are as follows: the development and expansion of non-profit organizations cannot be separated from the implementation of preferential tax policies, as well as the training and guidance of tax consciousness by the tax authorities. At the same time, it also needs the non-profit organizations to improve their tax compliance and the level of financial and tax management, so as to form a benign interaction between the non-profit organization and the tax department, to realize the treatment and to fulfill the duty of tax in accordance with the law.

Keywords: Non-profit Organization; Tax Exemption Qualifications; Tax Compliance; Guangzhou

B. 16   Analysis of the Current Situation and Demand of Rural Finance Services Development in Guangzhou

Research Group of Rural Development Sector in Guangzhou

Statistics Bureau, Guangzhou Rural Development Research Center / 253

Abstract: In this paper, the questionnaire survey of 1000 rural residents in the city has been carried out. The survey data indicate that the demand for loan funds of rural residents in Guangzhou is low, showing the characteristics of large amount and long term. The loans whose demand is mainly concentrated in the aspect of living consumptionare mainly derived from private lending. Financial business and policy are low awareness in rural areas, weak investment awareness, poor willingness to insure, funds and professional knowledge are the main factors restricting their financial investment. In view of the above investigation conclusions, it is suggested that the rural financial service organization system should be perfected, the financing mode innovation should be actively carried out and the rural insurance development mechanism needs to be perfected. The construction of the rural insurance market should be improved to develop the compensation for the rural economy and property of the rural residents. In addition, the rural residents' financial consciousness needs to be trained to enhance the popularity of the financial knowledge.

Keywords: Rural Areas; Financial Services; Financial Policy; Guangzhou

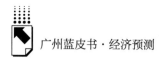

VI   Industrial Development

B. 17   The Main Problems and Suggestions for the Development

of Exhibition Industry in Guangdong

Research Group of Guangzhou Developmental Academy in Guangzhou University / 261

Abstract: The exhibition industry in Guangdong is booming, but there are also a series of problems. For example, the misplacement of the idea of the exhibition, the repetition of the exhibition category, paying more attention to the quantity than the quality, ignoring the value orientation and social influence, the lack of government regulation and the insufficient supply of laws and regulations have seriously affected the sustainable development of the exhibition industry. These problems also exist in the exhibition industry of Guangzhou. This paper puts forward countermeasures and suggestions on the problems and causes of Guangdong's exhibition industry.

Keywords: Copycat Exhibition; Government Supervision; Guangdong

B. 18   Analysis on the Operation of the Service Industry above

the Designated Scale in Guangzhou in 2017

Research Group of Service Industry Sector in

Guangzhou Statistics Bureau / 275

Abstract: This paper summarizes the operation and characteristics of the service industry above the designated scale in Guangzhou from January to November in 2017 (excluding finance, real estate development, wholesale and retails, accommodation and catering industry and so on) and analyzes the development trend of service industry above the designated scale in Guangzhou since 2017. Besides, the main growth points of the service industry and the growth of leading industries from the internal structure are discussed. On the basis of overall smooth growth, the difference in the development process of large, medium and small enterprises is deeply analyzed. Further, some industries have a decline in gross interest rate and lack of power of sustainable development behind the bright eye report card should be paid attention to. Combined with the short board of Guangzhou's service industry, the countermeasures and suggestions to promote the steady and healthy development of Guangzhou's service industry above designated scale are proposed.

Keywords: Service Industry; Economic Growth; Guangzhou

B. 19 Analysis on the Operation of the Real Estate Market in Guangzhou in 2017

Research Group of Investment Sector in Guangzhou Statistics Bureau / 284

Abstract: In 2017, the investment in real estate development in Guangzhou was running smoothly and the investment in housing was growing rapidly. The sales area of the new commercial housing network continued to decline, but the decline at the end of the year was narrowed. The price index of newly built commodity housing is high and low, and the aftermarket is relatively stable, but it is also necessary to pay attention to the large reduction in the stock of new commercial housing, and the market supply structure need to be further optimized. The growth rate of in place funds for development enterprises has dropped significantly, as well as the investment in new construction projects. The lack of investment in developing investment also needs to be concerned. Countermeasures and suggestions are proposed to solve the problems mentioned above.

Keywords: Real Estate; Development Investment; Sales Market; Guangzhou

B. 20　Analysis on the Operation of the Industrial Economy
　　　　above the Designated Scale in Guangzhou in 2017

Research Group of Industrial Transportation Sector

in Guangzhou Statistics Bureau / 295

Abstract：In 2017, Guangzhou industry actively faced the pressure of the transformation of new and old drivers and the adjustment of industrial structure, reducing speed shift and improving efficiency. At the same time, with the deepening of the supply-side structural reform and the strategy of innovation driven development, the effect of cutting overcapacity, deleveraging and tax reduction in the industrial field of Guangzhou appeared. Besides, the new driving force for development has been continuously enhanced and the efficiency of enterprises has improved significantly.

Keywords：Industry；Economy Operation；New Drivers；Guangzhou

B. 21　Analysis on the Operation of the Fixed Assets Investment
　　　　in Guangzhou in 2017

Research Group of Investment Sector in Guangzhou Statistics Bureau / 304

Abstract：In 2017, the fixed investment structure of Guangzhou was continuously optimized, the investment in infrastructure increased rapidly, and the quality and efficiency of industrial investment had been improved. Investment in large projects has strong radiation effects. Besides, the investment in Zengcheng and Huangpu Districts has increased rapidly, and nearly 600 billion yuan has been invested in fixed assets throughout the year. Meanwhile, the problems such ass the downturn of private investment and investment from HongKong, Macao and Taiwan, the continuously negative growth of investment in industrial technological reform, the lack of funds in place and inadequacy stamina of investment growth should be paid attention to. The countermeasures and suggestions are proposed to solve the problems.

Keywords: Fixed Assets Investment; Investment Growth Stamina; Guangzhou

B. 22 Analysis on the Development of Construction Industry

in Guangzhou in 2017 *Xiong Huiqing* / 316

Abstract: In 2017, the overall strength of the construction enterprises in Guangzhou has been strengthened continuously. It shows that the proportion of highly qualified enterprises is improved, the production of construction enterprises is increasing rapidly, and the profitability of large enterprises is strong. However, due to the relatively large sales expenses and financial expenses, operating profit has only slightly increased, and output profit margins have gone down.

Keywords: Construction Industry; Production and Operation; Profitability; Guangzhou

社会科学文献出版社

皮书系列

❧ 皮书起源 ❧

"皮书"起源于十七、十八世纪的英国,主要指官方或社会组织正式发表的重要文件或报告,多以"白皮书"命名。在中国,"皮书"这一概念被社会广泛接受,并被成功运作、发展成为一种全新的出版形态,则源于中国社会科学院社会科学文献出版社。

❧ 皮书定义 ❧

皮书是对中国与世界发展状况和热点问题进行年度监测,以专业的角度、专家的视野和实证研究方法,针对某一领域或区域现状与发展态势展开分析和预测,具备原创性、实证性、专业性、连续性、前沿性、时效性等特点的公开出版物,由一系列权威研究报告组成。

❧ 皮书作者 ❧

皮书系列的作者以中国社会科学院、著名高校、地方社会科学院的研究人员为主,多为国内一流研究机构的权威专家学者,他们的看法和观点代表了学界对中国与世界的现实和未来最高水平的解读与分析。

❧ 皮书荣誉 ❧

皮书系列已成为社会科学文献出版社的著名图书品牌和中国社会科学院的知名学术品牌。2016年,皮书系列正式列入"十三五"国家重点出版规划项目;2013~2018年,重点皮书列入中国社会科学院承担的国家哲学社会科学创新工程项目;2018年,59种院外皮书使用"中国社会科学院创新工程学术出版项目"标识。

中国皮书网

（网址：www.pishu.cn）

发布皮书研创资讯，传播皮书精彩内容
引领皮书出版潮流，打造皮书服务平台

栏目设置

关于皮书：何谓皮书、皮书分类、皮书大事记、皮书荣誉、
皮书出版第一人、皮书编辑部

最新资讯：通知公告、新闻动态、媒体聚焦、网站专题、视频直播、下载专区

皮书研创：皮书规范、皮书选题、皮书出版、皮书研究、研创团队

皮书评奖评价：指标体系、皮书评价、皮书评奖

互动专区：皮书说、社科数托邦、皮书微博、留言板

所获荣誉

2008 年、2011 年，中国皮书网均在全
国新闻出版业网站荣誉评选中获得"最具
商业价值网站"称号；

2012 年,获得"出版业网站百强"称号。

网库合一

2014 年，中国皮书网与皮书数据库端
口合一，实现资源共享。

权威报告・一手数据・特色资源

皮书数据库
ANNUAL REPORT(YEARBOOK) DATABASE

当代中国经济与社会发展高端智库平台

所获荣誉

- 2016年，入选"'十三五'国家重点电子出版物出版规划骨干工程"
- 2015年，荣获"搜索中国正能量 点赞2015""创新中国科技创新奖"
- 2013年，荣获"中国出版政府奖・网络出版物奖"提名奖
- 连续多年荣获中国数字出版博览会"数字出版・优秀品牌"奖

成为会员

通过网址www.pishu.com.cn访问皮书数据库网站或下载皮书数据库APP，进行手机号码验证或邮箱验证即可成为皮书数据库会员。

会员福利

- 使用手机号码首次注册的会员，账号自动充值100元体验金，可直接购买和查看数据库内容（仅限PC端）。
- 已注册用户购书后可免费获赠100元皮书数据库充值卡。刮开充值卡涂层获取充值密码，登录并进入"会员中心"—"在线充值"—"充值卡充值"，充值成功后即可购买和查看数据库内容（仅限PC端）。
- 会员福利最终解释权归社会科学文献出版社所有。

社会科学文献出版社 皮书系列
SOCIAL SCIENCES ACADEMIC PRESS (CHINA)

卡号：632439399625
密码：

数据库服务热线：400-008-6695
数据库服务QQ：2475522410
数据库服务邮箱：database@ssap.cn
图书销售热线：010-59367070/7028
图书服务QQ：1265056568
图书服务邮箱：duzhe@ssap.cn

基本子库
SUB DATABASE

中国社会发展数据库（下设 12 个子库）

全面整合国内外中国社会发展研究成果，汇聚独家统计数据、深度分析报告，涉及社会、人口、政治、教育、法律等 12 个领域，为了解中国社会发展动态、跟踪社会核心热点、分析社会发展趋势提供一站式资源搜索和数据分析与挖掘服务。

中国经济发展数据库（下设 12 个子库）

基于"皮书系列"中涉及中国经济发展的研究资料构建，内容涵盖宏观经济、农业经济、工业经济、产业经济等 12 个重点经济领域，为实时掌控经济运行态势、把握经济发展规律、洞察经济形势、进行经济决策提供参考和依据。

中国行业发展数据库（下设 17 个子库）

以中国国民经济行业分类为依据，覆盖金融业、旅游、医疗卫生、交通运输、能源矿产等 100 多个行业，跟踪分析国民经济相关行业市场运行状况和政策导向，汇集行业发展前沿资讯，为投资、从业及各种经济决策提供理论基础和实践指导。

中国区域发展数据库（下设 6 个子库）

对中国特定区域内的经济、社会、文化等领域现状与发展情况进行深度分析和预测，研究层级至县及县以下行政区，涉及地区、区域经济体、城市、农村等不同维度。为地方经济社会宏观态势研究、发展经验研究、案例分析提供数据服务。

中国文化传媒数据库（下设 18 个子库）

汇聚文化传媒领域专家观点、热点资讯，梳理国内外中国文化发展相关学术研究成果、一手统计数据，涵盖文化产业、新闻传播、电影娱乐、文学艺术、群众文化等 18 个重点研究领域。为文化传媒研究提供相关数据、研究报告和综合分析服务。

世界经济与国际关系数据库（下设 6 个子库）

立足"皮书系列"世界经济、国际关系相关学术资源，整合世界经济、国际政治、世界文化与科技、全球性问题、国际组织与国际法、区域研究 6 大领域研究成果，为世界经济与国际关系研究提供全方位数据分析，为决策和形势研判提供参考。

法律声明

"皮书系列"（含蓝皮书、绿皮书、黄皮书）之品牌由社会科学文献出版社最早使用并持续至今，现已被中国图书市场所熟知。"皮书系列"的相关商标已在中华人民共和国国家工商行政管理总局商标局注册，如LOGO（▨）、皮书、Pishu、经济蓝皮书、社会蓝皮书等。"皮书系列"图书的注册商标专用权及封面设计、版式设计的著作权均为社会科学文献出版社所有。未经社会科学文献出版社书面授权许可，任何使用与"皮书系列"图书注册商标、封面设计、版式设计相同或者近似的文字、图形或其组合的行为均系侵权行为。

经作者授权，本书的专有出版权及信息网络传播权等为社会科学文献出版社享有。未经社会科学文献出版社书面授权许可，任何就本书内容的复制、发行或以数字形式进行网络传播的行为均系侵权行为。

社会科学文献出版社将通过法律途径追究上述侵权行为的法律责任，维护自身合法权益。

欢迎社会各界人士对侵犯社会科学文献出版社上述权利的侵权行为进行举报。电话：010-59367121，电子邮箱：fawubu@ssap.cn。

社会科学文献出版社